Co

© Copyright per l'edizione italiana
2000 EDT
19, via Alfieri – 10121 Torino
edt@edt.it
ISBN 88-7063-462-0
(1ª edizione italiana)

© Copyright per le fotografie 2000
fotografi indicati

Edizione italiana a cura di
Cesare Dapino

Coordinamento
Luisella Arzani

Traduzione
Daniele Borgogni
Gisella Fornaca
Emilio Soresi

*Impaginazione
e rielaborazione grafica delle cartine*
Guido Mittiga

Redazione
Grace De Girolamo
Maria Pia Petrini

Adattamenti per l'edizione italiana
Silvia Castelli

Si ringraziano:

Luca Borghesio
per la consulenza su flora e fauna

Il dottor Maurizio Dall'Acqua
per l'adattamento della parte sanitaria

Alberto Fornelli
per la consulenza sui viaggi dall'Italia

VEL - La Libreria del Viaggiatore di Sondrio
e Libreria Wagner di Milano
per la collaborazione
alla sezione bibliografica

In copertina
Artigianato locale paraguayano
(foto di Vittorio Sciosia © 2000)

*Tutti i diritti sono riservati. La riproduzione,
anche parziale e con qualsiasi mezzo,
non è consentita senza la preventiva
autorizzazione scritta dell'editore.*

Titolo originale
Argentina, Uruguay & Paraguay (3ª edizione)
pubblicato per la prima volta da
Lonely Planet Publications Pty Ltd,
Victoria, Australia

© *Copyright per il testo e le cartine 1999*
Lonely Planet

---

*Autore ed editore hanno fornito informazioni accurate e attendibili, tuttavia declinano ogni responsabilità
per qualsiasi danno, pregiudizio o inconveniente che dovesse derivare dall'utilizzo di questa guida.*

Wayne Bernhardson

Uruguay e Paraguay

Wayne Bernhardson

Wayne Bernhardson è nato a Fargo, North Dakota, ed è cresciuto a Tacoma, Washington. Dopo aver conseguito il PhD in geografia presso la University of California, Berkeley, ha viaggiato molto in Messico, nell'America centrale e meridionale, e ha vissuto a lungo in Cile, in Argentina e nelle Isole Falkland (Malvinas). Per la Lonely Planet ha scritto anche *Buenos Aires, Cile e Isola di Pasqua, South America on a shoestring, Baja California, Messico* e la prima edizione di *Montagne Rocciose*. Wayne risiede a Oakland, California, con il suo cane esquimese Gaerdel, che ha lo stesso sorriso carismatico del leggendario porteño del quale porta il nome.

Nota dell'autore

Un ringraziamento speciale a Fito e Mary Massolo di Olavarría, della provincia di Buenos Aires, mia famiglia argentina per così tanti anni, e a tutti i loro figli, nipoti, pronipoti e altri.

Molte altre persone a Buenos Aires e altrove sono state di grande aiuto e ospitalità durante la realizzazione della guida. L'elenco potrebbe essere infinito, ma una menzione speciale va ai seguenti abitanti della capitale argentina: Mónica Kapusta della Subsecretaría de Turismo; Pablo Fisch; Federico Kirbus, Joaquín Allolio; Diego Al olio; Dori Lieberman; Jochen Hoettcke; Michael Soltys e Andrew Graham-Yooll del Buenos Aires Herald; Diego Curubeto di Ámbito Financiero; Ernesto Seman del Clarín; Mario Banchik delle Librerías Turísticas; Monique Larraín della Guía Argentina de Tráfico Aéreo; Carlos Felipe Arnedo della Casa de Formosa; Armando Schlecker della Guía Latinoamericana de Transportes. Un enorme grazie a Georges e Marion Helft di San Telmo per aver permesso di fotografare la loro straordinaria collezione di arte moderna argentina.

Nelle province ringrazio: Vicky Holzkan di Resistencia; Mariana Juri, Rosemary Fayad, Alberto Albino, Daniel Cadile, Ariadna López, María Leonor Bajouth e Cecilia Díaz di Mendoza; Maía Graciela Viollaz di Malargüe, Mendoza; Julio César Lovece e Natalie Prosser de Goodall di Ushuaia, Tierra del Fuego; Adrian Falcone e Tammy Olsen del Parque Nacional Perito Moreno, Santa Cruz; Judith López e Rubén Montivero di La Rioja; Mariano Besio, che ora è a El Calafate, e il resto del personale della Casa de Santa Cruz di Buenos Aires; Martín Jáuregui di Rawson, Chubut; Nathalia Bilotti, Cecilia Torrejón e Gustavo Wofcy Diez di Puerto Madryn, Chubut; Daniel Rojas Lanús del Museo Egidio Feruglio, Trelew, Chubut; Estela Maris Williams della Municpalidad de Trelew, Chubut; Ana Ruiz della Enprotur, San Juan; Rubén Vásquez di El Chaltén, Santa Cruz; Lilián Díaz e Mario Feldman di El Calafate; Sonia Nasif di Esquel; Raúl Morales, José María Lucero e Ricardo Clark di Salta; Analía Loren Taverna di Puerto Deseado, Santa Cruz e David Rivarola di San Luis e Luis Chiappe dell'American Museum of Natural History di New York.

Nella Patagonia cilena ringrazio: Julio Arenas Coloma di Sernatur, Punta Arenas; Hernán Jofré di Amerindia, Puerto Natales; Edmundo Martínez G. di Andescape, Puerto Natales, e Miguel Ángel Muñoz di Sernatur, Puerto Natales. Una menzione speciale a Yerko Ivelic di Cascada Expediciones, Santiago del Cile, per aver custodito il mio camion mentre io ritornavo in California per scrivere la guida, e alla guardia confinaria Juan Alarcón Rojas di Santiago per avermi guidato nei meandri della burocrazia cilena.

Chris McAsey, coautore della guida *Brasile*, mi ha fornito informazioni supplementari sul Foz do Iguaçu (Brasile) e Chuy/Chui (Uruguay/Argentina). A Montevideo, come sempre, ho apprezzato l'assistenza di Manuel Pérez Bravo della Asociación de Hoteles y Restaurantes del Uruguay. Anche Jorge C. Margariños Micoud di Montevideo e Alejandra Canela di Colonia mi sono stati di aiuto. Paula Braun, della Paula's Tours di Asunción, Paraguay, è stata particolarmente paziente nell'aggiornare il materiale sul Chaco. Grazie anche ad Antonio van Humbeeck della Fundación Moisés Bertoni de Asunción.

Nelle Isole Falkland ringrazio i residenti di Stanley John Fowler e Deborah Gilding del Falkland Islands Tourist Board, il governatore Richard Ralph, Ian e Maria Strange, Kay McCallum, Sue Binnie, Jane Cameron, Tony Smith, Montana Short, John e Margaret Leonard, Shirley Peck, Dave Eynon, Ray e Nancy Poole. Nel Camp ringrazio Dave e Pat Grey di Sea Lion Island, Richard e Toni Stevens di Port Sussex, Tony McMullen di Goose Green, William e Lynda Anderson di San Carlos, James McGhie di Pebble Island, John Ferguson di Weddell Island, tutti i Pole-Evans di Saunders Island, Robin Lee e Ron Reeves di Port Howard, Richard e Griz Cockwell di Fox Bay East per il pranzo e il passaggio di ritorno a Port Howard, Jerome e Sally Poncet di Beaver Island.

A Oakland, ringrazio James T. Smith per aver pagato i miei conti e María Laura Massolo per avermi permesso di adattare del materiale contenuto nel suo contributo a *Viaggiare con i bambini* della Lonely Planet. Grazie anche a Miguel Helft di San Francisco, a Ted Oberlander della University of California at Berkeley per una interpretazione di La Olla e a Scott Sine della California State University; infine, grazie a Hayward per avermi messo al corrente dei risultati della sua ricerca sul ghiacciaio Moreno.

A Los Angeles, Buddy Lander di LanChile mi è stato particolarmente utile nel raccogliere dettagli sui voli, insieme ad Alberto Cortés di LanChile a Miami.

Grazie ancora a Tony e Maureen Wheeler per avermi dato lavoro in tutti questi anni, all'ex publishing director della Lonely Planet Caroline Liou, ad Eric Kettunen e agli altri curatori, cartografi e membri dell'ufficio di Oakland.

Nota all'edizione australiana

Questa guida è stata curata e corretta nell'ufficio della Lonely Planet di Oakland da Ben Greensfelder e Maureen Klier, che ha curato l'intero progetto. Molti ringraziamenti vanno a Carolyn Hubbard per la direzione, il sostegno e il rifornimento di mate, con tanto di cappello al suo sostituto Tom Downs. Tracey Croom e Colin Bishop hanno realizzato le cartine con l'aiuto di Patrick Bock, Mary Hagemann, Monica Lepe e Margaret Livingston. Amy Dennis e Alex Guilbert hanno effettuato la supervisione della cartografia. Il design è stato curato da Henia Miedzinski. Hayden Foell ha disegnato le illustrazioni, con l'aiuto di Hugh D'Andrade e Mark Butler. Il layout è opera di Richard Wilson e Shelley Firth, guidati da Margaret Livingston. La copertina è stata impostata da Rini Keagy con l'assistenza di Hugh. L'indice è stato redatto da Ken DellaPenta.

Sandra Bao ha fornito una preziosissima assistenza apportando le modifiche a tutti i numeri telefonici argentini. Grazie anche a Tara Duggan e Wade Fox per la lettura delle bozze, a Kevin Anglin e Joslyn Leve per l'assistenza editoriale, a Josh Schefers per la ricerca delle fotografie, a Robert Reid per gli aggiornamenti relativi a Buenos Aires e a Kate Hoffman, 'La Comandante' della seconda edizione di questa guida.

Ringraziamenti per l'edizione australiana

Molti ringraziamenti spettano ai viaggiatori che hanno utilizzato l'ultima edizione e ci hanno inviato utili suggerimenti, consigli e aneddoti interessanti. Ne riportiamo di seguito l'elenco:

Jadwiga Adamzuk, Dai e Daniel Alford, Lucy W de Alió, Rune E Alkstrand, Miriam Allen, Spencer Allman, Tim Allman e Rebecca Lush, Miguel Angel Alonso, C Gabriel Alperovich, Federico Amorim, Katrine Helsing Andersen, Charles e Julian Anderson, Cherie Anderson e Dairne Fitzpatrick, Debbie Anderson, Matt Anderson, Claus B Andersson, Tom Andre, Belinda Andrews, Dominique Argenson, Dudley Arnold. Bob Aronoff, Chris Ashton, Valeria Axelrad, Ed e Gloria Azarian, Jerry Azevedo, Christine Badre, Bernard Badzioch e Sylwia Zablocka, Daniel Bagnera, Joze Balas, Carolyn Johnson, Nick Barraud, Susan Barreau, Tim Barrett, Dom Barry, Lee Barry, Jonathan Bear, John Beaven, John Becken, Michael Beckmann, Anja Behrendt e Alexander Sturm, Suzanne Belson, Carlos Benedit, Anne-Trine Benjaminsen Kate Berg, Marloes Bergmans e Stefan Rooyackers, Steve Bergren, Góran Berntsson, John Beswetherick e Kath Jones, Ragnhild e Antoon Beyne-Pille, Loretta Biasutti, Frances e Paul Black, Ray Black, Colleen Blake, Marisa Blumhagen e David Sutter, Cristián Boiero Sutter, Alastair Bool, Charlotte e Paul Boorje, Anthony Boult, Patrick Bowes, Christoph Braun, Gert-jan Bremer, Marianne Brito, Linda Broschofsky, Berne Broudy, Suzanne Brown, Vanessa Brown, Maud Bruemmer, Alexandra Bucka, Ian Bunton, Rollo Burgees, Matthew Burke, Stephen D Busack, Jasper F Buxton, Marcelo Caballero, Frank Campbell, Colin S Carr, Carme Castellan e Alexandra Taylor, Pablo Castelli, Mike Cavendish, Roberto Chatfield, Walt Clayton, Andrew e Karen Cockburn, Jane C Coffey, David Connor, Dale e Kevin Coghlan, Pat Coleman e Sara Tizard, Patrick Collins, Richard Collyer-Hamlin, Anne Cook, Peter Coutts, Aaron Corcoran, Gianluca Corsini, Bryce Coulter, Julie Coulthard, Keith Crandall, Lenora Crane, Paula Crotty, Paul Crovella e Julia Pike, Guillermo Cumini, Sebastián Cwilich, Philip A Dale, Paul R Danneberg, Bill Davis, Alan e Leanne Dawson, Dee e Bob Day, Jorge Dejean, Mark Dekkers, Jennifer Delagneau, Hernán Demb, Myriam Deshaies, Jason Diautz, Enrique Díaz, Miguel Dijkman, Juan Carlos Dima, Carole Dixon, Andres Dörr, Marion Drexler, Michael e Phyllis Dyer, Bernd Ebner, David Edelstein, Mats Ekelund, Dana Ellerbrock, Marie Engelstad, Donald C Erbe, Martin Erdmann, Dave Enyon, Igor Fabjan, Gustavo Faigenbaum, Michael Falk, Douglas Fears, Jochen Feinhals, Natasha Fellowes, Maria José Fernández Mendy, Marcelo Ferrante, John Ferreira, Pablo Fish, Jean-Marc Fiton, Steve Flint, Carolyn Foreman, John L Franklin, Jonathan Freeman, Daniel Freitas, Marjolein Friele, Roberta Friend, Christián Adolfo Frungieri, Gabriela Furlotti, Lesley Furness, Carlos Gajardo e Lenka Hodrová, Andrés Garcia, Gabriel Garriga, Ricard Gavaldà, Anne Geddes, Bert Geigengack, Fabrice Gendre, Klaus Gierhake, Diego Giles, Juan Bernardo Gimelli Santos, Thomas e Alcke Girtz, Christian Ezequiel Golman, Lorenzo Gordon, Robert Grant, Claudia von Graevenitz, Moira Greaven, Gaye Greenwald, DN Griffiths, David P Grill, Danile Grujic, Michael K Gschwind e Valentina Salapura, Wade Guthrie, Jaqueline Gygax, Alicia Haber, Deta Hadorn-Planta, Patrick Hagans, Victor Håkansson, Christopher Hall, Ross Hamilton, Rhonda Hankins, Brad Hanson, Christiane Hanstein, James Hardy, Joan Harelik, Lynda Harpley, Bill Hart, Holger Hartmeier, Boris Hasselblatt, Michelle Hecht e Bob Redlinger, Cyndi Heller, Michele Heymann, Julius Heinis, Elisabeth Herreira, Fernando Hevia, Magda Belén Hinojosa, Jochen Hoettcke, Brett Hogan, Michael Hogue, Andrew Holmes, William Hood, Dawn e Kevin Hopkins, Russel Hopp, Joseph Horan, Martin Howard, James e Kathleen Howley, Melvyn Huckably, Bernhard Humpert, Jason Humphreys, Lyndsay Humpries, David L Huntzinger, Ernstein Idenburg, Peter Irvine, Nuria Ivorra e Michiel Kraak, Felicia Jalomo, Marie Jenneteg, Dott. Jiri Jerabek, Ken Jewkes, Keith Johnson, Ripton Johnson, Sharon Johnson e Kiki Kalesedis, Raphaël Joliat, Carole Jones, Erika Jones, Todd Jones, Horst Jung, Kristine Jürs, Dale Kabat, Phyllis Kangas, Harry Kangassolo, Marie-Therese Karlen, James C Kautz, Elisa Kelly, Jane Kelly, Steve Kennedy, Wolfgang Kessler, Bernd Klett, Josef Klimek, Rob Knapen, Steven Koenig, Daniel Alberto Korman, Dale e Adrienne de Kretser, Thomas Krusekamp, Peter Kunkel, Steven Kusters, Steven Kuypers, Oda Karen, Kvaal e Gavin Tanguay, Fred "Chico" Lager, Nadia Landolt, Julianne de Lange, Chris Larkin, Judith R Lave, Robin Lee, Eric e Brenda Legget, Barbara Leighton, Conny Leiß, Raphael Leite, Brian e Lorna Lewis, Federico Lifsichtz, John Lilley, Jill Liu, Saran Llwelyn, Karl H Loring, Jessica Lowe e Nathan Lesteven, Agnes e Antoine Lorgnier, Karl Loring, Francesco Lulli, Mari Tomine Lunden, DF Luond, Hermann Luyken, Tamsin Lyle, Gordon Machin, Iain Mackay, Andy Mackenzie, Alejandra Mallol, Richard Manasseh, Will Markle, Kirsten e Mike Martin, Pablo M Martinez, William Massie, Mario Mathieu, Luis Mazarrasa, Jim McAdam, M McDonald, Denise e Malcom McDonough, Jane McKenzie, Arend Meischke e Marco Vijverberg, Ed Menning, John e Tessa Messenger, Martie Meyer e Albert van der Rooy, J Michael Miller, Mark Miller, Patrick Miller, Carlos Mocorrea, Jones Mcnaghan, Jamie Monk, Eduardo Montuani, Werner Moosbrugger, Maria Florentin Morel, Fernando Miguel Moreno Olmedo, Chris e Janet Morris, Lori Murphy, Linda Murray, James Musick, Julio Musleria, Gavin Nathan, Bruce e Maria Nesbitt, Vera Neuman, Jan Nielsen, Leo e Marita Niemenen, Anna Noakes, Miguel Nogales, Betty Odell, Beat Oppliger, Shannon Orton, José Orviz, Jennifer Oswalt, Eric Otterson, Dieter Ottlewski, Olav Østrem, David Owen, Miguel Oyarzo Oyarzún, Anthony Palmer, Patrick Paludan, Victorio Panzica, Julie e Spiros Pappas, David Parsons, Gennaro Pastore, Jim Fatterson, Douglas Peacocke, Marc Peake, Grace Peng, Neil Pepper, Mónica Pérez, Marco Perezzani, Catarina Perrone, Giorgio Perversi, Alison Peters, Laura Pezzano, Kathie Piccagli, Carsten Pieper, Roberto Pizzo e Rubén Bellón, Andreas Poethan, Michael Pößl, Julianne Power, Marcus Pussel, Alberto Quesada, Malcom Reid, Tonje Reitan, Juliet Rhodes, Elise Richards, Mary A Richards, Amy Risley, Doug Robinson, Vanessa Rodd, Maureen Roe, Roy e Becey Rogers, Jorge A Romero Lozano, Egon Conti Rossini, Hans R Roth, Verle Roovers, Matt Rowland e Nicole Böttcher, Annette Rudolph, MH Rudolph, Robert Runyard, Michael Ruppert, Gabriel Saiz, Roberto F Salinas, Alicia Sánchez Yubero, Karen Santangelo, Volker Sauer, Dirk Scharlevsky, Josee e Manfred Schick, Henrik Schinzel, Doreen Schreiber e René Sorbe, Toralf Schrinner, Rolf Scröder, Lisa Scroeder, Dirk Sculze, Martin Sczendziva, Sigrid Seel, Franz e Gabi Seibold, Jerome Sgard, Daniel Sherr, Karen Shouse, Tira Shubart, Sarah Simmons, Vlad Sinayuk, Udo Skladny, Clark Smeltzer, Neil Smit, TJ Snow, Charlotte Snowden, Erland Sommerskog, Robert E Sonntag, Sebastian Sorge, Claudio de Sousa, Cecilia Spiegel, Paul Stang, Urs Steiger, Paul Steng, Patrick Sterckx, Ralph E Stone, Ian e Maria Strange, Heather Staveley, Hubert Strasser, Mark e Kathie Sund, Charlotte Sutton, Walter Svagelj, Wilbert Sybesma, Alison Teeman e G Michael Yovino-Young, Idshe ten Dyk e Mireille Bos, Christine Terashita e Adriana Rossini, Rich Thom, Andreas Tölke, Debbie Triff, Eleonora Troksberg, Arnood Troust e Fenna den Hartoh, Heidi Tschanz, Vivien Turner, Lorena Uriarte, Ricardo Uribe e Adolfo González, Lian van Berkel, Koosje van der Horst, Sandra van Heyste e Gert van Lancker, Enrique Vargas, CA Veerman, Alvaro Vega, Natalie Vial, Christophe Vidal e Jens Birk, Laverne Waddington, Pam Wadsworth, Kaspar Waelti, Michael Walensky, Jeannette Ward, Juan Warouiers, Boyd Warren, Nicole Washburn, JP Watney, Jonathan Weber, Judit Wessel, Reto Westermann e María-José Blass, Jennifer Williams, Rob e Lee Williams, Russel Willis, Anne Wilshin, Joy Wintersteen, Campbell Wood, Jane Woodill, Andrew Woolley, Monty Worth, Ana Zimel de Algazaburo.

Nota all'edizione italiana

Come già avvenuto per altri titoli, la guida originale *Argentina, Uruguay & Paraguay* viene pubblicata in edizione italiana in due volumi: oltre a questo, *Argentina*.

Per adattare il testo alle esigenze del lettore-viaggiatore italiano, l'originale è stato rivisto e integrato in alcuni punti dedicati alle informazioni pratiche (notizie sui viaggi dall'Italia, medicine 'italiane', ecc.). Sono stati lasciati tuttavia nel testo così riveduto alcuni riferimenti che possono a prima vista apparire di non immediato interesse per il viaggiatore italiano, e questo per almeno tre considerazioni.

In primo luogo si è ritenuto in linea di principio più utile abbondare di informazioni che potrebbero in alcuni casi rivelarsi comunque preziose; in secondo luogo, tenuto conto della sempre più diffusa conoscenza dell'inglese in Italia, non ci è parso superfluo mantenere per esempio segnalazioni di pubblicazioni (libri, giornali) in inglese. Infine non si può escludere che chi viaggia solo non incontri compagni di strada e di avventura di altre nazionalità, per i quali alcune delle informazioni qui contenute potrebbero essere d'aiuto a risolvere problemi d'ordine pratico. Sono state poi lasciate in lingua inglese le indicazioni contenute nelle cartine, perché ormai la maggior parte di esse (post office, street, bus stop, river, lake, ecc.) non dovrebbe più mettere in difficoltà nessun viaggiatore. In ogni caso alla fine del volume il lettore troverà, insieme al **Glossario linguistico**, un **Glossario delle cartine** che elenca i termini inglesi più ricorrenti.

Le cose cambiano: i prezzi aumentano, gli orari vengono modificati, i locali di qualità peggiorano e quelli scadenti possono migliorare. Quindi se riscontrate qualche variazione in negativo o in positivo, se scoprite che un locale ha aperto di recente, oppure è stato appena chiuso, per favore scrivetecelo; le informazioni più significative verranno pubblicate sulla Newsletter 'Il Mappamondo', che periodicamente aggiorna i viaggiatori EDT/Lonely Planet, e sono consultabili alla pagina www.edt.it/mappamondo.

Le guide Lonely Planet forniscono consigli disinteressati. Gli autori Lonely Planet accreditati non accettano sconti o pagamenti in cambio di relazioni positive.

Indici

INTRODUZIONE **1**

URUGUAY

NOTIZIE SULL'URUGUAY **4**

STORIA 4	ECONOMIA 9	RELIGIONE 13
GEOGRAFIA E CLIMA 8	POPOLAZIONE E POPOLI ... 10	LINGUA 13
FLORA E FAUNA 8	ISTRUZIONE 11	
ORDINAMENTO DELLO STATO E POLITICA 9	ARTI 11	

INFORMAZIONI PRATICHE **14**

DA NON PERDERE 14	GIORNALI 19	VIAGGIARE CON I BAMBINI 21
PIANIFICARE IL VIAGGIO ... 14	RADIO E TELEVISIONE 20	ORGANIZZAZIONI UTILI ... 21
UFFICI TURISTICI 15	MATERIALE FOTOGRAFICO	ORARI DEGLI UFFICI
VISTI E DOCUMENTI 15	E VIDEO 20	E GIORNI FESTIVI 21
AMBASCIATE	ORA 20	ATTIVITÀ 22
E CONSOLATI 15	ELETTRICITÀ 20	ALLOGGIO 22
DOGANA 17	PESI E MISURE 20	CIBO 23
MONETA 17	LAVANDERIE 20	BEVANDE 23
POSTE E	SERVIZI IGIENICI 20	DIVERTIMENTI 23
TELECOMUNICAZIONI 17	SALUTE 20	MANIFESTAZIONI
LIBRI 18	VIAGGIATORI DISABILI 20	SPORTIVE 23
FILM 19	VIAGGIATORI ANZIANI 21	ACQUISTI 23

IL VIAGGIO **25**

AEREO 25	VIA FIUME E MARE 33	VIAGGI ORGANIZZATI 33
VIA TERRA 32		

TRASPORTI INTERNI **35**

AEREO 35	TRENO 35	TRASPORTI LOCALI 35
AUTOBUS 35	AUTOMOBILE 35	

MONTEVIDEO **36**

STORIA 36	MUSEO TORRES	MERCADO DEL PUERTO ... 43
ORIENTAMENTO 37	GARCÍA 40	ESCURSIONI
INFORMAZIONI 38	MUSEO PEDAGÓGICO	ORGANIZZATE 43
ESCURSIONI A PIEDI 39	JOSÉ PEDRO VARELA 41	MANIFESTAZIONI
MUSEO HISTÓRICO	MUSEO NAVAL 42	DI PARTICOLARE RILIEVO 43
NACIONAL 40	ALTRI MUSEI 42	PERNOTTAMENTO 43
MUSEO DEL GAUCHO	PALACIO LEGISLATIVO 42	PASTI 47
Y DE LA MONEDA 40	TEATRO SOLÍS 42	DIVERTIMENTI 48

X

| MANIFESTAZIONI SPORTIVE .... 49 | ACQUISTI .... 49 PER/DA MONTEVIDEO .... 49 | TRASPORTI LOCALI .... 52 |

LITORALE URUGUAYANO 53

COLONIA 53	FRAY BENTOS 63	DINTORNI DI SALTO 72
COLONIA SUIZA 60	MERCEDES 65	TACUAREMBÓ 72
COLONIA VALDENSE 61	PAYSANDÚ 67	VALLE EDÉN 73
CARMELO 61	TERMAS DE GUAVIYÚ 69	RIVERA 73
DINTORNI DI CARMELO 63	SALTO 69	

RIVIERA URUGUAYANA 75

ATLÁNTIDA 75	PUNTA DEL ESTE 83	PARQUE NACIONAL
PIRIÁPOLIS 76	DINTORNI DI PUNTA	SANTA TERESA 92
PAN DE AZÚCAR 78	DEL ESTE 89	CHUY 92
MINAS 78	ROCHA 89	TREINTA Y TRES 93
DINTORNI DI MINAS 79	LA PALOMA 90	MELO 94
MALDONADO 79	CABO POLONIO 92	
DINTORNI DI MALDONADO 83	AGUAS DULCES 92	

PARAGUAY

NOTIZIE SUL PARAGUAY 96

STORIA 96	ORDINAMENTO DELLO	ARTI 107
GEOGRAFIA E CLIMA 101	STATO E POLITICA 104	SOCIETÀ E COSTUMI 109
FLORA E FAUNA 102	ECONOMIA 106	LINGUA 109
PARCHI NAZIONALI	POPOLAZIONE E POPOLI 107	RELIGIONE 109
E RISERVE 102	ISTRUZIONE 107	

INFORMAZIONI PRATICHE 111

DA NON PERDERE 111	FOTOGRAFICO 116	PERICOLI
PIANIFICARE IL VIAGGIO 111	ORA 116	E CONTRATTEMPI 118
UFFICI TURISTICI 112	ELETTRICITÀ 117	ORARI DEGLI UFFICI
VISTI E DOCUMENTI 112	PESI E MISURE 117	E GIORNI FESTIVI 118
AMBASCIATE	LAVANDERIE 117	ATTIVITÀ 119
E CONSOLATI 112	SERVIZI IGIENICI 117	ALLOGGIO 119
DOGANA 113	SALUTE 117	CIBO 119
MONETA 114	DONNE SOLE 117	BEVANDE 120
POSTE E	VIAGGIATORI DISABILI ... 117	DIVERTIMENTI 120
TELECOMUNICAZIONI 114	VIAGGIARE	MANIFESTAZIONI
LIBRI 115	CON I BAMBINI 117	SPORTIVE 120
GIORNALI E RADIO 116	ORGANIZZAZIONI UTILI 117	ACQUISTI 120
MATERIALE		

IL VIAGGIO 121

| AEREO .... 121 | TRASPORTI FLUVIALI ...... 129 | ESCURSIONI |
| VIA TERRA .... 128 | | ORGANIZZATE .... 129 |

TRASPORTI INTERNI 130

| AEREO .... 130 | TRENO .... 130 | NAVE .... 131 |
| AUTOBUS .... 130 | AUTOMOBILE .... 130 | TRASPORTI LOCALI .... 131 |

ASUNCIÓN 132

STORIA 132	MERCADO PETTIROSSI	PERNOTTAMENTO 141
ORIENTAMENTO 133	E MERCADO CUATRO 140	PASTI 143
INFORMAZIONI 135	JARDÍN BOTÁNICO 140	DIVERTIMENTI 144
ESCURSIONE A PIEDI 136	MUSEO DEL BARRO 140	ACQUISTI 145
PANTÉON	MUSEO BOGGIANI 140	PER/DA ASUNCIÓN 145
DE LOS HÉROES 137	GALLERIE D'ARTE 141	TRASPORTI LOCALI 148
MUSEO ETNOGRÁFICO	ESCURSIONI	
ANDRÉS BARBERO 140	ORGANIZZATE 141	

PARAGUAY ORIENTALE 149

CIRCUITO CENTRAL 149	PARQUE NACIONAL	DINTORNI DI
AREGUÁ 149	YBYCUÍ 153	CIUDAD DEL ESTE 163
ITAUGUÁ 149	VILLA FLORIDA 154	CORONEL OVIEDO 164
SAN BERNARDINO 151	ENCARNACIÓN 154	VILLARRICA 165
CAACUPÉ 151	DINTORNI DI	PEDRO JUAN
DINTORNI DI CAACUPÉ 152	ENCARNACIÓN 158	CABALLERO 165
PIRIBEBUY 152	SAN IGNACIO GUAZÚ 159	PARQUE NACIONALE
DINTORNI DI PIRIBEBUY 152	SANTA MARÍA 160	CERRO CORÁ 165
YAGUARÓN 153	**PARAGUAY**	CONCEPCIÓN 166
ITÁ 153	**NORDORIENTALE** 160	
PARAGUAY	CIUDAD DEL ESTE 160	
SUDORIENTALE 153		

CHACO PARAGUAYANO 167

VILLA HAYES 168	LOMA PLATA 172	MARISCAL
POZO COLORADO 169	NEU-HALBSTADT 173	ESTIGARRIBIA 174
FILADELFIA 169	PARQUE NACIONAL	ESTANCIA LA PATRIA 175
DINTORNI DI	DEFENSORES	
FILADELFIA 172	DEL CHACO 174	

SALUTE 176

GUIDA LINGUISTICA 187

GLOSSARI 193

| GLOSSARIO | GLOSSARIO | |
| LINGUISTICO .... 193 | DELLE CARTINE .... 199 | |

INTERNET 201

INDICI 203

| CARTINE .... 203 | LOCALITÀ .... 203 | |

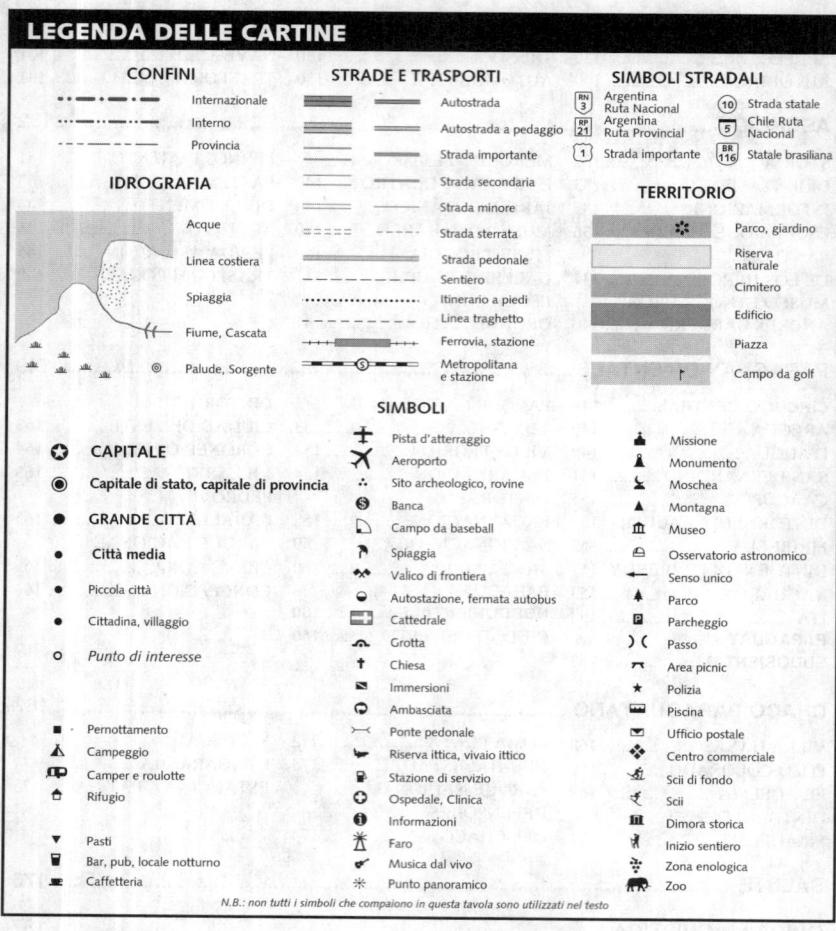

ORME

*I racconti di una nuova generazione di viaggiatori.
Una piacevole lettura
a complemento di una buona guida.*

Franco Monnet
PUROREMO
Viaggio in Amazzonia
160 pp., **L. 18.000**

Paolo Fattori
**LA FEDERAZIONE
DEL TROPICO**
Viaggio tra i cocaleros
boliviani
160 pp., **L. 18.000**

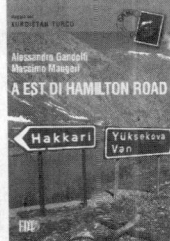

A.Gandolfi-M.Maugeri
**A EST DI
HAMILTON ROAD**
**Viaggio nel
Kurdistan turco**
128 pp., **L. 16.000**

Gabriele Gamberini
**L'ISOLA
DIMENTICATA**
Viaggio a Haiti
96 pp., **L. 14.000**

Orietta Mori
**ISOLE
DELLA SODADE**
Viaggio a Capo Verde
96 pp., **L. 14.000**

Marco Del Corona
STRADE DI BAMBÙ
**Viaggio in Cina, Laos,
Birmania**
144 pp., **L. 16.000**

Antonio Rinaldis
DANCING NORD
**Viaggio in Canada
tra gli Inuit**
160 pp., **L. 18.000**

Marco Aime
**LE RADICI
NELLA SABBIA**
Viaggio in Mali e
Burkina Faso
160 pp., **L. 18.000**

Gabriele Poli
**MAGIE
DELLE ANDE**
Viaggio in Perú
160 pp., **L. 18.000**

Guido Carlo Pigliasco
**PARADISI
INQUIETI**
Viaggio nel
Sud Pacifico
96 pp., **L. 14.000**

 19 via Alfieri, 10121 Torino – tel. 0115591811 – fax 0115591824
E-mail: edt@edt.it – http://www.edt.it

dal 1999
ogni anno l'agenda giornaliera da collezione

L'Agenda del Viaggio

*350 autori, una citazione per autore,
300 illustrazioni e una miniera di informazioni utili*

448 pp., 130 x185 mm, interno a 2 colori,
legatura olandese, due segnalibri e capitello
Lire 23.000

19 via Alfieri, 10121 Torino - tel. 0115591811 - fax 0115591824
E-mail: edt@edt.it - http//www.edt.it

Introduzione

Uruguay e Paraguay occupano insieme all'Argentina gran parte della regione comunemente denominata 'Corno meridionale' del Sudamerica, che dai tropici si estende, secondo alcuni, fino al Polo Sud. La zona comprende attrattive culturali e naturali molto variegate: la splendida desolazione della Patagonia e della maestosa cordigliera delle Ande contrasta nettamente con la frenesia urbana di Buenos Aires, una delle città più grandi e cosmopolite del mondo.

Molti turisti sono attirati soprattutto dalle meraviglie naturali della regione. All'inizio del XX secolo, l'Argentina fu una delle prime nazioni latinoamericane a istituire dei parchi nazionali. La parte meridionale della Cordigliera andina è punteggiata da una serie di parchi alpini con imponenti ghiacciai dai quali si staccano iceberg che si riversano in laghi dall'acqua verde-azzurra di incomparabile bellezza. La cordigliera centrale comprende le vette più alte dell'emisfero occidentale, e anche i deserti del nord, a loro modo, sono molto suggestivi. In queste zone scarsamente popolate vivono animali inusuali, a differenza delle grandi concentrazioni di fauna sub-antartica della fascia costiera della Patagonia meridionale. L'Argentina vanta anche le grandiose cascate dell'Iguazú, condivise con Brasile e Paraguay.

A causa del predominio culturale degli immigrati stranieri, lo storico Alfred Crosby ha definito Buenos Aires e il suo hinterland una "nuova Europa", in cui i nuovi arrivati, con il loro bagaglio culturale - piante e animali domestici, erbacce - hanno trasformato l'ambiente e hanno provocato la fine delle poche popolazioni indigene che abitavano la regione nel XVI secolo. Secondo Crosby, le erbacce più aggressive sono stati gli stessi Europei che, arrivati in massa, crearono una società che non accettò mai completamente la propria peculiarità di comunità del Nuovo Mondo né la sua natura in fin dei conti derivativa. Questa società, tuttavia, mantenne importanti legami economici e culturali con l'Europa, rifornendo il Vecchio Continente di cereali e manzo, contribuendo alla letteratura universale con Borges e altri ed esportando il tango nelle sale da ballo europee. Per questi motivi, l'Argentina è un paese latinoamericano nel quale Europei, Nordamericani e Anglofoni possono sentirsi a loro agio e viaggiare senza dare troppo nell'occhio.

L'Uruguay, che dal punto di vista economico e culturale assomiglia alla regione delle Pampas argentine, è uno stato cusci-

netto tra i due giganti sudamericani, Argentina e Brasile, mentre il Paraguay, più isolato, è la 'zona vuota' dell'America latina, un bassopiano tropicale torrido, scarsamente popolato e noto, fino a pochi anni fa, per la lunghissima dittatura militare del generale Alfredo Stroessner. Storicamente l'Uruguay è il più stabile e il più democratico di questi tre paesi, i quali grazie al recente revival democratico sono diventati seducenti mete turistiche. Non si sa ancora se le istituzioni democratiche dureranno o meno, ma molti segnali sono incoraggianti e, al momento, si può viaggiare in queste nazioni senza dover temere arresti e detenzioni arbitrarie.

La situazione era molto diversa negli anni '70 e '80, quando la dittatura militare argentina intraprese una infame Guerra Sporca contro i 'sovversivi' prima di perdere potere e prestigio nella guerra dell'Atlantico meridionale con la Gran Bretagna, generalmente nota come guerra delle Falkland. L'Uruguay ha avuto un'esperienza simile, anche se meno brutale, legata al suo esercito, mentre il Paraguay ha conosciuto per decenni una forma di governo autoritario istituzionalizzato fino a quando, nel 1989, il generale Stroessner è stato deposto e sostituito da un collega di orientamento più democratico (anche se non proprio esemplare). Pur guidato da un governo non militare, il Paraguay è ancor oggi il paese più instabile dei tre dal punto di vista politico.

Uruguay e Paraguay offrono al turista una serie di attrazioni culturali e naturali che giustificano una permanenza, non solo come tappa successiva al più usuale viaggio in Argentina.

URUGUAY

SECRETARÍA DE TURISMO
PRESIDENCIA DE LA NACIÓN, ARGENTINA

Notizie sull'Uruguay

Grande all'incirca quanto la provincia di Buenos Aires, l'Uruguay è il classico stato cuscinetto tra le due potenze sudamericane dell'Argentina e del Brasile. È un paese che attira un crescente numero di visitatori: da Buenos Aires basta attraversare il Río de la Plata per raggiungere la suggestiva città di Colonia, porto di contrabbando dell'epoca coloniale e, dopo pochi chilometri, Montevideo, una delle capitali più interessanti dell'America Meridionale.

A est di Montevideo le spiagge sabbiose che si affacciano sull'Atlantico sono la meta preferita delle vacanze estive di Uruguayani e Argentini, ma anche le città meno conosciute lungo il Río Uruguay, di fronte alla Mesopotamia argentina, sono linde e graziose. L'interno collinoso del paese, la terra dei gauchos, è una regione piacevole, ma anch'essa poco nota ai turisti.

Conosciuto ufficialmente come República Oriental del Uruguay (Repubblica Orientale dell'Uruguay, spesso abbreviata con ROU), questo paese occupa una regione che per molto tempo fu chiamata Banda Oriental o 'Sponda Orientale' del fiume Plata. Per quasi tutto il XX secolo gli stranieri hanno considerato l'Uruguay una sorta di 'Svizzera sudamericana', reputazione che è stata in seguito compromessa dalle crisi politiche ed economiche degli anni '70 e '80.

STORIA

I primi abitanti dell'Uruguay furono i Charrúa, popolazione di cacciatori e raccoglitori dedita anche alla pesca. Ostili agli stranieri, i Charrúa scoraggiarono lo stanziamento dei bianchi per più di un secolo e nel 1516 uccisero l'esploratore spagnolo Juan de Solís e quasi tutti i suoi compagni. In ogni caso c'era ben poco che potesse attirare gli Spagnoli che, secondo William Henry Hudson, 'amavano l'oro e l'avventura più di ogni altra cosa e, non trovando né l'uno né l'altra nella Banda, non la prendevano in considerazione.'

Nel XVII secolo i Charrúa iniziarono ad allevare cavalli e bestiame selvatico e, raggiunto un certo benessere, incominciarono a commerciare con gli Spagnoli. Mai numerosi, i Charrúa non esistono più quale entità tribale definita, a parte alcuni meticci che vivono nell'interno lungo il confine con il Brasile. Come nelle pampas argentine, i gauchos vivevano dell'allevamento del bestiame selvatico, ma nel tempo il sorgere delle estancias li spinse verso l'interno.

La colonizzazione europea

I primi colonizzatori europei della Banda Oriental furono i missionari gesuiti che si stanziarono vicino all'odierna Soriano, sul Río Uruguay. Nel 1680 i Portoghesi stabilirono una testa di ponte a Nova Colônia do Sacramento, di fronte a Buenos Aires, sul-

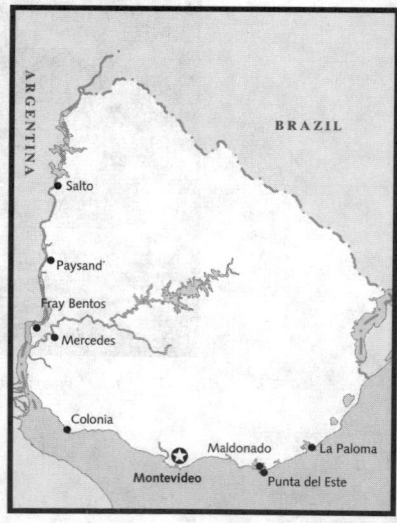

Notizie sull'Uruguay

l'estuario del Río de la Plata. Quale fortezza e centro di contrabbando, Colonia rappresentava una sfida diretta all'autorità degli Spagnoli, i quali si videro costretti a costruire una loro cittadella nel porto riparato di Montevideo.

Alla fine la rivalità tra Spagna e Portogallo portò all'indipendenza dell'Uruguay. José Gervasio Artigas, l'eroe nazionale uruguayano, si alleò con le Province Unite del Río de la Plata contro la Spagna, ma non riuscì a impedire che il Brasile assumesse il controllo del paese. Esiliato in Paraguay, Gervasio ispirò i famosi '33 Orientales', patrioti uruguayani guidati dal generale Juan Lavalleja, il quale, con il sostegno dell'Argentina, promosse una campagna per liberare la Banda dal controllo brasiliano. Nel 1828, dopo tre anni di lotte, un trattato concluso con la mediazione britannica dichiarò l'Uruguay un piccolo stato indipendente con funzione di cuscinetto tra le potenze continentali che stavano emergendo.

Indipendenza e sviluppo

Per quasi tutto il XIX secolo la fragile indipendenza dell'Uruguay fu minacciata politicamente e militarmente dall'Argentina e dal Brasile ed economicamente dalla Gran Bretagna. Le forze federaliste, appoggiate dal dittatore argentino Rosas, assediarono Montevideo dal 1838 al 1851. I due principali partiti politici uruguayani, i blancos e i colorados, fanno risalire le proprie origini ai gauchos armati che simpatizzavano per la causa dei federalisti o per quella unitaria. Come scrisse Hudson in *The Purple Land* (1922), 'Le lotte, che si susseguivano incessanti, vedevano schierati Argentini e Brasiliani, dimentichi del loro patto solenne.'

Gli interessi britannici per la Banda, manifestatisi per la prima volta nel 1807 con l'occupazione di Montevideo, crebbero dopo l'indipendenza. Da tempo il Regno Unito importava pelli e nel 1840 il mercato si allargò alla lana con l'introduzione della pecora di razza merino; inoltre, nel 1864, la Liebig Meat Extract Company di Londra (che produceva l'Oxo, un estratto di carne venduto sotto forma di dadi e utilizzato come base per minestre) aprì uno stabilimento a Fray Bentos. Nel 1868 una società britannica iniziò la costruzione della prima linea ferroviaria destinata a collegare Montevideo con il *campo* (la campagna) e negli anni successivi i bovini di razza Hereford e Shorthorn sostituirono gradualmente la slanciata razza criollo.

Alla fine del secolo a Fray Bentos venne anche attivato il primo *frigorífico* del paese, l'imponente stabilimento inglese per la conservazione a freddo della carne, che ora è diventato un museo dedicato all'industria. La crescente commercializzazione delle poche risorse abbondanti del paese portò alla sparizione della figura del gaucho indipendente che, come in Argentina, si legò alle estancias, i cui confini furono ben presto fissati con filo spinato. Come nel resto dell'America latina, i grandi latifondi *(latifundios)* entrarono a far parte della vita di questo paese e le tasse pagate, pur con riluttanza, dai proprietari terrieri contribuirono in modo consistente al benessere generale.

José Gervasio Artigas

Batlle e la modernizzazione

Uno dei politici più lungimiranti della storia dell'America meridionale fu l'uruguayano José Batlle y Ordóñez, che ideò il primo stato sociale dell'intera regione. Durante i due mandati presidenziali (1903-7 e 1911-5) introdusse riforme quali il sistema pensionistico moderno, i finanziamenti all'agricoltura, i sussidi di disoccupazione e l'orario lavorativo di otto ore. Nonostante la sua filosofia fortemente interventista, cercò di superare l'eredità del *caudillismo* (il dominio dell'élite latifondista basato sulle maniere forti) con una riforma costituzionale che prevedeva la creazione di un esecutivo collegiale sul modello svizzero; la riforma, però, non ebbe mai completo successo. L'interventismo statale nell'economia portò alla nazionalizzazione di molte industrie, alla creazione di altre e, per un periodo, a una prosperità generale senza precedenti.

Batlle finanziò le proprie riforme con le entrate provenienti dal settore dell'allevamento e, grazie alla tassazione delle esportazioni, riuscì a promuovere lo stato sociale. Questo sistema funzionò finché non ci furono limiti alle esportazioni dei prodotti, ma quando il settore subì un arresto non fu più possibile sostenere il sistema assistenziale.

Gli economisti conservatori hanno criticato lo stato per aver 'ucciso la gallina dalle uova d'oro', per aver cioè sfruttato il settore agricolo a vantaggio del benessere di Montevideo e per favoritismi politici. Sembra però che anche prima che lo stato sociale diventasse una realtà i proprietari terrieri fossero riluttanti a reinvestire i loro guadagni per incrementare la produttività, preferendo dilapidare le loro ricchezze in beni di consumo. La politica di redistribuzione funzionò finché ci fu qualcosa da redistribuire.

Declino economico e crollo politico

A partire dalla metà del XX secolo l'intero paese attraversò una fase di ristagno economico che colpì soprattutto Montevideo, città borghese ormai abituata a un certo benessere. Le imprese statali divennero centri di favoritismi e corruzione e l'economia non fu più in grado di sostenere una classe di pensionati che superava il 25% della forza lavoro totale. Verso la metà degli anni '60 questo squilibrio economico aveva assunto le dimensioni di una vera e propria crisi accompagnata da gravi disordini politici. Nel 1966, tuttavia, l'elezione alla presidenza del candidato dei colorados Oscar Gestido, uno stimato generale in pensione, sembrò giustificare un certo ottimismo e promuovere la ripresa. Ma Gestido morì poco dopo aver assunto la carica e venne sostituito dal vicepresidente Jorge Pacheco Areco, personaggio praticamente sconosciuto che dimostrò di avere preoccupanti tendenze autoritarie.

Con Pacheco il paese scivolò gradualmente nella dittatura: i partiti di sinistra furono messi al bando, i giornali proibiti e vennero adottate misure da stato d'assedio a causa dell'attività dei guerriglieri. Il movimento di guerriglia più importante fu il Movimento de Liberación Nacional (Movimento di Liberazione Nazionale), meglio noto come i 'Tupamaros', una fazione socialista clandestina la cui fondazione risaliva già al 1963, ma che non era uscita allo scoperto fino al 1967. Sebbene si trattasse di un movimento urbano e borghese che agiva in un paese la cui popolazione era quasi esclusivamente di origine europea, i Tupamaros adottarono il nome di un indigeno peruviano che aveva guidato una rivolta contro gli Spagnoli nel XVIII secolo.

All'inizio il movimento ebbe l'appoggio popolare, che però calò rapidamente quando gli Uruguayani iniziarono ad accusare il movimento di essere responsabile degli eccessi di Pacheco, tra cui il licenziamento di un funzionario di polizia che aveva apertamente espresso la sua disapprovazione nei confronti della tortura. Dopo il rapimento e l'esecuzione di Dan Mitrione, sospetto agente della CIA, da parte dei Tupamaros (fatto raccontato nel film di Costa-Gavras *L'Amerikano*, del 1973) e dopo la fuga dalla prigione di più di 100 Tupamaros, organizzata dallo stesso movimento, Pacheco affidò ai militari, invece che alla polizia, l'incarico di reprimere il dissenso.

Le elezioni presidenziali si tennero, come programmato, nel novembre del 1971, ma Juan M. Bordaberry, destinato alla successione di Pacheco, incluse i militari nel governo e governò il paese mediante un Consiglio di sicurezza nazionale, arrivando infine a sciogliere l'assemblea legislativa.

Dittatura militare e sviluppi seguenti

La presa del potere da parte dei militari in Uruguay, pur senza la scioccante rapidità del colpo di stato in Cile né la prolungata brutalità della dittatura militare argentina (la cosiddetta 'Dirty War'), si rivelò forse ancora più insidiosa nel contesto storico uruguayano. Le forze armate, sopprimendo la libertà di espressione, occuparono quasi tutte le posizioni chiave dell'intero paese, gonfiando il bilancio dell'esercito per sostenere la 'sicurezza nazionale'.

La tortura o le minacce di tortura erano all'ordine del giorno e alla fine più di 60.000 cittadini vennero incarcerati. I militari instaurarono un sistema basato sull'appartenenza politica che stabiliva l'eleggibilità per il pubblico impiego, assoggettava tutti i crimini politici alla corte marziale, censurava le biblioteche pubbliche e arrivava addirittura a esigere il previo consenso della polizia per le grandi riunioni familiari.

Nel tentativo di istituzionalizzare il proprio ruolo politico, le forze armate elaborarono una costituzione che fu però respinta dall'elettorato nel plebiscito del 1980, nonostante la popolazione fosse stata avvertita che, in caso di rifiuto, il ritorno a un governo civile sarebbe stato rinviato. Dovettero trascorrere ancora quattro anni prima che gli elettori potessero eleggere il candidato colorado Julio María Sanguinetti con la costituzione del 1967. Pur non essendo un fantoccio dei militari, Sanguinetti vinse solo perché essi avevano proibito la candidatura del leader blanco Wilson Ferreira Aldunate, personaggio popolare che si opponeva apertamente alla dittatura.

La presidenza di Sanguinetti, benché piuttosto anonima, sembrò segnare un ritorno alla tradizione democratica dell'Uruguay. Tuttavia Sanguinetti appoggiò una proposta di amnistia piuttosto controversa per i reati contro i diritti umani commessi dai militari, proposta che fu sottoposta a un referendum generale nell'aprile 1989. Nonostante seri dubbi da parte di molti, l'amnistia fu approvata dalla maggioranza dei votanti. Più tardi, quello stesso anno, il candidato blanco alla presidenza, Luis Lacalle, subentrò a Sanguinetti in un pacifico passaggio di poteri. Nelle elezioni del novembre 1994 Sanguinetti è riapparso sulla scena politica alla guida di un governo di coalizione.

GEOGRAFIA E CLIMA
Pur essendo uno dei paesi più piccoli dell'America meridionale, l'Uruguay è ancora un grande stato per i canoni europei: con una superficie di 187.000 km² è più grande dell'Inghilterra e del Galles messi insieme e ha circa le stesse dimensioni dello stato americano del Nord Dakota. Povero di risorse energetiche (a parte qualche centrale idroelettrica), di minerali e di foreste sfruttabili commercialmente, la sua principale risorsa naturale è rappresentata dai terreni agricoli che, benché meno fertili delle pampas argentine, sono molto abbondanti.

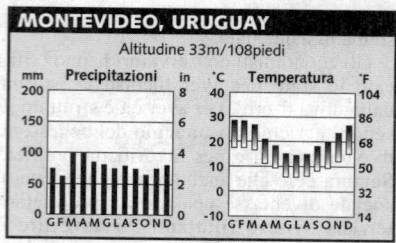

La topografia ondulata del paese è in gran parte il prolungamento della parte meridionale del Brasile, con due catene principali di colline che attraversano l'interno, il Cuchilla de Haedo, a ovest di Tacuarembó, e il Cuchilla Grande, a sud di Melo, nessuna delle quali supera i 500 metri di altezza. A ovest di Montevideo il terreno pianeggiante ricorda le pampas, mentre la zona costiera a est della capitale vanta bellissime spiagge, dune sabbiose e promontori seguiti da una serie di grandi lagune fino al confine con il Brasile, dove si estende l'enorme Laguna Merín.

Il clima è mite anche in inverno e le gelate sono rare. Lungo la costa la temperatura media diurna raggiunge i 28°C a gennaio e i 15°C a giugno, mentre quella notturna è di 17°C a gennaio e 7°C a giugno. Le precipitazioni, distribuite in modo uniforme lungo l'intero arco dell'anno, raggiungono in media 1 m in tutto il paese.

FLORA E FAUNA
La vegetazione originaria dell'Uruguay è costituita da praterie e foreste a galleria e non è sostanzialmente diversa da quella della pampa argentina o del Brasile meridionale. In alcune zone lungo il confine con il Brasile, nel sud-est del paese, sopravvive la savana di palme, mentre solo una piccola percentuale del territorio è ricoperta da foreste.

Ci sono pochi animali selvatici, a parte qualche nandù nelle zone vicino al Río Uruguay. Le riserve naturali dell'Uruguay sono poche e prive di grandi attrattive, ad eccezione, forse, delle colonie di foche vicino a Punta del Este e a Cabo Polonio, che meritano una visita.

ORDINAMENTO DELLO STATO E POLITICA

La costituzione del 1967 prevede la divisione in tre poteri. Il presidente è a capo del potere esecutivo, mentre quello legislativo è rappresentato dall'Asamblea General (Assemblea generale) costituita da una Cámara de Diputados (Camera dei deputati) di 99 seggi e un Senado (Senato) formato da 30 membri. Le elezioni per il rinnovo dei seggi si tengono ogni cinque anni. La Corte Suprema è infine il più elevato organo del potere giudiziario. Dal punto di vista amministrativo l'Uruguay è formato da 19 dipartimenti organizzati in modo molto simile al governo centrale.

Il sistema elettorale è complicato. L'assemblea legislativa viene scelta in base a una rappresentanza proporzionale e ciascun partito può presentare diversi candidati alla presidenza. Vince il candidato che ottiene la maggioranza dei voti e che al contempo fa parte del partito che ha la maggioranza dei voti. Ciò significa che il vincitore quasi certamente non otterrà una maggioranza (neanche nel proprio partito) e non è detto che sia il candidato con la maggioranza assoluta dei voti. Nelle otto elezioni tenutesi tra il 1946 e il 1984, nessun vincitore ha ottenuto più del 31% dei voti.

I due principali partiti politici sono i colorados, eredi del batllismo, e i blancos, in genere più conservatori. Julio María Sanguinetti, del partito dei colorados, primo presidente dopo la dittatura militare, governò dal 1984 al 1989, mentre il suo successore Luis Lacalle, che guidò il paese fino alle elezioni del 1994, apparteneva al partito dei blancos. Una terza forza, che sta guadagnando favore crescente, è il Frente Amplio, o l'Encuentro Progresista, una coalizione di centro-sinistra a cui appartengono tutti i sindaci di Montevideo.

Per ironia della sorte il personaggio di maggior rilievo di questo schieramento è un generale in pensione, Liber Seregni. Nelle elezioni presidenziali del novembre 1994, il Frente Amplio presentò come candidato Tabar Vásquez, il quale raccolse la maggioranza dei voti, ma il fatto che il suo partito avesse meno voti in totale rispetto ai colorados gli impedì di diventare presidente.

Questa elezione, origine di numerose contestazioni, ha riportato Sanguinetti alla carica di presidente, a capo di una coalizione tra colorados e blancos che ha distribuito le principali cariche politiche tra i due partiti e che rappresenta, almeno in teoria, una sostanziale maggioranza legislativa. Se la coalizione tra questi partiti tradizionalmente opposti sia destinata a durare a lungo rimane un punto interrogativo, l'unica cosa certa è che ora il Frente Amplio rappresenta l'opposizione ufficiale. Nonostante continui ad avere legami con le sinistre (intervistato dopo aver parcheggiato la propria motocicletta al Palacio Legislativo di Montevideo, l'ex tupamaro José Mujica, ora eletto deputato, alla domanda su quanto tempo avesse intenzione di rimanere, rispose: "Cinque anni, a meno che non ritornino i militari"), questo partito ha ora sostenitori anche nei quartieri più ricchi della capitale, ad esempio nel quartiere di Carrasco. Il sindaco di Montevideo, Mariano Arana, appartenente al Frente Amplio, è infatti uno dei più potenti personaggi del paese al di fuori del governo nazionale.

I principali problemi che deve affrontare il governo sono la riforma del sovraccarico sistema previdenziale e la reazione del paese di fronte all'entrata dell'Uruguay nel Mercosur, quale socio meno anziano, a tutti gli effetti, di giganti economici come il Brasile e l'Argentina. Le ultime elezioni si sono svolte il 1° marzo 2000 ed è stato eletto il candidato di centro-destra Jorge Battle, che si è impegnato a combattere la depressione economica che ha afflitto il paese per anni. Egli spera di istituire misure che taglino le spese e di diminuire il livello di deficit.

ECONOMIA

L'Uruguay è scarsamente popolato ed è povero di risorse. Un tempo l'economia si basava essenzialmente sulla ricchezza rappresentata dai pascoli. Le estancias di mandrie e greggi occupano più di tre quarti del territorio e contano più di 9 milioni di bovini e 23 milioni di pecore. Tuttavia questo settore ha subito un arresto a causa del fatto che gli estancieros non hanno voluto investire in migliorie, rendendo così impossibile per il paese sostenere i progressivi programmi sociali elaborati da José Batlle.

Negli ultimi anni il basso prezzo della lana, principale prodotto di esportazione del paese, sul mercato internazionale ha giocato un ruolo fondamentale nell'economia. Solo il litorale sudoccidentale è coltivato in modo intensivo, anche se ora ci sono risaie intorno alla Laguna Merín, vicino al confine con il Brasile. Pur occupando un'area relativamente ridotta, i terreni agricoli sono un importante fattore di produttività.

Le industrie si concentrano soprattutto intorno a Montevideo. In parte a causa della politica perseguita da Batlle, che incoraggiava l'autarchia nonostante il mercato interno fosse estremamente scarso, molte industrie finanziate dallo stato fabbricano prodotti minori a costi elevati e sopravvivono soltanto grazie alle misure protezionistiche. Tra le attività economiche tradizionalmente controllate dal governo ci sono le ferrovie, le banche, le assicurazioni, la rete telefonica ed elettrica, la fornitura d'acqua, la raffinazione del petrolio, l'industria della pesca e l'approvvigionamento di carne di Montevideo. Questo controllo esteso fa dell'economia del paese la più 'statale' di tutta l'America latina. Il sistema pensionistico rappresenta il 60% della spesa pubblica.

Il turismo svolge un ruolo sempre più preminente nell'economia nazionale grazie alle spiagge a est di Montevideo, che attirano i ricchi Argentini. Per molti aspetti l'Uruguay è un satellite economico del Brasile e dell'Argentina oltre a essere uno stato cuscinetto tra queste due potenze. Il mercato comune Mercosur, realizzato nel 1995, ha unito le economie di questi due paesi a quelle del Paraguay e dell'Uruguay; incoraggiando gli investimenti questa apertura potrebbe ridurre l'emigrazione che ha privato l'Uruguay della propria forza lavoro più giovane e abile, migrata nei paesi confinanti in cerca di un impiego. Per molti aspetti l'Uruguay è il più burocratico di tutti i paesi del subcontinente americano e ha un settore statale esagerato e al contempo ingiustificato.

Per ben due volte negli ultimi vent'anni l'iperinflazione ha reso necessaria l'introduzione di nuova valuta. L'inflazione è scesa, ma continua ad essere elevata rispetto agli standard europei - nel 1997 era intorno al 15%, ma la graduale svalutazione del peso ha mantenuto i prezzi relativamente stabili in termini di dollari americani. Il debito estero è ancora un problema serio in quanto l'Uruguay ha uno dei più alti oneri pro capite dell'America latina. Di fatto le regolamentazioni bancarie liberali hanno facilitato l'ingresso di capitali provenienti dai paesi confinanti, ma in genere si tratta solo di una tappa verso altre destinazioni, come la Svizzera o gli Stati Uniti.

La paga minima si aggira intorno a $95 al mese e il tasso di disoccupazione è di circa il 12%. Nel 1997 il reddito annuo pro capite è stato pari a circa US$6000.

POPOLAZIONE E POPOLI

Con una popolazione appena superiore ai 3.2 milioni di abitanti, l'Uruguay è il paese di lingua spagnola più piccolo dell'America meridionale. L'urbanizzazione è elevata e il 90% degli Uruguayani risiede nelle città. Quasi la metà vive a Montevideo, il che ha indotto un esperto in scienze politiche a definire l'Uruguay una 'città stato' sebbene, storicamente, sia stato il settore agricolo a produrre gran parte della ricchezza del paese. La seconda città per dimensioni è Salto, che però ha appena 100.000 abitanti.

In rapporto allo standard mondiale il benessere degli Uruguayani è elevato. Il tasso di mortalità infantile è basso e l'aspettativa di vita è di 75 anni, pari a quella del Cile, che è la più alta del subcontinente e solo leggermente inferiore a quella degli USA e di molti paesi dell'Europa occidentale. Tuttavia, le limitate possibilità economiche hanno costretto mezzo milione di Uruguayani a emigrare, soprattutto in Brasile e in Argentina. L'incremento naturale è inferiore all'1% con un tempo di raddoppio pari a 88 anni.

La maggior parte degli Uruguayani è di origine spagnola e italiana. L'immigrazione europea ha sovrastato la popolazione afro-uruguayana che, benché ridotta, è ancora visibile e conta forse 60.000 individui, per lo più discendenti degli schiavi portati nel paese nel XIX secolo, che un tempo costituivano quasi il 20% della popolazione di Montevideo.

ISTRUZIONE

Per più di un secolo l'istruzione elementare è stata gratuita, laica e obbligatoria, con una spesa statale pro capite superiore a quella degli altri paesi del subcontinente. Il tasso di alfabetismo è tra i più elevati della regione e la frequenza della scuola secondaria, anch'essa gratuita, è molto elevata.

L'Universidad de la República di Montevideo è l'unica università pubblica del paese. Dato che la stragrande maggioranza degli studenti si laurea in legge e in medicina, il paese necessita di personale qualificato nel settore tecnologico.

ARTI

Per essere un paese così piccolo l'Uruguay ha una tradizione letteraria e artistica di tutto rispetto. Uno degli scrittori contemporanei più conosciuti è Juan Carlos Onetti, i cui romanzi sono stati tradotti in varie lingue. Le sue rarefatte e insieme drammatiche costruzioni letterarie, caratterizzate da un crudo pessimismo, lo hanno collocato fra gli esponenti più incisivi della narrativa latinoamericana. In Italia sono disponibili vari suoi lavori, fra i quali *Raccattacadaveri* (Feltrinelli, Milano 1969; 'I narratori'), *Il cantiere* (stesso editore, 1972), *Gli addii* (Editori Riuniti, Roma 1979), *Triste come lei e altri racconti* (Einaudi, Torino 1981), *Lasciamo che parli il vento* (Feltrinelli, Milano 1982; 'I narratori'), *La vita breve* e *Per questa notte* (stesso editore, entrambi del 1982; 'Universale economica'), *Per una tomba senza nome* (Editori Riuniti, Roma 1983) e *Quando ormai nulla più importa* (Einaudi, Torino 1994). In *Triste come lei e altri racconti* un alto grado d'intensità caratterizza i destini dei personaggi, soprattutto femminili, tutti in filigrana ma densissimi e commoventi, in cui domina la passione repressa che rinvia continuamente alla fatalità. Il romanzo *Lasciamo che parli il vento* è stato accolto dalla critica come un capolavoro della letteratura latinoamericana; il protagonista, che vive nel paese immaginario di Santa María, è alla continua ricerca della verità e dell'identità, che si complica fino alla catastrofe finale. *Quando ormai nulla più importa* è un racconto costruito sulle minuzie di vite impalpabili e bugiarde che si scompongono e ricompongono, ancora a Santa María, villaggio dai mille volti e dalle mille prospettive spaziali e interiori.

Un altro personaggio di spicco è il poeta, saggista e romanziere Mario Benedetti, attento osservatore dei conflitti sociali e della realtà cittadina. Molte delle sue opere sono state tradotte in italiano. Tra queste, *Pedro e il capitano* (Biblioteca Franco Serantini, Pisa 1995) offre la rappresentazione di due personaggi tipici dell'America latina contemporanea, il torturatore e il torturato, in una pièce nel corso della quale vengono alla luce tenerezza e crudeltà, ipocrisia e dirittura morale, in un gioco assurdo e disperato che mette a nudo l'infamia del potere basato sulla sopraffazione e la violenza. Altri suoi lavori sono *Grazie per il fuoco* (Il Saggiatore, Milano 1972), *La casa* (Polena, Milano 1985), *Racconti* (Multimedia, Salerno 1995) e *Primavera con un angolo rotto* (Neopoiesis, Palermo 1996). È dell'estate 2000 la sua raccolta di racconti *Lettere dal tempo* (Le lettere, Firenze), viaggio che è insieme spostamento reale, con l'eco dell'esilio vissuto in prima persona, e percorso interiore in cui via via s'incontrano segnali del passato, indizi del sogno, fantasmi amati o temuti.

Costretto all'esilio dalla dittatura militare e rientrato in patria nel 1985, Eduardo Galeano è autore, fra l'altro, di *Le vene aperte dell'America Latina* (Sperling & Kupfer, Milano 1999), in cui lancia un'amara accusa contro la conquista europea e le sue conseguenze. Le sue opere delineano un'antropologia letteraria che ha al centro i miti, la storia e le tragedie dei popoli latinoamericani, narrati con viva partecipazione. La sua *Memoria del fuoco* (Rizzoli, Milano 1997) è una trilogia che racconta la storia delle Americhe, in cui l'autore si fa "voce di voci" e rinarra con uno stile inconfondibile, insieme partecipe e ironico, asciutto e comosso, fatti e leggende, dai miti alle origini delle popolazioni indie, dai canti popolari alle memorie dei navigatori. Leggendo *Il libro degli abbracci* (Bompiani, Milano 1996) troverete la vita, il sogno, l'amore e il fantasma di una giustizia terrena: la poesia stempera i dolori più cupi e annulla i confini fra i generi. In *Splendori e miserie del gioco del calcio* (Sperling & Kupfer, Milano 1997) Galeano descrive come questo sport tanto popolare nell'America latina sia in grado di condizionare in modo sorprendente i rapporti umani, avvicinando le sensibilità più diverse, soffocando la ragione e riunendo sotto la stessa bandiera uomini in lotta fra loro. *Giorni e notti d'amore e di guerra* (stesso editore, 1998), strutturato come un diario, scarno e incisivo, rappresenta una preziosa fonte d'informazioni storiche e sociali; nel volume l'autore ha infatti raccolto in ordine cronologico avvenimenti, ricordi, esperienze e testimonianze d'innumerevoli esistenze violate, legate fra loro dall'amore per il proprio paese. *Las palabras andantes. Parole in cammino* (Mondadori, Milano 1998) sono le parole di uno scrittore che riscopre e scrive i racconti dei bambini, le leggende e le superstizioni popolari latinoamericane. *A testa in giù* (Sperling & Kupfer, Milano 1999) è una rappresentazione provocatoria e paradossale del capitalismo e delle sue basi etiche, economiche e sociali, illustrata attraverso l'immagine di una "scuola del mondo alla rovescia" dove i bambini, per imparare a vivere, apprendono che la disuguaglianza e il razzismo sono cosa giusta e naturale e che è necessario dimenticare i crimini del passato e accettare passivamente il futuro. Non mancano però un messaggio di speranza e un monito ai potenti.

La casa editrice Guanda ha pubblicato nel 1999 un romanzo dello scrittore Mario Delgado Aparaín, *Una storia dell'umanità*, ambientato in un paesino sperduto della campagna uruguayana: il protagonista, nell'intento di salvare la reputazione di una giovane evitata da tutti per via dell'attività politica del padre, organizza un ciclo di conferenze sulla storia dell'umanità, riabilitando tutti coloro che hanno lottato contro i regimi autoritari e che sono stati protagonisti di conquiste e progressi.

Uno scrittore molto famoso in Uruguay, ma poco tradotto finora in Italia, è José Enrique Rodó, il cui saggio *Ariel*, scritto alla fine del secolo scorso, pone a confronto la civiltà dell'America settentrionale con quella dell'America meridionale ed è considerato un classico della letteratura del paese; in Italia è stato pubblicato a cura dell'Associazione culturale 'In forma di parole' (Bologna 1999). Non ci sono invece traduzioni in italiano dell'opera di Javier de Viana, autore ottocentesco di romanzi 'gaucheschi'. La vita e le opere di questo scrittore sono raccontate nella biografia in lingua inglese *Javier de Viana* di John F. Garganigo.

Un narratore uruguayano scoperto di recente dall'editore milanese Marco Tropea è Daniel Chavarría. Nato nel 1933 a San José di Mayo, è autore di *L'occhio di Cibele* (1997), una storia di amore e di mistero sullo sfondo della luminosa Atene di Pericle. Altri suoi romanzi sono *Il rimedio universale* (1996), *La sesta isola* (1997), *Quell'anno a Madrid* (1998) e *Ritorno di fiamma* (1999), dedicato, quest'ultimo, a un tesoro ritrovato al largo di Cuba, a un colpo di fulmine e a un'avventuriera decisa a tutto.

Il teatro è molto popolare e anche in questo campo il paese vanta esponenti di rilievo, tra cui Mauricio Rosencof, uno dei fondatori dei Tupamaros, il quale scrisse le sue opere dopo essere uscito dal carcere in cui fu vittima delle torture perpetrate dal governo militare degli anni Settanta.

La fama di artisti uruguayani quali Pedro Figari, pittore di scene rurali, è andata ben oltre i confini del paese. Punta Ballena, vicino a Punta del Este, è nota per essere una colonia di artisti.

RELIGIONE
Gli Uruguayani sono quasi tutti cattolici romani, ma chiesa e stato sono ufficialmente separati. C'è una piccola minoranza di ebrei che conta circa 25.000 individui, concentrati per lo più a Montevideo.

Il protestantesimo evangelico ha qualche proselito e la Chiesa dell'Unificazione di Sun Myung Moon è proprietaria del quotidiano pomeridiano *Últimas Noticias*.

LINGUA
La lingua ufficiale è lo spagnolo, che viene compreso da tutti. Nella lingua orale gli Uruguayani utilizzano sia il *voseo* sia il *tuteo* (v. **El Voseo** in **Guida linguistica** alla fine di questa guida), parlate facilmente comprensibili. Nel nord, lungo il confine con il Brasile, molti sono bilingue e parlano anche il portoghese o il *fronterizo*, un insolito ibrido di spagnolo e portoghese. Per maggiori informazioni sullo spagnolo sudamericano v. **Guida linguistica**.

Informazioni pratiche

DA NON PERDERE
Per la maggior parte dei visitatori i principali luoghi d'interesse turistico sono Montevideo e le località balneari sull'Atlantico. Le stradine e la zona del porto della Ciudad Vieja (Città Vecchia) di Montevideo, risalenti all'epoca coloniale e attualmente in fase di ricostruzione, esercitano un fascino irresistibile, cui la morfologia collinare della città aggiunge una dimensione particolare. Oltre alle località esclusive e alle vaste spiagge sabbiose, la costa atlantica presenta anche suggestivi promontori.

Sull'estuario del Río de la Plata, la città di Colonia, porto di contrabbando durante il periodo coloniale, è uno dei tesori meno conosciuti del subcontinente; si dovrebbe programmare almeno una escursione in giornata, se non un intero fine settimana, in questa città. Più lontano, il Río Uruguay offre ottimi luoghi per pescare. I visitatori provenienti dall'Argentina saranno particolarmente colpiti dalla geografia irregolare dell'interno del paese ben distante dalla monotonia delle pampas.

PIANIFICARE IL VIAGGIO
Quando andare
Considerato che sono le spiagge di questo paese ad attirare il maggior numero di visitatori, è l'estate la stagione del turismo e l'abbigliamento sarà quindi conforme a questo periodo dell'anno. Per tutto l'anno, comunque, il clima rimane temperato e non richiede preparativi particolari. Tranne la sera, momento della giornata in cui l'abbigliamento tende a essere più elegante, la gente si veste quasi sempre in modo casual anche nelle località più esclusive come Punta del Este.

Chi ha intenzione di visitare Montevideo può scegliere qualsiasi periodo dell'anno per ammirarne le bellezze urbane. Lungo il Río Uruguay in estate il clima può essere soffocante, ma sulle colline dell'interno fa leggermente più fresco, specialmente di notte.

Cartografia
Le cartine stradali uruguayane riportano solo alcune strade statali; le migliori sono quelle in vendita presso le stazioni di servizio dell'Automóvil Club Uruguayo, della Shell e dell'Ancap. Presso l'Instituto Geográfico Militar (☎ 481-6868), situato a Montevideo in 12 de Octubre angolo Abreu, potrete trovare cartine più particolareggiate.

Chi desidera procurarsi una carta in Italia prima della partenza avrà a disposizione *Uruguay* dell'ITM (scala 1:800.000) e le carte del SGM (Servicio Geográfico Militar), che pubblica *Republica Oriental del Uruguay*, disponibile in foglio unico (1:1.000.000), in due fogli (1:500.000), in 25 (1:200.000), in 87 (1:100.000), in 300 (1:50.000) e in circa 1000 fogli (1:25.000). Citiamo infine la *Mapa de la Republica Oriental del Uruguay y planos parciales de la sus Capitales Departamentales y Montevideo* della già citata società petrolifera Ancap, in scala 1:920.000.

Per ulteriori informazioni potete rivolgervi alla VEL - La Libreria del Viaggiatore (☎ e fax 0342-218952, e-mail: vel@vel.it; internet: http://www.vel.it), Via Angelo Custode 3, 23100 Sondrio.

Oltre alla VEL, segnaliamo alcune delle librerie italiane specializzate in cartine, guide e narrativa di viaggio in cui potete trovare un buon assortimento: Gulliver (☎ 045-800-7234), Verona; Il Giramondo (☎ 011-473-2815), Torino; Jamm ☎ 081-552-6399, e-mail: jammnapoli@ usa.net), Napoli; Libreria del Viaggiatore (☎ 06-6880-1048, e-mail: libreriaviaggiatore@ tiscalinet.it), Roma; Luoghi e Libri (☎ 02-738-8370), Milano; Pangea (☎ 049-876-4022, e-mail: pangea@inter city.shiny.it), Padova.

UFFICI TURISTICI

Quasi tutti i dipartimenti e i comuni hanno un proprio ufficio turistico, che in genere si trova sulla piazza principale e presso la stazione degli autobus. Anche se le cartine uruguayane non sono proprio complete, molti opuscoli sono un'ottima fonte d'informazioni a carattere storico.

Alcuni dipartimenti e comuni hanno uffici a Montevideo. L'Intendencia Municipal de Maldonado, che comprende l'importante località turistica di Punta del Este, gestisce un Centro de Información (☎ 903-0272) nell'edificio della Pluna, Colonia 1021. L'Intendencia Municipal de Rocha (☎ 902-0133) ha un ufficio turistico al 5° piano della Galería Kambarrere, 18 de Julio 907 a Convención.

In genere i principali consolati uruguayani all'estero comprendono nel proprio organico un responsabile del turismo, che però di solito non è di molta utilità.

Italia – Per informazioni turistiche rivolgersi al Consolato Generale dell'Uruguay a Milano (vedi più avanti)
Regno Unito – Per informazioni turistiche rivolgersi all'ambasciata uruguayana a Londra
(☎ 020-7584-8192)
140 Brompton Rd, 2° piano, London SW31HY
Svizzera – Per informazioni turistiche rivolgersi all'ambasciata uruguayana a Berna (vedi più avanti)
USA
(☎ 212-755-1200 int. 345)
541 Lexington Ave, New York, NY
(☎ 310-394-5777)
429 Santa Monica Blvd, Suite 400, Santa Monica, CA 90401
(☎ 202-331-1313)
1918 F St NW, Washington, DC 20006

VISTI E DOCUMENTI

Il visto d'ingresso è richiesto a tutti gli stranieri, tranne ai cittadini delle nazioni confinanti, che necessitano solo della carta d'identità, e a quelli provenienti da paesi dell'Europa occidentale (tra cui Italia e Svizzera), nonché da Israele, Giappone e Stati Uniti, che devono esibire il passaporto. L'Uruguay ha introdotto il visto per i Canadesi per reazione all'introduzione del visto per gli Uruguayani da parte del Canada. Per ottenerlo è necessario rivolgersi a un consolato uruguayano, presentare un biglietto di andata e ritorno, una fotografia e pagare C$47.

I cittadini italiani e svizzeri che desiderano visitare l'Uruguay per un periodo non superiore a tre mesi non necessitano del visto d'ingresso. È sufficiente il passaporto con validità di almeno sei mesi e il biglietto aereo di andata e ritorno o di proseguimento del viaggio. Tenete presente che il passaporto è necessario per molte operazioni quali, per esempio, l'incasso dei travellers' cheque e la registrazione negli alberghi.

A tutti i visitatori viene rilasciata una tessera turistica valida 90 giorni e rinnovabile per altri 90. Per prolungare il visto o la tessera turistica bisogna rivolgersi alla Dirección Nacional de Migración (☎ 02-916-0471), in Misiones 1513 a Montevideo. In estate è aperta dalle 7.15 alle 13.

Patente di guida

In teoria l'Uruguay richiede il possesso della patente interamericana piuttosto che di quella internazionale, ma in realtà quest'ultima è più che sufficiente. In Italia è rilasciata dall'Ufficio provinciale della Motorizzazione Civile o dall'ACI, e ha validità di un anno.

Chi varca in auto il confine con l'Uruguay deve stipulare un'assicurazione di responsabilità civile alla frontiera.

AMBASCIATE E CONSOLATI
Ambasciate e consolati uruguayani all'estero

Pur non avendo molte rappresentanze diplomatiche, l'Uruguay mantiene comunque alcune missioni nei paesi confinanti e d'oltremare.

Argentina
(☎ 01-4803-6030)
Las Heras 1907, Recoleta, Buenos Aires
(☎ 03446-426168)
Rivadavia 510, Gualeguaychú

(☎ 0345-421-0380)
Pellegrini 709, 1°C, Concordia
Uffici consolari a Córdoba, Mar del Plata, Mendoza, Rosario e Salta

Brasile
(☎ 224-2415)
SES Av Das Naçoes, Lote 14, Brasilia DF
(☎ 553-6033)
Praja de Botafogo 242, 6 Andar, CEP 22250, Rio de Janeiro

Cile
(☎ 02-223-8398)
Pedro de Valdivia 711, Santiago

Italia
Ambasciata:
(☎ 06 821776-7, fax 482 3695), Via Vittorio Veneto 183, 00187 Roma
Consolato generale:
(☎ 02 805 6786, fax 8646 4977), Piazza Armando Diaz 6, 20123 Milano

Paraguay
(☎ 021-203-864)
25 de Mayo 1894, Esquina Gral, Aquinto, Asunción

Regno Unito
(☎ 020-7584-8192)
140 Brompton Rd, 2° piano, London SW31HY

Svizzera
Ambasciata:
(☎ 031-312 2226, fax 311 2747) Kramgasse 63, 3011 Berna
Consolato:
(☎ 061-277 5242, fax 277 5588) Lange Gasse 15, 4052 Basilea(7)

Ambasciate e consolati esteri in Uruguay

A Montevideo ci sono rappresentanze diplomatiche dei paesi dell'America meridionale, degli USA e della maggior parte dei paesi dell'Europa occidentale, anche se quasi tutte si trovano in quartieri periferici. L'Argentina e il Brasile hanno consolati anche nelle città di confine.

Argentina
(☎ 02-902-8623)
WF Aldunate 1281, Montevideo
(☎ 0542-22266)
Franklin D. Roosevelt 442, Carmelo
(☎ 052-22093)
General Flores 350, Colonia
(☎ 0562-2638)
Sarandí 3193, Fray Bentos
(☎ 072-222536)
Leandro Gómez 1034, Paysandú
(☎ 042-46193)
Edificio Santos Dumont, Las Focas (30), Punta del Este
(☎ 073-32931)
Artigas 1162, Salto

Belgio
(☎ 02-916-2719)
Rincón 625, Montevideo

Bolivia
(☎ 02-903-3109)
4° piano, WF Aldunate 1320, Montevideo

Brasile
(☎ 02-901-2024)
6° piano, Convención 1343, Montevideo
Fernández 147, Chuy

Canada
(☎ 02-901-5755)
Plaza Cagancha 1335, Montevideo

Cile
(☎ 02-902-6316)
1° piano, Andes 1365, Montevideo

Danimarca
(☎ 02-908-3793)
Colonia 981, Oficina 405, Montevideo

Francia
(☎ 02-902-0077)
Av Uruguay 853, Montevideo

Germania
(☎ 02-902-5222)
La Cumparsita 1435, Montevideo

Giappone
(☎ 02-408-7645)
Bulevar Artigas 953, Montevideo

Israele
(☎ 02-400-4164)
Bulevar Artigas 1585, Montevideo

Italia
(☎ 02-708-0542, fax 708-4148)
Calle Josè Benito Lamas 2857, Montevideo

Olanda
(☎ 02-771-2956)
Leyenda Patria 2880, Montevideo

Paraguay
(☎ 02-408-5810)
Bulevar Artigas 1191, Montevideo

Perú
(☎ 02-902-1113)
Soriano 1124, Montevideo

Regno Unito
(☎ 02-622-3630)
Marco Bruto 1073, Montevideo

Spagna
(☎ 02-708-0048)
Libertad 2738, Montevideo

Svezia
 (☎ 02-916-2320)
 5° piano, Sarandí 693, Montevideo
Svizzera
 (☎ 02-711-5545)
 11° piano, Calle Frederico Abadie 2936/40, Montevideo(7)
USA
 (☎ 02-203-6061)
 Lauro Muller 1776, Montevideo

DOGANA
I regolamenti doganali uruguayani permettono l'importazione di effetti personali e di altri articoli in 'quantità ragionevoli'.

MONETA
Poiché la moneta americana è più stabile del *peso uruguayo*, nei capitoli dedicati all'Uruguay riporteremo i prezzi in dollari. Pur non essendo moneta corrente, il dollaro è comunemente accettato come mezzo di pagamento: alcuni alberghi economici riportano i prezzi direttamente in dollari e i migliori ristoranti accettano sempre questa moneta (o, attualmente, i pesos argentini, anche se a un tasso leggermente inferiore rispetto ai dollari). Se però ci si allontana dalle principali località turistiche della costa, è meno probabile che la moneta americana venga accettata per le spese di tutti i giorni.

Valuta
L'unità monetaria è il peso uruguayo (Ur$), che ha sostituito il *peso nuevo* (N$) nel 1993 (il peso nuevo aveva a sua volta sostituito un altro peso nel 1975, dopo diversi anni d'iperinflazione). Sono in circolazione banconote da 5, 10, 20, 50, 100, 200, 500 e 1000 pesos e monete da 50 *centésimos* e da uno e due pesos. Troverete ancora le vecchie banconote da N$5000 e N$10.000, che però vengono gradualmente ritirate dal mercato (per calcolarne il valore corrente togliete tre zeri).

Cambio
Potete cambiare senza problemi nelle casas de cambio di Montevideo, Colonia e delle località balneari sull'Atlantico, mentre nell'interno si può cambiare solo nelle banche. Le casas de cambio accettano i travellers' cheque a tassi leggermente inferiori rispetto ai dollari in contanti e, a volte, richiedono commissioni che, però, non sono così elevate come quelle argentine. Stando all'opinione di alcuni, l'incasso dei travellers' cheque sta diventando sempre più complicato. Non c'è un mercato nero dei dollari e neanche delle altre valute estere che possono essere acquistate senza alcuna difficoltà. In quasi tutti i migliori alberghi, ristoranti e negozi vengono accettate le carte di credito, ma tenete presente che presso gli sportelli automatici uruguayani non è possibile utilizzare le carte di credito nordamericane ed europee.

Tassi di cambio
Dato che il valore del peso è in costante diminuzione rispetto al dollaro, è probabile che i tassi di cambio siano favorevoli.

US$1	=	Ur$ 11,40
Euro1	=	Ur$ 10,20
Ur$1	=	Lire 190

Cambio calcolato con il dollaro a un valore di lire 2165 circa.

Prezzi
L'inflazione, che nel 1997 era pari al 15%, è in aumento rispetto all'Argentina, benché la costante svalutazione impedisca ai prezzi di salire in modo consistente in termini di dollaro. I prezzi dei viaggi sono leggermente inferiori rispetto all'Argentina, specialmente in rapporto all'alloggio e ai trasporti, ma si stanno gradualmente avvicinando ai suoi livelli. In questa guida i prezzi saranno indicati in dollari americani.

POSTE E TELECOMUNICAZIONI
Le tariffe sono ragionevoli, ma i servizi postali e telefonici non sono migliori di quelli argentini.

Posta
In Uruguay è probabile che le lettere e i pacchi vengano aperti e ne sia trafugato il contenuto, se ritenuto di un qualche valore. Di conseguenza, nel caso in cui dobbiate

inviare qualcosa di particolarmente importante, mandatelo per raccomandata o mediante un corriere privato.

Se aprite un fermoposta, fatevi inviare la corrispondenza all'ufficio postale principale di Montevideo che la conserverà fino a un periodo massimo di un mese oppure, previa autorizzazione, anche fino a due mesi.

Spedire dall'Italia in Uruguay una cartolina o lettera di peso non superiore a 20 g costa lire 1000, seguendo le nuove disposizioni in vigore dal 14 febbraio 2000. Il nuovo tariffario per i paesi extraeuropei non prevede più il sovrapprezzo per il trasporto aereo, in quanto la spedizione è inclusa sotto l'etichettatura *posta ordinaria*.

Telefono
L'Antel è l'azienda di stato che ha il monopolio della rete telefonica, con posti telefonici pubblici per chiamate in teleselezione simili a quelli che si trovano in Argentina. Ci sono però anche dei *locutorios* privati. I telefoni pubblici funzionano più a gettone (*fichas*, ognuno dei quali vale tre minuti) che a moneta. Sono anche in vendita le più convenienti schede magnetiche da 50, 100, 200, 300 e 500 pesos.

Per comunicazioni internazionali a tariffa ridotta (fino al 40% in meno), telefonate tra le 21 e le 9 nei giorni feriali, a qualunque ora il sabato e la domenica e nei giorni festivi.

In genere è più conveniente fare telefonate a carico del destinatario: il costo della comunicazione viene addebitato al numero chiamato o sulla carta di credito telefonica. Il numero di accesso al servizio dall'Uruguay è 000439.

Chiamate per/dall'Italia Se dall'Italia volete effettuare una chiamata internazionale diretta in Uruguay componete lo 00598, seguito dal prefisso della località senza lo zero e dal numero desiderato. Per effettuare una chiamata dall'Uruguay in Italia componete lo 0039, seguito dal prefisso della località con lo zero e dal numero dell'abbonato. Per effettuare chiamate a carico del destinatario in Italia o con addebito su carta di credito telefonica, possibili solo dagli apparecchi telefonici privati oppure dagli apparecchi pubblici di colore giallo, il numero da comporre è 0004396.

LIBRI
Per maggiori informazioni sulla letteratura uruguayana v. **Arti** in **Notizie sul paese**.

EDT/Lonely Planet
Per chi intende proseguire il viaggio in altre zone dell'America Latina sono disponibili le guide EDT/Lonely Planet *Argentina, Bolivia, Brasile, Cile e Isola di Pasqua, Colombia, Ecuador e Galápagos, Perú* e *Venezuela*.

Nel sito Internet della EDT, www.edt.it, troverete il catalogo completo delle guide EDT/Lonely Planet, oltre alle indicazioni relative alle collane di narrativa di viaggio 'Viaggi e avventura' e 'Orme'.

Libri di viaggio
In epoca recente lo scrittore Ferruccio Bolognani ha pubblicato una trilogia dedicata ai paesi dell'America Latina. Il terzo volume, dal titolo *Dalle foreste incantate. Pagine di diario dal Paraguay, Uruguay e Brasile* (Edizioni Curcu & Genovese, Trento 1999), descrive il clima dolce delle spiagge di Punta del Este e una realtà distante dalla mentalità occidentale, per comprendere e ritrovare la semplicità di vita, i valori e gli ideali smarriti dalla civiltà del benessere.

Storia
In confronto ad altri paesi limitrofi, il materiale sull'Uruguay disponibile in inglese o in italiano è estremamente scarso. Per un approfondimento sulle politiche assistenziali varate in questo paese leggete *Uruguay, South America's First Welfare State* di George Pendle e *The Model Country: José Batlle y Ordóñez of Uruguay, 1907-1915* di Milton Vanger.

La storia agricola del paese viene illustrata in *The Agricultural Development of Uruguay* di R. H. Brannon. L'imponente opera in sette volumi *Historia Rural del*

Uruguay Moderno di José Pedro Barrán e Benjamín Nahum si rivelerà impegnativa anche per i lettori più pazienti e con una buona conoscenza dello spagnolo; comunque gli autori riassumono le loro conclusioni in 'Uruguayan Rural History', un articolo apparso nella *Hispanic American Historical Review* (novembre 1984).

La terra rossa di William Henry Hudson (1916; Adelphi, Milano 1993) è una descrizione della vita in Uruguay nel XIX secolo. In un periodo di aspre contese civili, il giovane inglese protagonista del romanzo abbandona Montevideo e la sua sposa bambina in cerca di un lavoro all'interno del paese, convinto che l'intervento dei civilizzatori del dominio inglese sia di grande beneficio per l'Uruguay. Alla fine, sedotto dalla semibarbara terra rossa che possiede un meraviglioso e precario equilibrio, si convince che qualsiasi intervento europeo non potrebbe che essere distruttivo. Nella trama è contenuta la suprema giustificazione dell'America di fronte alla civiltà occidentale e ai valori della cultura cattedratica.

The Tupamaro Guerrillas di María Esther Gilio spiega con tono indulgente la nascita dei movimenti di guerriglia degli anni Sessanta. Il ritratto della generazione degli anni Settanta, quella che "avrebbe voluto cambiare il mondo", è al centro di un romanzo che ha per sfondo la vita civile e politica dell'Uruguay moderno, *Sara e Simon,* del narratore austriaco Erich Hackl (Marcos y Marcos, Milano 1996). Attraverso il racconto delle vicende di una madre, militante nella federazione anarchica dell'Uruguay all'inizio degli anni Settanta, che dopo arresti, carcerazioni e torture, si mette alla ricerca del figlio abbandonato per necessità, l'autore ricostruisce lo spaccato di una generazione e di un paese tormentato.

I legami fra l'Italia e l'Uruguay nella storia sono evidenziati nel volume *Il fiume non si ferma.* Le *'camicie rosse' in Uruguay* di Mino Milani (Mursia, Milano 1994), un saggio che coglie le più lontane origini dell'epopea garibaldina proprio a Montevideo, nel 1843, quando gli esuli italiani, nel corso di una sanguinosa lotta civile, si schierarono per la libertà costituendo la legione italiana guidata da Garibaldi. Le 'camicie rosse' che indossavano erano in realtà l'abito da lavoro degli operai di un grande macello del luogo.

L'emigrazione italiana e la formazione dell'Uruguay moderno di Fernando Devoto, M. Camou e A. Pellegrino (Fondazione Agnelli, Torino 1993) offre uno spaccato di storia moderna relativo all'insediamento degli Italiani nel paese, in ondate successive e in diverse regioni, secondo modalità e tipologie differenti dai due stati vicini Argentina e Brasile. I saggi raccolti nel volume testimoniano il contributo e l'incidenza della presenza italiana nello sviluppo dell'Uruguay: nell'economia e nel commercio, nella politica, nella società civile, nella cultura e nell'urbanistica.

Politica e governo attuale

Un buon punto di partenza per considerare la politica del moderno Uruguay è la raccolta di Henry Finch *Contemporary Uruguay: Problems and Prospects* (Institute for Latin American Studies, 1980). Altre opere su questo argomento sono *Political Parties and Redemocratization in Uruguay* di Luis González e *Uruguay, Democracy at the Crossroads* di Martin Weinstein. Per un resoconto sulla Guerra Sporca uruguayana leggete *A Miracle, A Universe: Settling Accounts with Torturers* di Lawrence Weschler.

FILM

L'Amerikano, il famoso film di Costa-Gavras girato nel 1972 nel Cile di Allende, ispirato a un fatto realmente accaduto, tratta del rapimento e dell'uccisione del sospetto agente della CIA Dan Mitrione da parte dei guerriglieri Tupamaros. È considerato una delle opere più importanti del cinema progressista degli anni Settanta.

GIORNALI

I giornali sono molto importanti in Uruguay, che tra i paesi sudamericani è al secondo posto, dopo l'Argentina, per tiratura totale ogni 1000 abitanti. A Montevideo escono diversi giornali, tra cui i quotidiani del mattino *El Día* (fondato da José Batlle), *La República*, *La Mañana* ed *El País*.

La *Gaceta Comercial* è la voce dell'economia, come pure *El Observador Económico*. I giornali del pomeriggio sono *El Diario* e *Últimas Noticias*, quest'ultimo di proprietà dei seguaci del reverendo Sun Myung Moon. Nella maggior parte dei casi i giornali s'identificano con uno schieramento politico; fa eccezione il settimanale *Búsqueda*, che ha un approccio più indipendente alle questioni politiche ed economiche.

A Montevideo, Punta del Este e Colonia si trovano facilmente anche il *Buenos Aires Herald* e altri giornali di questa città.

RADIO E TELEVISIONE
La radio e la televisione hanno ampia diffusione e i 3 milioni di abitanti del paese possono scegliere tra venti stazioni televisive (di cui quattro a Montevideo) e 100 radiofoniche (circa 40 nella capitale). Benché ci sia libertà di parola e di stampa, nel 1994 il governo ha revocato la licenza a una stazione radiofonica gestita dai Tupamaros.

MATERIALE FOTOGRAFICO E VIDEO
In Uruguay non mancano certamente luoghi e paesaggi che meritano di essere fotografati. Se intendete invece fotografare persone non conosciute, buona norma è chiedere prima il permesso, non sempre infatti chi vi sta di fronte ha piacere di essere ripreso.

A Montevideo non avrete problemi a far sviluppare le vostre pellicole né a far riparare la vostra macchina fotografica, v. **Fotografia** in **Informazioni** nel capitolo **Montevideo**. Nelle altre località potete chiedere alla gente del luogo o rivolgervi agli uffici turistici, dovrebbero essere in grado di darvi informazioni dettagliate al riguardo.

ORA
L'Uruguay è tre ore indietro rispetto al meridiano di Greenwich, quattro ore indietro rispetto all'Italia; perciò quando a Montevideo è mezzogiorno, a Roma sono le 16 (le 17 quando in Italia vige l'ora legale).

ELETTRICITÀ
La rete elettrica in Uruguay fornisce corrente a 220V, e ha una frequenza di 60 Hz.

PESI E MISURE
L'Uruguay utilizza il sistema metrico decimale.

LAVANDERIE
Non dovrebbe essere difficile trovare una lavanderia dove poter lavare i vostri indumenti. In questa guida sono indicati alcuni indirizzi alla voce **Lavanderie** delle principali città o località turistiche, in caso contrario provate a chiedere alla gente del posto o rivolgetevi agli uffici turistici.

SERVIZI IGIENICI
Fate sempre molta attenzione quando usate i gabinetti pubblici, pulizia e igiene possono infatti essere notevolmente trascurate. Buona norma è avere sempre con sé la carta igienica ed eventualmente anche delle salviette umidificate.

Un'alternativa può essere quella di servirsi delle toilette dei caffè e dei ristoranti le cui condizioni igieniche vi sembrano buone.

SALUTE
Tenete presente che, in genere, gli ospedali uruguayani richiedono il pagamento in contanti e rifiutano la copertura assicurativa; è quindi possibile che i viaggiatori che necessitano di un ricovero o di altro tipo di assistenza debbano pagare di tasca propria e richiedere poi in seguito il rimborso assicurativo.

Per ulteriori informazioni v. il capitolo **Salute**.

VIAGGIATORI DISABILI
In Italia l'associazione Mondo possibile (☎ 011-309 6363, fax 309 1201) da qualche anno si occupa di turismo accessibile per i disabili. Consultate il sito internet www.tour- web.com/accturhp.htm.

Potete inoltre rivolgervi agli uffici turistici e alle agenzie di viaggi per avere informazioni sui servizi e le strutture che l'Uruguay offre ai viaggiatori disabili.

Consultate anche la voce **Viaggiatori con particolari esigenze** nel capitolo **Il viaggio**.

VIAGGIATORI ANZIANI

La Elderhostel organizza diversi programmi educativi incentrati sull'Uruguay e tutti iniziano con un breve soggiorno di orientamento a Montevideo. I programmi comprendono corsi su flora e fauna, giri della città ed escursioni a Punta del Este. I partecipanti devono avere almeno 55 anni. Per maggiori informazioni, o per ricevere un catalogo, rivolgetevi all'Elderhostel (☎ 617-426-8056), 75 Federal St, Boston, MA 02110-1941.

VIAGGIARE CON I BAMBINI

Viaggiare con i bambini richiede naturalmente particolari attenzioni, in qualsiasi paese.

Generalmente sono più vulnerabili degli adulti anche solo al cambiamento del clima e degli orari, e inoltre corrono maggiori rischi di contrarre malattie.

Molti consigli pratici in materia si possono trovare nel testo di Maureen Wheeler *Viaggiare con i bambini* (E.D.T/Lonely Planet, Torino, 1996), dove sono riportati anche episodi di cui è stata protagonista la stessa autrice.

V. anche **Viaggiatori con esigenze particolari** in **Il viaggio**.

ORGANIZZAZIONI UTILI

Benché limitata, la rete di ostelli della gioventù rappresenta una buona alternativa alle normali sistemazioni e può quindi valere la pena di acquistare la tessera, che ha un prezzo ragionevole (US$24). Le tariffe praticate negli ostelli sono comprese fra US$6.50 e US$11 per notte. Per maggiori informazioni rivolgetevi all'Asociación de Alberguistas del Uruguay (☎ 400-4245), filiale locale della Hostelling International, situata a Montevideo in Pablo de María 1583 e aperta nei giorni feriali dalle 11.30 alle 19.

Per il viaggiatore italiano che intenda procurarsi la tessera HI prima di partire, la carta individuale ha un costo di lire 30.000 ed è valida fino al 31 gennaio dell'anno successivo a quello di emissione; va inoltre detto che non presenta limitazioni per quanto riguarda l'età del richiedente. È rilasciata da numerose organizzazioni e agenzie specializzate in turismo giovanile. Recentemente è stata istituita anche una tessera familiare molto conveniente (costa lire 35.000), che può essere rilasciata a nuclei familiari che comprendano un minorenne. Eventuali figli maggiorenni ne sono però esclusi e devono procurarsi la carta individuale. Per informazioni ci si può rivolgere all'Associazione Italiana Alberghi per la Gioventù (☎ 06-487-1152, fax 488-0492), Via Cavour 44, 00184 Roma.

In Uruguay è accettata la tessera ISIC (International Student Identity Card), rilasciata a Montevideo dall'ASATEJ (☎ 02-908-0509, fax 908-4895), Rio Negro 1354, 2° piano, Office 1 y 2, oppure dall'AAU (☎ 02-400-4245, fax 400-1326), Pablo de Maria 1583/008. In Italia la tessera ISIC è rilasciata dalle sedi del CTS (Centro Turistico Studentesco e Giovanile), costa lire 20.000 e vale fino al 31 dicembre dell'anno di emissione. Per ulteriori informazioni potete rivolgervi alla sede nazionale del CTS (☎ 06-441111, fax 4411-1400; indirizzo internet: www.cts.it), Via Andrea Vesalio 6, 00161 Roma, o consultare il sito www.istc.org/.

ORARI DEGLI UFFICI E GIORNI FESTIVI

Quasi tutti i negozi sono aperti nei giorni feriali e il sabato dalle 8.30 alle 12.30 o 13, e da metà pomeriggio fino alle 19 o 20. I negozi di alimentari sono aperti anche la domenica mattina.

Gli orari degli uffici governativi variano secondo la stagione: in estate, da metà novembre a metà marzo, sono aperti dalle 7.30 alle 13.30, mentre nel resto dell'anno da mezzogiorno alle 19. Le banche di Montevideo sono aperte nel pomeriggio dei giorni feriali, ma nelle altre città e località in genere aprono solo di mattina. Eventuali eccezioni saranno riportate nel testo.

Nei giorni festivi quasi tutti i negozi e tutti gli uffici pubblici sono chiusi. I trasporti funzionano, ma con orari ridotti. Ecco le principali festività dell'anno:

1° gennaio
  Año Nuevo (Capodanno)
6 gennaio
  Epifanía
Marzo/aprile (la data può variare)
  Viernes Santo/Pascua (Venerdì Santo/Pasqua)
19 aprile
  Desembarco de los 33 (Sbarco dei 33), in onore degli esuli che ritornarono in Uruguay nel 1825 e che, con il sostegno dell'Argentina, liberarono il paese dal Brasile.
1° maggio
  Día del Trabajador (Festa del Lavoro)
18 maggio
  Batalla de Las Piedras (Battaglia di Las Piedras); commemora un'importante battaglia della guerra di indipendenza.
19 giugno
  Natalicio de Artigas (Nascita di Artigas)
18 luglio
  Jura de la Constitución (Giorno della Costituzione)
25 agosto
  Día de la Independencia (Festa dell'Indipendenza)
12 ottobre
  Día de la Raza (Columbus Day)
2 novembre
  Día de los Muertos (Giorno dei Morti)
25 dicembre
  Navidad (Natale)

Benché più vivace di quello argentino, il carnevale uruguayano, che ha luogo il lunedì e il martedì precedenti il Mercoledì delle Ceneri, non raggiunge i livelli del carnevale brasiliano. Non mancate di visitare il Barrio Sur di Montevideo, dove la comunità nera della città festeggia con la tradizionale *candombe* (danzo afro-uruguayana).

La settimana santa (Pasqua) coincide con La Semana Criolla, durante la quale vengono organizzate manifestazioni nella tradizione gauchesca, come l'*asados* (barbecue), e rappresentazioni di musica popolare.

ATTIVITÀ

Principalmente l'Uruguay offre la possibilità di praticare sport acquatici.

La riviera uruguayana presenta una costa punteggiata da innumerevoli località con spiagge sabbiose, ampie dune e stupendi promontori che si estendono fino al confine con il Brasile. Punta del Este è il centro più famoso, e tra le tante attività possibili c'è anche il beach-hopping, che viene praticato a seconda delle condizioni locali e se c'è abbastanza movimento di turisti. Da non perdere sono le escursioni alle isole, soprattutto a Isla de Lobos, dove si può ammirare una colonia di 200.000 leoni marini del sud.

Maldonado è la meta prediletta degli amanti della pesca sportiva, un passatempo diffuso lungo la costa, in mare aperto e nelle isole Gorriti e de Lobos. Altri sport acquatici sono il surf, il windsurf e le immersioni.

Anche a Priápolis ci sono ottime possibilità di pesca dalle rocce, principalmente all'estremità occidentale della Playa Priápolis, e se non si è amanti di questo sport resta comunque uno splendido posto anche solo per nuotare, prendere il sole e praticare brevi passeggiate.

Se amate camminare, ottime possibilità le offre Cabo Polonia, che con le sue splendide dune e una vasta colonia di leoni marini del sud, è una delle zone più selvagge dell'Uruguay: Ricordate però che muoversi a piedi sulle dune è estremamente faticoso.

Anche sul litorale uruguayano, la regione a ovest di Montevideo che costeggia il Rio de la Plata e il Rio Uruguay, vi sono numerosi luoghi di interesse turistico, nonché centri minori ideali per un'escursione in giornata partendo da Colonia o da Montevideo.

ALLOGGIO

I turisti che viaggiano in economia non dovrebbero incontrare grossi problemi a trovare una sistemazione a buon prezzo.

L'Uruguay è infatti affiliato all'International Youth Hostel Association, e gli ostelli si trovano in quasi tutte le città uruguayane.

Un'altra soluzione economica possono essere i campeggi, che sono presenti un po' ovunque.

Numerosi sono anche gli alberghi e le pensioni, naturalmente più cari e affollati nei periodi di alta stagione, quando è consigliabile prenotare con largo anticipo.

A Montevideo i prezzi delle strutture ricettive sono aumentati, potrete perciò trovare alberghi un tempo economici che ora rientrano nella categoria media. Gli alberghi della categoria economica sono spesso bui e fatiscenti, ci sono però alcune eccezioni.

Colonia ha recentemente migliorato le sue strutture ricettive e sta perciò diventando sempre più cara, talvolta i prezzi sono più alti dal venerdì alla domenica.

Può essere difficile trovare una sistemazione economica a Punta del Este, dove in estate i prezzi raggiungono cifre astronomiche. Una buona soluzione può essere quella di cercare una sistemazione nei dintorni, dove i prezzi sono più ragionevoli.

CIBO

Gli Uruguayani consumano una maggiore quantità di carne di manzo rispetto agli Argentini e la *parrillada* (grigliata di manzo) è il piatto più diffuso. Allo stesso modo i vari tipi di locali e ristoranti sono molto simili – le *confiterías* (caffè), le pizzerie e i ristoranti assomigliano ai loro equivalenti argentini. A Montevideo, Punta del Este e in altre località balneari si trovano ottimi ristoranti che servono cucina internazionale, ma altrove l'offerta è piuttosto uniforme. I piatti a base di pesce rappresentano quasi sempre un'ottima scelta.

Il re delle tavole calde è il *chivito*, che non è carne di capra, bensì un gustoso e sostanzioso panino con bistecca e diversi tipi di contorno – formaggio, lattuga, pomodori, pancetta e quant'altro. Ancora più sostanzioso è il *chivito al plato*, che consiste in una bistecca sormontata da un uovo fritto con insalata di patate, insalata verde e contorno di patatine fritte. Altri spuntini veloci sono l'*olímpicos*, un club sandwich, e l'*húngaros*, un panino di forma allungata con salsicce piccanti (probabilmente troppo per i bambini, per i quali è meglio ordinare il più blando *panchos*).

BEVANDE

Gli Uruguayani consumano moltissimo mate (tè paraguayano), forse più degli Argentini e degli stessi Paraguayani, e molti si portano addirittura il thermos. I vini di questo paese sono discreti, soprattutto se gustati sotto forma di *clericó*, una miscela di vino bianco e succo di frutta. Un'altra bevanda alcolica molto diffusa è il *medio y medio*, ossia spumante mescolato con vino bianco. Anche le birre sono buone.

DIVERTIMENTI

Sebbene la produzione cinematografica dell'Uruguay sia molto limitata, il cinema è un passatempo estremamente popolare a Montevideo e nel resto del paese. Anche il teatro è molto seguito, soprattutto nella capitale.

Il tango è quasi popolare come in Argentina e la musica e la danza afro-uruguayana *candombe* aggiunge al panorama musicale quel tocco di originalità che è assente nei paesi confinanti.

MANIFESTAZIONI SPORTIVE

L'Uruguay ha vinto il campionato del mondo di calcio per ben due volte nel XX secolo, una delle quali battendo in casa il fortissimo Brasile. A queste vittorie seguì poi un periodo piuttosto nero per la nazionale, che durò fino al 1995, anno in cui riuscì a battere il Brasile vincendo la Copa de las Américas. Il calcio è in assoluto lo sport più popolare, sia a livello di spettacolo sia come sport praticato dalla popolazione; le squadre più importanti sono quelle di Montevideo, il Nacional e il Peñarol.

ACQUISTI

I turisti che amano fare shopping potranno scegliere fra abbigliamento e accessori in pelle, indumenti e tessuti di lana, agate e gemme, ceramiche, artigianato in legno e zucche vuote decorate.

Per fare acquisti il nome che garantisce maggiore serietà è la cooperativa di artigiani Manos del Uruguay, che ha diversi punti vendita a Montevideo.

Per maggiori informazioni v. **Montevideo**.

Il viaggio

Occorre tener presente che l'Uruguay è un satellite dell'Argentina e quindi la maggior parte dei voli internazionali per/dal paese fa scalo all'Ezeiza Airport di Buenos Aires prima di proseguire per Montevideo. Lo stesso vale per i trasporti fluviali, marittimi e via terra, che passano tutti per l'Argentina. Esistono diversi valichi di frontiera tra Brasile e Uruguay.

AEREO
Acquisto del biglietto

Il Sudamerica risulta una meta piuttosto costosa da raggiungere pressoché da qualunque parte del mondo, ma alcune tariffe scontate possono ridurre considerevolmente la spesa. Oltre ai biglietti diretti si possono scegliere anche quelli Round-the-World. Spesso sono praticati consistenti sconti stagionali; quindi è meglio evitare periodi di punta come dicembre, l'estate e le feste religiose o nazionali. È meglio rivolgersi direttamente alle singole compagnie aeree riguardo a tali festività, perché le date possono cambiare.

Il biglietto aereo rappresenterà forse la spesa più consistente del viaggio, e acquistarlo potrebbe creare una certa apprensione. Vale sempre la pena di dedicare qualche ora all'analisi del mercato attuale. Cercate di procurarvi per tempo i biglietti – alcuni tra i più convenienti devono essere acquistati con mesi di anticipo e i voli più richiesti si esauriscono subito. È anche utile parlare con chi è stato di recente nella zona, in quanto può evitarvi di compiere gli stessi errori. Leggete gli annunci sui giornali e sulle riviste, consultate i repertori e prestate attenzione alle offerte speciali.

Le compagnie aeree forniscono informazioni su rotte e orari, ma non offrono i biglietti più convenienti se non in periodi di bassa stagione e nei momenti cruciali di guerra dei prezzi. Le agenzie di viaggi sono di solito il luogo privilegiato per fare gli affari migliori. Che ricorriate direttamente alla compagnia aerea oppure a un'agenzia di viaggi, chiedete sempre che vi vengano specificati la tariffa, la rotta, la durata del viaggio e le eventuali restrizioni sul biglietto.

Uno dei modi più economici per raggiungere il Sudamerica è avvalersi di un corriere aereo: in cambio di tariffe fortemente scontate, il viaggiatore accetta una riduzione parziale o totale del proprio bagaglio e acconsente a portare con sé documenti e materiale commerciale. I maggiori inconvenienti, oltre al bagaglio ridotto, sono il soggiorno piuttosto breve e l'esiguo numero di aeroporti europei e nordamericani disponibili per questi voli (in Italia, per esempio, non è consentito volare in questo modo).

La maggior parte delle compagnie aeree più importanti offre ingenti sconti sulle tariffe per l'America Latina attraverso i cosiddetti 'consolidatori' di biglietti, ma la situazione cambia così rapidamente che persino i listini che compaiono settimanalmente sui quotidiani diventano obsoleti in brevissimo tempo. Le migliori fonti d'informazione per quel che riguarda i biglietti più economici sono, tra le altre, le pagine dedicate ai viaggi sui maggiori quotidiani, come il *The New York Times,* il *Los Angeles Times* e il *San Francisco Examiner* per quanto riguarda gli USA, o il *Sydney Morning Herald* e il *The Age* in Australia. Simili listini si possono reperire nelle apposite sezioni di riviste quali *Time Out* e *TNT* nel Regno Unito. Alcuni annunci sulle riviste universitarie e altre pubblicazioni locali propongono tariffe scontate, ma non c'è da stupirsi se al momento di contattare l'agenzia di viaggi non sono più disponibili: si tratta solitamente di tariffe di bassa stagione, applicate da com-

Glossario per i viaggi in aereo

Agenzie di viaggi Ne esistono di tutti i generi e dovreste cercare di trovare quella più adatta alle vostre esigenze. Alcune si occupano soltanto di viaggi organizzati, mentre altre trattano sia i pacchetti tutto compreso sia la vendita di biglietti, il noleggio di automobili e le prenotazioni alberghiere. Una buona agenzia può prendersi cura di tutte queste cose facendovi risparmiare tempo e denaro, ma se desiderate un biglietto aereo al prezzo più basso possibile vi converrà rivolgervi a un'agenzia del tipo *bucket-shop*. Queste ultime però si occupano solo di biglietti aerei e non fanno prenotazioni alberghiere.

Air Shuttles (voli navetta) Si tratta di brevi voli navetta fra le città più importanti. Il biglietto può essere acquistato direttamente in aeroporto al momento della partenza, ma più spesso viene usato il sistema **Ticketless Travel** (si veda la voce specifica più avanti). Perciò bisogna arrivare con un certo anticipo per trovare posto. Non sono ammessi eccessi di bagaglio.

Apex L'Apex, o 'Advance Purchase Excursion' (biglietto a pagamento anticipato) è un biglietto che costa dal 30 al 40% in meno dei biglietti a tariffa piena, ma prevede una serie di restrizioni. Lo si deve acquistare almeno 21 giorni prima della partenza (a volte anche di più) e ha una durata minima (di solito 14 giorni) e massima (90 o 180 giorni). Non sono concessi stopover, e se volete cambiare le date della partenza o del ritorno, oppure la destinazione, bisogna pagare una penale. Questi biglietti non sono del tutto rimborsabili, quindi se dovete cancellare il viaggio vi sarà rimborsata una cifra spesso considerevolmente inferiore a quella da voi pagata per il biglietto; fate un'assicurazione di viaggio che vi copra nel caso in cui dobbiate rinunciare a partire per cause impreviste – per esempio per una malattia.

Baggage Allowance (bagaglio consentito) Sul vostro biglietto troverete scritto quanto bagaglio vi è consentito di portare: di solito un collo fino a 20 kg che va nel bagagliaio, più uno come bagaglio a mano. Alcune compagnie che fanno voli transoceanici permettono di avere un bagaglio in più (precisando le limitazioni rispetto alle dimensioni e al peso).

Bucket Shops In certi periodi dell'anno e/o su determinate rotte, molte compagnie aeree volano con i posti a sedere in parte vuoti. In queste situazioni è per loro più conveniente cercare di riempire gli aerei anche se questo significa vendere un certo numero di biglietti a tariffe estremamente scontate; per fare questo scaricano i biglietti ad agenzie specializzate che a loro volta li venderanno al pubblico a tariffe scontate. Spesso questi biglietti sono i più economici che possiate trovare ma non è possibile acquistarli direttamente dalle compagnie. Sono biglietti non sempre disponibili, per cui non solo dovete essere molto flessibili nei programmi di viaggio, ma anche seguire con attenzione la pubblicità delle agenzie sui giornali ed essere tra i primi a presentarsi in agenzia.

I bucket shop pubblicano le loro offerte su giornali e riviste e dal momento che vi è una forte concorrenza – specialmente su piazze come Amsterdam e Londra – è meglio telefonare per accertarsi della disponibilità dei biglietti prima di correre da un'agenzia all'altra. Ovviamente, negli annunci vengono pubblicizzati i biglietti dalle tariffe più basse, ma può succedere che quando si arriva in agenzia questi siano già esauriti e vi venga proposto qualcosa di leggermente più caro.

Bumped Avere un posto confermato non significa che abbiate la sicurezza di prendere l'aereo – v. **Overbooking**.

Cancellation Penalties (penalità per cancellazione) Cancellare o cambiare un apex o un altro tipo di biglietto a tariffa scontata può comportare forti penalità; a volte è possibile fare un'assicurazione che copra questo rischio.

Glossario per i viaggi in aereo

Alcune compagnie aeree impongono penalità anche sui biglietti normali, soprattutto per quei passeggeri che non si presentano alla partenza ('no show').

Check in In genere per i voli internazionali viene richiesto di presentarsi all'aeroporto circa un'ora e mezzo prima della partenza. Se non arrivate in tempo o se per il vostro volo sono state accettate prenotazioni in più rispetto al numero dei posti, la compagnia aerea può annullare la vostra prenotazione e dare la precedenza ad altri.

Confirmation (conferma) Avere un biglietto compilato con i dati del volo e la data non significa che abbiate un posto finché l'agente non abbia verificato con la compagnia aerea che il vostro status sia 'OK' o confermato. Nel frattempo potete solo essere 'on request' (in richiesta).

Courier Fares (corrieri) Le ditte spesso si servono di corrieri per spedire in modo rapido e sicuro documenti urgenti e merci, e queste compagnie di corrieri spesso ingaggiano una persona per far passare il pacco attraverso la dogana, offrendole in cambio un biglietto a volte estremamente conveniente. In effetti, quello che gli spedizionieri fanno è imbarcare la merce su normali voli di linea facendola passare come vostro bagaglio. Tutta l'operazione è perfettamente legale ma presenta due svantaggi: da un lato la ridotta durata del biglietto, di solito non più di un mese e dall'altro il fatto che si debba cedere tutta la propria baggage allowance alla compagnia di corrieri, così che vi sarà concesso avere soltanto il bagaglio a mano.

Direct Flights (voli diretti) Da non confondersi con i voli 'nonstop' (v. **Nonstop Flights**), i voli 'direct', di solito più economici, effettuano brevi scali lungo le rotte interne più lunghe. Un volo New York-San Francisco, per esempio, può prevedere uno scalo di un'ora a Chicago. È sempre meglio che cambiare aereo, ma non è di certo il sistema più rapido per spostarsi.

Discounted Tickets (biglietti a tariffa ridotta) Ci sono due tipi di tariffe ridotte: le ufficiali come le apex (v. **Promotional Fares**) e le non ufficiali (v. **Bucket Shops**). Questi ultimi tipi di biglietto possono darvi altri vantaggi oltre a farvi risparmiare denaro: può succedere di pagare tariffe apex senza essere costretti a sottostare alle restrizioni relative e a prenotare con molto anticipo. I prezzi più bassi spesso implicano svantaggi come volare con compagnie poco richieste, o in orari scomodi, o ancora su rotte e con coincidenze disagevoli.

Economy Class Tickets (biglietti di classe economica) I biglietti di classe economica di solito non sono i biglietti più convenienti in assoluto, ma danno il massimo della flessibilità e hanno una validità di 12 mesi. Se non li utilizzate, sono quasi sempre totalmente rimborsabili, come lo sono le parti non utilizzate di un biglietto multiplo.

Full Fare (tariffa piena) Le linee aeree offrono tutte una prima classe (codice F), la cosiddetta business class (codice J o C) e la tariffa turistica (codice Y). Oggi però ci sono tante opportunità più convenienti, tra campagne promozionali e tariffe scontate, e ben pochi passeggeri optano per la tariffa piena.

Lost Tickets (biglietti smarriti) Se perdete il vostro biglietto aereo la compagnia generalmente si comporterà come se fosse un travellers' cheque e, dopo una verifica, ve ne rilascerà un altro.
In termini legali, tuttavia, la compagnia aerea ha il diritto di considerarlo come denaro contante che una volta perso non è più ricuperabile, perciò state attenti ai vostri biglietti.

(*segue*)

Glossario per i viaggi in aereo

MCO Un MCO (Miscellaneous Charges Order) è un voucher di un determinato valore che sembra un biglietto aereo e può essere usato per pagare un volo con qualsiasi compagnia aerea della IATA (International Air Transport Association). È più flessibile di un biglietto normale e può rispondere all'irritante necessità di dover esibire in anticipo un biglietto per un volo che vi riporti fuori dal paese in cui siete arrivati, ma ora alcuni paesi sono restii ad accettarlo. Se inutilizzato un MCO è totalmente rimborsabile.

No Shows (mancata presentazione alla partenza) I 'no shows' sono passeggeri che, per qualsiasi ragione, non si presentano alla partenza del loro volo. I passeggeri con un biglietto a tariffa piena che non arrivano in tempo hanno talvolta la possibilità di prendere il volo successivo. Tutti gli altri devono pagare una penale (v. **Cancellation Penalties**).

Nonstop Flights (voli 'nonstop') Il modo più veloce e più comodo per viaggiare è prendere un volo 'nonstop' che vi porti direttamente a destinazione senza scali intermedi. Tuttavia sulle rotte lunghe questi voli si fanno sempre più rari, e anche più costosi (v. anche **Direct Flights**).

Open-Jaw Ticket Si chiama così un biglietto di andata e ritorno che vi permette di volare in un posto ma di ritornare da un altro e di viaggiare a vostre spese tra le due località con qualsiasi mezzo di trasporto. Questo tipo di biglietto, quando è disponibile, vi evita di dover ritornare nel luogo in cui siete arrivati per imbarcarvi sul volo di ritorno.

Overbooking (prenotazioni in eccesso) Le compagnie aeree non amano far volare gli aerei con dei posti vuoti e, dato che per ogni volo c'è qualche passeggero che non si presenta alla partenza (v. **No Shows**), spesso prenotano più passeggeri di quanti siano i posti disponibili. Di solito l'eccesso di passeggeri viene bilanciato da quelli che non si presentano, ma talvolta qualcuno rimane escluso. Quando questo avviene chi arriva tardi al check in ha più probabilità di rimanere a terra.

Promotional Fares (tariffe promozionali) Sono tariffe scontate ufficialmente, come le apex, ottenibili dalle agenzie di viaggi o direttamente dalle linee aeree.

Reconfirmation (riconferma) Almeno 72 ore prima della partenza dovete contattare la compagnia aerea e 'riconfermare' che intendete prendere quel volo. Se non lo fate la compagnia può cancellare il vostro nome dalla lista dei passeggeri e voi perderete il posto.

Restrictions (restrizioni) I biglietti scontati spesso sono soggetti a una serie di restrizioni, come il pagamento anticipato, le limitazioni sulla durata minima e massima del viaggio e sulla possibilità di interromperlo o di cambiare la prenotazione strada facendo, ecc.

Round-the-World Ticket (biglietto per il giro del mondo) Questi biglietti hanno avuto una grande diffusione negli ultimi anni. Ve ne sono di due tipi: delle compagnie aeree e delle agenzie di viaggi. Un biglietto RWT del primo tipo viene rilasciato da due o più compagnie aeree che hanno stipulato un accordo per emettere un biglietto per il giro del mondo che combini le loro diverse rotte. Permette di viaggiare praticamente dovunque utilizzando le loro rotte, a patto che non si torni mai indietro, ma che si mantenga sempre approssimativamente la stessa direzione verso est o verso ovest. Altre restrizioni riguardano il fatto che (di solito) si deve prenotare in anticipo la prima parte del viaggio (con conseguente applicazione di penali) e che vi è un determinato numero di stopover consentiti. La validità di questi biglietti va da 90 giorni a un anno. L'altro tipo di biglietti RWT, quelli emessi da un'agenzia, consiste in una combinazione di tariffe economiche messe insieme da un'intraprendente agenzia di viaggi, ma pur essendo a volte meno cari di quelli delle compagnie aeree, consentono una scelta più limitata per quanto riguarda le rotte.

Glossario per i viaggi in aereo

Standby (riserva) Biglietto scontato che prevede che voliate solo se c'è un posto libero all'ultimo momento. Le tariffe standby di solito sono disponibili soltanto direttamente all'aeroporto, ma a volte si trovano anche presso la sede cittadina delle compagnie aeree. Per avere maggiori possibilità di partire con il volo che vi interessa, arrivate presto in aeroporto e fate subito inserire il vostro nome nella lista d'attesa. I primi arrivati sono i meglio serviti.

Students Discounts (sconti per studenti) Alcune compagnie offrono dal 15 al 25% di sconto sulle tariffe dei loro biglietti ai possessori di una carta dello studente. Le stesse condizioni valgono anche per coloro che hanno meno di 26 anni. Questi sconti di solito si applicano soltanto sulle tariffe ordinarie di classe economica; non valgono, per esempio, su un apex o su un RWT, che sono già scontati.

Tickets Out (biglietti d'uscita) Molti paesi richiedono come requisito d'ingresso che abbiate un biglietto per una destinazione successiva oppure un biglietto di andata e ritorno, in altre parole un biglietto che vi porti fuori dal paese. Se non siete sicuri di ciò che volete fare dopo, la soluzione più semplice è acquistare il biglietto più economico per un paese vicino oppure un biglietto da una compagnia affidabile che ve lo rimborsi se non lo usate.

Ticketless Travel (viaggio senza biglietto) Un nuovo sistema utilizzato sui voli economici delle linee aeree locali, che consente di acquistare i biglietti per telefono o tramite agenzia, e di imbarcarsi presentando semplicemente un documento d'identificazione con fotografia.

Transferred Tickets (trasferimento di biglietti) I biglietti aerei non possono essere trasferiti da una persona a un'altra. I viaggiatori talvolta tentano di vendere la parte del ritorno del loro biglietto, ma i funzionari dell'aeroporto possono chiedervi di provare che siete la persona titolare del biglietto. Sui voli interni non è molto probabile che succeda, ma sui voli internazionali i biglietti sono di solito confrontati con i passaporti.

Travel Periods (periodi di viaggio) Alcune tariffe scontate in modo ufficiale, in particolare le tariffe apex, variano a seconda dei periodi dell'anno. Spesso esistono una bassa e un'alta stagione e talvolta anche una stagione intermedia. In alta stagione, quando tutti vogliono volare, saranno più alte non soltanto le tariffe scontate ufficialmente, ma anche quelle con ribassi non ufficiali, o semplicemente possono non essere messi sul mercato biglietti scontati. Di solito la tariffa dipende dalla data della partenza: se partite in alta stagione e tornate in bassa stagione, pagate comunque la tariffa di alta stagione.

pagnie poco note e con molte condizioni restrittive.

Si può scegliere di rinunciare alla lusinga dei prezzi bassissimi e pagare qualcosa in più, rivolgendosi a un'agenzia di viaggi più conosciuta e sicura. Ditte consolidate come la STA Travel, che ha uffici in tutto il mondo, il Council Travel negli USA e il Travel CUTS in Canada rappresentano delle valide alternative e offrono ottimi prezzi per numerose destinazioni.

I biglietti economici sono di due tipi: ufficiali e consolidatori. I primi hanno svariati nomi, come tariffa acquisto anticipato, tariffa economica, Apex e Super-Apex. I biglietti consolidatori sono semplicemente biglietti scontati che le compagnie distribuiscono attraverso agenzie di viaggi selezionate (e non tramite i propri uffici). I biglietti più economici di solito non sono rimborsabili e comportano il pagamento di una tassa addizionale nel caso in cui si voglia cambiare volo. Molte polizze assicurative coprono tale spesa se il cambiamento è dovuto a situazioni di emergenza. I biglietti di andata e ritorno si rivelano solitamente meno cari – spesso molto più economici – di due biglietti di sola andata.

Una volta ottenuto il biglietto, è bene annotarne il numero insieme a quello del volo e ad altri dettagli, e conservare queste informazioni separatamente. In caso di perdita o furto del biglietto, questi accorgimenti saranno utili per ottenerne la sostituzione. Ricordate di stipulare un'assicurazione di viaggio il più presto possibile.

Biglietti Round-the-World (RTW) Questo tipo di biglietti ha avuto un grande successo negli ultimi anni. I biglietti aerei RTW sono spesso molto convenienti rispetto ai comuni biglietti di andata e ritorno. Tuttavia, ultimamente i prezzi sono aumentati e ora partono da UK£1220, A$3100 o US$2700. Comunque, gli accordi tra le varie compagnie aeree stanno mutando rapidamente e i prezzi variano sensibilmente secondo la data di partenza e la durata del biglietto; perciò bisogna condurre un'attenta ricerca prima di effettuare l'acquisto.

I biglietti RTW ufficiali di solito sono il frutto della combinazione di due linee aeree e consentono di volare ovunque sulle loro rotte purché si viaggi sempre nella stessa direzione. Altre limitazioni sono rappresentate dalla prenotazione anticipata (obbligatoria) del primo tratto e dalle penali in caso di cancellazione. Le limitazioni possono riguardare anche il numero degli scali, e i biglietti valgono di solito da tre mesi a un anno. Un altro tipo di biglietto RTW è quello emesso da un'agenzia di viaggi attraverso la combinazione di più biglietti scontati.

Anche se la maggior parte delle compagnie aeree riduce a quattro il numero di tratte percorribili negli USA e in Canada, e altre escludono alcune delle rotte più trafficate (come la Honolulu-Tokyo), il numero degli scali intermedi è infinito. In molti casi questi biglietti devono essere acquistati 14 giorni prima del viaggio. Una volta acquistato il biglietto, si può cambiare la data senza sovrapprezzo e lo si può modificare per aggiungere o cancellare scali al costo di US$50 ciascuno.

La maggior parte dei biglietti RTW è limitata a due compagnie: per esempio, Qantas vola in collaborazione con American Airlines, Delta Air Lines, Northwest Airlines, Canadian Airlines, Air France, LanChile e KLM. Un biglietto RTW della Qantas, emesso in collaborazione con una qualsiasi delle compagnie aeree di cui sopra, costa US$3247 o A$3099.

Per coloro che partono dall'Australia o dall'Argentina, una possibilità è il biglietto congiunto proposto dalla Qantas e da Aerolíneas Argentinas. Partendo da Sydney o Buenos Aires, ci si può fermare in Nuova Zelanda, Londra, Parigi, Bahrain, Singapore e altrove, ma si deve specificare in anticipo l'itinerario. Sfortunatamente non sono ammesse fermate intermedie in Nordamerica, ma tariffe simili sono disponibili negli USA e in Canada. Il prezzo del biglietto Aerolíneas-Qantas è A$3299 a Sydney o US$3218 a Buenos Aires (quest'ultimo è più caro del 35% rispetto a quello acquistato in Australia).

Aerolíneas ha stretto ulteriori accordi, per quanto riguarda i biglietti RTW, con Air New Zealand, Cathay Pacific, KLM, Malaysia Airlines, Singapore Airlines e Thai Airways International. British Airways, LanChile e Qantas Airways offrono a US$3344 o A$2550 un biglietto RTW che permette la combinazione di più rotte, incluso il Pacifico attraverso l'Isola di Pasqua.

Viaggiatori con esigenze particolari
Se avete un problema particolare – avete una gamba rotta, dovete seguire una dieta speciale, siete seduti su una sedia a rotelle, viaggiate con un neonato, avete paura di volare – segnalatelo alla compagnia aerea il più presto possibile, perché possa prendere gli opportuni provvedimenti. È bene ribadire tali esigenze al momento di riconfermare la prenotazione (almeno 72 ore prima della partenza) e di nuovo all'atto del check-in all'aeroporto. Vale anche la pena di provare a sentire diverse compagnie aeree prima di fare la prenotazione,

per sapere come ciascuna è in grado di far fronte alle vostre esigenze.

Aeroporti e compagnie aeree possono essere straordinariamente efficienti, se avvertiti in anticipo. Molti aeroporti internazionali offrono l'accompagnamento dal banco del check-in fino all'aereo laddove ce ne sia bisogno e sono attrezzati con rampe, ascensori, servizi igienici e telefoni per i disabili. Al contrario, la toilette sull'aereo può creare qualche problema; è meglio parlarne subito alla compagnia e, se necessario, consultare il proprio medico.

I cani guida per i ciechi spesso viaggiano in un compartimento bagagli appositamente pressurizzato insieme ad altri animali, lontano dal loro padrone; soltanto i cani guida di piccola taglia possono essere ammessi in cabina. I cani guida non sono sottoposti a quarantena, purché si possa dimostrare che sono stati vaccinati contro la rabbia.

I viaggiatori con problemi di udito possono chiedere che tutti gli annunci diffusi all'aeroporto e in volo vengano loro comunicati in forma scritta.

I bambini al di sotto dei due anni generalmente pagano il 10% della tariffa intera (con alcune compagnie viaggiano gratuitamente) se non occupano un posto, ma non hanno diritto al bagaglio. Se richiesta in anticipo, la compagnia aerea fornisce una culla particolare, capace di contenere un bambino fino a un peso di 10 kg circa. I bambini dai 2 ai 12 anni possono occupare un posto a sedere pagando metà o due terzi della tariffa intera, e hanno diritto al bagaglio. Generalmente i passeggini possono essere portati a bordo, essendo considerati bagaglio a mano.

Tassa d'imbarco
I passeggeri dei voli internazionali che partono dall'Aeroporto Carrasco di Montevideo devono pagare una tassa d'imbarco di US$6 se diretti in Argentina e di US$12 per altre destinazioni.

Per/dall'Italia
L'aeroporto di Montevideo, principale scalo aereo del paese, non è collegato da voli di linea diretti con l'Italia. L'unica compagnia europea a operare attualmente su questa destinazione è Air France, con un collegamento settimanale in partenza dall'aeroporto parigino Charles de Gaulle, con ottime coincidenze da tutti i principali scali italiani. In alternativa, potete volare su Montevideo con la compagnia Pluna (Primeras Líneas Uruguayas de Navegación Aerea) in partenza due volte la settimana da Madrid. Esiste poi tutta una serie di altre valide alternative come, per esempio, Aerolíneas Argentinas (da Roma Fiumicino via Buenos Aires) e Varig (da Milano Malpensa 2000 e Roma Fiumicino via San Paolo) o, vista la vicinanza fra le due città, con qualsiasi altra compagnia aerea che operi su Buenos Aires (Alitalia, Iberia, KLM, Lufthansa).

Le tariffe variano secondo la stagionalità o in occasione di particolari promozioni aeree. Con Air France, per esempio, si parte da lire 1.551.000 (bassa stagione)/lire 2.250.000 (alta stagione) per un biglietto con validità minima di 6 giorni, massima di 2 mesi a date fisse non modificabili, per passare a lire 2.650.000 (bassa stagione)/lire 2.950.000 (alta stagione) per la cosiddetta tariffa 'escursionistica' con validità minima/massima di 6 giorni/6 mesi e possibilità di variare la data del rientro. Tariffe particolarmente vantaggiose si possono ottenere anche con Aerolíneas Argentinas o Varig, a condizione di volare per l'intero itinerario aereo con lo stesso vettore con un biglietto a date fisse. In definitiva, tutto dipende dal vostro itinerario e dal fatto che l'Uruguay rappresenti o meno l'unica destinazione del vostro viaggio. Il consiglio migliore è, come sempre, di rivolgersi a un'agenzia di viaggi di fiducia prenotando possibilmente con un certo anticipo, specie in periodi di alta stagione.

Per/dall'Europa
La Pluna, un vettore uruguayano, effettua voli da Madrid due volte la settimana con scalo a Rio de Janeiro, prima di proseguire per Montevideo ed Ezeiza. L'Iberia serve

Montevideo quattro volte la settimana via Barcellona, Madrid ed Ezeiza.

Per/dai paesi confinanti

Sono operativi frequenti voli che collegano l'Aeropuerto Internacional Carrasco di Montevideo all'Aeroparque Jorge Newbery di Buenos Aires, nonché fra l'Aeroparque e Punta del Este. Sebbene sia possibile raggiungere in aereo Ezeiza da Carrasco, è più costoso e meno conveniente, a meno che il vostro biglietto non sia valido per un'altra destinazione.

La Pluna collega Montevideo a destinazioni in Brasile, fra cui Porto Alegre (volo giornaliero), Florianópolis (due volte la settimana), Rio de Janeiro (volo giornaliero) e San Paolo (due o tre volte al giorno). La Varig effettua voli giornalieri per Porto Alegre e Rio de Janeiro e serve tutti i giorni San Paolo, proseguendo poi per Rio de Janeiro.

Per/da altri paesi sudamericani

La Pluna effettua inoltre voli per Asunción, in Paraguay, lunedì e sabato, e per Santiago del Cile (quattro volte la settimana). Sono operativi alcuni voli della TAM per Asunción martedì, venerdì e domenica.

La Lloyd Aéreo Boliviano raggiunge quattro volte la settimana Santa Cruz de la Sierra e La Paz via Ezeiza. La LanChile effettua voli giornalieri, tranne mercoledì, per Santiago del Cile con volo aggiuntivo la domenica.

Il lunedì la Cubana fa scalo a Montevideo prima di atterrare a Buenos Aires e da qui ripartire per L'Avana.

VIA TERRA

L'Uruguay confina con la provincia argentina di Entre Ríos e con lo stato brasiliano meridionale di Rio Grande do Sul. Le statali principali e i servizi di autobus in genere sono buoni, ma non esistono collegamenti ferroviari.

Valichi di frontiera con l'Argentina

Da Montevideo partono alcuni autobus diretti a Buenos Aires via Gualeguaychú, ma i servizi sono lenti e meno convenienti rispetto alla combinazione terra/fiume attraverso il Río de la Plata. Tutti gli altri collegamenti terrestri si effettuano attraverso il Río Uruguay nella provincia di Entre Ríos.

I cittadini italiani non necessitano del visto per entrare in Argentina; è sufficiente il passaporto con almeno tre mesi di validità.

Da Concordia a Salto Il ponte, attraverso il complesso idroelettrico Salto Grande, a nord di Concordia, collega queste due città a nord del Parque Nacional El Palmar. È previsto anche un regolare servizio di motolance che attraversano il fiume.

Valichi di frontiera con il Brasile

Da Chuy a Chui e Pelotas Il valico più frequentato tra l'Uruguay e il Brasile è collegato a Montevideo da un'ottima statale asfaltata. Chuy e Chui sono due città gemelle le cui strade principali corrono parallele e sono separate solo da una striscia; l'ufficio immigrazione uruguayano è circa 1 km prima del reale confine e quello brasiliano è 2 km oltre. Se siete diretti in Brasile dovete espletare le formalità da ambedue le parti. Per l'ingresso in Brasile ai cittadini italiani non occorre il visto, ma solo il passaporto con almeno sei mesi di validità.

Da Río Branco a Jaguarão Meno utilizzato del confine di Chuy, è un percorso alternativo per Pelotas e Porto Alegre attraverso la città di Treinta y Tres, nel dipartimento omonimo, o Melo nel dipartimento di Cerro Largo. Jaguarão è collegata a Pelotas tramite autobus.

Da Rivera a Livramento Il valico di Rivera e Livramento è utilizzato dai viaggiatori che dalla città argentina di Colón sono diretti in Brasile via Paysandú e Tacuarembó, situata nell'interno. Esiste un collegamento di autobus regolari tra Livramento e Porto Alegre.

Da Artigas a Quaraí Questo percorso attraversa il Puente de la Concordia sul Río Quareim, mentre la statale principale corre in direzione sud-est fino a Livramento.

Da Bella Unión a Barra do Quaraí Situato nell'angolo più nordoccidentale dell'Uruguay, questo valico porta alla città brasiliana di Uruguaiana, da la quale potete raggiungere la provincia argentina di Corrientes e dirigervi verso nord nel Paraguay o alle cascate di Iguazú. Il viaggio via terra, attraverso il Brasile meridionale, fino a quest'ultima località è lento e difficoltoso.

VIA FIUME E MARE

Il mezzo più comune per raggiungere l'Argentina da Montevideo è il traghetto o l'aliscafo e a volte è necessario arrivare in autobus fino a Colonia. I passeggeri che s'imbarcano sul traghetto a Montevideo pagano US$5, cifra che comprende la tassa portuale e d'imbarco, mentre chi s'imbarca a Colonia paga US$3.

Da Montevideo a Buenos Aires I cosiddetti Buqueaviones sono comodi traghetti ad alta velocità che collegano le due capitali in circa 2 ore e mezzo per US$52 in turista (classe turistica) e US$67 in prima (prima classe). Nella sala centrale riservata ai passeggeri è vietato fumare.

Da Colonia a Buenos Aires Da Montevideo potete raggiungere direttamente Colonia in autobus (3 ore) e da qui attraversare il Río de la Plata con la Ferrytur o la Buquebus, che offrono diverse partenze giornaliere per Buenos Aires (US$23, 2 ore e mezzo).

Gli aliscafi della Ferrytur coprono il tragitto Colonia-Buenos Aires (US$32) in un'ora.

Da Carmelo e Nueva Palmira a Tigre Fanno servizio delle lance che attraversano l'estuario del Río de la Plata e raggiungono Tigre, sobborgo di Buenos Aires. Da Carmelo le lance costano US$11 e impiegano circa 2 ore e mezzo, mentre quelle che partono da Nueva Palmira costano US$15 e ci mettono un po' di più.

VIAGGI ORGANIZZATI

I viaggi organizzati per l'Uruguay sono abbastanza rari, ma i turisti che hanno almeno 55 anni possono rivolgersi all'Elderhostel (☎ 617-426-8056), 76 Federal St, Boston, MA 02110, un'associazione che organizza viaggi di due settimane attraverso il paese a partire da US$3200.

Per circa lo stesso prezzo sono anche previsti altri viaggi che comprendono escursioni in Argentina, Brasile e Paraguay.

C'è un modo semplice,
per essere sempre aggiornati sulle nuove guide
e sulla letteratura di viaggio

leggere

Il Mappamondo
newsletter delle guide Edt/Lonely Planet

*disponibile gratuitamente in 600 librerie italiane
o da richiedere direttamente a EDT*

 19 via Alfieri, 10121 Torino - tel. 0115591811 - fax 0115591824
E-mail: edt@edt.it - http://www.edt.it

Trasporti interni

AEREO
Da quando la compagnia aerea militare Tamu ha sospeso i propri servizi non ci sono voli interni, tranne che per il tratto nazionale dei voli internazionali che collegano Punta del Este al Brasile via Montevideo.

AUTOBUS
Gli autobus non sono così comodi come quelli argentini, ma gli spostamenti sono più brevi, quindi l'insieme risulta sopportabile; molte compagnie pubblicano inoltre orari precisi. La maggior parte delle città uruguayane non ha una stazione centrale degli autobus, ma le varie compagnie sono tutte le une vicine alle altre in genere intorno alla piazza principale. Solo Montevideo è provvista di una nuova stazione, spaziosa e molto trafficata.

Ci sono autobus frequenti per tutte le destinazioni, quindi le prenotazioni sono necessarie solo in prossimità delle feste. Le tariffe sono convenienti: ad esempio il tratto da Montevideo a Fray Bentos, circa 300 km, costa solo US$11.

TRENO
I servizi ferroviari per passeggeri sono stati sospesi nel 1988.

AUTOMOBILE
Gli Uruguayani sono automobilisti un po' meno 'spietati' degli Argentini, anche se vi capiterà di sentir dire che le linee di separazione delle corsie sono solo delle decorazioni. In ogni caso ci sono diversi automobilisti argentini per strada, quindi state attenti se vedete qualche targa di questo paese. Tranne che a Montevideo e nelle città della costa, il traffico nel resto del paese è ridotto e non rappresenta quindi un grosso problema. Le strade dell'interno, però, sono accidentate e i visitatori abituati alle piatte pampas argentine devono invece fare molta attenzione alle strade tortuose e a volte ripide dell'Uruguay.

Ufficialmente per guidare in Uruguay è necessaria la patente interamericana oltre alla patente del proprio paese, ma in genere dovrebbe bastare quella internazionale perché la polizia si accontenta di un documento dall'aspetto ufficiale. Rispetto all'Argentina non succede spesso che gli automobilisti vengano fermati per un controllo e che la macchina venga perquisita, ma la polizia non è aliena dal ricevere bustarelle per infrazioni minori.

Guidare in Uruguay può rivelarsi ancora più caro che in Argentina perché questo paese importa il petrolio e, non avendo un'industria automobilistica nazionale, anche le automobili. Di conseguenza vedrete talmente tante *cachilas* d'epoca, molto ben tenute, percorrere le strade di Montevideo, che sarete indotti a credere di essere finiti sul set di un film di gangster. Se avete intenzione di comprare una macchina è meglio che lo facciate in Argentina. La benzina normale contenente piombo costa circa US$0.85 al litro, mentre la super senza piombo (l'unica disponibile) è intorno a US$1. Gli autonoleggi sono costosi quanto quelli argentini.

L'Automóvil Club del Uruguay (☎ 02-901-1251), situato all'angolo tra Colonia e Yi a Montevideo, equivale all'ACA argentino, ma ha meno filiali. Potete però trovare buone cartine e materiale informativo.

TRASPORTI LOCALI
Taxi
I taxi sono muniti di tassametro e per il pagamento i conducenti si basano su una tabella fotocopiata che riporta le tariffe. Tra mezzanotte e le 6 le tariffe sono più elevate. C'è un piccolo supplemento per il bagaglio e in genere i passeggeri tendono ad arrotondare la tariffa.

Montevideo

La capitale uruguayana domina la vita politica, economica e culturale del paese ancor più di quanto non faccia Buenos Aires in l'Argentina. Quasi la metà dei 3.2 milioni di abitanti vive in questa città e il motivo è chiaro: lo splendido porto naturale di Montevideo collega il paese al commercio internazionale e l'economia, quasi esclusivamente basata sull'agricoltura, non ha bisogno di un altro sbocco commerciale che faccia concorrenza alla capitale.

Per molti aspetti il ristagno economico ha rovinato la moderna Montevideo, città in cui i principali edifici pubblici sono costruzioni anonime e funzionali che non stonerebbero nell'Europa dell'est (una scritta sul muro di un edificio la descrive come 'un necrópolis de sueños rotos', ovvero una necropoli di sogni infranti). Comunque l'amministrazione municipale cerca di abbellire la città creando spazi pubblici, come Plaza Cagancha, e promuovendo la ricostruzione della Ciudad Vieja (Città Vecchia), il nucleo coloniale che costituisce la maggiore attrattiva della città.

Se Montevideo è destinata a essere protagonista di una significativa rinascita, ancora più importante sarà lo sviluppo e l'espansione del Mercosur, il neonato mercato comune formato da Brasile, Argentina, Paraguay e Uruguay. In qualità di quartier generale amministrativo di questo nuovo mercato, Montevideo dovrebbe beneficiare più di altre città di questa unione doganale a quattro (anche se in fondo si tratta solo di portare a un altro livello le consuete funzioni burocratiche della città).

STORIA
La fondazione di Montevideo nel 1726 fu la risposta della Spagna alla crescente influenza del Portogallo nella zona del fiume Plata; fin dal 1680 la città di Colonia, fortezza e porto di contrabbando, fu infatti una vera e propria spina nel fianco della Spagna. Montevideo divenne quindi una fortezza contro i Portoghesi e anche contro i corsari inglesi, francesi e danesi in cerca di un rifugio nella Banda Oriental. Ancora più isolata di Buenos Aires, Montevideo era una città modesta e piuttosto insignificante rispetto al suo ruolo ufficiale di porto di scalo delle navi in rotta per il Pacifico. Nel 1797 un visitatore inglese, giunto sull'odierna Plaza Zabala, osservava:

> Il forte sembra essere l'unica cosa a cui sia stata dedicata una certa attenzione; è ampio, ben costruito ed è formato da quattro bastioni su cui sono sistemati dei cannoni in bronzo dall'aspetto efficiente...

> La chiesa è il secondo edificio di una certa importanza: è grande e ben proporzionata, ma non ha nulla di particolare; le case, molte delle quali sparse in giro senza alcun ordine apparente e abbellite da graziosi giardini e orticelli, sono costruite con pochi mezzi e sono tutte basse, solo poche superano il pianterreno; i loro tetti coperti di tegole, sui quali ondeggiano gli alberi verdi, formano però un insieme armonioso.

Molti dei primi abitanti di Montevideo provenivano dalle isole Canarie. Il porto della città, sotto molti aspetti migliore di quello di Buenos Aires, tranne per il fatto che non ha accesso alla pampa umida, divenne presto un punto focale del commercio d'oltremare. Il boom edilizio dei primi anni dell'800 portò alla costruzione di una nuova Iglesia Matriz, del Cabildo, e di altri monumenti coloniali neoclassici, ma dopo l'indipendenza le autorità demolirono molti di questi edifici e pianificarono un nuovo centro a est della Ciudad Vieja e del suo porto. Questa iniziativa era dovuta al fatto che si trattava di un luogo piuttosto malsano. Ecco come un visitatore inglese descrive, nel 1807, i pericoli che si incontravano camminando di notte per la città:

attraversavo vie lunghe e strette talmente infestate di ratti voraci che a volte diventava pericoloso affrontarli...Legioni di ratti si raccoglievano intorno ai resti di carogne e ai mucchi di verdura e frutta marcia. Se cercavo di passare vicino a questi temibili briganti, o di interrompere il loro pasto e le loro orge, digrignavano i denti come lupi nella notte. Erano ben lungi dal fuggire terrorizzati nelle loro tane, anzi si voltavano, emettevano grida rabbiose e si lanciavano contro le mie gambe con una foga tale da farmi gelare il sangue nelle vene.

Ma i Montevideños avevano ben altri problemi. Intorno alla metà del XIX secolo la città fu posta sotto continuo assedio dal dittatore argentino Rosas, il quale era deciso a fare del paese uno stato vassallo di Buenos Aires. Dopo la caduta di Rosas nel 1851, ripresero i normali rapporti commerciali e tra il 1860 e il 1911 la rete ferroviaria costruita dagli Inglesi contribuì alla prosperità di Montevideo. Come Buenos Aires, all'inizio del XX secolo la città fu meta di una massiccia immigrazione di europei, per lo più provenienti da Spagna e Italia: nel 1908 il 30% della popolazione di Montevideo era di origini straniere.

Nel frattempo il paese era diventato sempre più dipendente dalle esportazioni: con finanziamenti locali fu realizzato il primo *frigorífico* (stabilimento per il congelamento della carne) della città, seguito da due imprese simili finanziate dall'estero. Lo sviluppo economico ha continuato a promuovere l'espansione agricola nei dintorni di Montevideo per soddisfare la crescente domanda della popolazione urbana, costituita per lo più da gente sfuggita alla miseria delle zone rurali. Questa parte di popolazione vive in *conventillos*, ossia vecchi casermoni, in realtà veri e propri tuguri, destinati ad accogliere diverse famiglie. Molti di questi conventillos si trovano nella Ciudad Vieja, ma i loro abitanti sono costretti ad abbandonarli a causa del risanamento edilizio che sta gradualmente distruggendo questo nucleo centrale pittoresco e di grande valore storico.

ORIENTAMENTO

Montevideo sorge sulla sponda orientale del Río de la Plata, quasi esattamente a est di Buenos Aires, situata sulla sponda occidentale. Per la maggior parte dei visitatori la principale attrazione è rappresentata dalla Ciudad Vieja, il nucleo coloniale radunato su una piccola penisola accanto al porto, un tempo circondato da mura. Il centro amministrativo della città è Plaza Independencia, situata a est, che presenta molti edifici storici risalenti all'epoca repubblicana. Da qui parte Av 18 de Julio, un'importante strada commerciale in cui si concentrano i negozi e i divertimenti, che prosegue verso est attraverso Plaza Cagancha dividendo in due il barrio alberato noto come El Córdon (un tempo chiamato El Cardal, luogo di nascita di Artigas). Le strade che incrociano a Av 18 de Julio proseguono spesso con un nome diverso. La maggior parte degli alberghi più economici si concentra nelle vie laterali che si dipartono da Plaza Cagancha, e alcuni si trovano anche nella Ciudad Vieja.

Da Plaza del Entrevero, in Av 18 de Julio, parte una strada diagonale, Av Libertador General Lavalleja, che porta all'imponente Palacio Legislativo, sede dell'Asamblea General. Dalla terrazza dell'11° piano del Palacio Municipal, in Av 18 de Julio angolo Ejido, si gode una vista spettacolare della città. All'estremità nordorientale di Av 18 de Julio si estende Parque José Batlle y Ordóñez, un ampio parco pubblico che ospita l'Estadio Centenario, uno stadio con 75.000 posti costruito nel 1930 per commemorare il centenario della fondazione del paese. Perpendicolarmente alla sua estremità c'è un'altra importante arteria, Bulevar Artigas, e la vicina Av Italia è la statale principale che conduce in direzione est a Punta del Este e verso altre città della Riviera uruguayana.

Ci sono molti luoghi di interesse anche fuori dal nucleo centrale, testimonianza dell'espansione di Montevideo sia verso est sia verso ovest lungo il fiume. A ovest, oltre il porto, il Cerro de Montevideo, alto 132 m ('una montagna conica di incredibile altezza', secondo un visitatore inglese del XVIII secolo facilmente impressionabile), un tempo era un punto di riferimento per i navigatori e ancora oggi offre un bel panorama della città. A est la Rambla, ossia la strada sul lungofiume, passa davanti a bei quartieri residenziali con numerosi giardini pubblici, tra cui Parque Rodó, all'estremità meridionale di Bulevar Artigas. Più avanti, ma sempre nella cerchia urbana, si aprono diverse spiagge sabbiose che in estate sono frequentate dagli abitanti della capitale e nel resto dell'anno sono meta di gite fuori porta.

INFORMAZIONI
Uffici turistici
Il Ministerio de Turismo (☎ 409-7399) ha un accogliente ufficio informazioni al pianterreno di Av Libertador General Lavalleja 1409, aperto nei giorni feriali dalle 9 alle 18.30. Inoltre dovrebbe esserci un nuovo ufficio nella vecchia sede della Pluna in Colonia angolo Lavalleja.

L'Oficina de Informes (☎ 601-1757) al Terminal Tres Cruces, la stazione degli autobus situata in Bulevar Artigas angolo Av Italia, è efficiente ed è aperta tutti i giorni dalle 9 alle 21. L'utilissimo settimanale *Guía del Ocio*, che riporta le manifestazioni culturali, i cinema, i teatri e i ristoranti, esce con l'edizione del venerdì del quotidiano *El País*.

Se conoscete lo spagnolo potete comporre il 124 per avere informazioni di carattere generale su qualsiasi cosa relativa a Montevideo. Per informazioni sui divertimenti rivolgetevi all'Espectáculos (☎ 0900-2323; la chiamata costa US$0.60 al minuto).

Immigrazione
La Dirección Nacional de Migracion (☎ 916-0471) è in Misiones 1513.

Cambio
Ci sono molti uffici di cambio intorno a Plaza Cagancha e in Av 18 de Julio. L'Exprinter, Sarandí 700, in Plaza Independencia, è molto affidabile. Presso l'American Express (☎ 902-0829), rappresentata a livello locale dalla Turisport, in San José 930, non è più possibile cambiare i travellers' cheque, che però possono essere incassati al Cambio Gales, situato in Av 18 de Julio 1048.

Poste e telecomunicazioni
Il Correo Central (ufficio postale principale) è in Buenos Aires 451 nella Ciudad Vieja e ha una filiale in Ejido, tra San José e Soriano. Ci sono dei Telecentros dell'Antel in Rincón 501, nella Ciudad Vieja, in San José 1102 e nella stazione degli autobus di Tres Cruces. Il prefisso telefonico di Montevideo è 02.

Agenzie di viaggi
Tra le molte agenzie disponibili, la Viajes COT (☎ 902-1605), Plaza Cagancha 1124, organizza escursioni a Montevideo e in altre destinazioni, comprese le nazioni confinanti. L'Asatej, agenzia studentesca argentina senza fini di lucro, socia della STA Travel, ha una filiale a Montevideo (☎ 908-0509, fax 908-4895) in Río Negro 1354 al 2° piano.

Fotografia
Presso la Kilómetro Cero, Av 18 de Julio 1180 angolo Plaza Cagancha, e la Kodak Uruguaya, Yí 1532, potrete far sviluppare le vostre pellicole. Se dovete far riparare la macchina fotografica andate alla Technifilm, in 18 de Julio 1202.

Librerie
A Montevideo ci sono diverse ottime librerie. La Linardi y Risso (☎ 915-7129), in Juan Carlos Gómez 1435, nella Ciudad Vieja, equivale per importanza alla libreria Platero di Buenos Aires e offre una vasta scelta di volumi di argomento letterario e storico, compresi molti libri esauriti. La più grande libreria della città è la Librerías Barreiro (☎ 915-0150), in Juan Carlos Gómez 136, nella Ciudad Vieja, con filiali in Av 18 de Julio 941 e nei quartieri periferici di Pocitos e Carrasco.

A Pocitos ci sono due ottime librerie con caffè annesso: la Libertad Libros (☎ 711-3460), Libertad 2433, e la Casa Gandhi (☎ 707-5870), JB Blanco 975.

Centri culturali

La Biblioteca Artigas-Washington (☎ 901-5232), Paraguay 1217, gestita dallo United States Information Service, è una biblioteca molto essenziale con libri e giornali in inglese. Il centro sponsorizza inoltre programmi speciali e conferenze.

Anche l'Anglo-Uruguayan Cultural Institute (☎ 900-3708), San José 1426, gestisce una biblioteca con volumi in inglese. A Montevideo ci sono filiali dell'Instituto Goethe, in Canelones 1524, e dell'Alianza Francesa (☎ 903-0805), in Soriano 1180. All'angolo tra Av 18 de Julio e Julio Herrera y Obes sorge il Centro Cultural Uruguayo-Brasileiro.

Tra il 1820 e il 1830 gli schiavi fuggiti dal Brasile formarono la comunità afro-uruguayana di Montevideo nel Barrio Sur della capitale; i loro discendenti vi hanno costruito il proprio centro culturale, il Centro de Estudios e Informes Afros (☎/fax 915-0247), al piano superiore del Mercado Central, Ciudadela 1229.

Assistenza sanitaria

Per quanto riguarda l'assistenza sanitaria l'ospedale più conveniente è l'Hospital Maciel (☎ 915-6810), in 25 de Mayo, e il Maciel della Ciudad Vieja. Línea SIDA (☎ 402-1010) è il servizio di assistenza telefonica per l'AIDS.

Pericoli e contrattempi

Benché Montevideo sia piuttosto tranquilla rispetto ad altre città, i visitatori noteranno un aumento della criminalità: ora si vedono diversi vigilantes privati nei caffè e nei ristoranti e tutti i taxi sono muniti di una parete divisoria tra conducente e passeggero. Prendete le dovute precauzioni, specialmente intorno al Mercado del Puerto nella Ciudad Vieja.

ESCURSIONI A PIEDI

Per orientarvi nel centro di Montevideo partite da **Plaza Independencia**, attraversate la Ciudad Vieja e arrivate al porto. Sulla piazza, una guardia d'onore vigila 24 ore su 24 davanti al **Mausoleo de Artigas**, sormontato da una statua alta 17 m e pesante 30 tonnellate dell'eroe dell'indipendenza nazionale. Il **Palacio Estévez**, risalente al XVIII secolo, sul lato meridionale della piazza, fu sede del governo fino al 1985. All'epoca della sua inaugurazione, nel 1927, il **Palacio Salvo**, palazzo di 26 piani in stile barocco sul lato orientale, era l'edificio più alto del subcontinente ed è ancora il più alto della città; da qui, nel 1939, gli agenti britannici spiavano il cacciatorpediniere tedesco *Graf Spee*, che a quei tempi era all'ancora nel porto di Montevideo e che in seguito fu affondato dal proprio capitano. Poco lontano dalla piazza sorge il **Teatro Solís** (v. paragrafo relativo).

All'estremità occidentale della piazza si trova **La Puerta de la Ciudadela**, ossia ciò che rimane della cittadella coloniale che dominava la zona prima della sua distruzione nel 1833. Calle Sarandí, parte della quale ora è pedonale, porta a **Plaza Constitución**, anche nota come Plaza Matriz, ornata al centro da una scultura dell'italiano Juan Ferrari, che commemora la costruzione del primo acquedotto della città. Sul lato orientale di Plaza Constitución un museo storico occupa il Cabildo (finito nel 1812), una struttura in pietra in stile neoclassico progettata dall'architetto spagnolo Tomás Toribio. Iniziata nel 1784 e completata nel 1799, l'**Iglesia Matriz**, all'angolo tra Sarandí e Ituzaingó, è l'edificio pubblico più antico di Montevideo, opera dell'architetto portoghese José de Sáa y Faría.

Fate una deviazione e proseguite per un isolato a nord di Plaza Constitución per vedere i bei bassorilievi di Edmundo Prati che ornano il **Banco La Caja Obrera** (1941), in 25 de Mayo angolo Ituzaingó. Ritornando verso Calle Rincón, proseguite verso ovest e incontrerete la **Casa Rivera**, in Rincón angolo Misiones, il **Museo Romántico**, in 25 de Mayo 428, e la **Casa Lavalleja**, in Zabala angolo 25 de Mayo, che fanno tutti parte del **Museo Histórico Nacional** (v. **Musei e luoghi di interesse**). Il Palacio Taranco (1910), in 25 de Mayo angolo Primero de Mayo, fu costruito in stile settecentesco europeo da architetti francesi su commissione di un facoltoso mercante; ora ospita il **Museo de Arte Decorativo**, aperto nei giorni feriali dalle 14 alle 18. Da qui recatevi in **Plaza Zabala**, sulla quale sorgeva la casa del governatore coloniale fino alla demolizione nel 1878; c'è una statua dedicata a Bruno Mauricio de Zabala, fondatore della città, realizzata dallo scultore spagnolo Lorenzo Coullant Valera.

Dalla piazza proseguite verso ovest lungo Washington e verso nord fino a Colón angolo 25 de Mayo, dove un tempo la **Casa Garibaldi** ospitava l'eroe italiano. Continuate poi fino a Piedras e il Mercado del Puerto.

Chi fosse interessato all'architettura della Ciudad Vieja dovrebbe cercare il volume di Julio C. Gaeta *Guía Ciudad Vieja Montevideo* (Montevideo, Guías Elarqa de Arquitectura, 1994), che purtroppo pare esaurito.

MUSEO HISTÓRICO NACIONAL

Il museo storico nazionale è in realtà formato da quattro diversi edifici della Ciudad Vieja, tre dei quali ospitavano un tempo eroi nazionali uruguayani. Costruita alla fine del XVIII secolo, la **Casa Lavalleja** (☎ 915-1028), Zabala 1469, fu la residenza del generale Lavalleja dal 1830 fino alla sua morte, avvenuta nel 1853; nel 1940 i suoi eredi la donarono allo stato. La **Casa Rivera** (☎ 915-1051), un edificio del XIX secolo in Rincón 437, apparteneva al generale Fructuoso Rivera, primo presidente dell'Uruguay e fondatore del Partito Colorado. La **Casa Garibaldi**, in 25 de Mayo 314, apparteneva al patriota italiano che comandò la flotta uruguayana dal 1843 al 1851, e ora contiene molti suoi effetti personali. Tutte le case sono aperte nei giorni feriali dalle 13.30 alle 18, domenica e festivi dalle 14.30 alle 18.30.

Il **Museo Romántico**, 25 de Mayo 428, risale al XVIII secolo. In origine l'esterno era in stile coloniale, ma in seguito fu modificato. Questo museo contiene dipinti e mobili antichi e segue gli stessi orari del resto del complesso.

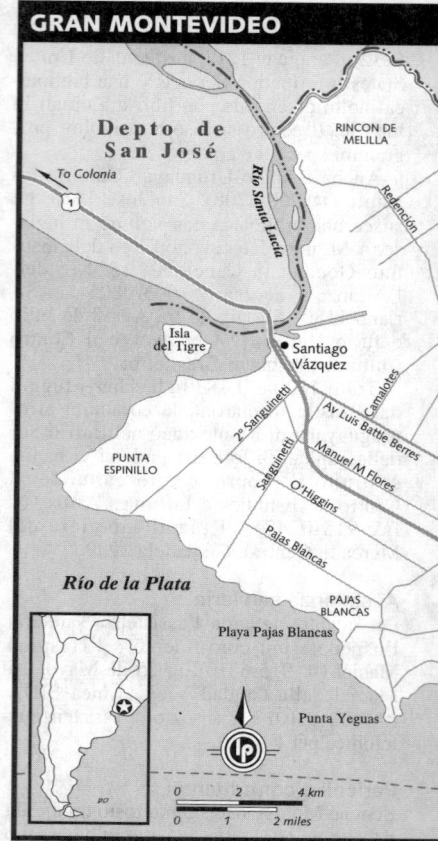

MUSEO DEL GAUCHO Y DE LA MONEDA

Situato all'interno del Banco de la República, in Av 18 de Julio 998, questo museo ospita una sezione dedicata ai gauchos uruguayani che comprende finimenti per cavalli, argenteria e armi, oltre a una collezione numismatica. Il museo (☎ 900-8764) è aperto da martedì a domenica dalle 16 alle 19.

MUSEO TORRES GARCÍA

Situato sulla pedonale Sarandí 683, nella Ciudad Vieja, questo museo espone dipin-

Montevideo

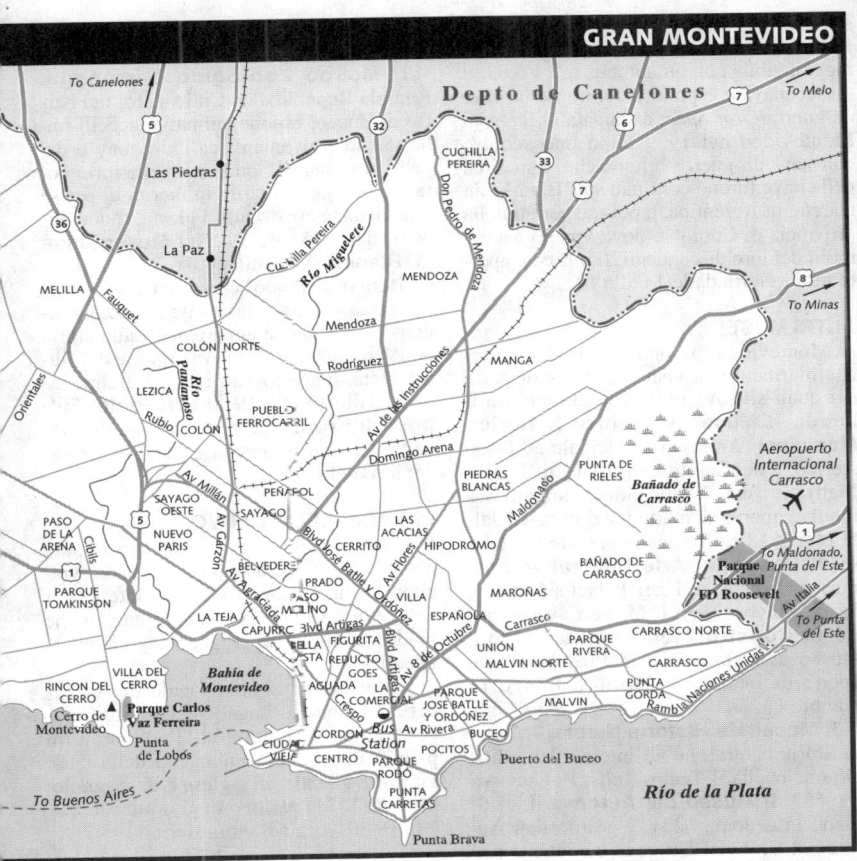

ti dell'artista uruguayano Joaquín Torres García (1874-1949), che trascorse gran parte della sua carriera in Francia producendo opere astratte e anche cubiste (tipo quelle di Picasso) nonché ritratti stravaganti, quasi caricature, di figure storiche quali Colombo, Mozart, Beethoven, Bach e Rabelais.

Aperto nei giorni feriali dalle 15 alle 19 e sabato dalle 11 alle 13, il museo (☎ 916-2663) è anche provvisto di un piccolo negozio di souvenir e di una libreria. L'ingresso è libero.

MUSEO PEDAGÓGICO JOSÉ PEDRO VARELA

Battezzato con il nome dell'uomo che istituì le scuole statali questo museo, situato nell'angolo nordorientale di Plaza Cagancha, contiene un'interessante raccolta di materiale didattico che illustra la visione che hanno gli Uruguayani del proprio paese.

In genere il museo pedagógico José Pedro Varela è aperto nei giorni feriali dalle 10 alle 20 e sabato dalle 8 a mezzogiorno; l'ingresso è libero.

MUSEO NAVAL

A Pocitos, in Rambla Charles de Gaulle, raggiungibile con gli autobus n. 14 o 62, il museo navale espone il relitto della nave da guerra *Graf Spee*, affondata al largo di Montevideo nel 1939 dopo uno scontro con navi da guerra britanniche. I marinai della nave furono confinati sull'Isla Martín García, in Argentina, e poi trasportati nella provincia di Córdoba, dove vivono ancora molti dei loro discendenti. Il museo è aperto tutti i giorni dalle 14 alle 18.

ALTRI MUSEI

A Montevideo ci sono molti altri musei che meritano una visita, la maggior parte dei quali si trova in centro ed è chiusa il lunedì. Il **Museo y Archivo Histórico Municipal** (Archivio municipale e Museo storico) è nel Cabildo, di fronte all'Iglesia Matriz in Juan Carlos Gómez angolo Sarandí; è aperto da martedì a domenica dalle 14 alle 18 e offre visite guidate in inglese. Il **Museo de Arte Decorativo** è un museo di belle arti nel Palacio Taranco, 25 de Mayo 376, e il **Museo Municipal de la Construcción Tomás Toribio**, museo di architettura, in Piedras 528, è aperto da martedì a venerdì dalle ore 14 alle ore 18.

Il **Museo de Historia Natural** (Museo di Storia naturale) è all'interno dell'edificio che ospita il Teatro Solís, Buenos Aires 652. Il **Museo del Automóvil**, al 6° piano in Colonia 1251, è gestito dall'Automóvil Club del Uruguay e contiene una superba collezione di automobili d'epoca tra cui un Hupmobile del 1910 in perfette condizioni. È aperto da martedì a venerdì dalle 17 alle 21 e nei fine settimana dalle 15 alle 21 con ingresso libero.

Oltre il porto sorge il **Museo del Cerro**, in Parque Carlos Vaz Ferreira, che contiene un'eccellente collezione di armi e offre un bel panorama della città; per arrivarci prendete l'autobus n. 125 dal centro. È aperto giovedì e venerdì dalle 13.30 alle 17.45, domenica dalle 9.30 a mezzogiorno e dalle 14 alle 17.45. Il **Jardín Zoológico** (zoo) e il **Planetario Municipal** (planetario) sono in Rivera 3245, raggiungibili col tram n. 60 da Av 18 de Julio.

Il **Museo Zoológico Larrañaga**, Rambla República de Chile 4215, nel barrio di Buceo, espone animali e uccelli imbalsamati provenienti dall'Uruguay e dai paesi confinanti. Con la sua bella torre dorata e le tegole, l'edificio merita di per sé una visita; è aperto tutti i giorni, tranne lunedì, dalle 15 alle 19. Nel **Museo Juan M. Blanes**, Av Millán 4016, nel quartiere periferico di Prado, è esposta l'opera del più famoso pittore uruguayano, comprendente molte scene appartenenti alla storia dell'Uruguay e dell'intera regione del fiume Plata. È aperto tutti i giorni, tranne lunedì, dalle 14 alle 19. Il **Museo del Fútbol** dell'Estadio Centenario è aperto giovedì, nei fine settimana e festivi da mezzogiorno alle 17.

PALACIO LEGISLATIVO

Risalente al 1908, questo edificio in stile neoclassico è opera di Victor Meano, vincitore di un concorso a livello internazionale, e di diversi altri architetti italiani che modificarono il suo progetto negli anni seguenti.

All'estremità settentrionale di Av Libertador General Lavalleja, con una vivace illuminazione notturna, l'edificio a tre piani è uno dei più imponenti della città. Le visite guidate, in inglese e in spagnolo, (☎ 200-1334) partono ogni ora tra le 8.30 e le 18.30, solo nei giorni feriali.

TEATRO SOLÍS

Battezzato con il nome del primo spagnolo che mise piede sul suolo dell'odierno Uruguay, il più importante teatro di Montevideo fu inaugurato nel 1856 (in realtà la costruzione iniziò nel 1842, ma i lavori subirono dei ritardi a causa dell'assedio della città da parte di Rosas). Tra gli artisti che si sono esibiti in questo teatro figurano Caruso, Toscanini, Pavlova, Nijinski, Sarah Bernhardt, Rostropovich e Twyla Tharp.

Situato nell'angolo sudoccidentale di Plaza Independencia, in Buenos Aires 678, il Solís (☎ 915-1968) è dotato di una superba acustica e offre tutto l'anno concerti, balletti, opera e rappresentazioni teatrali. È anche la sede della Comedia Nacional, la compagnia teatrale cittadina. In genere non dovrebbe essere difficile procurarsi i biglietti qualche giorno prima delle rappresentazioni, ma è consigliabile muoversi per tempo.

MERCADO DEL PUERTO
All'epoca dell'inaugurazione, nel 1868, il porto di Montevideo era uno dei più belli del subcontinente, ma ora il suo mercato sopravvive solo grazie all'atmosfera tipica che vi si respira. Circa 40 anni fa gli imprenditori locali iniziarono a costruire ristoranti più eleganti che si affiancarono alle semplici rosticcerie dove mangiava la gente che veniva a vendere i propri prodotti; il mercato divenne così pian piano un fenomeno locale.

Bisogna assolutamente dare un'occhiata all'edificio che contiene il mercato del vecchio porto, in fondo a Calle Pérez Castellano: l'imponente sovrastruttura in ferro battuto ospita ancora una marea di *parrillas* a prezzi contenuti (dove ci si può servire direttamente dalla griglia) e alcuni ristoranti più raffinati che servono dell'ottimo pesce. Specialmente il sabato pomeriggio diventa un vivace e pittoresco luogo d'incontro per artisti, artigiani e musicisti di strada. Il *Café Roldos*, nello stesso posto dal 1886, serve il popolare *medio y medio*, una miscela di vino bianco e spumante.

I ristoranti del Mercado sono aperti solo fino a tardo pomeriggio, quindi non vi si può cenare. Tenete presente che nelle vicinanze del Mercado ci sono state delle rapine a mano armata, anche in pieno giorno, quindi prendete le dovute precauzioni.

ESCURSIONI ORGANIZZATE
La Free Way Viajes (☎ 900-8931), in Colonia 994, organizza un giro della città molto popolare (US$13) e un altro serale per US$24 (US$35 compresa la cena). Questa agenzia offre inoltre altre escursioni in tutto il paese e dispone di guide in diverse lingue.

MANIFESTAZIONI DI PARTICOLARE RILIEVO
Chi non riesce a vedere il carnevale di Rio de Janeiro può rimediare in parte visitando Montevideo durante il Carnaval di fine estate, una manifestazione a cui vale la pena assistere e che supera per vivacità quella di Buenos Aires.

I festeggiamenti della Semana Criolla, organizzati durante la Semana Santa (settimana santa), si tengono nel Parque Prado, a nord del centro. Essendo un paese laico, le celebrazioni ufficiali della settimana santa sono più nazionalistiche che religiose. I festeggiamenti comprendono esibizioni delle attività tipiche dei gauchos, *asados* (barbecue) e altre manifestazioni del genere.

PERNOTTAMENTO
Negli ultimi anni i prezzi delle strutture ricettive sono aumentati più rapidamente dell'inflazione, per cui molti alberghi un tempo economici rientrano ora nella categoria media. In genere gli alberghi più economici sono bui e fatiscenti, ma ci sono alcune eccezioni.

Pernottamento – prezzi economici
Campeggi Il campeggio comunale *Parque Recreativo Punta Espinillo*, raggiungibile percorrendo la Ruta 1 che va verso ovest e poi la laterale Camino 2° Sanguinetti, si trova a 7 km dal centro città. I servizi sono molto essenziali (non ha acqua calda), ma ci sono alberi e i posti tenda sono gratuiti.

Nel *Parque Rodó* si trova un campeggio autorizzato destinato esclusivamente a veicoli autonomi, ma la permanenza è limitata alle 24 ore. Ci sono campeggi anche nel *Parque Lecocq*, a ovest di Montevideo, in Av Luis Batlle Berres, e nel *Parque Nacional Franklin D Roosevelt*, a est della città, in direzione dell'Aeroporto Carrasco.

Ostelli Per chi ha un bilancio limitato una delle sistemazioni più economiche e centrali è rappresentata dall'*Albergue Juvenil* (☎ 908-1324, *Canelones 935*) l'ostello uf-

MONTEVIDEO

Bahía de Montevideo

To Buenos Aires

Muelle B
Dársena 2
Muelle A
Dársena 1
Rambla FD Roosevelt
Park
Muelle de Escala
Dársena Fluvial
Muelle de Contenedores
Pedestrian Mall
Rambla 25 de Agosto de 1825
Mercado del Puerto
CIUDAD VIEJA
Hospital Maciel
Plaza Zabala
Plaza Constitución
Iglesia Matriz
Escollera Sarandí
Park
Río de la Plata

PERNOTTAMENTO
6 Hotel Arapey
7 Hotel Mediterráneo
14 Alojamiento Piedras
15 Hotel Universal
21 Hotel Victoria Palace
23 Holiday Inn
26 Hotel Ideal
43 Hotel Aramaya
47 Hotel Ateneo
53 Hotel Alvear
54 Hotel Capri
64 Hotel Nuevo Savoy
65 Hotel Palacio
79 Hotel Español
84 Hotel Casablanca
88 Gran Hotel América
94 Hotel Lancaster
111 Hotel London Palace
112 Hotel Nuevo Ideal
114 Hotel Oxford
118 Hotel Windsor
120 Hotel Embajador
125 Hotel City
130 Albergue Juvenil
133 Hospedaje del Centro
134 Hotel Lafayette
137 Hotel Kaldi

PASTI
4 Club Libanés
5 Club Alemán
13 La Proa
19 Olivier
25 Oro del Rhin
50 Pizza Bros
77 Oriente
80 Las Brasas
87 Emporio de la Pizza
96 Lobizón
99 Mesón Viejo Sancho
100 La Vegetariana
101 Mesón del Club Español
102 Confitería La Pasiva
109 La Vegetariana
110 El Fogón
115 Ruffino
116 Eusbal Errias
117 Vida Natural
121 La Genovesa
126 Confitería de la Corte

128 Mercado Central, Restaurant Morini
136 El Sarao

ALTRO
1 Porto dei traghetti
2 Casa Mario
3 Consolato francese
8 Agencia Central, Chadre, Sabelín
9 Kodak Uruguaya
10 Museo Municipal de la Construcción Tomás Toribio
11 Autonoleggio Budget
12 Buquebus
16 Dirección Nacional de Migracion
17 Linardi y Risso
18 Libreria Barreiro
20 Consolato belga
22 Autonoleggio Localiza
24 Consolato cileno
27 Intendencia Municipal de Rocha
28 Lloyd Aéreo Boliviano (LAB)
29 Empresa General Artigas
30 Coit
31 Libreria Barreiro
32 Arbiter-Pasqualini
33 Ferrytur
34 Iberia
35 Alitalia, Ecuatoriana, consolato danese
36 Free Way Viajes
37 Pluna/Varig
38 Ministerio de Turismo (nuovo ufficio)
39 Ministerio de Turismo
40 Buquebus
41 Continental Airlines, South African Airways
42 Asatej
44 Mercado de los Artesanos
45 TTL
46 Cine Complejo Plaza
48 Teatro Circular
49 Museo Pedagógico José Pedro Varela
51 Multicar
52 Automóvil Club del Uruguay
55 Casa Garibaldi
56 Palacio Taranco, Museo de Arte Decorativo
57 Casa Lavalleja
58 Teatro El Picadero
59 Museo Romántico
60 Casa Rivera
61 Banco La Caja Obrera
62 Telecentro Antel
63 Cabildo, Museo y Archivo Histórico Municipal
66 Museo Torres García
67 Cuarzos del Uruguay

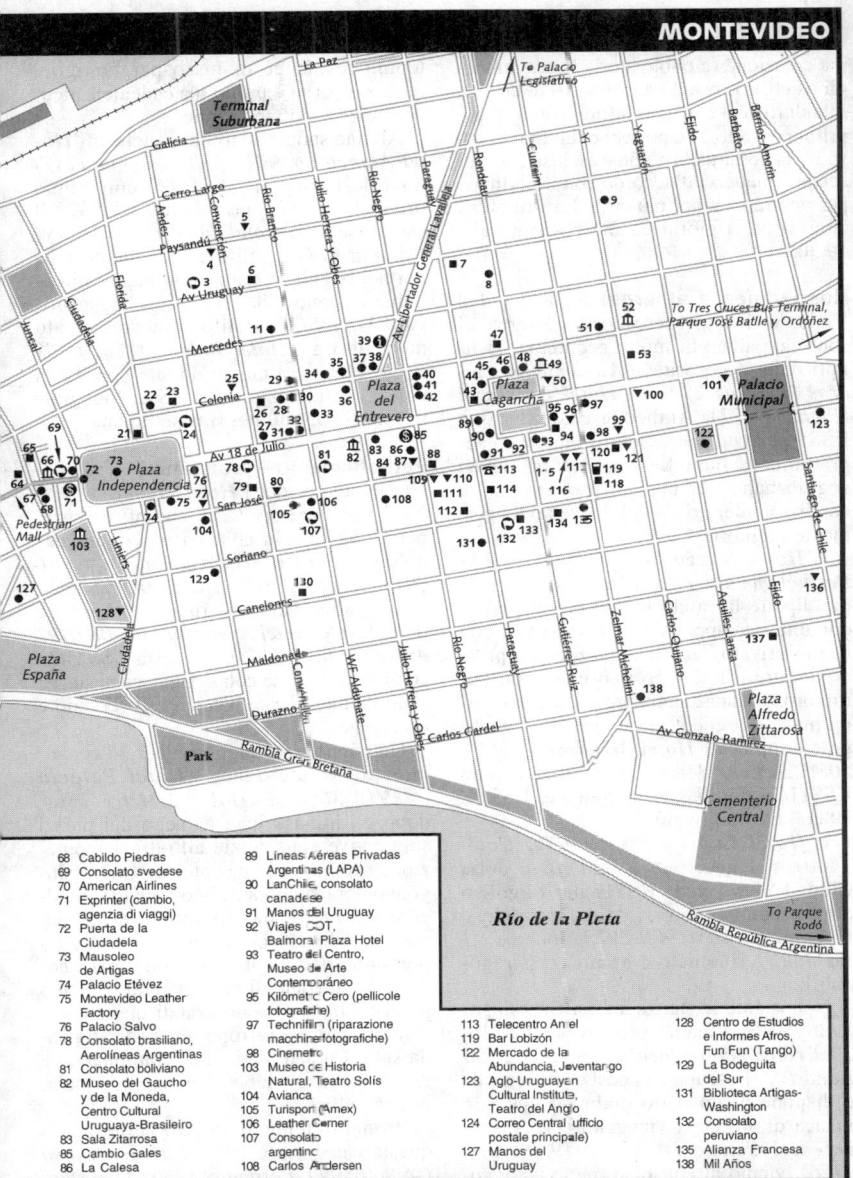

ficiale affiliato alla Hostelling Internatio-nal costa circa US$11 compresa la prima colazione (è obbligatoria la tessera degli ostelli). L'ostello è provvisto di cucina, sala di ritrovo e ufficio informazioni. Il coprifuoco è alle 23 e potrebbe limitare la vostra vita notturna, ma non è escluso che riusciate a mettervi d'accordo con il portinaio per rientrare un po' più tardi. La struttura è chiusa tutti i giorni da mezzogiorno alle 19.30.

Hospedajes e alberghi Nella Ciudad Vieja, vicino al Mercado del Puerto, ci sono due alberghi molto economici ai limiti della decorosità: l'*Alojamiento Piedras* (Piedras 270) e l'*Hotel Universal* (Piedras 272). Ambedue costano circa US$5 per persona e sono frequentati soprattutto da famiglie e lavoratori che vi soggiornano per periodi prolungati. Le condizioni del primo dei due sono leggermente migliori.

L'*Hotel Nuevo Savoy* (☎ 915-7233, Bartholomé Mitre 1371) offre stanze doppie dipinte in modo vivace con bagno in comune per appena US$13 (US$18 con bagno privato). Alcune stanze sono prive di finestre e l'albergo può essere un po' rumoroso a causa della presenza di bambini, ma è accogliente e ben gestito. Le singole/doppie all'*Hotel Windsor* (☎ 901-5080, Zelmar Michelini 1260) costano US$11/14 con bagno in comune, US$14/19 con bagno privato.

L'*Hotel Capri* (☎ 915-5970, Colón 1460), nel quartiere a luci rosse della Ciudad Vieja, costa US$16 per singole o doppie con bagno privato e TV a colori. L'*Hotel City* (☎ 908-2913, Buenos Aires 462) è rinomato e ha prezzi paragonabili.

Nonostante le stanze ammuffite, singole/doppie con bagno privato per US$15/20, l'*Hotel Nuevo Ideal* (☎ 908-2913, Soriano 1073) occupa una posizione centrale e dispone di un patio ombroso che non manca di attirare i viaggiatori. L'*Hospedaje del Centro* (☎ 900-1419, Soriano 1126), vicino al consolato peruviano, costa US$15/18 con bagno in comune (ci sono però poche stanze con questa possibilità), US$18/20 con bagno privato. Un tempo residence di lusso per famiglie, questo albergo è pulito ma cadente e alcune stanze sono molto buie.

Alcune stanze sono buie anche all'*Hotel Ateneo* (☎ 901-2630, Colonia 1147) dove le tariffe di US$18/20 con bagno privato e televisione salgono a US$29 il sabato sera. L'*Hotel Ideal* (☎ 901-6389, Colonia 914) è pulito e accogliente e ha dei bei bagni; le stanze con bagno in comune costano US$18/25, con bagno privato US$25/30. Pulito e raccomandato dai lettori è l'*Hotel Kaldi* (☎ 903-0365, Ejido 1083), in cui le doppie con TV a colori e telefono costano US$20 nei giorni feriali, US$30 nei fine settimana.

Pernottamento – prezzi medi

Una buona scelta è l'*Hotel Arapey* (☎ 900-7032, Av Uruguay 925), che offre stanze per US$25/30. In comoda posizione centrale si trova l'*Hotel Casablanca* (☎ 901-0918, San José 1039) che costa US$25/30 con bagno privato. Più rumoroso è invece il gradevole *Hotel Aramaya* (☎ 908-6192, Av 18 de Julio 1103) che costa US$25/35 compresa la prima colazione; alcune stanze sono munite di due balconi e il servizio è eccellente.

Un tempo tra i migliori alberghi economici di Montevideo, l'*Hotel Palacio* (☎ 916-3612, Bartholomé Mitre 1364) dopo gli ingiustificati aumenti dei prezzi sopravvive solo grazie all'ottima reputazione che aveva in passato. Le stanze singole o doppie con letti in ottone (di cui alcuni infossati), mobili antichi e balconi costano US$31 con bagno in comune (la pressione dell'acqua può non essere costante). Chiedete di alloggiare al 6° piano perché i balconi sono grandi quasi come l'intera stanza e offrono una vista stupenda sulla Ciudad Vieja. Pur continuando a essere un ottimo albergo, non è più quello di una volta.

Probabilmente il miglior albergo di questa categoria è l'*Hotel Mediterráneo* (☎ 900-5090, Paraguay 1486), dove stanze ben tenute costano US$30/40 con prima colazione e servizio eccellente. L'*Hotel Español* (☎ *900-3816, Convención 1317*) è famoso perché vi è stato ambientato il breve racconto di Julio Cortázar 'La Puerta Condenada'; le stanze interne costano US$35/45, mentre quelle affacciate sulla strada US$40/55.

Il centrale *Hotel Lancaster* (☎ *902-0029, Plaza Cagancha 1334*) offre un buon servizio e stanze a partire da US$45/65 compresa la prima colazione. L'accogliente *Gran Hotel América* (☎ *902-0392, Río Negro 1330*) parte da US$55/68 e l'*Hotel Alvear* (☎ *902-0244, Yí 1372*) ha più o meno le stesse tariffe. L'*Hotel Tres Cruces* (☎ *402-3474, Migueletes 2356), a tre stelle*, è stato raccomandato dai lettori; è un altissimo edificio di otto piani situato nei pressi della stazione degli autobus, ha tre stelle e costa US$55/75 compresa la prima colazione e la TV via satellite.

Pernottamento – prezzi elevati

Gli alberghi più eleganti di Montevideo sono privi del lusso che caratterizza invece quelli di Buenos Aires, ma alcuni offrono un ottimo rapporto qualità-prezzo; tutti i prezzi comprendono la prima colazione. Le tariffe dell'*Hotel London Palace* (☎ *902-0024, Río Negro 1278*) sono di US$64/85 compresa la prima colazione con buffet. L'*Hotel Embajador* (☎ *902-0009, San José 1212*) ha tariffe comprese tra US$60/80 e US$80/100. L'*Hotel Oxford* (☎ *902-0046, Paraguay 1286*) è un albergo ristrutturato che costa US$72/87 con un'ottima prima colazione.

Benché l'*Hotel Victoria Palace* (☎ *902-0111, Plaza Independencia 759*), gestito dalla setta Moon, faccia di tutto per essere un albergo di lusso (le tariffe sono di US$143/165), l'unico che può veramente definirsi tale è l'*Hotel Lafayette* (☎ *902-2351, Soriano 1170*) un albergo relativamente nuovo con tariffe comprese tra US$111/129 e US$129/137. Le singole/doppie al nuovo *Holiday Inn* (☎ *900-5794, Colonia 823*), che in realtà è l'ex Hotel Internacional rimodernato, costano US$140.

PASTI

Montevideo non è molto diversa da Buenos Aires in termini di raffinatezza e varietà, ma in genere i suoi numerosi ristoranti sono senza pretese e offrono un ottimo rapporto qualità-prezzo. Tra i ristoranti situati in centro che praticano prezzi ragionevoli figurano il *Morini* (☎ *915-9733, Ciudadela 1229*) e il *Mesón Viejo Sancho* (☎ *900-4063, San José 1229*). *La Genovesa* (☎ *900-8729, San José 1242*) serve buoni piatti di pesce e porzioni abbondanti, ma tenete presente che può non essere compresa l'IVA o il *cubierto*, ossia il servizio.

Il *Lobizón*, in Zelmar Michelini, tra Av 18 de Julio e San José, serve menu speciali a pranzo con ottimi prezzi e ha un'atmosfera informale. L'atmosfera è ancora più rilassata nell'omonimo *Bar Lobizón* (☎ *901-1334, Zelmar Michelini 1264*) un isolato più a sud sul lato opposto della strada; è aperto solo la sera e oltre al cibo offre anche intrattenimento.

Gli Uruguayani mangiano ancora più carne degli Argentini e quindi la parrillada è sempre un piatto molto richiesto. Tra le parrillas in centro segnaliamo *El Fogón* (☎ *900-0900, San José 1080*) *Las Brasas* (☎ *900-2285, San José 909*) e le numerose rosticcerie del Mercado del Puerto. Ci sono anche locali per vegetariani, *La Vegetariana* (☎ *900-7661, Yí 1334; 901-0558, San José 1056*) e *Vida Natural* (*San José 1184*).

Se propendete per il pesce, *La Posada del Puerto* (☎ *915-4279*) ha due chioschi nel Mercado del Puerto, mentre *La Tasca del Puerto* è fuori dal mercato, sulla pedonale Pérez Castellano. Sulla stessa strada c'è anche *La Proa* (☎ *916-2578*) un caffè che serve antipasti per US$8; una cena per due, comprese le bevande, costa circa US$20. Pur servendo 800 persone al giorno, il personale di servizio è sempre gentile e sollecito. Un altro locale popolare nel Mercado è *El Palenque* (☎ *915-4704*) Il *Martín Pescador* (☎ *707-2941, Obligado 1392*), raccomandato dai lettori, è situato vicino a Rivera, alcuni isolati a sud di Tres Cruces. È stato anche lodato per i piatti a base di pesce.

Come in Argentina, la presenza di molti immigrati italiani ha lasciato il segno nella cucina locale. Se avete voglia di una pizza provate l'*Emporio de la Pizza* (☎ 901-4681, *Río Negro 1311*) Meno tradizionale è il *Pizza Bros (Plaza Cagancha 1364)*, un locale animato con decorazioni vivaci, ma non eccessive, che serve buone pizze. Per piatti più elaborati, oltre alle gustose pizze, fate un salto da *Ruffino* (☎ 908-3384, *San José 1166*), che concede uno sconto del 10% a chi decide di pagare in contanti.

L'*Olivier* (☎ 915-0617, *JC Gómez 1420*), a lato di Plaza Constitución, è un costoso ristorante francese che gode di ottima fama. La cucina spagnola viene servita alla *Mesón del Club Español* (☎ 901-5145, *Av 18 de Julio 1332*) e al *El Sarao* (☎ 901-7688, *Santiago de Chile 1137*) che il venerdì offre spettacoli di flamenco. L'*Eusbal Errias* (☎ 902-3519, *San José 1168*) serve invece cucina basca.

Se amate la cucina tedesca andate al *Club Alemán* (☎ 902-3982, *Paysandú 935, 4° piano*). Al *Club Libanés* (☎ 900-1801, *Paysandú 898*) è di scena la cucina mediorientale e all'*Oriente* (*Andes 1311*) quella cinese, con un ottimo menu a buffet e alcuni piatti à la carte più cari.

La *Confitería La Pasiva*, in Plaza Constitución, all'angolo tra JC Gómez e Sarandí, nella Ciudad Vieja, serve minutas eccellenti a prezzi ragionevoli e un superbo flan casero in un ambiente tradizionale (eccetto che per il menu digitale appeso a una parete); l'*'entrecote pasiva'* è sufficiente per due.

Altre confiterías discrete sono l'*Oro del Rhin* (☎ 902-2833, *Convención 1403*) la più antica della città, e la *Confitería de la Corte* (*Ituzaingó 1325*), a lato di Plaza Constitución, che a pranzo serve dei buoni menu speciali a prezzi contenuti.

DIVERTIMENTI

La maggior parte dei locali che riportiamo si trova nella Ciudad Vieja e nel barrio centrale di El Cordón, ma il cuore della vita notturna di Montevideo tende a spostarsi verso est, nei quartieri di Pocitos e Carrasco, che pullulano di club e ristoranti e offrono inoltre accesso alla spiaggia.

Tango

Il leggendario argentino Carlos Gardel trascorse un periodo a Montevideo, dove il tango è di casa come a Buenos Aires. L'informale *Fun Fun* (☎ 915-8005, *Ciudadela 1229*), nel Mercado Central, offre un sapiente miscuglio di vecchio e nuovo. Il *Mil Años* (☎ 901-1373, *Zelmar Michelini 1054*) organizza spettacoli di tango e *candombe* (danza afro-uruguayana); lo spettacolo e la cena costano US$20 per persona.

È poi da segnalare *La Casa de Becho* (☎ 924-4757, *Nueva York 1415*) a nord del Terminal Tres Cruces, nella casa in cui viveva Gerardo Matos Rodríguez, autore del tango 'La Cumparsita'. I visitatori interessati a prendere lezioni possono provare il *Joventango* (☎ 901-5561), nel Mercado de la Abundancia all'angolo tra San José e Yaguarón.

Folk e rock

Per ascoltare musica folk dal vivo, salsa cubana e simili il locale ideale è *La Bodeguita del Sur* (☎ 902-8649, *Soriano 840*) Per la musica rock provate la *Sala Zitarrosa* (☎ 901-7303) all'angolo tra Av 18 de Julio e Jullo Herrera y Obes, di fronte a Plaza del Entrevero, che a volte offre spettacoli teatrali.

Cinema

I cinema commerciali di Montevideo proiettano film provenienti da tutto il mondo e anche dall'America latina, con poco ritardo rispetto a Buenos Aires. Quasi tutti si trovano lungo Av 18 de Julio e Plaza Cagancha o nei pressi. Con una minima quota di iscrizione potete diventare soci del film club *Cinemateca Uruguaya* (☎ 408-2460, *Lorenzo Carnelli 1311*) e assistere a tutte le proiezioni nei cinque cinema che il club gestisce.

Teatro

Come Buenos Aires, anche Montevideo ha una vivace scena teatrale. Il *Teatro Solís* è infatti in buona compagnia: la *Casa del Te-*

atro (☎ 402-0773, Mercedes 1788) il *Teatro Circular (☎ 908-1953, Rondeau 1388)* il *Teatro del Anglo (☎ 902-3773, SanJosé 1426)*, il *Teatro de la Candela (☎ 710-9298, 21 de Setiembre 2797)* a Pocitos, il *Teatro El Picadero (☎ 915-2337, 25 de Mayo 390)*, nella Ciudad Vieja, il *Teatro del Centro (☎ 902-8915, Plaza Cagancha 1164)* e il *Teatro El Galpón (☎ 408-3366, Av 18 de Julio 1618)*. I prezzi sono estremamente contenuti e partono da circa US$5.

MANIFESTAZIONI SPORTIVE

Il calcio, vera e propria passione degli Uruguayani, attira sempre un'enorme folla. Lo stadio principale, l'Estadic Centenario, situato in Parque José Batlle y Ordóñez, a lato di Av Italia, fu inaugurato nel 1930 in occasione del primo campionato mondiale di calcio. Dichiarato in seguito monumento storico, ospita anche il Museo del Fútbol.

ACQUISTI

La principale zona commerciale di Montevideo è l'Av 18 de Julio, anche se la Ciudad Vieja sta diventando un luogo sempre più attraente grazie alla graduale ricostruzione. Nei barrios esterni i centri commerciali spuntano come funghi, ad esempio l'incredibile Punta Carretas Shopping, un'ex prigione ristrutturata e trasformata in un centro commerciale di lusso, che attira sia la gente del posto sia i turisti stranieri. L'edificio si trova vicino alla Rambla Mahatma Gandhi, in José Ellauri angolo Solano García, ed è raggiungibile dal centro con l'autobus n. 121.

Di tutt'altro genere è il Feria De Tristán Narvaja in El Cordón, un mercato all'aperto che si estende da Av 18 de Julio lungo Calle Tristán Narvaja fino a Galicia, diramandosi anche nelle strade laterali. Si tratta di una tradizione iniziata dagli immigrati italiani, che si rinnova da ben 60 anni ogni domenica mattina. Oltre agli alimentari, le numerose bancarelle improvvisate vendono anche interessanti gingilli, oggetti antichi e souvenir.

Per trovare dei begli oggetti artigianali a prezzi contenuti, venduti in un ambiente informale, fate un salto al Mercado de los Artesanos in Plaza Cagancha, che tra l'altro è anche un luogo di ritrovo dei giovani del posto. Un altro mercato è il riadattato Mercado de la Abundancia, all'angolo tra San José e Yaguarón, che vende alimentari e artigianato su due piani. Famoso per la qualità della merce è Manos del Uruguay, in San José 1111 (☎ 900- 4910) e Reconquista 602 (☎ 915-9522).

Come in Argentina, il cuoio è un prodotto popolare e i negozi che vale la pena di visitare sono la Casa Mario (916-2356), in Piedras 641 nella Ciudad Vieja; il Leather Corner (☎ 900-7922), una filiale di Casa Mario, in San José 950, e il Montevideo Leather Factory (☎ 901-6226), in Plaza Independencia 832, 2° piano.

Per le calzature date un'occhiata ad Arbiter-Pasqualini, in Av 18 de Julio 943, oppure all'Impel (☎ 709-8176), in Luis B Cavia 2898 a Pocitos, che fanno entrambi scarpe su ordinazione.

I prodotti in lana sono di ottima qualità. Oltre a Manos de l'Uruguay, potete anche provare La Calesa, in Río Negro tra 18 de Julio e San José, o Uruwool (☎ 401-2868), Tacuarembó 1531.

L'industria mineraria molto limitata di questo paese produce gemme di valore, in particolare ametiste e agate. Buone gioiellerie sono la Cabildo Piedras in Sarandí 610; Cuarzos del Uruguay (☎ 915-9210), in Sarandí 604 e Carlos Andersen (☎ 908-2742), in Julio Herrera y Obes 1284.

PER/DA MONTEVIDEO
Aereo

Molte compagnie aeree fanno prima scalo all'Ezeiza di Buenos Aires e poi proseguono per l'Aeropuerto Internacional Carrasco di Montevideo; ciò nonostante hanno degli uffici nella capitale uruguayana. I collegamenti regolari tra i due paesi sono garantiti anche dalle compagnie che si occupano del traffico regionale; quelle che partono da Carrasco senza passare da Ezeiza sono la Pluna (diretta all'Aeroparque di Buenos Aires e verso diverse destinazioni in Brasile, Paraguay, Cile e Spagna), la LAPA (per l'Aeroparque), la TAM (per il Paraguay), la LanChile (per Santiago) e la Varig (per il Brasile). La Pluna e la LAPA offrono le tariffe più convenienti per Buenos Aires.

Aerolíneas Argentinas
 (☎ 901-9466)
 Convención 1343, 4° piano
Alitalia
 (☎ 908-5828)
 Colonia 981, 2° piano
American
 (☎ 916-3979)
 Sarandí 699 bis
Avianca
 (☎ 908-4851)
 Andes 1293, 8° piano
Continental
 (☎ 908-5828)
 Río Negro 1380, Oficina 104
Ecuatoriana
 (☎ 902-5717)
 Colonia 981
Iberia
 (☎ 908-1032)
 Colonia 873
LanChile
 (☎ 908-1032)
 Plaza Cagancha 1339
Lloyd Aéreo Boliviano (LAB)
 (☎ 902-2656)
 Colonia 920, 2° piano
Pluna/Varig
 (☎ 902-1414)
 Colonia 1001
South African Airways
 (☎ 900-8000)
 Río Negro 1380, Oficina 104
Transportes Aéreos Mercosur (TAM)
 (☎ 916-6044)
 Bacacay 1321

Autobus

Abbastanza vicino al centro, il moderno Terminal Tres Cruces di Montevideo (☎ 401-8998), in Bulevar Artigas angolo Av Italia, rappresenta un notevole passo avanti rispetto ai vari capolinea che un tempo ingombravano Plaza Cagancha e le vicine strade laterali. Il terminal è provvisto di informazioni turistiche, discreti ristoranti, toilette pulite, un deposito bagagli, telefoni pubblici, una casa de cambio e diversi altri servizi.

Alcune compagnie hanno degli uffici in centro e ne riporteremo gli indirizzi a seconda del caso. In genere aggiungono al prezzo del biglietto una piccola *tasa de embarque* (tassa di imbarco) di circa US$0.50.

Tragitti internazionali La compagnia Bus de la Carrera (☎ 402-1313) garantisce tre autobus al giorno diretti a Buenos Aires. La Bus de la Hidrovía (☎ 402-5129) collega Montevideo a Corrientes in 14 ore il martedì e la domenica.

Diverse compagnie raggiungono altre destinazioni in Argentina, tra cui l'Empresa General Artigas (EGA; ☎ 402-5164 o 902-5335), in Río Branco 1409, i cui autobus partono sabato alle 10 per Rosario e Mendoza e lunedì alle 12.30 per Santiago del Cile; anche la Tas Choapa (☎ 409-8598) serve Santiago.

Gli autobus del El Rápido Internacional (☎ 401-4764) partono per Rosario e Mendoza giovedì a mezzogiorno con coincidenze per il Cile. L'Expreso Encon (☎ 408-6670) serve Rosario, Paraná, Santa Fe e Córdoba, mentre la Cora (☎ 409-8799) raggiunge Córdoba quattro volte per settimana.

Con la Brújula (☎ 401-9350) è possibile andare ad Asunción, in Paraguay, martedì, venerdì e domenica, mentre la Coit (☎ 401-5628, 901-6619), in Río Branco 1389, parte ogni lunedì, mercoledì e sabato e passa per Uruguaiana (Brasile) e Posadas (Argentina). Ambedue sono famose per l'eccellente servizio.

La Cauvi (☎ 401-9196) raggiunge Buenos Aires e le città brasiliane di Porto Alegre, Curitibá e San Paolo. La TTL (☎ 401-1410, 901-7142), in Plaza Cagancha 1385, offre partenze serali per Pelotas, Porto Alegre, Florianópolis, Camboriú, Curitibá e San Paolo. Anche gli autobus dell'EGA sono diretti in Brasile: ogni sera alle 20 c'è una partenza per Pelotas e Porto Alegre e domenica, mercoledì e venerdì, alle 16, per Florianópolis, Camboriú, Curitibá e San Paolo. Anche La Planalto (☎ 1717) serve le città brasiliane.

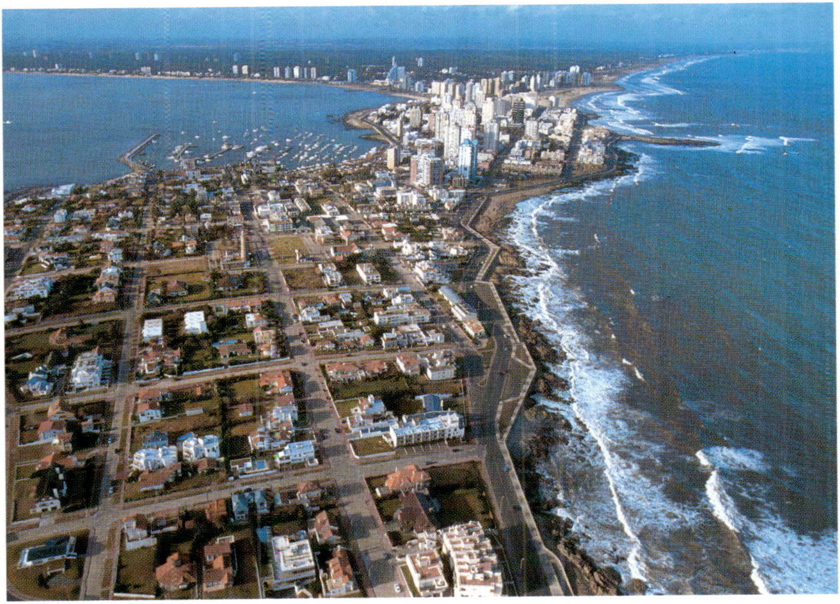
Vittorio Sciosia

Uruguay, Punta del Este

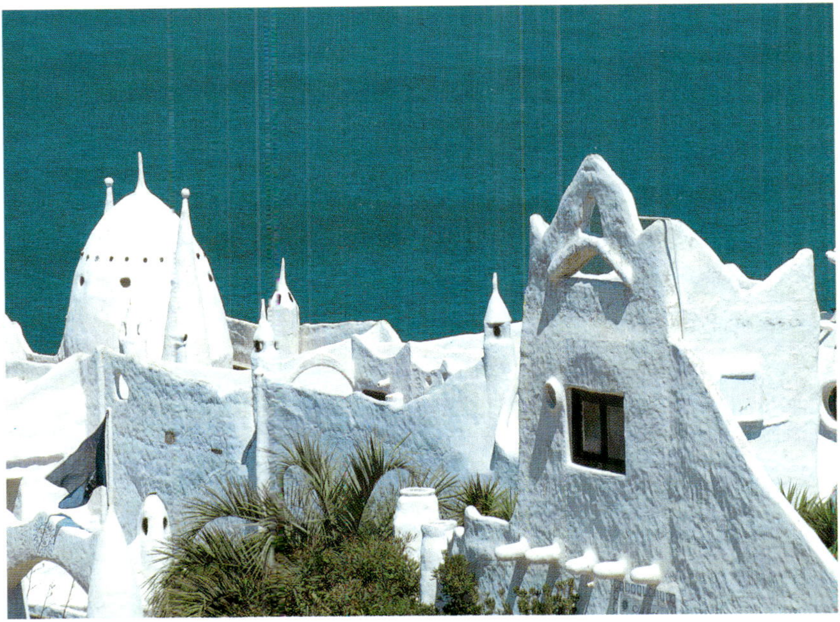
Vittorio Sciosia

Casa Pueblo, Punta Ballena

URUGUAY E PARAGUAY

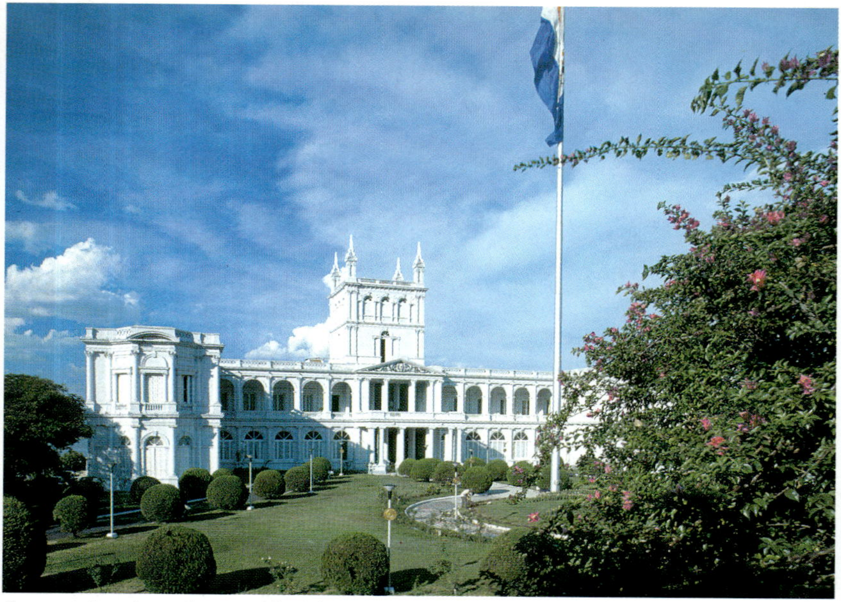

VITTORIO SCIOSIA

Paraguay, Asuncion, palazzo presidenziale

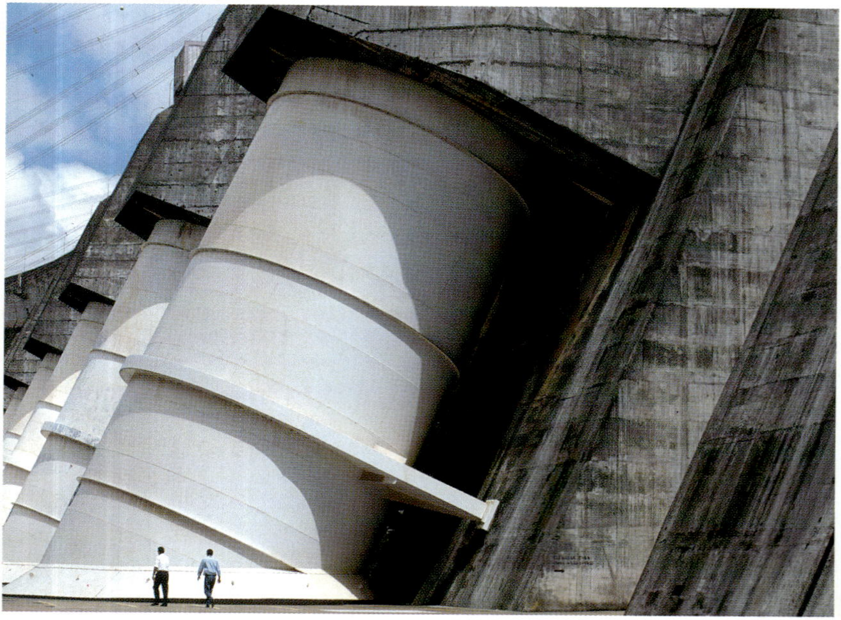

VITTORIO SCIOSIA

La centrale idroelettrica di Itaipù, la più grande del mondo

Ecco alcuni esempi di tariffe e dutata dei percorsi: Buenos Aires (US$25, 8 ore), Porto Alegre (US$40, 11 ore), Rosario (US$42, 15 ore), Corrientes (US$45, 14 ore), Florianópolis (US$56, 17 ore e mezzo), Camboriú (US$58, 18 ore e mezzo), Curitibá (US$67, 23 ore), Asunción (US$70, 18 ore), Mendoza (US$75, 21 ore), San Paolo (US$80, 29 ore) e Santiago del Cile (US$95, 28 ore).

Tragitti nazionali La COT (☎ 409-4949) offre più di 20 corse giornaliere per Punta del Este via Piriápolis, Pan de Azúcar, San Carlos e Maldonado; quest'ultima città è servita anche dalla Copsa (☎ 408-1521). La COT mette inoltre a disposizione 10 autobus al giorno per Colonia e raggiunge anche Rocha e La Paloma.

L'Agencia Central (☎ 1717, 900-5661), in posizione centrale in Rondeau 1475, raggiunge Mercedes, Paysandú, Salto e Tacuarembó. La Turil (☎ 1990) offre tre partenze al giorno per Tacuarembó e Rivera e otto al giorno per Colonia.

La Chadre (☎ 1717, 900-5561), in Rondeau 1475, la Sabelín (☎ 1717, 900-5661), in Rondeau 1475, la Copay (☎ 400-9926) e l'Intertur (☎ 409-7098) servono tutte le città costiere come Colonia, Carmelo, Mercedes, Fray Bentos, Paysandú e Salto.

La Rutas del Sol (☎ 402-5451) mette a disposizione 10 autobus al giorno per Rocha e La Paloma e 5 al giorno per Barra de Valizas. Chuy è servita dalla Cita (☎ 402-5425), dalla COT e dalla Rutas del Sol. La Rutas del Plata (☎ 402-5129) raggiunge Minas, Treinta y Tres e Río Branco quattro volte al giorno.

Gli autobus della Núñez (☎ 408-6670) servono destinazioni dell'interno come Minas, Treinta y Tres, Melo, Río Branco, Salto e Rivera, mentre la compagnia El Norteño (☎ 908-9212) raggiunge Salto e Bella Unión. La Cynsa (☎ 408-6670) divide gli uffici con la Núñez e mette a disposizione cinque autobus al giorno per Chuy e sei per La Paloma arrivando anche a Paysandú. Oltre che dalla Ruta del Sol i collegamenti per Minas sono assicurati dalle seguenti compagnie: Cita, Corporación (☎ 402-1920), Cota (☎ 402-1307), Cromín (☎ 402-5451), Emdal (☎ 409-7098) ed Expreso Minuano (☎ 402-5075).

La CUT/Corporación (☎ 402-1920) raggiunge cinque volte al giorno Mercedes e Fray Bentos e due volte al giorno Artigas. La Turismar (☎ 409-0999) serve tre volte al giorno Treinta y Tres e Melo e lo stesso fa la Cota. La Buses Nossar (☎ 1880) offre cinque autobus giornalieri per Durazno, uno dei quali prosegue per Paso de los Toros e Tacuarembó.

Ecco alcuni esempi di tariffe: Minas (US$5, 2 ore), Pan de Azúcar (US$5.50, 1 ora e mezzo), Maldonado/Punta del Este (US$6, 2 ore e mezzo), Colonia (US$7, 2 ore e mezzo), Rocha (US$8, 3 ore), La Paloma (US$10, 3 ore e mezzo), Mercedes (US$10), Treinta y Tres (US$10, 4 ore), Fray Bentos (US$11, 5 ore), Chuy (US$13, 5 ore), Paysandú (US$15, 5 ore), Tacuarembó (US$15, 5 ore e mezzo), Rivera (US$18) e Salto (US$20, 6 ore).

Trasporti fluviali

La Buquebus (☎ 902-0170) è situata in centro, in Río Negro 1400, e ha anche degli uffici al porto (☎ 916-8801) all'entrata della Dársena 1 sulla Rambla 25 de Agosto, in fondo a Pérez Castellano nella Ciudad Vieja. Questa compagnia gestisce i 'Buqueaviones' (traghetti ad alta velocità), che attraversano il fiume diretti a Buenos Aires in 2 ore e mezzo quattro volte al giorno. Le tariffe sono di US$52 in classe turistica, US$67 in prima classe; i bambini tra i due e i nove anni pagano US$17.

La Ferrytur, in Río Branco 1368 (☎ 900-6617) e presso il Terminal Tres Cruces (☎ 409-8198), organizza combinazioni autobus-imbarcazione fino a Buenos Aires (US$40, 4 ore) a bordo dell'aliscafo *Sea Cat*; ci sono quattro partenze nei giorni feriali e tre nel fine settimana.

La Cacciola (☎ 401-9350), nel Terminal Tres Cruces, gestisce un servizio di autobus e lance fino a Buenos Aires che passa per la città fluviale di Carmelo e il sobborgo di Tigre sul delta argentino (US$29 solo andata, US$55 andata e ritorno in 8 ore; chiedete se ci sono riduzioni in bassa stagione). Le corse da Montevideo partono il pomeriggio da lunedì a sabato alle 14.40, la domenica alle 16 e tutte le mattine alle 8.30.

TRASPORTI LOCALI
Per/dall'aeroporto
I collegamenti con l'aeroporto sono assicurati dalle navette dell'Ibat (☎ 601-0207), che partono dagli uffici centrali della Pluna di fronte a Plaza del Entrevero. La corsa costa US$4. Dal Terminal Suburbana, all'angolo tra Rambla 25 de Agosto e Río Branco, il n 209 della Cutesa e gli autobus della Copsa partono ogni 15 minuti (US$1.20) diretti all'aeroporto.

Autobus
Gli autobus di Montevideo sono molto meno inquinanti di un tempo e il servizio è notevolmente migliorato con collegamenti per quasi tutte le destinazioni a circa US$0.65. La *Guia de Montevideo Eureka*, disponibile nelle librerie e nelle edicole, elenca i percorsi e gli orari, consultabili anche nelle pagine gialle della guida telefonica di Montevideo. Come in Argentina, dovete comunicare la vostra destinazione al conducente o al bigliettaio e conservare il biglietto perché ci possono essere controlli in qualsiasi momento. Tenete comunque presente che Montevideo non è Buenos Aires e, quindi, quasi tutte le linee si fermano alle 22.30 o 23. Per informazioni rivolgetevi alla Cutesa (☎ 200-9021, 200-7527).

Automobile
Le tariffe per il noleggio di un'automobile in Uruguay sono aumentate vertiginosamente e ora si avvicinano a quelle argentine; prima di firmare un contratto verificate se l'assicurazione e l'IVA sono incluse. Gli autonoleggi principali sono Budget (☎ 902-5353), in Mercedes 935; Dollar (☎/fax 402-6427), in J. Barrios Amorin 1186; Localiza (☎ 902-3920), in Colonia 813 e Multicar (☎ 900-5079), in Colonia 1227.

Taxi
I taxi gialli e neri di Montevideo sono tutti provvisti di tassametro. Il primo scatto è di circa US$1, a cui vanno aggiunti US$0.60 ogni 600 metri. Tra le 22 e le 6 e nei fine settimana e festivi le tariffe sono maggiorate del 20%. C'è un piccolo supplemento per il bagaglio e in genere i passeggeri tendono ad arrotondare il prezzo per eccesso.

Litorale uruguayano

Il litorale uruguayano è quella regione a ovest di Montevideo che costeggia il Río de la Plata e il Río Uruguay, di fronte alla Mesopotamia argentina. In origine abitata da indigeni e gauchos, oggi è diventata l'area agricola più importante del paese con campi di frumento e orzi che riforniscono la crescente popolazione della capitale.

Questa regione offre al turista numerosi luoghi di interesse, a cominciare dalla cittadina seicentesca di Colonia, situata di fronte a Buenos Aires, porto e fortezza portoghese nonché centro di contrabbando in epoca coloniale. Ci sono poi diversi luoghi turistici minori che possono diventare mete ideali per un'escursione in giornata da Colonia o da Montevideo. Chi proviene via terra dalla Mesopotamia argentina ed è diretto a Colonia e a Montevideo troverà piacevole fare una tappa in una delle graziose cittadine lungo il Río Uruguay: Salto, Paysandú, Fray Bentos e Mercedes.

COLONIA

Colonia, il cui nome completo è Colonia del Sacramento, dista appena un paio d'ore da Buenos Aires ed è una delle gemme meno apprezzate del Cono Sud, una città che attira diverse migliaia di Argentini, ma solo pochissimi turisti stranieri in visita a Buenos Aires.

Fondata nel 1630 dal portoghese Manoel Lobo, questa cittadina occupava una posizione strategica in quanto situata quasi esattamente di fronte a Buenos Aires, dall'altra parte del Río de la Plata; la sua importanza risiedeva soprattutto nel contrabbando, che minava il monopolio commerciale così gelosamente custodito dalla Spagna. Le merci inglesi partivano da Colonia e arrivavano a Buenos Aires e nelle zone dell'interno attraverso scambi clandestini con i Portoghesi nella regione del delta del Paraná; per questo motivo, in periodi diversi, l'esercito spagnolo assediò per decenni l'avamposto portoghese in riva al fiume. Ecco come il padre gesuita Martin Dobrizhoffer descriveva la città di Colonia intorno alla metà del XVIII secolo:

> Le case sono poche e basse e più che una città formano un villaggio, il che è tutt'altro che deprecabile; facoltosi mercanti, merci di ogni genere, oro, argento e diamanti si nascondono sotto i suoi miseri tetti. Circondata da una singola cinta di mura sottili...il territorio di dominio portoghese è talmente ridotto che la persona più oziosa potrebbe percorrerlo in mezz'ora. Le navi portoghesi, cariche di merci inglesi e olandesi, e schiavi negri...affollano questo porto e le sentinelle spagnole, corrotte o ingannate, trasportano le merci in Paraguay, in Perù o in Cile. È incredibile vedere quanti milioni finiscono nelle tasche degli Spagnoli in questo traffico proibito.

Sebbene le due potenze concordarono la cessione di Colonia alla Spagna intorno al 1750, l'accordo fu rotto quando i missionari gesuiti che vivevano sul Paraná superiore rifiutarono lo scambio dei territori di loro proprietà. Infine la Spagna conquistò la città nel 1762, ma l'occupazione non durò a lungo e nel 1777 la città entrò a far parte del vicereame del Río de la Plata. Da quel momento in poi l'importanza commerciale della città iniziò a declinare in quanto le merci estere raggiungevano direttamente Buenos Aires.

Capoluogo del proprio dipartimento, Colonia è una cittadina piacevole di circa 30.000 abitanti e il nucleo coloniale è percorso da strade protette dalla calura estiva dall'ombra dei sicomori. Nell'arco della giornata la città rivela i suoi molteplici aspetti mentre il sole colpisce i bianchi edifici coloniali e il fiume che, all'altezza del proprio nome, è argenteo al mattino e si scurisce a metà giornata. Gli abitanti

54 Litorale uruguayano

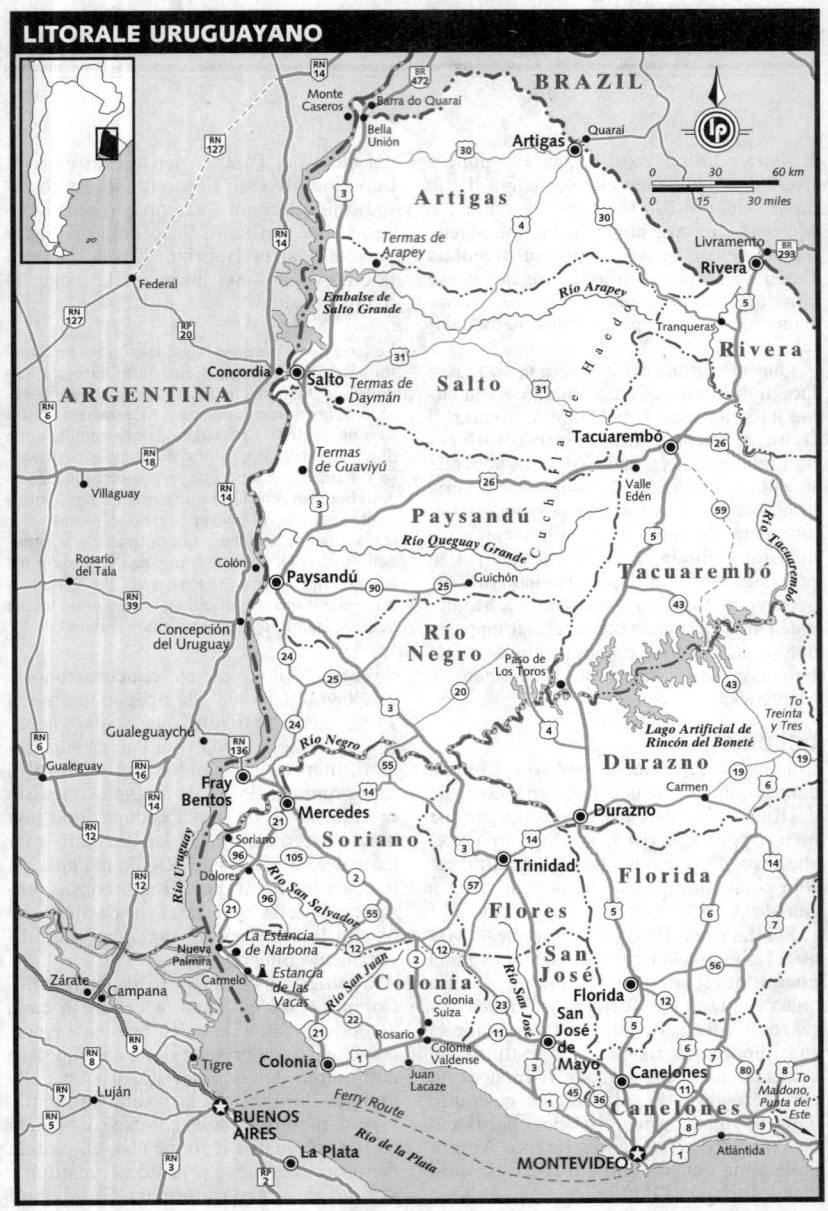

sono estremamente cordiali (pensate che gli automobilisti arrivano addirittura a fermarsi per lasciar passare i pedoni!).

Questa città è stata trasformata in San José de los Altares, la città del film *Di questo non si parla* (De eso no se habla), girato nel 1993 dalla regista argentina María Luisa Bemberg con Marcello Mastroianni nei panni di un enigmatico immigrato italiano che si innamora di una nana, figlia della vedova del sindaco della città, la sposa e alla fine viene lasciato perché la nana decide di unirsi a un circo.

Grandi cambiamenti coinvolgeranno la città di Colonia se verrà realizzato il progetto di costruzione di un ponte sul Río de la Plata che la collegherà a Punta Colorada, a metà strada tra Buenos Aires e la città di La Plata. Il progetto, che per motivi economici, ambientali e sociali ha sollevato molte critiche, è ancora in fase di elaborazione.

Orientamento

Colonia del Sacramento sorge sulla sponda orientale del Río de la Plata, 180 km a ovest di Montevideo lungo la Ruta 1, e a soli 50 km da Buenos Aires attraversando il fiume con il traghetto o l'aliscafo. Come Montevideo ha un nucleo coloniale irregolare formato da stradine strette acciottolate (il cosiddetto Barrio Histórico), situato su una piccola penisola che si protende nel fiume. Il centro commerciale, intorno a Plaza 25 de Agosto, e il porto fluviale sono a pochi isolati verso est, mentre la Rambla Costanera si snoda verso nord lungo il fiume fino a Real de San Carlos, un'altra zona di grande interesse turistico. L'Av Roosevelt, che procede diagonalmente, è la statale principale che porta a Montevideo.

Informazioni

Uffici turistici La Dirección de Turismo (☎ 26141), gestita dal comune, si trova in General Flores 499. Il personale, molto disponibile e ben informato, distribuisce numerosi opuscoli difficilmente reperibili altrove. L'ufficio è aperto nei giorni feriali dalle 7 alle 20, nei fine settimana dalle 10 alle 19. Il Ministerio de Turismo (☎ 24897), che opera a livello nazionale, ha una filiale al porto dei traghetti, aperta tutti i giorni dalle 9 alle 15.

Cambio Se arrivate da Buenos Aires al porto, potete cambiare i soldi presso il Banco República, che per i travellers' cheque richiede una commissione di US$1. In centro provate il Cambio Colonia, in General Flores angolo Alberto Méndez, oppure il Cambio Viaggio, in General Flores 350. Il Banco Acac, all'angolo tra General Flores e Washington Barbot, è provvisto di sportello automatico.

Poste e telecomunicazioni L'ufficio postale è in Lavalleja 226. All'Antel, in Rivadavia 420, ci sono linee dirette a fibre ottiche con gli Stati Uniti (AT&T e MCI) econ il Regno Unito. Il prefisso di Colonia è 052.

Agenzie di viaggi La Receptivos Colonia (☎ 23388), in General Flores 507, si occupa dei biglietti aerei, organizza escursioni e funge anche da autonoleggio.

Escursioni a piedi

Anche nota come La Colonia Portuguesa (La Colonia portoghese), il Barrio Histórico inizia alla **Puerta de Campo**, situata in Calle Manoel Lobo, attraverso la quale si accede alla città vecchia. Questa porta, ora restaurata, risale al 1745, periodo in cui la città era governata da Vasconcellos. Uno spesso muro di cinta corre verso sud lungo il Paseo de San Miguel fino al fiume. Poco lontano, in direzione ovest, si apre **Plaza Mayor 25 de Mayo**, a lato della quale c'è la stretta **Calle de los Suspiros** (Via dei sospiri), in acciottolato, fiancheggiata da case coloniali con tegole e stucchi. Dall'altra parte di questa viuzza troverete il **Museo Portugués** che ospita una bella collezione di oggetti del periodo portoghese, tra cui abiti lusitani e coloniali. I musei di Colonia in genere sono aperti dalle 11.30 alle 18, chiusi il martedì e mercoledì.

All'angolo sudoccidentale di Plaza Mayor si trovano la **Casa de Lavalleja**, un tempo residenza del generale Lavalleja, le rovine del **Convento de San Francisco**, risalenti al XVII secolo, e il **faro** costruito nel XIX secolo. Aperto nei fine settimana dalle 10.30 a mezzogiorno, il faro offre un bel panorama della città vecchia. All'estremità occidentale di Plaza Mayor, in Calle del Comercio, sorge il **Museo Municipal** e subito accanto la cosiddetta **Casa del Virrey,** Casa del Viceré, chiamata così perché forse non ha ospitato qualcuno di passaggio, visto che Colonia non ha mai avuto un viceré. All'angolo nordoccidentale della piazza, in Calle de las Misiones de los Tapes, l'**Archivo Regional** ospita un piccolo museo e una libreria.

All'estremità occidentale di Misiones de los Tapes c'è il **Museo de los Azulejos** (Museo delle ceramiche), un edificio del XVII secolo che contiene una collezione di ceramiche coloniali (l'ultima volta il museo era chiuso). Da qui il Paseo de San Gabriel, che si snoda lungo il fiume, conduce a Calle del Colegio, dove una strada sulla destra per Calle del Comercio porta alla **Capilla Jesuítica**, rovina della cappella dei gesuiti. Se si prosegue verso est lungo Av General Flores e poi si gira in direzione sud in Calle Vasconcellos, si arriva in Plaza de Armas, anche nota come Plaza Manoel Lobo, sulla quale si erge l'**Iglesia Matriz**, simbolo della città.

Dopo aver attraversato la General Flores, in España angolo San José troverete il **Museo Español** che conserva riproduzioni di ceramiche di epoca coloniale, costumi e cartine. All'estremità settentrionale della strada si trova il **Puerto Viejo**, il porto vecchio. Se si prosegue un isolato verso est, in Calle del Virrey Cevallos angolo Rivadavia, si incontra il **Teatro Bastión del Carmen**, un teatro che incorpora parte delle antiche fortificazioni cittadine.

Iglesia Matriz
Iniziata nel 1680, la più antica chiesa dell'Uruguay fu modificata diverse volte nel corso dei successivi tre secoli. Raggiunse il perimetro attuale tra il 1722 e il 1749 sotto il governatore portoghese Pedro Vasconcellos. Quasi completamente distrutta da un incendio nel 1799, la chiesa fu ricostruita dall'architetto spagnolo Tomás Toribio, al quale è attribuito anche il Cabildo di Montevideo.

Durante l'occupazione brasiliana del 1823 la chiesa fu colpita da un'altra sventura, allorché un fulmine si abbatté sul deposito delle polveri all'interno della sacrestia provocando un'esplosione che distrusse parte delle mura laterali, due terzi della volta, l'altare e il muro posteriore, lasciando crepe in molte altre parti dell'edificio. Tra il 1836 e il 1842, sotto la direzione di Padre Domingo Rama e con i finanziamenti del generale Fructuoso Rivera, la chiesa fu nuovamente ricostruita e le modifiche apportate da allora sono state essenzialmente di natura decorativa. La chiesa si trova in Calle Vasconcellos, tra Av General Flores e Plaza de Armas.

Real de San Carlos
All'inizio del secolo l'imprenditore argentino naturalizzato Nicolás Mihanovich investì US$1.5 milioni nella costruzione di un gigantesco complesso turistico 5 km a ovest di Colonia, a Real de San Carlos, nel luogo in cui una volta si accamparono le truppe spagnole prima di attaccare l'avamposto portoghese. Tra le attrazioni realizzate da Mihanovich, immigrato dalmata, figuravano un'arena in grado di ospitare 10.000 persone (rimasta inutilizzata dal 1912, anno in cui l'Uruguay ha proibito le corride), un jai alai frontón con 3000 posti, ossia un albergo con casinò dotato di una propria centrale elettrica (il casinò fallì nel 1917 quando il governo argentino iniziò a tassare le imbarcazioni che attraversavano il fiume), e un ippodromo.

Oggi funziona solo l'ippodromo, ma le rovine dell'arena e dell'albergo sono comunque una meta interessante per un'escursione. C'è anche il **Museo Municipal Real de San Carlos**, incentrato sulla paleontologia, che però ha orari variabili.

Litorale uruguayano 57

COLONIA

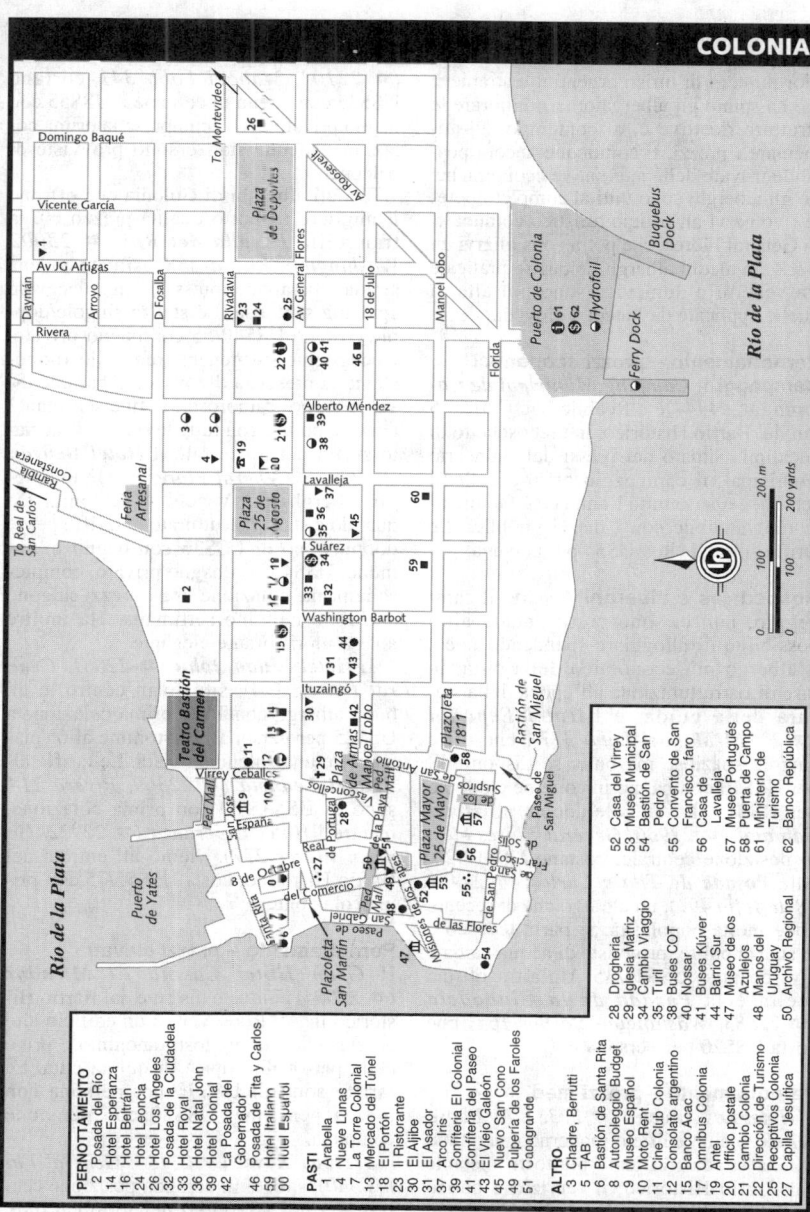

PERNOTTAMENTO
2 Posada del Río
14 Hotel Esperanza
16 Hotel Beltrán
24 Hotel Leoncia
26 Hotel Los Angeles
32 Posada de la Ciudadela
33 Hotel Royal
36 Hotel Natal John
39 Hotel Colonial
42 La Posada del Gobernador
46 Posada de Tita y Carlos
59 Hotel Italiano
00 Hotel Español

PASTI
1 Arabella
4 Nueve Lunas
7 La Torre Colonial
13 Mercado del Túnel
18 El Portón
23 Il Ristorante
30 El Aljibe
31 El Asador
37 Arco Iris
39 Confitería El Colonial
41 Confitería del Paseo
43 El Viejo Galeón
45 Nuevo San Cono
49 Pulpería de los Faroles
51 Caoagrande

ALTRO
3 Chadre, Berrutti
5 TAB
6 Bastión de Santa Rita
8 Autonoleggio Budget
9 Museo Español
10 Moto Rent
11 Cine Club Colonia
12 Consolato argentino
15 Banco Acac
17 Omnibus Colonia
19 Antel
20 Ufficio postale
21 Cambio Colonia
25 Direzione di Turismo
25 Receptivos Colonia
27 Capilla Jesulitica
28 Droghería
29 Iglesia Matriz
34 Cambio Viaggio
35 Turil
38 Buses COT
40 Nossar
41 Buses Klüver
44 Barrio Sur
47 Museo de los Azulejos
48 Manos del Uruguay
50 Archivo Regional
52 Casa del Virrey
53 Museo Municipal
54 Bastión de San Pedro
55 Convento de San Francisco, faro
56 Casa de Lavalleja
57 Museo Portugués
58 Puerta de Campo
61 Ministerio de Turismo
62 Banco República

Pernottamento

Rispetto al passato Colonia attira un maggior numero di turisti argentini e stranieri; ciò ha spinto gli albergatori a migliorare le strutture ricettive e, al contempo, ad aumentare i prezzi. È comunque ancora possibile trovare delle alternative economiche. Se gli alberghi sono tutti al completo potete rivolgervi all'ufficio turistico comunale, in General Flores, che potrà consigliarvi un B&B. In alcuni alberghi le tariffe praticate tra venerdì e domenica sono più alte di quelle applicate da lunedì a giovedì.

Pernottamento – prezzi economici

Campeggi Il *Camping Municipal de Colonia* (☎ 24444) è a Real de San Carlos, 5 km dal Barrio Histórico, in un boschetto di eucalipti. Situato nei pressi del Balneario Municipal, il campeggio offre eccellenti servizi, è aperto tutto l'anno ed è facilmente raggiungibile con i mezzi pubblici. Le tariffe sono di circa US$4 per persona.

Hospedajes e alberghi A parte il campeggio, non ci sono praticamente altre possibilità di alloggiare spendendo poco. L'albergo più economico della città, in fase di ristrutturazione all'epoca della stesura della guida, è l'*Hotel Español* (☎ 22314, *Manoel Lobo 377*), che offre singole spaziose ma buie, se disponibili, per US$10 con bagno in comune e doppie per US$15. Le singole/doppie all'*Hotel Colonial* (☎ 22906, *General Flores 440*), in posizione centrale, costano US$13/20. Alla *Posada de Tita y Carlos* (☎ 24438, *18 de Julio 491*), un albergo che di recente gode molta popolarità, si parla tedesco e le stanze pulite, provviste di acqua calda e TV, costano US$25/35. Un'altra ottima scelta è la *Posada de la Ciudadela* (☎ 22683, *Washington Barbot 164*) che costa US$20 per persona.

Pernottamento – prezzi medi

L'*Hotel Los Angeles* (☎ 22335, *Av Roosevelt 203*) è un edificio moderno e anonimo in una strada trafficata piuttosto distante dal Barrio Histórico; il servizio è buono per US$28/40 nei giorni feriali e US$36/58 nei fine settimana, compresa la prima colazione. Le doppie dell'*Hotel Italiano* (☎ 22103, *Manoel Lobo 341*) costano US$35 con bagno in comune e US$55 con bagno privato e TV, compresa la prima colazione; alcune stanze sono provviste di balcone.

Tra gli alberghi di Colonia che offrono il migliore rapporto qualità-prezzo c'è la tranquilla *Posada del Río* (☎ 23002, *Washington Barbot 258*), situata in una strada alberata nei pressi di una piacevole spiaggia sabbiosa. Le stanze singole/doppie costano US$40/55 con bagno privato. Accogliente, in genere tranquillo (nonostante la presenza di un vicino bar che diventa un po' rumoroso nei fine settimana) e molto pulito, con tutte le stanze affacciate su un patio centrale, l'*Hotel Beltrán* (☎ 22955, *General Flores 311*) è uno degli alberghi più vecchi di Colonia. Da quando è stato ristrutturato le tariffe per le doppie sono di US$36 con bagno in comune, US$45 con bagno privato, compresa la prima colazione, ma i prezzi salgono a US$70 nei fine settimana. Ha inoltre aperto un ristorante elegante.

L'*Hotel Natan John* (☎ 22081, *General Flores 394*), situato in centro, è un buon albergo con TV e prima colazione a US$25 per persona; il ristorante al 6° piano offre una splendida vista. Le tariffe all'*Hotel Leoncia* (☎ 22369, *Rivera 214*) sono di US$45/60 con prima colazione, mentre l'*Hotel Esperanza* (☎ 22922, *General Flores 237*), vicino all'entrata del Barrio Histórico, costa US$55/75 con prima colazione.

Pernottamento – prezzi elevati

Il *Gran Hotel Casino El Mirador* (☎ 22004) piuttosto distante dal Barrio Histórico in Av Roosevelt, è un edificio alto ed elegante ma piuttosto anonimo e privo della personalità tipica di questa città. Le tariffe sono di US$70 per persona con mezza pensione, US$80 con pensione completa.

L'*Hotel Royal* (☎ 23139, *General Flores 340*), situato in comoda posizione centrale, costa US$60/90 nei giorni feriali,

US$80/120 nei fine settimana. Probabilmente l'albergo più esclusivo è **La Posada del Gobernador** (☎ 23018, *Av 18 de Julio 205*), nel Barrio Histórico, ma i prezzi sono esagerati, la doppia costa US$105.

Pasti

La **Confitería El Colonial** (☎ 22906, *General Flores 432*) è un locale dove si può far colazione a prezzi ragionevoli, ma gira voce che i croissant caldi, un tempo enormi, si siano ridotti notevolmente e non siano più buoni come una volta. Adesso per la prima colazione o per pasti leggeri potrebbe essere più adatta la **Confitería del Paseo**, all'angolo tra Rivera e Av General Flores.

Uno dei locali migliori di Colonia è l'*El Asador* (*Ituzaingó 168*), una *parrilla* economica spesso gremita di gente del posto. Il *Nuevo San Cono*, in Suárez angolo 18 de Julio, è una parrilla più o meno all'altezza della precedente, mentre l'*El Portón* (☎ 25318, *General Flores 233*)ha un ambiente più raffinato ma sempre piacevole. Potete anche provare *El Viejo Galeón*, in Av 18 de Julio angolo Ituzaingó.

Sembra che da *El Aljibe* (☎ 25342), un'altra parrilla in General Flores angolo Ituzaingó, si paghi più per l'ambiente coloniale che per il cibo. Il *Casagrande*, l'isolato, il *Mercado del Túnel* (☎ 24666, *General Flores 229*) offre un menu ricco che varia per qualità (ci sono dei piatti veramente squisiti, ma dovete scegliere con attenzione dando anche un'occhiata ai piatti degli altri avventori). All'angolo tra Rivera e Rivadavia, *Il Ristorante* è un ottimo ristorante italiano.

Nonostante l'ambiente raffinato la *Pulpería de los Faroles* (☎ 25399) in Del Comercio angolo Misiones de los Tapes, nel Barrio Histórico, ha prezzi abbordabili e i piatti sono gustosi. Il *Casagrande*, due edifici più avanti, è una buona *confitería* che vende anche artigianato.

Situata all'estremità del Barrio Histórico, *La Torre Colonial* (☎ 24639) è una buona pizzeria all'interno di una torre riadattata. I lettori hanno raccomandato le pizze del *Nueve Lunas* (*Rivadavia 413*), poco lontano da Plaza 25 de Agosto, e dell'*Arabella* (*Avenida Artigas 384*). Se avete voglia di un gelato andate da *Arco Iris*, in Lavalleja, vicino a General Flores.

Divertimenti

Il locale notturno più animato di Colonia è il *Drugstore* (*Vasconcellos 179*), che è anche un ottimo ristorante. Al *Barrio Sur* (*18 de Julio 267*) si può fare uno spuntino e ascoltare musica dal vivo.

C'è poi il *Cine Club Colonia* (*Virrey Cevallos 236*), dove a volte vengono proiettati dei film.

Acquisti

La Feria Artisanal (Fiera dell'Artigianato) di Colonia, che un tempo si teneva in Plaza Mayor, nella Ciudad Vieja, ha ora una sede permanente all'angolo tra Suárez e Fosalba; è aperta tutti i giorni dalle 9.30 alle 19.30.

C'è un negozio di Manos del Uruguay all'angolo tra San Gabriel e Misiones de los Tapes, nella Ciudad Vieja.

Per/da Colonia

Autobus Colonia non ha una stazione centrale degli autobus. La COT (☎ 23121), General Flores 440, mette a disposizione almeno nove autobus al giorno per Montevideo (US$7, 2 ore e mezzo) e 10 per Colonia Suiza, Rosario e Juan Lacaze.

La Turil (☎ 25246), in General Flores e Suárez, un isolato a est dell'Hotel Beltrán, offre otto servizi giornalieri per Montevideo. La Klüver (☎ 22934), in Av General Flores angolo Rivera, ha due partenze al giorno e una il sabato e la domenica per Mercedes, via Carmelo e Nueva Palmira.

La Chadre, in Méndez tra Fosalba e Rivadavia, raggiunge due volte al giorno Montevideo e Nueva Palmira, Carmelo, Salto, Paysandú e Bella Unión. La Berrutti, che ha sede negli stessi uffici, mette a disposizione 10 autobus al giorno per Nueva Palmira, i servizi sono invece meno frequenti nel fine settimana.

La TAB, all'angolo tra Méndez e Rivadavia, serve destinazioni dell'interno, tra cui Nueva Helvecia. L'Omnibus Colonia (☎ 22033), Av General Flores 323, offre diversi servizi giornalieri per Nueva Helvecia e Colonia Suiza.

La Nossar, in Av General Flores tra Méndez e Rivera, serve Durazno.

Trasporti fluviali Colonia offre servizi di traghetto e aliscafo per Buenos Aires con partenza dal porto in fondo ad Av Roosevelt. I passeggeri che partono dal terminal dei traghetti pagano una tassa d'imbarco pari a US$3.

L'*Eladia Isabel* della Buquebus (☎ 22975) parte due volte al giorno alle 16 e alle 19 diretta a Buenos Aires (2 ore e mezzo). Le tariffe di sola andata sono di US$23 per gli adulti e US$17 per i bambini tra i 3 e i 9 anni; leggermente più caro è il servizio di prima classe. La Buquebus gestisce inoltre i 'Buqueaviones' ad alta velocità (45 minuti) diretti a Buenos Aires, con sette partenze al giorno. Le tariffe di sola andata sono di US$32 per gli adulti e US$24 per i bambini tra i 3 e i 9 anni; anche qui è disponibile il servizio di prima classe, leggermente più costoso.

La *Ciudad de Buenos Aires* è il traghetto della Ferrytur (☎ 22919) che parte due volte al giorno per Buenos Aires (2 ore e mezzo) nei giorni feriali e una volta al giorno il sabato e la domenica. Le partenze sono a mezzogiorno e alle 20 nei giorni feriali, alle 18.59 il sabato e alle 19 la domenica. Le tariffe sono le stesse della Buquebus, mentre le escursioni di un giorno partono da US$31 e comprendono il pranzo e la visita della città; sono previste riduzioni per gli anziani.

L'aliscafo della Ferrytur *Sea Cat* va a Buenos Aires in 45 minuti quattro volte al giorno e tre volte al giorno nei fine settimana. I prezzi sono gli stessi dei Buqueaviones della Buquebus. Nei giorni di punta e in estate le tariffe possono essere più care. Sono previste anche escursioni di un giorno, comprensive di pranzo e visita della città, per US$50.

Trasporti locali
Le compagnie locali Cotuc e ABC partono da Av General Flores e raggiungono il Camping Municipal e Real de San Carlos (US$0.40). Comunque, grazie al fatto che la città è piuttosto raccolta, si può andare a piedi quasi ovunque.

Le motorette sono un mezzo economico e diffuso per circolare in città – rivolgetevi a Moto Rent, in Virrey Cevallos vicino a Av General Flores, oppure a Budget Rent a Car (☎ 25319), in Av General Flores 91. Il noleggio di uno scooter Peugeot costa appena US$15 e quello di un'automobile US$35.

COLONIA SUIZA
Situata nel dipartimento di Colonia, Colonia Suiza (chiamata anche Nueva Helvecia) sorge 120 km a ovest di Montevideo e 60 km a est di Colonia del Sacramento, lungo una strada che si diparte dalla Ruta 1. Fondata da immigrati svizzeri nel 1862, fu la prima colonia agricola del paese situata nell'interno e riforniva di frumento i mulini di Montevideo. È una cittadina tranquilla e piacevole con un'atmosfera marcatamente europea, i cui prodotti caseari sono famosi in tutto il paese – vi si produce il 60% di tutto il formaggio uruguayano.

Informazioni
A Colonia Suiza c'è un ufficio turistico piuttosto formale all'ingresso della città e un altro molto valido nella cooperativa Artesanos Ciudad Jardín a Colonia Valdense, al km 120 della Ruta 1, a circa 6 km da Colonia Suiza.

Per cambiare contanti provate il Banco La Caja Obrera, in Av 18 de Julio. L'Antel è in Artigas angolo Dreyer, dalla parte opposta rispetto alla torre dell'acqua dell'OSE. Il prefisso di Colonia Suiza è 055. L'ospedale (☎ 44057) si trova in 18 de Julio angolo C Cunier.

Che cosa vedere
Il centro della città è Plaza de los Fundadores, ornata da un'interessante scultura, *El Surco*, che commemora i primi coloni svizzeri. Tra gli edifici di maggiore interesse ci sono le rovine del **Molino Quemado** (il primo mulino da grano) e lo storico **Hotel del Prado**, che funge anche da ostello della gioventù.

Pernottamento e pasti

Risalente al 1884, l'*Hotel del Prado* (☎ 44169) in periferia, nel Barrio Hoteles, dispone di 80 stanze e, benché in declino, continua a essere un edificio sontuoso con enormi balconi. Le stanze costano US$25 per persona, ma l'albergo funge anche da ostello e offre posti letto con bagno in comune per US$8. È necessario avere la tessera degli ostelli.

Il *Granja Hotel Suizo* (☎ 44002) in Av Federico Fischer risale al 1872 ed è il più antico del paese. L'albergo ha un ristorante rinomato e le doppie costano US$60. L'albergo più lussuoso rimane comunque l'*Hotel Nirvana* (☎ 44052, 900-3823 a Montevideo), in Av Batlle y Ordóñez, dove in alta stagione (dal 15 dicembre al 1 aprile) le stanze costano US$56 per persona compresa la prima colazione. Dispone di piscina, campi da tennis, maneggio, servizi per i bambini e 25 ettari di terreno ben tenuto.

A Colonia Suiza ci sono diversi ottimi ristoranti. A parte quello dell'Hotel Suizo, provate *La Gondola* (☎ 44474), Luis Dreyer angolo 25 de Agosto, l'*Arbalete*, nell'Hotel Nirvana, e il *Don Juan* (☎ 45099, 18 de Julio 1214).

Per/da Colonia Suiza

La COT (☎ 44093), Berna 1268, mette a disposizione servizi per Montevideo, Colonia, Fray Bentos (tre al giorno) e Paysandú (uno al giorno). La Omnibus Colonia (☎ 44541), 25 de Agosto angolo Berna, raggiunge Colonia, mentre la Turil (☎ 44998), Av 18 de Julio 1232, serve Montevideo.

COLONIA VALDENSE

Colonia Valdense fu fondata intorno alla metà del XIX secolo da cristiani evangelici fuggiti dalle persecuzioni religiose in Francia e dalla miseria in cui vivevano in Piemonte. La cittadina a cavallo della Ruta 1, all'incrocio per Colonia Suiza, è nota come la 'Città Giardino dell'Uruguay'. Vi abitano anche abili artigiani le cui opere sono esposte nella sede dell'Artesanos Ciudad Jardín, al km 120 della Ruta 1, che funge anche da ufficio turistico regionale. Il **Museo Valdense Sudamericano** documenta la storia di questa comunità.

Gli autobus che collegano Colonia a Montevideo attraversano la città, ma gli alberghi più vicini sono a Colonia Suiza.

CARMELO

Nel punto in cui il Río Uruguay si allarga diventando Río de la Plata sorge la città di Carmelo, di fronte al delta del Paraná, 75 km a nord-ovest di Colonia del Sacramento e 235 km da Montevideo. È collegata con delle lance al sobborgo Tigre di Buenos Aires. Fa parte del dipartimento di Colonia ed è un centro di vela e canottaggio, da cui partono anche le escursioni per esplorare il delta.

Carmelo risale al 1816 allorché gli abitanti del villaggio di Las Víboras chiesero ad Artigas, al quale è dedicata la piazza centrale originaria della città il permesso di spostarsi nel più ospitale Arroyo de las Vacas. L'economia locale si basa sul turismo, l'allevamento e l'agricoltura e i vini del posto sono molto rinomati.

Orientamento

Carmelo è situata a cavallo dell'Arroyo de las Vacas, un porto riparato sul Río de la Plata. A nord dell'Arroyo, l'ombrosa Plaza Independencia è ora un centro commerciale. La maggior parte degli esercizi commerciali della città si trova lungo 19 de Abril che porta al ponte sull'arroyo, dove un vasto parco offre la possibilità di campeggiare e nuotare oltre ad un enorme casinò piuttosto malandato.

Informazioni

Uffici turistici L'Oficina de Turismo (☎ 22001) è gestita dal comune e si è spostata nello Shopping Suhr, una galleria in 19 de Abril angolo Solís, vicino al ponte sull'arroyo.

Cambio A Carmelo ci sono due uffici di cambio: Lerga, in 19 de Abril 300, e Viaggio, in 19 de Abril angolo 12 de Febrero, che è aperto nei giorni feriali dalle 10 alle 18 ma non cambia i travellers' cheque.

Litorale uruguayano

Poste e telecomunicazioni L'ufficio postale è in Uruguay 368. Il prefisso di Carmelo è 54.

Assistenza sanitaria L'ospedale (☎ 22107) è in Uruguay angolo Artigas.

Che cosa vedere
Il **Santuario del Carmen**, in Lavalleja angolo El Carmen, risale al 1830. Subito accanto si trova l'**Archivo y Museo Parroquial** che espone importanti documenti e oggetti della storia locale. Risalente al 1860, la **Casa de Ignacío Barrios**, in Barrios angolo 19 de Abril, apparteneva un tempo a un luogotenente di San Martín, uno dei firmatari della dichiarazione di indipendenza dell'Uruguay.

Manifestazioni di particolare rilievo
La Fiesta Nacional de la Uva, che si tiene all'inizio di febbraio, è un appuntamento che si rinnova ormai da più di 20 anni.

Pernottamento
Campeggi Il *Camping Náutico Carmelo* (☎ *22058)* sul lato meridionale dell'Arroyo de las Vacas, costa US$3 per persona. Il *Camping Don Mauro* (☎ *22390)* è in Ignacio Barros angolo Arroyo de las Vacas, a sei isolati dal centro; è aperto da dicembre a marzo e non ha acqua calda. Anche qui si pagano US$3 per persona.

Alberghi L'albergo più economico della città è l'essenziale *Hotel Oriental (19 de Abril 284)* dove gli adulti pagano US$7 più un supplemento di US$3 per i bambini, in stanze con diversi letti. L'*Hotel Paraná* (☎ *22480, 19 de Abril 585)* offre singole per US$8 con bagno privato. L'*Hotel La Unión* (☎ *22028, Uruguay 368)* è un albergo pulito situato a fianco dell'ufficio postale che offre singole con bagno in comune/privato per US$9/12 e doppie con bagno privato per US$20.

L'accogliente *Hotel San Fernando* (☎ *22503, 19 de Abril 161)* offre stanze pulite con bagno privato per US$14/20. Al *Palace Hotel* (☎ *22622, Sarandí 308)* le stanze doppie costano US$25.

Benché sia moderno e pulito, l'*Hotel Bertoletti* (☎ *22030, Uruguay 171)* è piuttosto brutto e offre stanze per US$15/25 con bagno in comune, US$20/25 con bagno privato.

L'*Hotel Rambla* (☎ *22390, Uruguay 55)*, in posizione comoda vicino al molo delle lance, costa US$21/39 compresa la prima colazione.

Il migliore è l'*Hotel Casino Carmelo* (☎ *22314)* in Av Rodó, dall'altra parte dell'Arroyo de las Vacas; la stanza doppia costa US$75 con prima colazione, US$123 con mezza pensione e US$135 con pensione completa.

Pasti
El Vesubio (☎ *22258, 19 de Abril 451)* serve un enorme e gustoso *chivito al plato* oltre a una varietà di altri piatti.

Altri ristoranti sono il *Perrini* (☎ *22519, 19 de Abril 440)*, lo *Yacht Club* (☎ *22340)* il *Morales* (☎ *22649)* e *El Refugio* (☎ *22325)* tutti nel parco oltre il ponte.

Per/da Carmelo
Autobus Tutte le compagnie sono in Plaza Independencia o nelle immediate vicinanze. La Chadre (☎ 22987), in Uruguay angolo 18 de Julio, serve Montevideo (US$9, 4 ore) e prosegue verso nord per Fray Bentos, Paysandú e Salto; la Sabelín, allo stesso indirizzo, offre sei corse al giorno per Nueva Palmira. La Turil raggiunge Colonia (US$2, 1 ora) e anche la Klüver (☎ 23411) e la Intertur, ambedue situate in 18 de Julio angolo Uruguay. La Klüver serve anche Nueva Palmira e Mercedes, mentre la Intertur arriva fino a Nueva Palmira.

Trasporti fluviali La Movilán/Deltanave, in Constituyentes 263, ha due partenze al giorno, alle 4 e alle 10.30, per il quartiere Tigre di Buenos Aires. I servizi della Cacciola, in Constituyentes 219, partono alle 4 e a mezzogiorno, la domenica a mezzogiorno e alle 19.30. La tariffa è di US$11 solo andata per gli adulti, US$9.35 solo andata per i bambini.

DINTORNI DI CARMELO
La Estancia de Narbona
Nonostante le condizioni dimesse dei suoi edifici, questa estancia del XVIII secolo sull'Arroyo Víboras, circa 20 km a ovest di Carmelo sulla strada per Nueva Palmira, è stata dichiarata monumento storico nazionale. L'estancia, provvista di cappella e di torre campanaria di tre piani, è situata in cima a una collinetta a circa 2 km dalla strada principale. All'incrocio, vicino a un mulino idraulico costruito per lavorare il frumento prodotto localmente, c'è il **Puente Castells**, il primo ponte del genere costruito in Uruguay, in piedi da più di 130 anni.

Estancia de las Vacas
Subito a est di Carmelo, Estancia de las Vacas era un'azienda gesuita del XVIII secolo, probabilmente la più progredita del tempo nella Banda Oriental, provvista di cappella, cortili interni, laboratori di fabbri e carpentieri, panetteria, fabbriche di mattoni e tegole, vigneti (i primi del paese) e 30.000 bovini. L'estancia ospitava più di 200 persone, tra cui poveri indigeni e schiavi negri.

Dopo l'espulsione dei gesuiti nel 1767, Juan de San Martín (padre dell'eroe argentino) divenne amministratore dell'estancia fino al 1774. In seguito alla sua partenza, l'azienda passò nelle mani di un altro ordine monastico, la cui amministrazione carente portò l'estancia alla rovina. Oggi è un monumento storico nazionale, noto anche come Calera de las Huérfanas.

FRAY BENTOS
Capoluogo del dipartimento di Río Negro, circa 300 km a nord-ovest di Montevideo, Fray Bentos è il valico di frontiera con l'Argentina situato più a sud, raggiungibile tramite il ponte Libertador General San Martín sul Río Uruguay. Si trova sulla sponda orientale del fiume, di fronte alla città argentina di Gualeguaychú.

Nel 1864 a Fray Bentos venne costruito il primo stabilimento del paese destinato alla produzione di estratti di carne e nel 1902 gli Inglesi aprirono in questa città il primo *frigorífico* dell'Uruguay. Ora l'enorme impianto inglese non è più operativo e il governo uruguayano lo ha trasformato in un museo.

Orientamento
Fray Bentos ha una pianta a griglia molto regolare, che si allarga intorno alla centrale Plaza Constitución; su questa piazza aperta si erge, circondata da alcune palme, una tribuna coperta per orchestra in stile vittoriano, riproduzione del Crystal Palace di Londra, donata nel 1902 dalla Liebig Meat Company. La strada commerciale principale è 18 de Julio che procede verso est fino alla Ruta 2 per Mercedes e Montevideo; 25 de Mayo è invece una strada che va verso nord e passa accanto all'ombrosa Plaza Hargain, in direzione del ponte per l'Argentina.

Informazioni
Uffici turistici L'Oficina de Turismo (☎ 2233) è comunale e ha un ufficio nel Museo Solari, sul lato occidentale di Plaza Constitución. Il personale è simpatico, disponibile e informato e l'ufficio è aperto nei giorni feriali dalle 8 alle 13 e dalle 14 alle 20; in estate è aperto dalle 7.30 alle 13.30 e dalle 16 alle 21.

Poste e telecomunicazioni L'ufficio postale è in Treinta y Tres 3271. L'Antel si trova in Zorrilla 1127. Il prefisso di Fray Bentos è 562.

Assistenza sanitaria L'Hospital Salúd Pública (☎ 2742) è in Echeverría angolo Lavalleja.

Che cosa vedere
L'edificio più famoso della città è il **Teatro Young**, che è in grado di contenere 400 persone e porta il nome dell'*estanciero* anglo-uruguayano che ne finanziò la costruzione tra il 1909 e il 1912. Ora di proprietà comunale, ospita tutto l'anno manifestazioni culturali e si può visitare su richiesta, chiedendo al teatro o all'ufficio turistico. Si trova un isolato a nord di Plaza Constitución, in 25 de Mayo angolo Zorrilla.

Litorale uruguayano

FRAY BENTOS

PERNOTTAMENTO
1 Hotel 25 de Mayo
4 Hotel Casino Fray Bentos
6 Nuevo Hotel Colonial
7 Hotel Plaza

PASTI
8 La Olla
11 La Enramada

ALTRO
2 Antel
3 Teatro Young
5 Ufficio postale
7 Buses ETA, COT
9 Museo Solari, Oficina de Turismo
10 Buses Chadre, Agencia Central, Sabelín

Il **Museo Solari**, gestito dal comune, in Treinta y Tres sul lato occidentale di Plaza Constitución, ospita mostre temporanee. Nel Parque Roosevelt, sulle rive del fiume all'estremità occidentale della città, il **Teatro Municipal de Verano** è un anfiteatro con 4000 posti dotato di un'ottima acustica.

Nel 1865 la Liebig Extract of Meat Company aprì il suo primo stabilimento sudamericano che ben presto divenne il complesso industriale più importante dell'Uruguay, a sud-ovest del centro di Fray Bentos. La maggior parte degli impianti dell'ormai defunto Frigorífico Anglo del Uruguay rappresenta ora il principale punto di riferimento del **Barrio Histórico del Anglo**. Date un'occhiata soprattutto alla residenza del direttore e al vecchio consolato britannico.

Il paesaggio e la vita che animano le strade di questa zona sono soggetti ideali per chi vuole scattare delle fotografie; gli edifici del vecchio stabilimento, che ora ospita il **Museo de la Revolución Industrial** (☎ 2918) sono attualmente in fase di restauro. Le visite guidate si tengono tutti i giorni, tranne il lunedì, alle 9.30, alle 11 e alle 18. L'ingresso costa US$1.

Pernottamento

Campeggi Il *Club Atlético Anglo* (☎ 2787) gestisce un campeggio con acqua calda e accesso alla spiaggia, 10 isolati a sud di Plaza Constitución. Otto km a sud della città si trova il campeggio comunale *Balneario Las Cañas* (☎ 1611), che costa US$4 per posto tenda più US$2 per persona.

Alberghi e motel Il *Nuevo Hotel Colonial* (☎ 2260, *25 de Mayo 3293*) vicino a Zorrilla, è molto pulito e accogliente e le stanze sono disposte intorno a un patio interno. Le doppie costano US$13/22 con bagno in comune/privato.

L'*Hotel 25 de Mayo* (☎ 2586) all'angolo tra 25 de Mayo e Lavalleja, è un edificio rimodernato del XIX secolo con singole/doppie con bagno in comune per US$11/20, con bagno privato per US$15/20.

Le stanze con bagno privato all'*Hotel Plaza* (☎ 2363) all'angolo tra 18 de Julio e 25 de Mayo, costano US$20/35. Il *Balneario Las Cañas* (☎ 1611) 8 km a sud della città, offre sistemazioni in motel con bagno privato a US$35 per persona. L'*Hotel Casino Fray Bentos* (☎ 2359, *Paraguay 3272*), sul lungofiume, ha tariffe comprese a US$40 e US$50 per persona, inclusa la prima colazione.

Pasti

Per quanto riguarda il cibo Fray Bentos non è un gran che. *La Enramada* (☎ 4036) in España tra 25 de Mayo e 25 de Agosto, è un locale economico e accogliente ma essenziale. Provate invece *La Olla* (☎ 3365, *18 de Julio 1130*) Il migliore in città è forse il *Club de Remeros*, vicino a Parque Roosevelt, luogo di ritrovo dei velisti.

Per/da Fray Bentos

C'è un nuovo terminal in 18 de Julio angolo Varela, ma la maggior parte delle compagnie di autobus utilizza ancora gli uffici in Plaza Constitución, 10 isolati più a ovest. L'ETA, i cui uffici sono nell'Hotel Plaza, offre tre corse al giorno per Gualeguaychú (US$4). Gli autobus della CUT (☎ 2286), che ha sede allo stesso indirizzo, partono cinque volte al giorno diretti a Mercedes (US$1.50) e Montevideo (US$11, 5 ore).

La Buses Chadre, in Plaza Constitución angolo 25 de Mayo 3220, offre due servizi al giorno per Bella Unión e Montevideo; gli autobus fermano a Salto, Paysandú, Fray Bentos, Mercedes, Dolores, Nueva Palmira, Carmelo e Colonia. Anche l'Agencia Central (☎ 3470) e la Sabelín, con sede negli stessi uffici raggiungono Montevideo.

MERCEDES

Capoluogo del dipartimento di Soriano, ad appena 30 km da Fray Bentos e 270 km da Montevideo, Mercedes è un centro di allevamento e una località di villeggiatura minore sulla sponda meridionale del Río Negro, affluente del fiume Uruguay. Le sue spiagge sabbiose sono ideali per praticare canottaggio, pesca e nuoto. Mercedes è collegata a Montevideo e ad altre località del paese con servizi più frequenti rispetto a Fray Bentos.

Orientamento

La pianta della cittadina forma una griglia regolare con al centro Plaza Independencia. Le principali strade commerciali sono le due parallele Colón e Artigas, che corrono in direzione nord-sud ai due lati della piazza. A nord queste due strade incrociano l'ombroso lungofiume, principale attrazione della città.

Informazioni

Uffici turistici Il personale dell'Oficina de Turismo municipale (☎ 22733), in Artigas 215, è gentile ed entusiasta e distribuisce una buona cartina della città. L'ufficio è aperto da lunedì a giovedì dalle 12.30 alle 18.30 e da venerdì a domenica dalle 9.30 alle 20.30.

Cambio Presso il Cambio Fagalde, Giménez 709, o il Cambio España, Colón 262, potete cambiare denaro contante, ma non travellers' cheque.

Poste e telecomunicazioni L'ufficio postale è in Rodó 650, all'angolo con 18 de Julio. Il Centro Telefónico è in Artigas 290. Il prefisso di Mercedes è 53.

Assistenza sanitaria L'Hospital Mercedes (☎ 22177) è in Sánchez 204.

Che cosa vedere e fare

La **Catedral de Nuestra Señora de las Mercedes**, a sud di Plaza Independencia, risale al 1788. La **Biblioteca Museo Eusebio Giménez**, in Giménez, tra Sarandí e 25 de Mayo, espone dipinti di artisti locali.

Più lontano, in direzione ovest, si può visitare il **Museo Paleontológico Alejandro Berro** che vanta una collezione di fossili di tutto rispetto. È aperto tutti i giorni, tranne il lunedì, dalle 7.30 alle 18.30 ed è accessibile con i mezzi pubblici. La domenica mattina Plaza Lavalleja, a est del centro, ospita un mercato delle pulci e una fiera dell'artigianato.

Pernottamento

Campeggi A soli otto isolati da Plaza Independencia troverete il *Camping del Hum*, un campeggio spazioso che occupa metà dell'Isla del Puerto, un'isola sul Río Negro collegata alla terraferma mediante un ponte. Si tratta di uno dei migliori campeggi della regione e, oltre ai servizi igienici, offre la possibilità di nuotare e pescare. Purtroppo le inondazioni del 1997-98 hanno distrutto gran parte delle infrastrutture. Costa appena US$1 per persona più US$1 per il posto tenda.

Ostelli C'è un ostello della gioventù nel *Club Remeros Mercedes* (☎ 22534, *De la Rivera 949*), in Gomensoro.

Alberghi L'*Hotel Mercedes* (☎ 23204, *Giménez 659*) è un albergo rimodernato

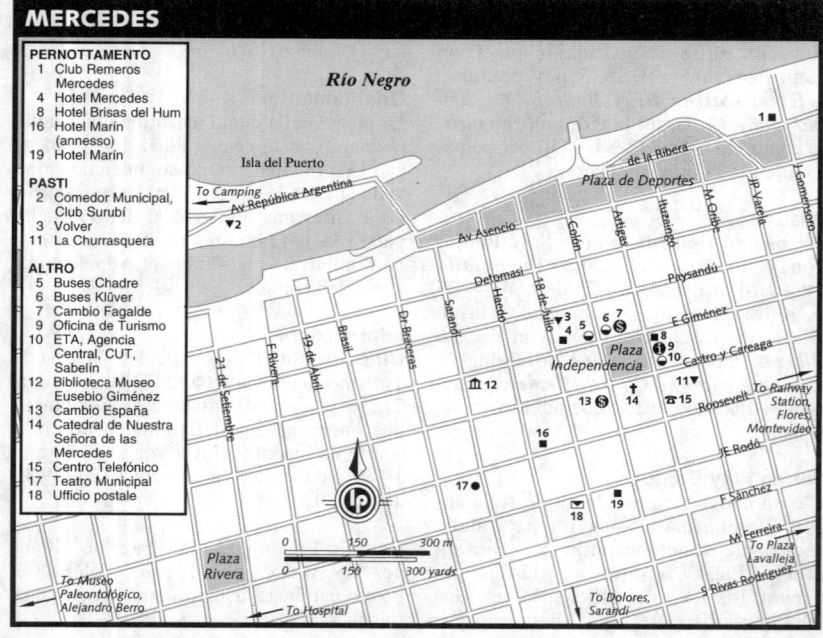

che mette a disposizione stanze singole con bagno in comune/privato per US$9/12. Il tranquillo e accogliente *Hotel Marín* (☎ *22987, Rodó 668)* offre camere singole per US$10; il suo annesso (☎ *2115, Roosevelt 627)*, tra 18 de Julio e 25 de Mayo, è più originale ma leggermente più caro, US$12 più US$2 per l'aria condizionata.

Nonostante l'aspetto squallido, l'*Hotel Brisas del Hum* (☎ *22740 Artigas 201)* è ciò che si avvicina di più a un albergo di lusso. Le tariffe per le stanze singole/doppie sono di US$40/55, inclusa la prima colazione.

Pasti

La Churrasquera (☎ *24026, Castro y Careaga 790)* è una parrilla con buoni prezzi che serve porzioni abbondanti e offre riduzioni ai membri dell'ACA. Anche il *Volver* (☎ *22366, 18 de Julio 185)* è una parrilla.

Al *Comedor Municipal* e al *Club Surubí*, entrambi sull'Isla del Puerto vicino al campeggio, si può mangiare bene senza spendere molto e il menu comprende anche alcuni piatti a base di pesce pescato nel fiume. Ci sono tavolini all'aperto che, a dire il vero, sono un po' spartani, ma in compenso l'ambiente è rilassante.

Per/da Mercedes

La Klüver (☎ 22046), in Giménez 701, all'angolo con Plaza Independencia, offre due corse giornaliere per Colonia e una sola il sabato e la domenica. C'è anche un servizio di autobus per Durazno in funzione lunedì, mercoledì e venerdì. Gli autobus della Buses Chadre, situata dalla parte opposta della strada, in Colón angolo Giménez, passano per Mercedes sul tragitto tra Bella Unión e Montevideo (per informazioni v. **Fray Bentos**).

L'Agencia Central, la CUT e la Sabelín, tutte in Artigas 233 (☎ 23766), collegano Mercedes a Montevideo. La CUT, che dispone degli autobus più moderni, offre cinque corse giornaliere per Montevideo (US$11, 4 ore e mezzo) e Fray Bentos. L'ETA, allo stesso indirizzo, serve la città argentina di Gualeguaychú, via Fray Bentos, e raggiunge anche destinazioni dell'interno come Trinidad, Durazno, Paso de los Toros, Tacuarembó e Rivera.

PAYSANDÚ

Capoluogo del proprio dipartimento e seconda città dell'Uruguay per dimensioni, Paysandú, che ha una popolazione di circa 100.000 abitanti, fa risalire le proprie origini alla metà del XVIII secolo, quando era un avamposto di mandriani della missione gesuita di Yapeyú, a Corrientes. Il primo *saladero* fu aperto nel 1840, ma fu la costruzione del frigorífico alla fine del XIX secolo a rappresentare una vera e propria svolta nell'economia della città. Oggi la città è l'unico centro industriale del paese di una certa rilevanza, a parte Montevideo, con birrifici, zuccherifici, industrie tessili, industrie di lavorazione della pelle e altri prodotti. Per i viaggiatori più indipendenti sarà una tappa sul tragitto per o dall'Argentina.

Orientamento

Situata sulla sponda orientale del Río Uruguay, Paysandú sorge a 370 km da Montevideo lungo la Ruta 3 e 110 km a nord di Fray Bentos lungo la Ruta 24. Il Puente Internacional General Artigas, 15 km a nord della città, la collega alla città argentina di Colón.

La pianta della città è leggermente irregolare con al centro Plaza Constitución; 18 de Julio le la strada commerciale principale, che corre da est a ovest lungo il lato meridionale della piazza. Fatta eccezione per una piccola zona intorno al porto, a ovest del centro, le regolari inondazioni hanno trasformato il lungofiume in un'unica distesa erbosa con qualche zona alberata che rappresenta un piacevole rifugio dall'opprimente calura estiva.

Informazioni

Uffici turistici La Dirección Municipal de Turismo (☎ 26221) si trova di fronte a Plaza Constitución, in 18 de Julio 1226. Aperta nei giorni feriali dalle 7 alle 19, distribuisce una delle migliori mappe cittadine dell'Uruguay e diversi utili opuscoli.

68 Litorale uruguayano

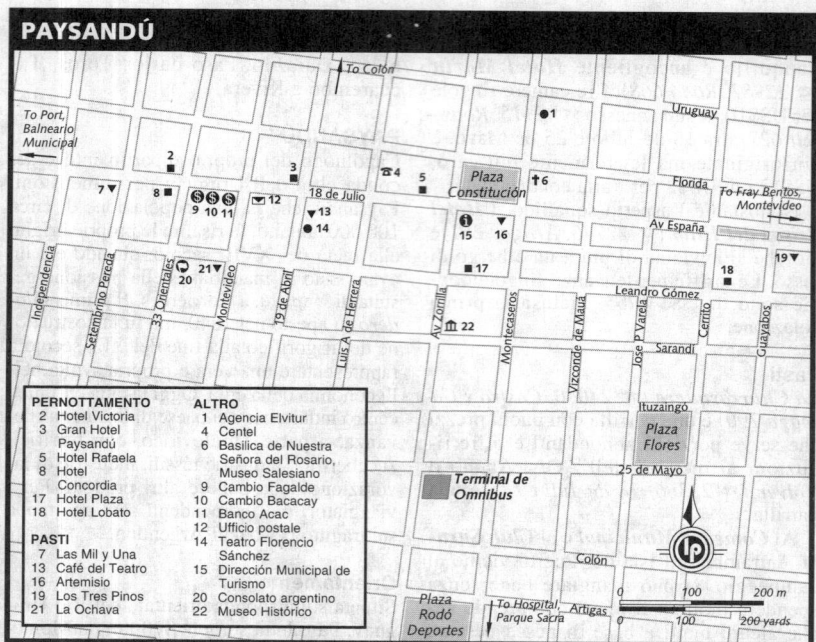

PERNOTTAMENTO
2 Hotel Victoria
3 Gran Hotel Paysandú
5 Hotel Rafaela
8 Hotel Concordia
17 Hotel Plaza
18 Hotel Lobato

PASTI
7 Las Mil y Una
13 Café del Teatro
16 Artemisio
19 Los Tres Pinos
21 La Ochava

ALTRO
1 Agencia Elvitur
4 Centel
6 Basilica de Nuestra Señora del Rosario, Museo Salesiano
9 Cambio Fagalde
10 Cambio Bacacay
11 Banco Acac
12 Ufficio postale
14 Teatro Florencio Sánchez
15 Dirección Municipal de Turismo
20 Consolato argentino
22 Museo Histórico

Cambio Il cambio Fagalde è in 18 de Julio 1002, mentre il Cambio Bacacay è subito accanto, in Julio 1008. Nelle vicinanze, in 18 de Julio angolo Montevideo, c'è uno sportello del Banco Acac.

Poste e telecomunicazioni L'ufficio postale è in 18 de Julio 1052. Per telefonare potete recarvi alla Centel, in Herrera, tra Don Bosco e 18 de Julio. Il prefisso di Paysandú è 072.

Agenzie di viaggio La Elvitur (☎ 24449) è in Montecaseros 1024.

Assistenza sanitaria L'Hospital Escuela del Litoral (☎ 24836) è situato in Montecaseros 520.

Che cosa vedere
Gli edifici principali del centro sono la **Basílica de Nuestra Señora del Rosa-** rio (1860), in Plaza Constitución, e il **Teatro Florencio Sánchez** (1876), in 19 de Abril 926. Tra i musei più interessanti figurano il **Museo Salesiano**, in 18 de Julio angolo Montecaseros, e il **Museo Histórico**, in Zorrilla de San Martín angolo Sarandí, aperto nei giorni feriali dalle 11 alle 17 e nei fine settimana dalle 7 a mezzogiorno.

Pernottamento
La sistemazione più economica della città, tra le più accoglienti, è l'*Hotel Victoria* (☎ *24320, 18 de Julio 979*) Le stanze con bagno in comune costano US$7 per persona, con bagno privato US$10. Dalla parte opposta della strada, l'*Hotel Concordia* (☎ *22417, 18 de Julio 984*) è un albergo più o meno simile che costa US$8 con bagno in comune, US$9 con bagno privato.

Ristrutturato in modo attraente, l'*Hotel Plaza* (☎ *22022, Leandro Gómez 1211*) offre singole/doppie che costano appena

US$13/16 con bagno in comune e US$16/29 con bagno privato, ma le stanze migliori sono comprese tra US$24/32 e US$27/35. Al moderno e confortevole *Hotel Lobato* (☎ 22241, *Leandro Gómez 1415*) le singole/doppie con bagno privato costano US$18/30. L'*Hotel Rafaela* (☎ *24216, 18 de Julio 1181*) ha gli stessi prezzi e offre la stessa qualità.

Considerato il migliore della città, il *Gran Hotel Paysandú* (☎ *23400, 18 de Julio 1103*) costa US$51/72 compresa la prima colazione.

Pasti
Tra i locali migliori c'è l'*Artemisio (18 de Julio 1248)*, vicino all'ufficio turistico, che gode di ottima fama, e *Los Tres Pinos* (☎ *22302, Av España 1474)*, che serve piatti di pasta eccellenti (soprattutto i *ñoquis*), ma un po' cari.

La Ochava (☎ *23342, Gómez 1050*) è una parrilla, mentre *Las Mil y Una*, in 18 de Julio angolo Pereda, è una pizzeria. Per bere un caffè e fare uno spuntino andate al *Café del Teatro*, in 18 de Julio angolo 19 de Abril.

Per/da Paysandú
La stazione degli autobus di Paysandú (☎ 23325) è in 25 de Mayo angolo Zorrilla de San Martín, a sud di Plaza Constitución. La Buses Chadre (☎ 25310) attraversa Paysandú sul tragitto tra Bella Unión e Montevideo; per maggiori informazioni v. **Fray Bentos**. Anche l'Agencia Central (☎ 25310), la Copay (☎ 22094), la Núñez (☎ 29050) e la Sabelín (☎ 25310) offrono servizi per Montevideo (US$17, 6 ore). La Copay raggiunge anche Tacuarembó (US$10) tre volte al giorno tranne la domenica; due di queste corse proseguono per Rivera (US$14).

La Paccot (☎ 22093) raggiunge Colón (US$2.50) da lunedì a sabato alle 11, 14.45 e 19.30 con ritorno alle 9, 13.45 e 18.30; domenica e festivi c'è una sola partenza a mezzogiorno. C'è poi un servizio per Concepción (US$3.50) che parte alle 17.30 tutti i giorni tranne la domenica. Gli autobus della Copay partono alle 8.15 tutti i giorni, tranne la domenica, diretti a Colón e Concepción.

TERMAS DE GUAVIYÚ
In una piacevole savana di palme yatay, 60 km a nord di Paysandú, si estende questo complesso termale di 109 ettari (☎ 072-26677) che dispone di otto piscine, di cui quattro con acque termali, e mille posti per il campeggio. Le *sistemazioni in motel* possono essere di categoria 'A', che comprende aria condizionata e cucinino e costa US$45/49 per stanza singola/doppia, oppure di categoria 'B', più essenziale, ma altrettanto confortevole, con stanze doppie per US$24. Il *campeggio* costa US$2.50 per persona e per US$5 si può anche fare la sauna.

Gli autobus che collegano Montevideo a Salto scaricano i passeggeri alle Termas che si trovano direttamente sulla Ruta 3, al km 441.5.

SALTO
Direttamente di fronte a Concordia, nella provincia di Entre Ríos, dall'altra parte del Río Uruguay, Salto è il valico di frontiera con l'Argentina situato più a nord ed è il luogo in cui è stato realizzato il gigantesco progetto idroelettrico Salto Grande, a 520 km da Montevideo lungo la Ruta 3. Il bacino dietro la diga è una tradizionale area ricreativa che attira molti visitatori e la zona circostante è famosa per gli agrumi, soprattutto le arance. Horacio Quiroga, che trascorse gran parte della sua vita a Misiones, in Argentina, e il romanziere Enrique Amorim sono le più importanti figure letterarie legate a questa città.

Orientamento
Salto ha una pianta a griglia molto regolare il cui fulcro è Plaza Artigas. Quasi tutti i luoghi di interesse sono lungo Uruguay, la strada principale che corre verso ovest in direzione del porto.

Informazioni
Uffici turistici L'Oficina Municipal de Turismo (☎ 25194, fax 35740) è situata in Uruguay 1052.

70 Litorale uruguayano

Cambio Il Cambio Bella Unión è all'angolo tra Uruguay e Amorim. Il Banco de Crédito, in Uruguay angolo Joaquín Suárez, ha uno sportello automatico.

Poste e telecomunicazioni L'ufficio postale è in Artigas angolo Treinta y Tres. L'Antel è in Grito de Asencio 55, ma c'è anche La Telefónica in Uruguay 885, Local 3. Il prefisso di Salto è 073.

Lavanderie In Brasil 544 troverete la Lavadero Aguas Blancas.

Assistenza sanitaria L'Hospital Regional Salto (☎ 32155) è in 18 de Julio angolo Varela.

Che cosa vedere e fare

Salto ha un gran numero di musei interessanti. A nord-est del centro, in Enrique Amorim angolo Blandengues, c'è il **Museo Histórico Municipal** che contiene le ceneri dello scrittore Horacio Quiroga (per maggiori informazioni su Quiroga v. **San Ignacio** in **Mesopotamia**). È aperto dalle 13 alle 18 dal martedì al sabato.

Aperto nei giorni feriali dalle 13 alle 19, il **Museo del Teatro Larrañaga** (☎ 32158), in Joaquín Suárez 51, fa parte del più importante teatro di Salto. Il **Museo de Bellas Artes y Artes Decorativas** (☎ 29898), in Uruguay 1067, è aperto dal martedì al sabato dalle 14 alle 19.

In Brasil angolo Zorrilla, il vecchio Mercado Central è diventato il **Museo del Hombre y la Tecnología** (☎ 29898) che espone documenti sullo sviluppo culturale e storico locale; nel seminterrato c'è il **Museo Arqueológico** che, pur non essendo privo di interesse, non è all'altezza del primo. Ambedue sono aperti da martedì a sabato dalle 15 alle 20.

Il **Museo Escultórico Edmundo Pratti** (☎ 25220), un museo delle arti tridimensionali in Artigas angolo 25 de Agosto, è dedicato a uno dei più importanti scultori dell'Uruguay. È aperto tutti i giorni dalle 8 a mezzogiorno e dalle 14 alle 19.

Le visite guidate al **progetto idroelettrico** di Salto Grande (☎ 26131) si tengono tutti i giorni, tranne la domenica, dalle 7 alle 14.

Pernottamento

Un po' trasandato ma accogliente, l'*Hotel Plaza Artigas* (☎ 34824, Artigas 1146) costa US$9/12 per persona con bagno in comune/privato.

La sistemazione più economica, però, è l'*Hotel Plaza* (☎ 33744, Uruguay 465) che costa US$12. L'*Hotel Gui-mar* (☎ 32223, Osimani 69) è un'altra possibilità per US$12 o US$15, compresa la prima colazione.

Per quanto riguarda la categoria media le tariffe, comprensive di prima colazione, partono da circa US$33/50 all'*Hotel Los Cedros* (☎ 33984) in Uruguay angolo Joaquín Suárez. Per US$35/60 le stanze del *Gran Hotel Uruguay* (☎ 33051, Brasil 891) sono munite di TV via cavo, aria condizionata e telefono. L'*Hotel Eldorado* (☎ 35450, eldorado@saltoweb.com, Sarandí 20) offre più o meno gli stessi servizi per US$39/55.

Le stanze del *Gran Hotel Salto* (☎ 34333, 25 de Agosto 5) costano US$38/50 o US$45/60 compresa una sostanziosa prima colazione con buffet.

Pasti

Il *Restaurant Cheff* (☎ 35328, Uruguay 639) è un'ottima soluzione se vi trovate in centro, e anche il *Club de Remeros* (☎ 34607) sulla Costanera Norte, lungo la quale si trovano diversi ristoranti, è molto frequentato. Ci sono diverse pizzerie tra cui *Firenze (Uruguay 945)* e *Las Mil y Una* (☎ 26331, Uruguay 906).

All'*Azabache* (☎ 32337, Uruguay 702) si servono squisiti piatti di pasta, panini e spremute a prezzi ragionevoli. Il *Club Uruguay* (☎ 33524, Uruguay 754) serve parrillada e piatti di pasta in un ambiente alla moda.

Divertimenti

Il *Cine Metropol* (☎ 33150, Sarandí 80) proietta film in prima visione.

Litorale uruguayano 71

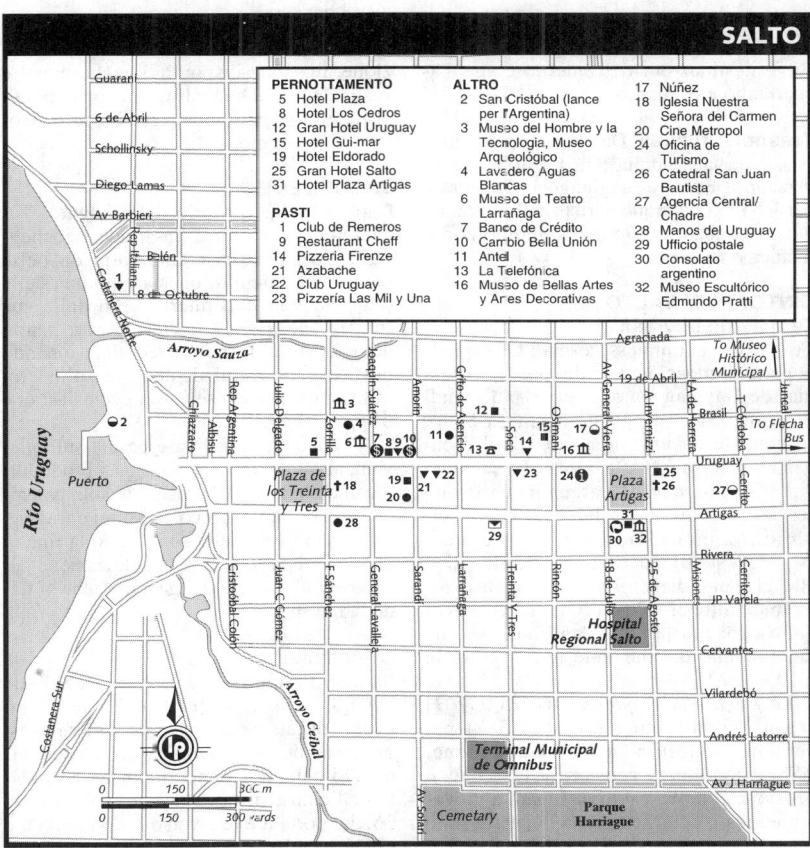

SALTO

PERNOTTAMENTO
5 Hotel Plaza
8 Hotel Los Cedros
12 Gran Hotel Uruguay
15 Hotel Gui-mar
19 Hotel Eldorado
25 Gran Hotel Salto
31 Hotel Plaza Artigas

PASTI
1 Club de Remeros
9 Restaurant Cheff
14 Pizzería Firenze
21 Azabache
22 Club Uruguay
23 Pizzería Las Mil y Una

ALTRO
2 San Cristóbal (lance per l'Argentina)
3 Museo del Hombre y la Tecnología, Museo Arqueológico
4 Lavadero Aguas Blancas
6 Museo del Teatro Larrañaga
7 Banco de Crédito
10 Cambio Bella Unión
11 Antel
13 La Telefónica
16 Museo de Bellas Artes y Artes Decorativas
17 Núñez
18 Iglesia Nuestra Señora del Carmen
20 Cine Metropol
24 Oficina de Turismo
26 Catedral San Juan Bautista
27 Agencia Central/Chadre
28 Manos del Uruguay
29 Ufficio postale
30 Consolato argentino
32 Museo Escultórico Edmundo Pratti

Acquisti
Manos del Uruguay, Artigas 520, offre un'ampia scelta di oggetti d'artigianato.

Per/da Salto
Autobus Il Terminal Municipal de Omnibus (☎ 32909) è in Larrañaga angolo Andrés Latorre. L'Agencia Central/Chadre (☎ 32603), Cerritos 66, mette a disposizione servizi giornalieri per Concordia, tranne la domenica, con partenze alle 8 e alle 14, mentre la Flecha Bus (☎ 32150), in Uruguay angolo Beltrán, sei isolati a est di Plaza Artigas, offre corse alle 14.30 e alle 20.30 tutti i giorni tranne domenica. Il martedì e il venerdì mattina la Chadre raggiunge Uruguaiana, in Brasile, situata di fronte a Paso de los Libres, dall'altra parte del confine nella provincia argentina di Corrientes.

Per quanto riguarda le linee nazionali, ci sono autobus per Montevideo (US$20, 6 ore) della Chadre/Agencia Central, della Núñez (☎ 35581), in Viera 42, e della El Norteño (☎ 32150), Béltran 19, che serve anche Bella Unión (US$5.50). L'Alonso

(☎ 34821) raggiunge Paysandú (US$5, 1 ora e mezzo), mentre l'Agencia Central serve destinazioni dell'interno come Tacuarembó e Rivera.

Trasporti fluviali Dal porto in fondo a Brasil, le lance della San Cristóbal attraversano il fiume e raggiungono Concordia per US$3 con cinque partenze al giorno da lunedì a sabato e solo due al giorno la domenica e festivi.

DINTORNI DI SALTO
Termas de Daymán
Tra i diversi complessi termali situati nella parte nordoccidentale del paese, le Termas de Daymán sono le terme più grandi e organizzate, ad appena 8 km da Salto. Circondate da un gruppo di motel e cabañas, sono una meta molto frequentata da turisti uruguayani e argentini e offrono servizi per tutte le tasche. Presso il Complejo Médico Hidrotermal Daymán (☎ 073-29090), aperto tutti i giorni dalle 9 alle 21, sono disponibili trattamenti fisioterapici, oltre ai soliti servizi. Dal porto di Salto ogni ora partono degli autobus che raggiungono direttamente le terme tra le 6.10 e le 22.

La Posta del Daymán (☎ 073-29701) al km 487 sulla Ruta 3, costa US$21 per persona compresa la prima colazione, US$29 con mezza pensione e US$36 con pensione completa solo da lunedì a giovedì; nel resto della settimana le tariffe sono rispettivamente di US$30, US$38 e US$45. La struttura offre inoltre la possibilità di campeggiare senza spendere troppo e di pranzare bene a prezzi fissi. L'*Hotel Amazonas* (☎ 073-28118) è decisamente più esclusivo.

Al *Parador Municipal Termas de Daymán* (☎ 33992) viene servita cucina internazionale a prezzi ragionevoli. Anche la *Parrilla San Francisco* (☎ 29690) merita una visita.

Termas de Arapey
Circa 45 km a nord di Salto, sul Río Arapey Grande, Arapey è un'altra località popolare con sorgenti termali. La singola/doppia all'*Hotel Municipal* (☎ 073-34096) costa US$50/60 con prima colazione, ma sono disponibili anche motel e sistemazioni in bungalow più convenienti; altrimenti si può optare per il più economico campeggio.

TACUAREMBÓ
Capoluogo del proprio dipartimento, Tacuarembó è percorsa da strade fiancheggiate da sicomori e interrotte da belle piazze che fanno di questa città una delle più piacevoli dell'interno. Fin dalla sua fondazione, nel 1832, le autorità hanno dato lavoro agli scultori commissionando busti e monumenti dedicati ai soliti eroi militari oltre che a scrittori, ecclesiastici e insegnanti.

L'economia cittadina è basata sull'allevamento di bovini e ovini, ma i produttori locali coltivano anche riso, girasoli, arachidi, semi di lino, tabacco, asparagi e fragole.

Se vi trovate nella zona verso la fine di marzo vale la pena fare una deviazione per assistere al festival dei gauchos, che si tiene in questa città.

Orientamento
Situata tra le colline lungo il Cuchilla de Haedo, sulle rive del Río Tacuarembó Chico, questa cittadina sorge 236 km a est di Paysandú e 390 km a nord di Montevideo. Si tratta di un importante nodo stradale dell'entroterra uruguayano, con la Ruta 26 che porta a ovest verso l'Argentina e a est verso il Brasile e verso la costa uruguayana, e la Ruta 5´che da Montevideo prosegue a nord per Rivera e il Brasile.

Il centro della città è Plaza 19 de Abril; le strade 25 de Mayo e 18 de Julio portano entrambe verso sud passando accanto ad altre due piazze importanti, Plaza Colón e Plaza Rivera.

Informazioni
Uffici turistici L'Oficina de Turismo (☎ 7144), in Joaquín Suárez 215, è aperta tutti i giorni dalle 7 alle 19. Il personale, davvero cordiale e disponibile, distribuisce una semplice piantina e anche qualche opuscolo.

Poste e telecomunicazioni L'ufficio postale è in Ituzaingó 262. L'Antel è in Sarandí 240; il prefisso è 0632.

Assistenza sanitaria L'Hospital Regional (☎ 2955) è in Treinta y Tres angolo Catalogne.

Musei
Il **Museo del Indio y del Gaucho Washington Escobar**, in Flores angolo Artigas, è un romantico tributo agli indigeni e ai gauchos quasi dimenticati dell'Uruguay, nonché al ruolo svolto nella storia rurale del loro paese. Il **Museo de Geociencias** è dedicato alle scienze della terra e si trova all'angolo tra Suárez e 18 de Julio.

Manifestazioni di particolare rilievo
Alla fine di marzo si tiene la Fiesta de la Patria Gaucha, che dura tre giorni e non manca di attirare molti visitatori da tutto il paese. Vengono organizzate dimostrazioni di attività gauchesche, musica e altre attività. Il festival si tiene in Parque 25 de Agosto, all'estremità settentrionale della città.

Pernottamento
Campeggi Il *Balneario Municipal Iporá* (☎ 5344) situato lungo un bacino artificiale 7 km a nord della città, è un campeggio alberato che offre sia posti gratuiti sia a pagamento per US$2. I posti gratuiti dispongono di toilette pulite, ma non hanno le docce e potreste decidere che vale la pena spendere 2 dollari per lavarsi. Gli autobus diretti al campeggio partono nelle vicinanze di Plaza 19 de Abril.

Pensioni e alberghi La *Pensión Paysandú* (☎ 2453, *18 de Julio 154*) di fronte a Plaza 19 de Abril, offre delle buone sistemazioni, pulite ma essenziali, per US$9 per persona in stanze con più letti. Per una stanza privata singola/doppia con bagno in comune si pagano US$12/15.

L'*Hotel Central* (☎ 2541, *Flores 300*) costa US$19 per persona con bagno privato e prima colazione. Più confortevole ma anonimo, l'*Hotel Tacuarembó* (☎ 2104, *18 de Julio 133*) offre stanze provviste di bagno privato per US$29/38.

Pasti
L'*Hotel Tacuarembó* ha un buon ristorante che serve il piatto regionale, la parrillada, ma anche altri piatti. Altre due parrillas sono *La Rueda*, in Beltrán angolo Flores, e *La Cabaña* (*25 de Mayo 217*). *La Sombrilla*, in 25 de Mayo angolo Suárez, è una confiteria. Presso *La Rotisería del Centro*, in 18 de Julio vicino a Plaza Colón, potete acquistare enormi e gustosi chivito che possono benissimo sostituire un pasto.

Per/da Tacuarembó
Il Terminal Municipal si trova alla periferia nordorientale della città, all'incrocio tra la Ruta 5 e Av Victorino Perera. Per andare a Montevideo (US$14,5, 30 minuti) rivolgetevi alla Buses Chadre/Agencia Central (☎ 4122) o alla Turil (☎ 3305). La Chadre/Agencia Central serve anche destinazioni dell'interno e collega Tacuarembó alle città costiere di Salto e Paysandú. Anche la Copay offre tre corse giornaliere per Salto e Paysandú (US$10).

VALLE EDÉN
Valle Edén, 30 km a ovest di Tacuarembó, lungo la Ruta 26 per Paysandú, è una zona suggestiva con un ponte sospeso sull'Arroyo Jabonería e sull'insolito Cerro Cementario, un'altura in granito alle cui pendici la gente del posto seppellisce i propri morti.

RIVERA
Dalla parte opposta del confine rispetto a Livramento, in Brasile, Rivera è situata 114 km a nord di Tacuarembó lungo la Ruta 5. L'Oficina de Turismo (☎ 6860) è nella stazione degli autobus, in Presidente Viera, tra Agraciada e Sarandí, ed è aperta tutti i giorni dalle 6.30 alle 12.30 e dalle 14.30 alle 23.30.

L'ufficio postale è in Sarandí 501. L'Antel è in Artigas 1046. Ci sono diversi uffici di cambio e un consolato brasiliano (☎ 3278) in Ceballos 1159.

Il prefisso è 0622.

Pernottamento e pasti

Il *Camping Municipal* (☎ *3803*) in Agraciada vicino a Presidente Viera, è gratuito e offre anche acqua calda.

C'è anche un ostello della gioventù, *Albergue Frontera de la Paz* (☎ *6660, Uruguay 735*). All'*Hotel Sarandí* (☎ *3521, Sarandí 770*) la stanza singola costa US$15.

Segnaliamo inoltre la *Churrasquería El Rancho* (☎ *3974, Brasil 1071*) e l'*El Telégrafo* (☎ *2111, Uruguay 531*), che sono due parrillas.

Per/da Rivera

I servizi di autobus diretti a Tacuarembó proseguono per Rivera.

Riviera uruguayana

A est di Montevideo la suggestiva costa uruguayana è punteggiata da innumerevoli località balneari con spiagge sabbiose, ampie dune e stupendi promontori che si estendono fino al confine con il Brasile.

Naturalmente la zona attira in estate orde di turisti, ma, a parte i facoltosi Brasiliani e Argentini, sono pochi quelli che rimangono fino alla fine della stagione, cioè fino a inizio marzo. La località più esclusiva è Punta del Este dove in estate è aperto un consolato argentino e un ufficio stagionale del quotidiano di Buenos Aires *La Nación*. La vicina Maldonado offre sistemazioni e servizi più a buon mercato e altre località leggermente più fuori mano sono altrettanto attraenti e più abbordabili. Alla fine dell'estate i prezzi diminuiscono, il tempo è ancora buono e l'atmosfera addirittura più vacanziera.

In epoca coloniale il moderno dipartimento di Rocha, tra Maldonado e il confine brasiliano, è stato oggetto di un vero e proprio tiro alla fune tra Portogallo e Spagna, e fino alla metà del XIX secolo anche tra Brasile e Argentina. Questo conflitto ha lasciato diverse testimonianze storiche, come le fortezze di Santa Teresa e San Miguel, scoraggiando al contempo gli insediamenti rurali e preservando così alcune zone del paese rimaste incontaminate.

Benché non abbia nulla a che vedere con la selvaggia Amazzonia, ci sono comunque aree incontaminate come Cabo Polonio, con distese di dune e una vasta colonia di leoni marini del sud, e il Parque Nacional Santa Teresa (che comunque è più un parco culturale che naturale). L'interno presenta una varietà di paesaggi con savane di palme e paludi ricche di avifauna.

Raramente visitati dai turisti, i dipartimenti interni di Treinta y Tres e Cerro Largo offrono diverse possibilità di raggiungere il Brasile. La strada che passa a nord della città di Treinta y Tres in direzione di Melo è una delle più belle statali del paese.

In questo capitolo inizieremo con la descrizione delle località situate a est di Montevideo, seguendo poi la Ruta Interbalnearia (statale costiera) verso est e successivamente verso nord in direzione del confine brasiliano, descrivendo le varie località man mano che si presentano. Dal punto di vista tecnico le spiagge a ovest di Punta del Este sono spiagge di fiume, ma la maggior parte dei visitatori non noterà praticamente alcuna differenza tra queste e le spiagge sull'oceano situate a est, tranne il fatto che il surf sul fiume è meno movimentato.

ATLÁNTIDA

Nel dipartimento di Canelones, ad appena 50 km da Montevideo, Atlántida è la prima località di un certo rilievo lungo l'Interbalnearia. L'Oficina de Turismo municipale (☎ 2736) si trova all'incrocio tra Calles 14 e 1. Il prefisso di Atlántida è 0372. La COT (☎ 2039), Calle 22 angolo Av Artigas, offre servizi regolari di autobus per Montevideo, che proseguono lungo la costa.

Il *Camping El Ensueño* (☎ 2371) è a nove isolati da Playa Brava, la spiaggia più popolare di Atlántida. Le tariffe sono di circa US$6 per due persone e comprendono acqua calda 24 ore su 24 e servizi igienici

I prezzi delle stanze partono da circa US$21 per persona, compresa la prima colazione, all'*Hotel Rex* (☎ 2009) che si trova sulla Rambla, il lungofiume della città, all'angolo con Calle 1. Subito a ovest della città sorge la *Hostería del Fortín de Santa Rosa* (☎ 0376-7376) un rifugio molto apprezzato soprattutto dalla fauna facoltosa di Montevideo. Qui le singole/doppie costano US$80/100 con prima colazione e US$95/130 con mezza pensione.

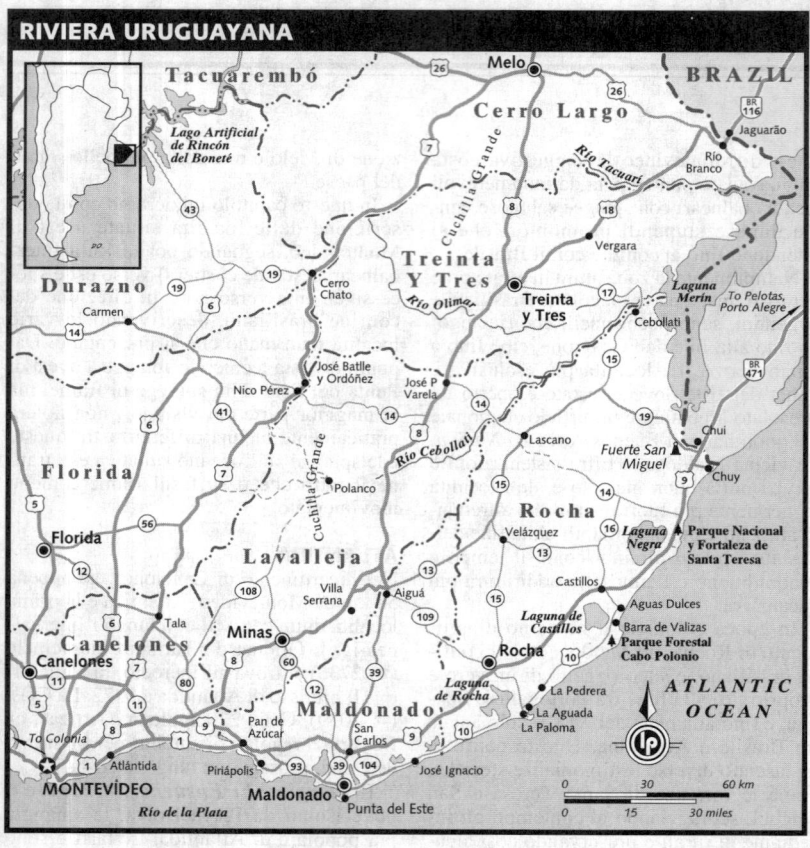

PIRIÁPOLIS

La località balneare più occidentale del dipartimento di Maldonado, a circa 100 chilometri da Montevideo, è Piriápolis, cittadina meno pretenziosa e più abbordabile di Punta del Este. Fondata nel 1893, divenne una località turistica negli anni '30 grazie all'imprenditore argentino Francisco Piria, che vi costruì l'imponente Hotel Argentino e un'eccentrica residenza nota come 'castello di Piria', che ora fa parte dei giardini pubblici della città. A quel tempo i turisti arrivavano direttamente dall'Argentina a bordo dei traghetti di Piria, collegamento che è stato di recente ripristinato.

Nella campagna circostante ci sono diversi luoghi interessanti, tra cui il Cerro Pan de Azúcar, uno dei punti più elevati del paese, e la località collinare di Minas.

Orientamento

Piriápolis è una cittadina raccolta e ha una popolazione di appena 6000 abitanti. Quasi tutto, quindi, è a portata di mano in un'area delimitata a sud da Rambla de los Argentinos, il lungofiume cittadino, a ovest da Bulevar Artigas, a nord da Calle Misiones e a est da Av Piria. Se chiederete informazioni agli abitanti del luogo quasi tutti prenderanno come punto di riferimento l'Hotel Argentino.

Informazioni

Uffici turistici L'Asociación Fomento y Turismo (☎ 22560), in Rambla de los Argentinos 1348, vicino all'Hotel Argentino, è un'associazione privata che distribuisce cartine, opuscoli e una lista degli alberghi con i prezzi aggiornati. A gennaio e febbraio è aperta tutti i giorni dalle 9 alle 23, a marzo e aprile dalle 9 alle 21. Negli altri mesi è aperta tutti i giorni dalle 10 alle 13 e dalle 15 alle 20.

Cambio All'angolo tra Piria e Buenos Aires c'è uno sportello automatico. All'Hotel Argentino potete cambiare contanti ma non travellers' cheque.

Poste e telecomunicazioni L'ufficio postale è in Rambla de los Argentinos, tra Armenia e Manuel Freire. L'Antel è in Tucumán, dietro l'enorme grattacielo all'angolo con Manuel Freire.

Il prefisso di Piriápolis è 043.

Lavanderie La Lavadero Piria (☎ 21324), in Piria angolo Chacabuco, è aperta tutti i giorni dalle 7 a mezzanotte.

Che cosa vedere e fare

L'**Hotel Argentino** è l'edificio principale della città ed è una vera e propria attrazione. Per avere una bella vista della città salite sul **Cerro del Inglés** (anche noto come Cerro San Antonio) all'estremità orientale della città. Per chi è troppo pigro c'è anche un ascensore che arriva fino in cima, accessibile però solo nei fine settimana, tranne che in estate.

Nuotare e prendere il sole sono le attività più diffuse ma all'estremità occidentale della Playa Piriápolis, dove Rambla de los Argentinos diventa Rambla de los Ingleses, ci sono ottimi punti per pescare dalle rocce.

Pernottamento

A Piriápolis e nella maggior parte delle località della Riviera ci sono numerose possibilità di pernottamento, ma i prezzi e la disponibilità variano a seconda della stagione. Molti alberghi sono aperti solo tra dicembre e aprile e quasi tutti aumentano notevolmente i prezzi nel periodo compreso tra il 15 dicembre e il 1° marzo; trascorso questo pericolo i prezzi scendono, il tempo è delizioso e la maggior parte dei turisti sono partiti. Dal 1° aprile al 1° dicembre i prezzi sono estremamente contenuti.

Pernottamento - prezzi economici

Campeggi Aperto da metà dicembre alla fine di aprile, il *Camping Piriápolis FC* (☎ 23275) è in Misiones angolo Niza, a 350 m dall'Hotel Argentino. Dispone di tutti i servizi basilari, compresa elettricità e docce calde, per US$5 per persona, e ci sono alcune stanze con bagno in comune che costano US$9 per persona.

Ostelli A Piriápolis ci sono due grandi ostelli vicino all'Hotel Argentino: l'*Albergue Piriápolis 1* (☎ 20394, *Simón del Pino 1106*) e l'*Asociación de Alberguistas de Piriápolis* (☎ 22157, *Simón del Pino 1136*). Ambedue costano circa US$8 per persona con tessera HI e sono aperti tutto l'anno, ma per pernottarvi a gennaio e febbraio è necessario prenotare.

Pensioni e alberghi All'*Hostal La Casona* (☎ 22441) in Freire angolo Defensa, la doppia con bagno privato costa US$25 a metà stagione, US$35 in estate. Altrimenti l'albergo più economico della città è il *Residencial Uruguay* (☎ 22424, *Uruguay 1026*) che costa US$12 in bassa stagione. I prezzi salgono però a US$26 in estate. All'*Hotel El Paso* (☎ 22632), in Piria angolo Chacabuco, le singole costano US$15 in bassa stagione e il prezzo sale a US$22 in estate. Molto raccomandata dai turisti, la *Petite Pensión* (☎ 22471, *Sanabria 1084*) è una pensioncina con sette stanze pulita e accogliente, a gestione familiare, e si trova vicino ad Ayacucho, a due isolati dalla spiaggia. Le tariffe per persona sono di US$18 in bassa stagione e US$22 durante il periodo estivo.

Pernottamento - prezzi medi
Ci sono numerosi alberghi a prezzi medi, tra cui l'*Hotel San Sebastián* (☎ 22546, *Sanabria 942*), il cui prezzo in bassa stagione varia da US$15 a US$20 per persona e in estate da US$25 a US$30.

All'*Hotel Alcázar* (☎ 22507) in Piria angolo Tucumán, le tariffe sono comprese tra US$16 e US$26 per persona in bassa stagione, US$38 in estate.

Altri alberghi più o meno simili sono l'*Hotel Danae* (☎ 22594, *Rambla de los Argentinos 1270*), che costa US$18 in bassa stagione e US$27 in estate e l'*Hotel Sierra Mar* (☎ 22613, *Sanabria 1051*), le cui tariffe sono comprese tra US$18 e US$20 in bassa stagione e tra US$22 e US$25 in estate. I prezzi all'*Hotel Centro* (☎ 22516, *Sanabria 931*) vanno da US$25 in bassa stagione a US$45 in estate.

Più tranquillo, ma meno centrale della maggior parte degli alberghi di questa categoria, l'*Hotel Colonial* (☎ 23366, *Piria 790*) vicino al verde Cerro del Inglés, è un albergo raccomandato da molti e la mezza pensione è compresa tra US$30 e US$35 in bassa stagione e tra US$45 e US$55 in estate.

Pernottamento - prezzi elevati
Anche se non vi fermate all'*Hotel Argentino* (☎ 22791) dovreste visitare questo elegante complesso termale in stile europeo, provvisto di 350 stanze, situato in Rambla de los Argentinos. Al suo interno funzionano un centro termale, un casinò, un'elegante sala da pranzo e altre comodità. La mezza pensione costa US$137/196, quella completa US$158/238.

Pasti
La Langosta (☎ 233 82, *Rambla de los Argentinos 1212*) serve ottimi piatti di pesce e parrillada a prezzi contenuti. Altri ristoranti invitanti lungo la Rambla sono *La Goleta* (☎ 22501) all'angolo con Trápani, e il *Delta* (☎ 22364) all'angolo con Atanasio Sierra.

Divertimenti
Il *Nuevo Cine Miramar* (☎ 20600, *Rambla de los Argentinos 1126*) proietta film attuali e i biglietti costano circa US$5.

Acquisti
Se cercate oggetti artigianali visitate il Paseo de la Pasiva, una bella galleria ornata di colonne che si trova lungo Rambla de los Argentinos.

Per/da Piriápolis
Autobus Il Terminal de Ómnibus è in Misiones angolo Niza, a circa tre isolati dalla spiaggia. In alta stagione la COT (☎ 24141) e la Copsa (☎ 22571) mettono a disposizione fino a 27 autobus giornalieri che collegano Montevideo a Punta del Este e ritorno via Piriápolis. La Guscapar (☎ 49253) offre 20 corse giornaliere per Pan de Azúcar, dove troverete coincidenze, per Minas. La tariffa per Montevideo è di circa US$3.

Imbarcazioni Il traghetto *Juan L* della Buquebus (☎ 23340), al molo passeggeri in Rambla de los Ingleses, parte per Buenos Aires alle 2 di sabato e alle 18.30 di domenica. Le tariffe sono di US$73 per gli adulti, US$63 per i pensionati, US$53 per chi ha meno di 18 anni e US$23 per i bambini più piccoli.

PAN DE AZÚCAR
A ovest della statale che collega Piriápolis alla città di Pan de Azúcar, 10 km più a nord, parte un sentiero ben visibile che raggiunge la cima del **Cerro Pan de Azúcar**, alta 493 m, il punto più elevato del paese.

Nel vicino Parque Municipal c'è la **Reserva de Fauna Autóctona**, una riserva piccola ma ben tenuta che ospita specie autoctone come il capibara, la volpe grigia e il nandù. Sul lato opposto della statale sorge il **Castillo de Piria**, la lussuosa residenza esotica di Francisco Piria. Entrambi i luoghi sono aperti da martedì a domenica dalle 10 alle 20, nei fine settimana da mezzogiorno alle 18 con ingresso libero.

MINAS
Nel tratto del Cuchilla Grande all'interno del dipartimento di Lavalleja, 120 km a nord-est di Montevideo e 60 km a nord di Piriápolis, sorge Minas, una località collinare che rappresenta una piacevole varia-

zione rispetto all'inesorabile piattezza delle pampas argentine. Il nome deriva dalle vicine cave di materiali da costruzione, ma ciò che attira i turisti è il **Parque Salus**, 10 km a ovest della città, luogo da cui proviene l'acqua minerale più famosa dell'Uruguay, e inoltre sede di una fabbrica di birra. Ogni 19 aprile una folla di 70.000 pellegrini visita il **Cerro y Virgen del Verdún**, 6 km a ovest della città.

L'Oficina de Turismo municipale (☎ 4118) è in Lavalleja 572, ma potete anche rivolgervi alla **Casa de la Cultura**, in Lavalleja angolo Rodó. L'ufficio postale è in Rodó 571, l'Antel in Beltrán angolo Rodó.

Il prefisso di Minas è 0442.

Pernottamento

È possibile campeggiare nel *Parque Arequita* (☎ 0440-2503) un parco alberato situato 9 km a nord della città sulla strada per Polanco, raggiungibile da Minas con i trasporti pubblici. Il settore 'A' è incredibilmente economico, US$2 per persona al giorno, e il settore 'B' offre in più il lusso della piscina per US$5 per persona al giorno. Sono anche disponibili alcune cabañas con due letti e bagno in comune per US$11 per notte e con bagno privato per US$17.

L'*Hotel Verdún* (☎ 2110, *25 de Mayo 444*), costa US$25 per persona; se cercate qualcosa di più economico provate il *Residencial 25* (☎ 4272, *25 de Mayo 525*) dove la singola/doppia costa US$22/30.

Nel Parque Salus si può alloggiare al *El Parador Salus* (☎ 5730) per US$55/70 con prima colazione, US$70/100 con mezza pensione e US$80/120 con pensione completa.

Per/da Minas

Il Terminal de Ómnibus è in Treinta y Tres, tra Sarandí e Williman. L'Olivera Hermanos (☎ 4111) offre due corse giornaliere per Maldonado (US$3), un tragitto che la Coom copre otto volte al giorno. La Cota (☎ 2256) collega Montevideo a Minas, Treinta y Tres (US$7, 3 ore) e Melo (US$10, 4 ore). Anche l'Emdal (☎ 2405), la Núñez e la CUT/Corporación (☎ 2070) hanno corse frequenti per Montevideo (US$5, 2 ore).

DINTORNI DI MINAS

A Villa Serrana, 23 km a nord-est di Minas, lo *Chalet Las Chafas* è una sorta di ostello provvisto di cucina, piscina e lago naturale, ma non ha il telefono. Gli autobus provenienti da Minas passano a 3 km di distanza e quindi per raggiungerlo dovete camminare o fare l'autostop; per le prenotazioni, che sono essenziali, potete rivolgervi all'Asociación de Alberguistas di Montevideo. Tenete presente che nei fine settimana o nei giorni festivi può non essere piacevole pernottarvi a causa dell'affollamento.

MALDONADO

Capoluogo dell'omonimo dipartimento, Maldonado è una famosa località balneare che è riuscita a conservare un'atmosfera coloniale nonostante la stretta vicinanza con la località alla moda di Punta del Este. Comunque rispetto a quest'ultima, facilmente raggiungibile con i mezzi pubblici, rappresenta un'alternativa più economica.

Maldonado risale al 1755, anno in cui il governatore di Montevideo J. J. de Viana mandò i primi coloni a fondare un avamposto per il rifornimento delle navi alla foce del Río de la Plata. Le truppe britanniche occuparono la città durante l'assedio di Buenos Aires nel 1806 e nel 1832 vi soggiornò Darwin durante le 10 settimane che trascorse a raccogliere campioni di storia naturale.

Anche se hanno avuto uno sviluppo comune, Punta del Este e Maldonado sono descritte separatamente per motivi di praticità; i lettori troveranno quindi diversi rimandi di una sezione all'altra.

Orientamento

Maldonado si trova 130 km a est di Montevideo e a soli 30 km da Piriápolis; quasi tutti i luoghi di maggior interesse, tranne le spiagge, sono a pochi isolati dalla centrale Plaza San Fernando. La pianta della città forma una griglia rettangolare che diventa però irregolare in direzione di Punta del Este.

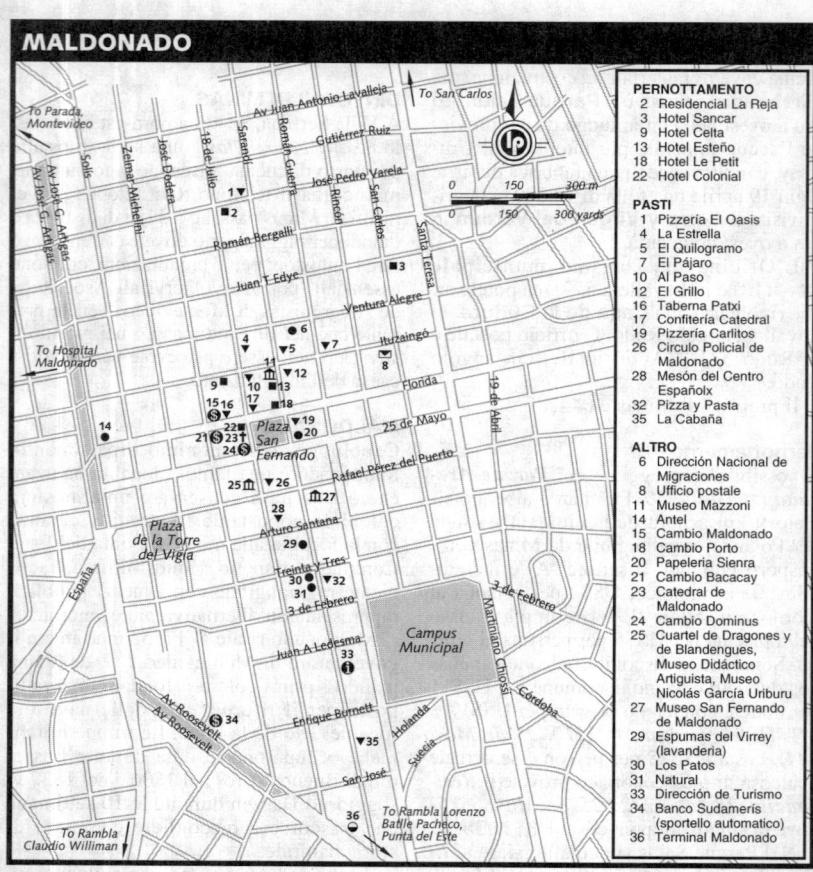

A ovest, lungo il Río de la Plata, Rambla Claudio Williman è la principale strada commerciale, mentre a est Rambla Lorenzo Batlle Pacheco segue la costa atlantica. Lungo queste arterie i luoghi sono in genere identificati con delle *paradas* (fermate dell'autobus) numerate.

Ci sono molte belle spiagge sia lungo il Río de la Plata sia sull'Oceano Atlantico, ma il surf sul versante atlantico è un po' più movimentato. Per informazioni più dettagliate sulle spiagge v. **Punta del Este**.

Informazioni

Uffici turistici Aperta nei giorni feriali dalle 12.30 alle 18.30, la Dirección de Turismo (☎ 20847) è nell'Intendencia Municipal in Sarandí, tra Juan A. Ledesma ed Enrique Burnett. Alla stazione degli autobus c'è un Oficina de Informes (☎ 25701) che rimane aperta più a lungo.

Immigrazione La Dirección Nacional de Migraciones (☎ 37624), in Ventura Alegre, tra Sarandí e Román Guerra, è aperta nei giorni feriali dalle 12.30 alle 19.

Cambio A Maldonado ci sono diversi uffici di cambio, tra cui il Cambio Maldonado, in Dodero angolo Florida, il Cambio Bacacay, in Florida vicino a 18 de Julio, il Cambio Dominus, in 25 de Mayo angolo 18 de Julio e il Cambio Porto, in Florida 764, nello stesso edificio dell'Hotel Le Petit. Il Banco Sudamerís ha uno sportello automatico alla stazione di rifornimento dell'Ancap, in Gorriti angolo Av Roosevelt.

Poste e telecomunicazioni L'ufficio postale è in Ituzaingó angolo San Carlos. L'Antel è all'angolo tra Joaquín de Viana e Florida. Il prefisso di Maldonado è 042.

Agenzie di viaggi Le gite in mezzo alla natura per svolgere attività come birdwatching, equitazione ed escursioni a piedi, sono il punto di forza dell'agenzia Natural (☎ 25409), situata in Sarandí 643.

Lavanderie In Sarandí 679 c'è l'Espumas del Virrey (☎ 20582).

Assistenza sanitaria L'Hospital Maldonado (☎ 25889) è in Ventura Alegre, circa otto isolati a ovest di Plaza San Fernando.

Che cosa vedere e fare

In Plaza San Fernando sorge la **Catedral de Maldonado**, completata nel 1895 dopo quasi un secolo di lavori. In Gorriti angolo Pérez del Puerto, la **Plaza de la Torre del Vigía** presenta una torre di guardia in stile coloniale con feritoie che servivano a sorvegliare l'avvicinamento di eventuali forze nemiche o altri movimenti sospetti.

Un'altra reliquia coloniale è il **Cuartel de Dragones y de Blandengues**, un'antica caserma con mura in pietra e cancelli di ferro, costruita tra il 1771 e il 1797. È situata lungo 18 de Julio angolo Pérez del Puerto e all'interno ospita il **Museo Didáctico Artiguista** (☎ 25378), dedicato all'eroe dell'indipendenza uruguayana (aperto tutti i giorni) e il museo di belle arti **Museo Nicolás García Uriburu**.

Il **Museo San Fernando de Maldonado** (☎ 25929), ristrutturato di recente, è un museo di belle arti all'angolo tra Sarandí e Pérez del Puerto, aperto da lunedì a sabato dalle 12.30 alle 20, domenica dalle 16.30 alle 20.

Il luogo turistico più insolito di Maldonado è l'originale ed eclettica casa Mazzoni, risalente al 1782. Completo del mobilio e degli averi della famiglia, nonché di una sala piuttosto originale dedicata alla storia naturale, il **Museo Mazzoni** è impossibile a descriversi (date un'occhiata, ad esempio, al pinguino dorato scolpito sulla fontana del patio). Situato in Ituzaingó 789, il museo (☎ 21107) è aperto da martedì a venerdì dalle 16 alle 22 con ingresso libero.

Attività

La pesca sportiva di specie ittiche tra cui la corvina, il grongo, la sarda e lo squalo è un passatempo molto diffuso lungo la costa, in mare aperto e sulle due isole Isla Gorriti e Isla de Lobos. L'ufficio turistico pubblica un opuscolo completo di cartina che riporta i punti consigliati per la pesca. Altri sport acquatici sono il surf, il windsurf e le immersioni, e anche in questo caso c'è un opuscolo che consiglia i luoghi ideali per praticare queste attività.

Pernottamento

Le strutture ricettive della zona di Maldonado/Punta del Este sono numerose, ma in genere costose. I prezzi diminuiscono notevolmente dopo la stagione estiva, ma possono variare anche nel corso della stessa. Le prime tre settimane di gennaio in genere sono molto care, e i prezzi iniziano a scendere dopo la metà di febbraio. Dipende comunque molto dalla situazione economica in Argentina: se l'economia e la moneta argentine sono deboli, i prezzi in Uruguay calano. Se non altrimenti specificato, i prezzi riportati nel seguito si riferiscono all'alta stagione, sono calcolati per persona (tenete presente che le singole sono difficili da trovare in alta stagione) e possono variare. Per alloggiare a Punta del Este consultate i relativi paragrafi.

Campeggi Il *Camping San Rafael* (☎ *86715*) alla periferia di Maldonado, oltre l'Aeropuerto El Jagüel, offre servizi moderni in una zona alberata ed è completo di negozio, ristorante, lavanderia automatica e acqua calda 24 ore su 24. L'organizzazione rasenta quasi il militaresco, ma almeno potete essere sicuri che ci sia silenzio e quiete dopo mezzanotte. I posti tenda costano US$17 per due persone in gennaio e febbraio, US$12 nel resto dell'anno. Si accettano pesos uruguayani, dollari americani e quasi tutte le carte di credito. Il campeggio è raggiungibile dal centro con l'autobus n. 5, che lascia davanti all'entrata.

Residenciales e alberghi Al *Residencial La Reja* (☎ *23717, 18 de Julio 1092*) le singole/doppie con bagno privato costano US$25/35, ma in bassa stagione solo US$15 per persona.

L'*Hotel Celta* (☎ *30139, Ituzaingó 839*) un albergo gestito da Irlandesi, è molto frequentato da viaggiatori stranieri. Le tariffe sono comprese tra US$40 e US$55, ma sono disponibili anche delle stanze più economiche, specialmente in bassa stagione.

La doppia costa US$50 all'*Hotel Sancar* (☎ *23563, Juan Edye 597*).

All'*Hotel Colonial* (☎ *23346, in 18 de Julio*), vicino alla cattedrale, la doppia costa US$60 con prima colazione, e la metà in bassa stagione senza la prima colazione. La doppia all'*Hotel Le Petit* (☎ *23044*) in Florida angolo Sarandí, di fronte a Plaza San Fernando, costa US$60 in alta stagione, ma solo US$20 per persona in bassa stagione. L'*Hotel Esteño* (☎ *25222, Sarandí 881*) ha gli stessi prezzi in bassa stagione, ma in alta stagione la doppia costa US$68.

Pasti
I ristoranti di Maldonado offrono spesso una qualità migliore rispetto a quelli più costosi e prestigiosi di Punta del Este. Il modesto *El Pájaro* (☎ *38934*) in Ituzaingó angolo Román Guerra, serve pizze, chivitos e pesce. *El Quilogramo* (☎ *38804*) in Sarandí, tra Ventura Alegre e Ituzaingó, offre un buffet dove si paga in base al peso; anche se non è proprio economico, la qualità è ottima.

Altre soluzioni economiche sono il *Círculo Policial de Maldonado* (☎ *22670, Pérez del Puerto 780*), il *La Estrella*, in 18 de Julio tra Ventura Alegre e Ituzaingó (classico menu uruguayano a base di pollo, ottimo soprattutto per asporto) e l'*El Grillo*, in Ituzaingó angolo Sarandí, che serve chivitos. La *Confitería Catedral* (☎ *20101*) in Florida angolo 18 de Julio, è consigliabile per uno spuntino.

A Maldonado ci sono anche molte pizzerie. La *Pizzería Carlitos* (☎ *21727, Sarandí 834*), in Plaza San Fernando, è economica, ma non è nulla di speciale. Provate anche la *Pizzería El Oasis* (☎ *34794*) in Sarandí angolo Varela, oppure la *Pizza y Pasta* (*in Sarandí 642*), nel parco del Circolo Italiano, che serve piatti più elaborati e ha una bella atmosfera.

Al Paso (☎ *22881, 18 de Julio 888*) è una rinomata parrilla abbastanza costosa, ma la qualità è buona. Più esclusivo è il *Mesón del Centro Español* (☎ *24107, 18 de Julio 708*), con piatti di pesce e frutti di mare squisiti ma cari. La *Taberna Patxi* (☎ *38393, Florida 828*) serve cucina basca che comprende anche piatti di pesce e frutti di mare. Provate anche il raffinato *La Cabaña* (☎ *20567*) in Sarandí vicino a Enrique Burnett.

Acquisti
Troverete una buona scelta di prodotti artigianali a Los Patos, Sarandí 643.

Per/da Maldonado
Aereo Dall'Argentina ci sono voli per Maldonado/Punta del Este tutto l'anno, ma soprattutto in estate quando ci sono anche collegamenti per il Brasile e a volte per il Paraguay e il Cile. Per maggiori informazioni v. **Punta del Este**.

Per ora all'Aeropuerto Carlos Curbelo (☎ *78386*), in Laguna del Sauce, a ovest di Maldonado, non possono atterrare aeromobili più grandi dei 737, ma è in corso un progetto di ampliamento che dovrebbe portare l'aeroporto a livelli internazionali. L'Aeropuerto Carlos Curbelo è anche noto come Aeropuerto Laguna del Sauce.

Autobus Il terminal Maldonado (☎ 25701) è in Av Roosevelt angolo Sarandí, otto isolati a sud di Plaza San Fernando. I servizi a lunga percorrenza e internazionali sono simili a quelli offerti da Punta del Este, ma alcune compagnie sono presenti solo a Maldonado o a Punta del Este. Tra le compagnie con uffici a Maldonado figurano la COT (☎ 25026), la Copsa (☎ 34733), l'Expreso del Este (☎ 20040), la Tur-Este (☎ 37323), la Transporte Núñez (☎ 30170), la Coom e l'Olivera Hermanos (☎ 28330).

Sia la COT sia la Copsa hanno servizi frequenti per Montevideo e la COT copre anche il tratto nord-est fino al confine brasiliano. La Tur-Este (☎ 37323) serve Rocha e Treinta y Tres. La Transporte Núñez offre due corse giornaliere per Montevideo e l'Olivera Hermanos raggiunge due volte al giorno Minas (US$3), servita anche otto volte al giorno dalla Coom.

Trasporti locali
La Codesa (☎ 23481), in Av Velásquez, gestisce degli autobus locali per Punta del Este, La Barra, Manantiales e San Carlos. L'Olivera (☎ 24039) collega Maldonado e Punta del Este (US$0.50) a Punta Ballena, Portezuelo e all'Aeropuerto Carlos Curbelo, in Laguna del Sauce, a ovest, e a José Ignacio a est. La Maldonado Turismo (☎ 37181) serve La Barra e Manantiales.

DINTORNI DI MALDONADO
Casa Pueblo
A Punta Ballena, un panoramico promontorio 10 km a ovest di Maldonado, l'artista uruguayano Carlos Páez Vilaró costruì sui pendii della collina una grande e insolita villa mediterranea, che si innalza su vari livelli, nonché una galleria d'arte priva di angoli retti. Con un biglietto di ingresso di US$3 è possibile visitare la galleria, assistere a una proiezione di diapositive sulla costruzione dell'edificio e mangiare o bere nel bar-caffetteria Alcune parti di Casa Pueblo (☎ 78041) sono aperte solo ai soci, che ne sono anche i proprietari, ma potete dare un'occhiata dall'esterno. È aperta tutti i giorni dalle 10 alle 18.

Da ottobre fino a metà dicembre, da venerdì a domenica, è possibile alloggiare al **Club Hotel Casapueblo** (☎ 042-79386, fax 78485) a partire da US$90/120. In estate i prezzi raddoppiano e sono ancora più elevati tra Natale e Capodanno.

Al **Camping Internacional Punta Ballena** (☎ 78902) due persone possono campeggiare a partire da US$12. Sono anche disponibili dei bungalow per circa US$25.

José Ignacio
Questa cittadina 30 km a est di Maldonado, che un tempo era un tranquillo villaggio di pescatori, ora è diventata la più recente località alla moda tra le città costiere della Riviera. È comunque riuscita a mantenere in parte la sua quiete ed è raggiungibile da Maldonado con due o tre autobus al giorno. Il numero dei ristoranti e degli alberghi è in continua crescita.

PUNTA DEL ESTE
Nel luogo descritto da uno dei primi visitatori gesuiti come 'un gruppetto di misere capanne,' ora sorge una delle località di villeggiatura più alla moda dell'America meridionale, una città pullulante di Argentini che disdegnano il Mar del Plata perché non più così esclusivo. Tecnicamente Punta del Este fa parte di Maldonado, ma economicamente e socialmente le eleganti case sul lungomare, il porto dei panfili e i costosi alberghi e ristoranti ne fanno un mondo a parte.

La strada principale, Av Juan Gorlero, è un groviglio tale di insegne al neon e di plastica che è difficile districarsi: in pratica è l'equivalente uruguayano del Las Vegas Strip. Dopo la pessima estate del 1995, molte delle proprietà comprate negli anni precedenti grazie a speculazioni sono state vendute a prezzi stracciati. I prezzi erano trattabili, ma anche così alcuni Argentini, che fino ad allora avevano alloggiato in alberghi confortevoli, hanno preferito i campeggi. Anche se ci sono alcune possibilità di sistemazione a buon mercato, è probabile che chi viaggia in economia si limiti a visitare la città piuttosto che fermarsi a pernottare.

Orientamento

Geograficamente la piccola penisola di Punta del Este si trova a sud di Maldonado, ma è facilmente raggiungibile con i mezzi pubblici. Rambla General Artigas circonda la penisola passando accanto alla spiaggia protetta di Playa Mansa, al porto dei panfili sul lato occidentale, all'esclusiva zona residenziale sulla punta meridionale e infine alla Playa Brava che si apre a est sull'Atlantico meridionale.

La città ha due piante a griglia separate, per il fatto che la penisola si restringe subito a est del porto dei panfili. La nuova zona degli alberghi, con edifici a diversi piani, è a nord del porto, mentre la zona a sud è quasi esclusivamente residenziale. Le strade di Punta del Este sono identificate da nomi e numeri e gli indirizzi segnalati in questa guida riportano prima il nome della strada e poi il numero tra parentesi. L'Av Juan Gorlero (22), la principale strada commerciale, è comunemente nota come 'Gorlero'.

Informazioni

Uffici turistici La Dirección de Turismo municipale (☎ 46510), situata nell'edificio della Liga de Fomento all'incrocio tra Baupres (18) e Inzaurraga (31), vicino alla Rambla, è aperta nei giorni feriali dalle 9 alle 21 e nei fine settimana dalle 9 alle 15.

La Liga de Fomento (☎ 40514), un'istituzione privata, è aperta nei giorni feriali dalle 8 alle 18 e nei fine settimana dalle 8 alle 15.

La Dirección de Turismo ha anche una Oficina de Informes (☎ 89468) alla stazione degli autobus, aperta in estate 24 ore su 24. Nel resto dell'anno è aperta lunedì e martedì dalle 8 alle 18, mercoledì dalle 8 alle 21, giovedì e venerdì dalle 8 alle 20 e nei fine settimana dalle 9 alle 21.

All'ingresso occidentale della città, alla Parada 24 (Las Delicias), in Rambla Williman, c'è una Oficina de Informes (☎ 30050) aperta dalle 8 a mezzanotte a gennaio e febbraio, fino alle 20 da marzo a metà aprile e solo fino alle 18 negli altri mesi dell'anno.

Il Centro de Hoteles y Restoranes (☎ 40512), in Plaza Artigas, distribuisce una discreta cartina completa di lista degli alberghi e ristoranti con prezzi aggiornati.

Cambio L'AmEx Bank è in Gorlero (22), tra La Galerna (21) e Comodoro Gorlero (19). Ci sono diversi altri cambi lungo Gorlero provvisti di sportelli automatici.

Poste e telecomunicazioni L'ufficio postale si è trasferito a Los Meros (28), tra Gorlero (22) ed El Remanso (20). L'Antel è in Arrecifes (25) angolo El Mesana (24); la Telefónica Gorlero è in Gorlero (22) angolo Los Muergos (27). Il prefisso di Punta del Este è 042, lo stesso di Maldonado.

Agenzie di viaggio La Turisport (☎ 45500), Local 9 nell'Edificio Torre Verona in Gorlero angolo La Galerna (21), è la rappresentanza dell'American Express.

Librerie La Librería del Sol, in Las Focas (30), tra Gorlero (22) ed El Remanso (20), offre una vasta scelta di libri e riviste in inglese, italiano e francese oltre che in spagnolo.

Lavanderie La Laverap è in Inzaurraga (31), tra Baupres (18) ed El Remanso (20).

Spiagge

Sul lato occidentale di Punta del Este, Rambla Artigas si snoda lungo la tranquilla Playa Mansa, che si affaccia sul Río de la Plata, poi gira intorno alla penisola, passa per la Playa de los Ingleses e la Playa El Emir e arriva alla Playa Brava sulla costa atlantica. Da Playa Mansa, a ovest lungo Rambla Williman, le principali spiagge sono La Pastora, Marconi, Cantegril, Las Delicias, Pinares, La Gruta a Punta Ballena e, oltre questa località, la spiaggia di Portezuelo. A est, lungo Rambla Lorenzo Batlle Pacheco, le spiagge principali sono La Chiverta, San Rafael, La Draga e Punta de la Barra. Tutte queste spiagge sono provviste di paradores (piccoli ristoranti) con servizio in spiaggia, il che è decisamente più costoso rispetto a portarsi il proprio cibo. Un'attività diffusa è il beach-hopping, che viene praticato a

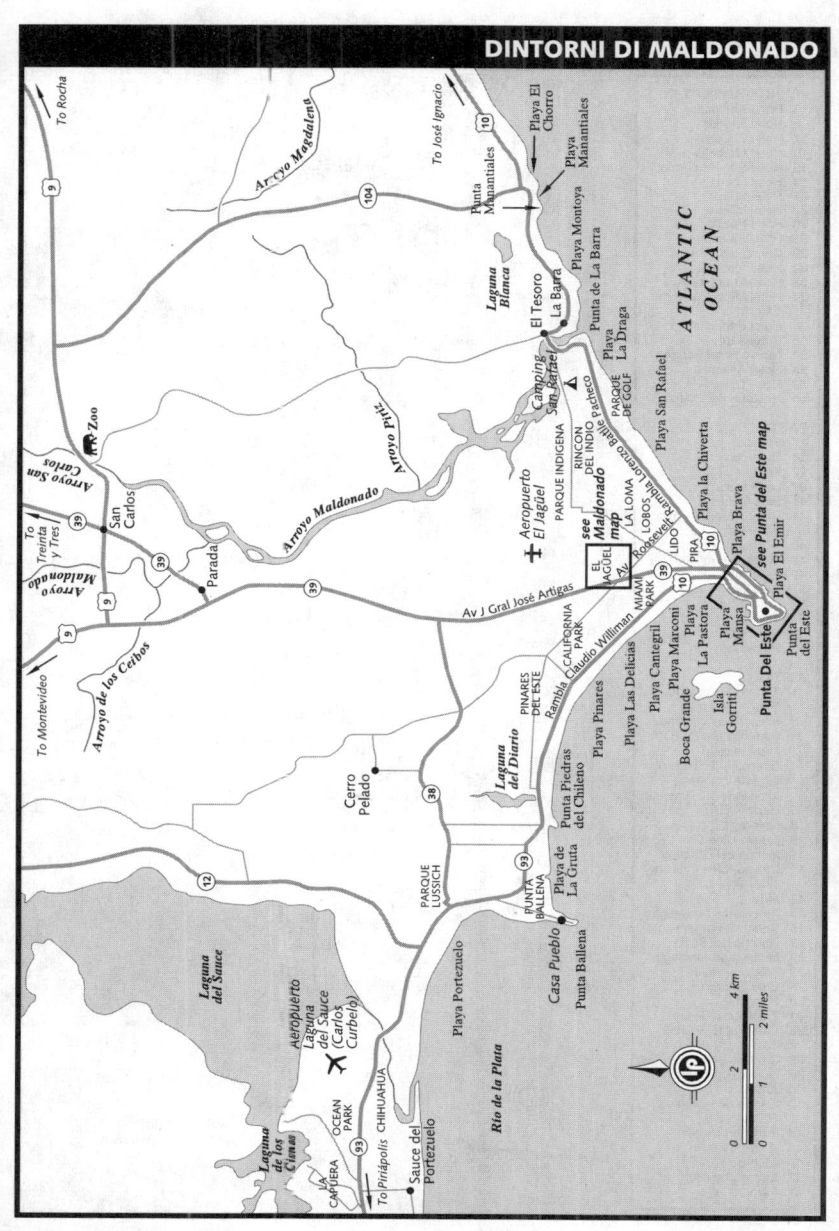

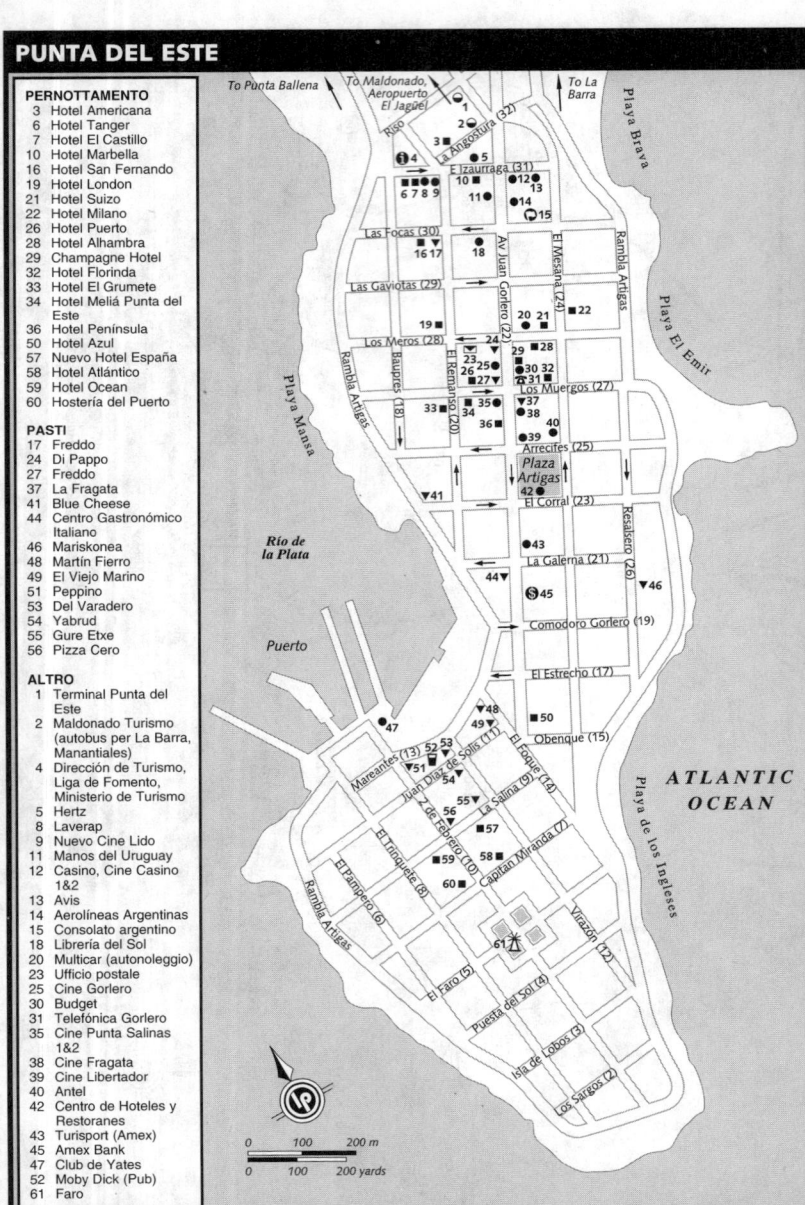

seconda delle condizioni locali e se c'è abbastanza movimento di turisti.

Escursioni organizzate
La Green Tours (☎ 90570), nella stazione degli autobus, organizza visite guidate diurne e serali a Punta del Este, nelle vicine spiagge e nei luoghi turistici più fuori mano come Cabo Polonio.

Pernottamento
In estate Punta brulica di turisti e i prezzi raggiungono cifre astronomiche (gli alberghi più eleganti si trovano però in quartieri periferici di lusso come il Barrio Parque del Golf). I prezzi riportati di seguito si intendono in alta stagione, per persona e comprensivi di IVA e prima colazione. In bassa stagione i prezzi possono essere la metà, o anche meno della metà di quelli indicati.

Pernottamento – prezzi economici
Ostelli A pochi minuti dalla stazione degli autobus, l'*Hostal El Castillo* (*cellulare* ☎ 09-409799), in Inzaurraga (31), tra El Remanso (20) e Baupres (18), offre sistemazioni per US$10.

Alberghi Alloggiare in modo economico è piuttosto difficile a Punta del Este, ma comunque presso l'accogliente *Hotel Ocean* (☎ 44947, *La Salina (9) 636*) nella tranquilla zona residenziale della città (anche se a volte un po' rumorosa la sera), è possibile alloggiare in stanze con bagno in comune per US$30. È consigliabile telefonare per prenotare.

Pernottamento – prezzi medi
In questa categoria i prezzi partono da circa US$40, come ad esempio all'*Hostería del Puerto* (☎ 40332) in Capitán Miranda (7) e Calle 2 de Febrero (10), un albergo piacevole e vecchio stile in una posizione tranquilla. Altri alberghi appartenenti alla stessa categoria sono l'*Hotel Marbella* (☎ 41814) un albergo di ottima qualità in Inzaurraga (31), tra Gorlero (22) ed El Remanso (20), e l'*Hotel Puerto* (☎ 40332, *Los Muergos (27) 622*). Per circa US$50

sono disponibili l'*Hotel El Grumete* (☎ 41009, *El Remanso (20) 797*) l'*Hotel Península* (☎ 41533, *Gorlero (22) 761*) l'*Hotel Milano* (☎ 40039, *ElMesana (24) 880*) e l'*Hotel Tanger* (☎ 40601) in Inzaurraga (31), tra Baupres (18) ed El Remanso (20).

Leggermente più cari, intorno a i US$55, ma raccomandati, sono l'*Hotel Americana* (☎ 80794, *Angostura (32) 638*), dietro l'angolo rispetto alla stazione degli autobus, l'*Hotel Florinda* (☎ 40022) in Los Muergos (27), tra Gorlero (22) ed El Mesana (24) e l'*Hotel Suizo* (☎ 41517, *Los Meros (28) 590*)

Pernottamento – prezzi elevati
Diversi alberghi costano intorno ai US$60; l'*Hotel Atlántico* (☎ 40229) di fronte all'Hostería del Puerto, nella parte residenziale della città; l'*Hotel Azul* (☎ 40106, *Gorlero (22) 540*); l'*Hotel London* (☎ 41911, *El Remanso(20) 877*), il *Nuevo Hotel España* (☎ 40228, *La Salina (9) 660*) e l'*Hotel Alhambra* (☎ 40094, *Los Meros (28) 573*). L'*Hotel San Fernando* (☎ 40720, *Las Focas (30) 691*), tra Baupres (18) ed El Remanso (20), è leggermente più caro.

L'*Hotel Champagne* (☎ 45276, *Gorlero (22) 828*) costa US$80, più o meno la stessa tariffa praticata dall'*Hotel Solana del Mar* (☎ 78888) al km 126.5 a Punta Ballena. La camera doppia al nuovo *Hotel Meliá Punta del Este* (☎ 45656) in Los Muergos (27), tra Gorlero (22) ed El Remanso (20), costa US$237.

Pasti
Sulla stretta penisola di Punta del Este si affolla la metà dei ristoranti di tutto l'Uruguay. La maggior parte in genere è costosa, ma lungo Gorlero ci sono diverse pizzerie e caffè a prezzi ragionevoli, come ad esempio il *Di Pappo* (☎ 42869, *Gorlero (22) 841*). Altre possibilità per gustare la cucina italiana sono la *Pizza Cero* (☎ 45954) in La Salina (9) angolo 2 de Febrero (10), e *Peppino* (☎ 40225) all'angolo tra 2 de Febrero (10) e Rambla Artigas. Ci sono diversi ristoranti a prezzi contenuti al *Centro*

Gastronómico Italiano in Gorlero (22) angolo la Galerna (21).

I ristoranti che offrono cucina internazionale sono troppo numerosi per fornire una lista completa. Al *Mariskonea* (☎ *40408, Resalsero (26) 650)* si servono buoni piatti di pesce. Il pesce si può gustare anche da *La Fragata* (☎ *4000, Gorlero (22) 800)*, in Los Muergos (27), da *Del Varadero* (☎ *40235)* Rambla Artigas, tra 2 de Febrero (10) e Virazón (12) e da *El Viejo Marino* (☎ *43565)* in Solís (11) angolo El Foque (14).

Situato tra Punta e Maldonado, il carissimo *La Bourgogne* (☎ *82007)* in Pedragosa Sierra angolo Av del Mar, recluta i propri cuochi direttamente in Francia. Un altro ristorante francese molto apprezzato, ma caro, è il *Blue Cheese* (☎ *40354)* Rambla Artigas angolo El Corral (23). Il *Bungalow Suizo* (☎ *82358)* di Montevideo ha una filiale in Rambla Batlle Pacheco alla Parada 8, vicino ad Av Roosevelt.

Il *Martín Fierro* (☎ *45960)*, situato in Rambla Artigas angolo El Foque (14), è una parrilla.

Per assaggiare qualcosa di diverso dal solito provate lo *Yabrud* arabo-armeno (☎ *46463)* in Solís (11) angolo Virazón (12), che appartiene ad Armando Gostanian, braccio destro del presidente argentino Carlos Menem (v. **Menem Trucho** in **Informazioni pratiche**) o il *Gure Etxe* (☎ *46858)* in Virazón (12) angolo La Salina (9), che serve cucina basca.

La gelateria argentina *Freddo* ha un negozio a Las Focas (30) angolo El Remanso (20) e un altro a Gorlero (22) angolo Los Muergos (27).

Divertimenti

I pub si concentrano nella zona del porto e Av Gorlero è costeggiata da molti cinema: *Cine Fragata* (☎ *40002, Gorlero (22) 798)*, *Cine Gorlero* (☎ *44437)* in Gorlero (22), tra Los Meros (28) e Los Muergos (27), *Cine Libertador* (☎ *44437)* in Gorlero (22) vicino ad Arrecifes (25), *Cine Punta Salinas 1&2* (☎ *46406/7)* in Gorlero (22) angolo Los Muergos (27) e il *Nuevo Cine Lindo* (☎ *40911)* in Inzaurraga (31) angolo El Remanso (20), che ha cinque schermi.

Il *Casino* di Punta, in Gorlero (22) angolo Inzaurraga (31), include anche il *Cine Casino 1&2* (☎ *41908)*

Situato vicino al porto dei panfili, in Rambla Artigas, tra Virazón (12) e 2 de Febrero (10), il *Moby Dick* è un pub che offre intrattenimenti. Quasi tutte le discoteche sono lungo Rambla Batlle Pacheco, a est di Playa Brava, e tra queste anche *La Plage* (☎ *84869)* alla Parada 12.

Acquisti

Se cercate souvenir e oggetti d'artigianato visitate la Feria de los Artisanos (un tempo nota come 'Feria de los Hippies') in Plaza Artigas. In alta stagione, tra dicembre e marzo, è aperta tutti i giorni dalle 6 alle 13, mentre negli altri mesi è aperta solo nei fine settimana dalle 11 alle 17 (più a lungo se gli affari vanno bene). Quasi sempre si tratta di articoli dozzinali, ma qualche volta si trova qualcosa di qualità.

Manos del Uruguay ha un negozio di pelletterie, in Gorlero (22) tra Inzaurraga (31) e Las Focas (30).

Per/da Punta del Este

Aereo La Pluna (☎ *90101)*, alla Parada 8 e mezzo in Rambla Batlle Pacheco, vicino a Roosevelt, effettua 29 voli settimanali per l'Aeroparque di Buenos Aires. In estate serve San Paolo e altre destinazioni in Brasile, a volte con scalo a Montevideo. Ci sono 19 voli settimanali dell'Aerolíneas Argentinas (☎ *43801)*, che ha sede nell'Edificio Santos Dumont in Gorlero, tra Inzaurraga (31) e Las Focas (30), per l'Aeroparque di Buenos Aires.

Anche la Lapa (☎ *90840)*, nel Torre Punta del Este, in Av Roosevelt alla Parada 14 e mezzo, effettua voli per l'Aeroparque il venerdì e la domenica.

Autobus Il Terminal Punta del Este (☎ *89467)* si trova in Riso angolo Bulevar Artigas. Quasi tutti gli autobus che servono Punta del Este proseguono solitamente anche per Maldonado (v. **Per/da Maldonado**).

I vettori internazionali sono la TTL (☎ 86755), che serve Porto Alegre, Florianópolis e San Paolo, e l'EGA (☎ 92380) che raggiunge le stesse destinazioni in Brasile oltre a Rosario e Mendoza in Argentina e Santiago del Cile.

Gli autobus dell'Encon (☎ 90012) e della Cora vanno a Rosario, Santa Fe, Paraná e Córdoba. A Montevideo ci sono maggiori possibilità di collegamento.

A livello nazionale la COT (☎ 86810) copre l'intera costa uruguayana da Montevideo fino a Chuy, sul confine brasiliano. La Copsa (☎ 89205) va a Montevideo e a José Ignacio. La Coom (☎ 86812) offre otto corse giornaliere per Minas e l'Olivera raggiunge questa destinazione due volte al giorno.

Trasporti locali

Per/dall'aeroporto Maldonado e Punta del Este condividono due aeroporti. L'Aerolíneas e la Pluna utilizzano l'Aeropuerto Laguna de Sauce, conosciuto anche come Aeropuerto Carlos Curbelo, a ovest di Portezuelo, raggiungibile da Maldonado con gli autobus della compagnia Buses Olivera (☎ 24039).

Autobus La Maldonado Turismo (☎ 37181), in Gorlero (22) angolo Las Focas (30), collega Punta del Este a La Barra e a Manantiales. I suoi autobus partono da La Angostura dietro il terminal.

Automobile La Budget (☎ 46363) ha uffici in Los Muergos (27) angolo Gorlero (22), l'Avis (☎ 42020) in Inzaurraga (31), tra Gorlero (22) ed El Mesana (24), e la Hertz (☎ 89778) in Inzaurraga (31), tra Gorlero (22) ed El Remanso (20). Le agenzie locali comprendono la Multicar (☎ 43143), in Gorlero (22) 560, e la Uruguay Car (☎ 41036) in Galería Sagasti, a fianco del casinò in Gorlero.

DINTORNI DI PUNTA DEL ESTE
Isla Gorriti

Più o meno ogni mezz'ora dal porto dei panfili partono dei motoscafi diretti in quest'isola orlata di bellissime spiagge sabbiose. Qui sorgono le rovine della **Baterias de Santa Ana**, una fortificazione del XVIII secolo. Ci sono anche due ristoranti, il Parador Puerto Jardín e il Playa Honda.

Isla de Lobos

A circa 6 miglia dalla costa, la riserva naturale di Isla de Lobos ospita una colonia di circa 200.000 leoni marini del sud. Durante l'invasione del 1806 l'esercito britannico sbarcò numerosi prigionieri senza cibo né acqua su quest'isola e molti perirono nel tentativo di nuotare fino a Maldonado. Per fare un'escursione sull'isola rivolgetevi all'Unión de Lanchas (☎ 42594) a Punta del Este.

ROCHA

Fondata nel 1793 da Rafael Pérez del Puerto, la pittoresca Rocha è il capoluogo dell'omonimo dipartimento e chi si ferma alla spiaggia di La Paloma dovrebbe dedicarle almeno un pomeriggio. Negli stretti vicoli a lato di Plaza Independencia ci sono alcune case interessanti risalenti alla fine del periodo coloniale e ai primi anni dell'indipendenza.

Praticamente tutto ciò che c'è di interessante, compresi alberghi, ristoranti e trasporti, si trova in Plaza Independencia o nei dintorni. L'Oficina de Turismo (☎ 5008), gestita dal comune, è nell'Intendencia in General Artigas 176. L'Antel è in General Artigas angolo Rodó.

Il prefisso telefonico è 472. Si può cambiare al Banco de la República o al Banco Comercial.

Pernottamento e pasti

I prezzi degli alberghi sono più che ragionevoli, forse abbastanza da giustificare il soggiorno in questa città piuttosto che a La Paloma. Provate il piccolo ***Hotel Municipal*** Rocha *(☎ 2404, 19 de Abril 87)* a un isolato dalla piazza, che al tempo della stesura della guida era in fase di ristrutturazione. L'***Hotel Trocadero*** *(☎ 2267)* in 25 de Agosto angolo 18 de Julio, costa US$33/48 più 14% di IVA, compresa la prima colazione a buffet e la TV via cavo.

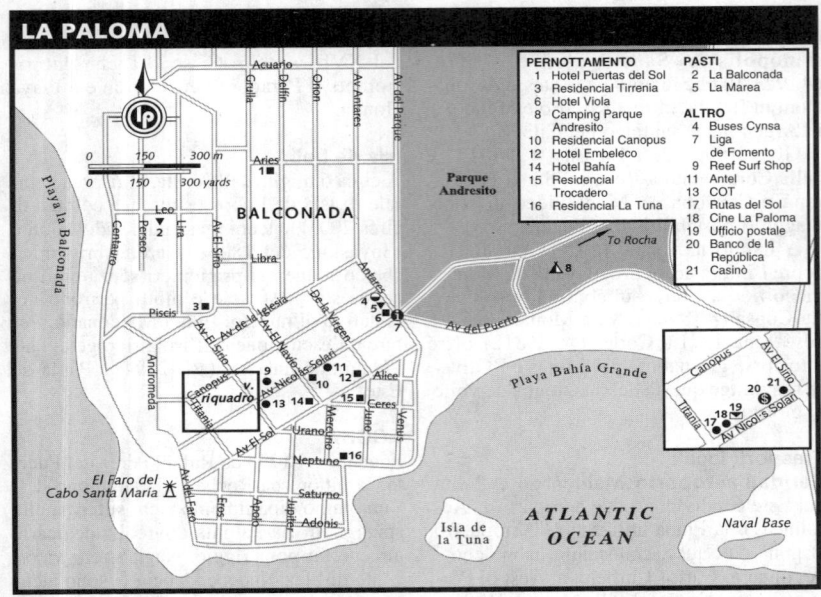

Per/da Rocha

Rocha è un importante nodo dei servizi di autobus tra Montevideo e il confine brasiliano. La Rutas del Sol (☎ 3541), in Ramírez angolo 25 de Agosto, mette a disposizione 10 autobus giornalieri per Montevideo (US$8), 5 al giorno per Chuy (US$5) via La Paloma, La Pedrera e Castillos e 6 al giorno per Barra de Valizas (US$3.50). La Cynsa offre 10 servizi giornalieri per La Paloma e 9 nella direzione opposta, da La Paloma fino a Rocha, dove potete trovare la coincidenza per Chuy. Anche la COT serve Rocha.

LA PALOMA

Circa 28 km a sud di Rocha e a 250 km da Montevideo, la tranquilla La Paloma, che conta 5000 abitanti, è meno sviluppata, meno costosa e molto meno affollata di Punta del Este, ma ciò nonostante offre quasi tutte le comodità e i servizi essenziali, a parte l'animatissima vita notturna di Punta. Come in qualsiasi altro punto della costa ci sono belle spiagge sabbiose sia in città sia fuori dalla cerchia urbana (quelle a est sono meno protette dai marosi).

Orientamento

La Paloma occupa una piccola penisola all'estremità meridionale della Ruta 15. Il nucleo centrale, che costeggia Av Nicolás Solari, è piccolo e raccolto. Sebbene le strade abbiano un nome gli edifici, compresi gli alberghi e i ristoranti, sono privi di numeri civici e vengono localizzati in base alla loro posizione rispetto a determinati incroci o luoghi importanti. All'ingresso orientale della città, sulla statale per Rocha, il vasto e alberato Parque Andresito offre una piacevole area di campeggio provvista di servizi eccellenti.

Informazioni

Uffici turistici La Liga de Fomento (☎ 6008) è sulla rotatoria all'estremità orientale di Av Nicolás Solari. In estate l'ufficio è aperto dalle 10 alle 22, nel resto dell'anno dalle 10 alle 21, tranne nel periodo compreso tra aprile e ottobre, quando è aperto solo nei fine settimana.

Cambio Il Banco de la República è in Av Nicolás Solari vicino a El Sirio, accanto al Casino.

Poste e telecomunicazioni L'ufficio postale è in Av Nicolás Solari, subito a est dell'ex stazione degli autobus Onda. L'Antel è in Av Nicolás Solari, tra Av El Navío e De La Virgen.

Il prefisso telefonico è 0479.

Che cosa vedere e fare

Nel 1874 la costruzione del faro locale, **El Faro del Cabo Santa Maria**, segnò l'inizio dello sviluppo di La Paloma come località di villeggiatura estiva. Il faro è aperto al pubblico dalle 16.30 alle 19.30 durante l'estate e solo nei fine settimana nel resto dell'anno.

La **Laguna de Rocha**, 10 km a ovest di La Paloma, è una riserva ecologica con colonie di cigni dal collo nero, cicogne e uccelli acquatici.

L'Uruguay non è famoso per il surf, ma il personale del Reef Surf Shop, in Av Solari, tra Sirio e Navío, può suggerirvi i punti migliori per praticare questo sport.

Pernottamento

Come in qualsiasi altra località della costa, le tariffe sono più elevate in gennaio e febbraio e possono diminuire del 50% negli altri mesi.

Campeggi Provate il *Camping Parque Andresito* (☎ 6107) all'ingresso orientale della città, con acqua calda, supermercato, ristorante ed elettricità per US$12 per due persone; il campeggio offre inoltre un ottimo accesso alla spiaggia. Sono anche disponibili cabañas economiche.

Ostelli Per chi ha pochi mezzi a disposizione le sistemazioni più ragionevoli sono l'*Albergue Altena 5000* (☎ 6396) in Parque Andresito, aperto da novembre a marzo e prenotabile a Montevideo presso l'Asociación de Alberguistas. Le tariffe sono comprese tra US$6 e US$8 per i membri HI, mentre chi non è membro paga US$10.

Residenciales e alberghi Un tempo La Paloma offriva una più ampia scelta di pensioni e alberghi economici rispetto a Punta del Este e Maldonado, ma la crescente popolarità ha comportato un aumento dei prezzi. Al *Residencial Canopus* (☎ 6068) in Av Nicolás Solari vicino a El Navío, la doppia costa US$40 e questo albergo è diventato uno dei più convenienti della città. L'*Hotel Viola* (☎ 6020), situato in Av Nicolás Solari vicino ad Antares, costa US$50.

L'*Hotel Puertas del Sol* (☎ 6066) in Delfin vicino ad Aries, ha tariffe comprese tra US$40 e US$60 in estate, ma costa solo US$15 per persona in bassa stagione. Quasi tutti gli altri sono intorno a US$60, tra cui il *Residencial Trocadero* (☎ 6007) in Juno vicino a Ceres, il *Residencial Tirrenia* (☎ 6230) in Av El Sirio vicino a Piscis, e il *Residencial La Tuna* (☎ 6083) in Neptuno tra Juno e Av El Navío. La doppia all'*Hotel Bahía* (☎ 6029) in Av El Navío e Av El Sol, costa US$65.

L'*Hotel Embeleco* (☎ 6108) in Av El Sol angolo De La Virgen, è un albergo più elegante; la doppia costa US$80 compresa la prima colazione e US$110 con mezza pensione.

Pasti

La Marea, in Av Antares tra Av Solari e Canopus, serve piatti di pesce a prezzi contenuti, ma il servizio è lento a causa del troppo lavoro. Anche l'*Hotel Bahía* e l'*Hotel Embeleco* hanno dei ristoranti. Ci sono diverse pizzerie, tra cui il *Ponte Vecchio*, in Playa La Aguada. Forse il miglior ristorante della città è *La Balconada* (☎ 6197) in La Balconada tra Perseo e Lira, abbastanza costoso ma valido.

Divertimenti

Il *Cine La Paloma* (☎ 7079) in Av Solari, di fianco all'ufficio postale, ha tre schermi e proietta film hollywoodiani.

Per/da La Paloma
La Buses Cynsa (☎ 6304), in Antares tra Av Solari e Canopus, serve Rocha (US$1) e Montevideo (US$10). La Rutas del Sol (☎ 6019), in Av Solari e Titania, raggiunge due volte al giorno Barra de Valizas, Agua Dulces e Chuy seguendo la Ruta 10 lungo la costa. La COT (☎ 7044), in Av Solari e Sirio, arriva a Montevideo, ma gli autobus sono più frequenti da Rocha.

CABO POLONIO
A est di La Paloma lungo la Ruta 10, al km 264, i visitatori possono camminare per 10 km sulle dune, in una delle zone più selvagge dell'Uruguay, per visitare una colonia di leoni marini. Vicino alle dune vedrete pubblicizzate escursioni alla riserva, che dista un giorno di cammino. Se volete potete anche andare a piedi, ma camminare sulle dune è faticoso, quindi ricordatevi di portare dell'acqua.

Con la Tour Unidos La Pedrera è anche possibile partecipare a un'escursione in fuori strada da La Paloma. Per maggiori informazioni rivolgetevi all'ufficio turistico.

AGUAS DULCES
Questo pittoresco villaggio di pescatori, 11 km a sud-est della città di Castillos, è il luogo ideale per fare una vacanza al mare veramente tranquilla. Le uniche sistemazioni sono il modesto *Hotel Gainfor* e un campeggio comunale anch'esso senza pretese. Mangiate in uno qualsiasi dei tanti ristoranti e non partite senza aver assaggiato (sporcandovi le mani) il frutto gustoso della palma *butía*, in vendita in quasi tutti i negozietti.

Nella vicina Barra de Valizas l'ostello *Albergue Artigas*, senza telefono, ha una cucina e offre acqua calda. È raggiungibile da Montevideo con gli autobus della compagnia Ruta del Sol che fermano nelle vicinanze e per prenotare potete rivolgervi all'Associacíon de Alberguistas di Montevideo.

PARQUE NACIONAL SANTA TERESA
Attrazione più storica che naturale, questo parco costiero, 35 km a sud di Chuy, comprende la **Fortaleza de Santa Teresa**, in cima a una collina, iniziata dai Portoghesi nel 1762 e finita dagli spagnoli dopo la sua conquista da parte del governatore Cevallos di Montevideo nel 1703. Oltre la Ruta 9, l'enorme Laguna Negra e la palude del Bañado de Santa Teresa ospitano diverse specie di uccelli.

Rispetto ad altre località Santa Teresa è una città modesta, ma le sue spiagge relativamente poco affollate attirano molti Uruguayani e Brasiliani. È possibile campeggiare in piantagioni forestali talmente irregolari che potrebbero sembrare naturali, se non si sapesse che l'eucalipto è originario dell'Australia e il pino dell'emisfero boreale. Altre caratteristiche sono un piccolo zoo, un vivaio di piante ornamentali e una serra. A parte durante il periodo di carnevale, il parco è abbastanza grande da assorbire senza alcuna difficoltà i visitatori.

La tariffa per il campeggio è di US$10 per il posto tenda, fino a sei persone, e comprende servizi basilari come l'erogazione di acqua calda. Nella sede amministrativa del parco ci sono diversi servizi tra cui uffici telefonici e postali, un supermercato, una panetteria, una macelleria e un ristorante.

CHUY
Chuy è una città piena di vita, anche se un po' sporca, situata al confine tra Uruguay e Brasile in fondo alla Ruta 9, 340 km da Montevideo. I pedoni e i veicoli attraversano tranquillamente il confine tra i due paesi, segnato semplicemente da una striscia lungo il viale principale, che dalla parte uruguayana si chiama Av Brasil e da quella brasiliana Av Uruguay.

Sette chilometri a ovest di Chuy sorge il **Fuerte San Miguel**, una fortezza in granito rosa costruita nel 1734 durante le ostilità tra Spagna e Portogallo, che merita una visita. L'ingresso, protetto da un fossato, domina il confine da un punto elevato e isolato. La fortezza è chiusa il lunedì, ma potete lo stesso dare un'occhiata all'interno e visitare il vicino museo dedicato ai gauchos.

Informazioni

Se avete intenzione di proseguire per il Brasile dovete sbrigare le formalità di espatrio al posto di confine lungo la Ruta 9, 1 km a sud della città. Se invece provenite dal Brasile troverete un ufficio turistico (☎ 2554) estremamente disponibile e ben informato dove, con un po' di gentilezza e capacità persuasiva, riuscirete a farvi dare una lista aggiornata degli alberghi e dei ristoranti di tutto il dipartimento.

Se avete bisogno del visto, il Brasile ha un consolato in Fernández 147. Cambiate i soldi prima di entrare in Brasile in quanto la moneta uruguayana non ha alcun valore in questo paese. Ci sono diversi cambi lungo Av Brasil, ma sarà problematico cambiare i travellers' cheque.

Il prefisso telefonico di Chuy è 0474.

Nella zona brasiliana c'è un consolato uruguayano (☎ 651151), situato in Rua Venezuela 311. Chi ha bisogno del visto sappia che dovrà sborsare la cifra esorbitante di US$45.

Pernottamento e pasti

All'*Hotel Internacional* (☎ 2055, *Río San Luis 121*) le singole costano solo US$15, ma in genere le stanze sono ancora più economiche presso il **Rivero Hotel** o *l'Hotel e Restaurante São Francisco* (vedi sotto), dalla parte brasiliana. Il **Nuevo Hotel Plaza** (☎ 2309, *Av Artigas 553*) offre singole/doppie a partire da US$36/55 e ha un ristorante. Tra i ristoranti provate anche il **Parrillada Jesús** (☎ 2766, *Av Brasil 603*) oppure assaggiate la pasta del vicino **Bar Restaurante Opal**.

Dalla parte brasiliana l'albergo migliore e meno caro è il **Rivero Hotel** (☎ 651271, *Colombia 163*), dove i luminosi *apartamentos* costano US$7 per persona. L'*Hotel y Restaurante São Francisco* (☎ 651096, *Colombia 191*) ha gli stessi prezzi.

Dieci chilometri a sud di Chuy, una strada laterale che segue la costa porta al **Camping Chuy** (☎ 2425) un campeggio ben organizzato che costa US$12 per il posto tenda, e al **Camping de la Barra** (☎ 1611) che costa US$4 per persona con tutti i servizi. Ambedue i campeggi sono raggiungibili direttamente da Chuy con autobus locali.

Per/da Chuy

Ci sono diverse compagnie d'autobus che collegano Chuy a Montevideo (US$14, 5 ore), tra cui la Ruta del Sol (☎ 2048), in Av Internacional, la COT (☎ 2009), in Av Brasil 595 e la Cynsa, anch'essa in Av Brasil. C'è anche un servizio per Treinta y Tres.

Gli autobus brasiliani hanno una *rodoviária* (terminal) centrale tre isolati a nord del confine. Ci sono autobus regolari per Pelotas e due autobus al giorno per Rio Grande (US$11, 4 ore) con partenza alle 7 e alle 15.30. Per Porto Alegre (US$22, 7 ore e mezzo) ci sono due servizi giornalieri, a mezzogiorno e alle 23.

TREINTA Y TRES

Treinta y Tres conta 30.000 abitanti ed è una città gauchesca poco visitata, annidata tra le suggestive colline del Cuchilla Grande, sul Río Olimar. Fondata nel 1853 sulla strada che porta in Brasile passando per l'interno, via Río Branco o Melo (la strada verso nord per Melo è una delle più belle dell'Uruguay), è anche il capoluogo del dipartimento. La città sorge 150 km a nord-ovest di Chuy lungo la Ruta 14 e 290 km a nord-est di Montevideo lungo la Ruta 8.

L'Oficina de Turismo (☎ 0452-2911), in Lavalleja angolo Echeveste, è aperta nei giorni feriali dalle 6 alle 13. Per cambiare i soldi provate il Cambio España, in Lavalleja 1283.

Sulla Plaza, in Lavalleja 564, l'*Hotel Olimar* (☎ *0452-2115*) è un albergo semplice, pulito e accogliente che offre singole per US$19 con bagno privato e US$16 con bagno in comune. Leggermente più caro è l'*Hotel Treinta y Tres* (☎ *0452-2325, Lavalleja 688*). Il **Restaurant London**, anch'esso sulla Plaza, in Lavalleja angolo Zufriátegui, serve pasti buoni, sostanziosi ed economici.

La Núñez, l'Expreso Minuano (☎ 0452-5364), in Araujo 242, la Cota (☎ 0452-3617), in Manuel Freire 3617 e la Rutas del Plata mettono a disposizione otto autobus al giorno per Melo e per Montevideo via Minas. La Tur-Este (☎ 0452-3516) in Zufriátegui 209, raggiunge ogni giorno Maldonado in 4 ore.

MELO
Fondata nel 1795, il capoluogo del dipartimento di Cerro Largo sorge 110 km a nord di Treinta y Tres lungo la Ruta 8. La città presenta alcuni edifici in stile tardo-coloniale e una costruzione successiva in pietra che ora ospita il **Museo del Gaucho**.

Melo è un importante nodo dei trasporti diretti verso l'interno del paese e dispone di servizi di autobus per le località di Río Branco, Aceguá e Rivera, tutte provviste di valichi di confine con il Brasile.

L'ufficio postale è in Herrera 671, l'Antel in 18 de Julio ed Herrera; il prefisso telefonico è 0462. C'è un consolato brasiliano (☎ 2136) in Del Pilar 786.

Nel Parque Rivera c'è un *campeggio* pubblico e il ***Crown Hotel*** *(☎ 2261, Ituzaingó 609)* offre stanze singole/doppie a partire da US$30/50 compresa la prima colazione. Per mangiare provate la ***Parrillada El Pepe*** *(☎ 2022, Saravia 606)* oppure la ***Pizzería Aroztegui*** *(☎ 2570, Saravia 588)*.

Gli autobus della Cota (☎ 2253), in Colón 627, della Núñez e della Turismar raggiungono sia Montevideo sia destinazioni locali.

PARAGUAY

SECRETARÍA DE TURISMO
PRESIDENCIA DE LA NACIÓN, ARGENTINA

Notizie sul Paraguay

Il Paraguay può essere definito il 'quartiere disabitato' dell'America meridionale, un paese in gran parte sconosciuto anche ai suoi vicini per molti secoli ha seguito un corso diverso rispetto agli altri stati sudamericani, anche a causa del suo isolamento geografico. Comunque il boom economico degli anni '70 e gli sviluppi politici registrati a partire dalle fine degli anni '80 sembrano aver determinato profondi cambiamenti, nonostante di recente si sia verificato qualche inconveniente a livello politico.

Governato per molti anni da una delle più famigerate dittature dell'America latina, ora questo paese accoglie di buon grado i visitatori stranieri ai quali offre molti luoghi turistici interessanti, come la capitale Asunción, affacciata sul fiume, e i suoi suggestivi dintorni, le missioni gesuite sul corso superiore del Río Paraná, gli imponenti progetti idroelettrici di Itaipú e Yacyretá, realizzati in collaborazione con l'Argentina e il Brasile, nonché diversi parchi nazionali, la maggior parte dei quali, però, di difficile accesso. Il Gran Chaco, a ovest del Río Paraguay, è un vero e proprio paradiso per gli appassionati di birdwatching e più in generale per gli amanti della natura.

STORIA

La storia precolombiana del Paraguay presenta una struttura più complessa di quella dell'Argentina e dell'Uruguay. Quando vi giunsero gli europei, il paese era abitato da popolazioni appartenenti al ceppo linguistico guaraní, concentrate soprattutto nell'odierno Paraguay orientale, e da diversi gruppi di indiani, chiamati collettivamente 'Guaycurú', che popolavano alcune zone del Chaco, a ovest del Río Paraguay, condividendole in parte con gli stessi Guaraní. Di questi gruppi facevano parte i Tobas, i Matacos, gli Mbayás, gli Abipones e molti altri, alcuni dei quali sono ora estinti.

I Guaraní erano una popolazione parzialmente sedentaria di agricoltori, mentre i gruppi di cacciatori e raccoglitori, come gli Aché (Guayakí), vivevano in enclave all'interno di fitte foreste tropicali e subtropicali vicino al confine con l'odierno Brasile. Gli indiani del Chaco erano per lo più cacciatori e raccoglitori, dediti anche alla pesca lungo il Río Pilcomayo e altri corsi d'acqua permanenti.

Sebbene prevalentemente pacifici, talvolta i Guaraní mettevano in atto scorrerie nei territori dei Guaycurú scontrandosi con queste popolazioni. Le incursioni arrivavano a volte fino alle colline pedemontane delle Ande, dalle quali i Guaraní riportavano oggetti d'oro e d'argento che suscitarono più tardi l'interesse degli Spagnoli. I Guaycurú, da parte loro, non esitavano a reagire e le successive spedizioni nel Chaco, condotte da Spagnoli e Gua-

Notizie sul Paraguay

raní, sfociarono spesso in scontri violenti. Per buona parte del XX secolo l'ostilità degli indiani impedì la colonizzazione di molte zone della regione.

Esplorazione e colonizzazione europea

Gli europei giunsero per la prima volta nell'alto Paraná nel 1524 allorché Alejo García, sopravvissuto alla sfortunata spedizione di Juan de Solís nella Banda Oriental, con l'aiuto di guide guaraní attraversò il Brasile meridionale e il Paraguay arrivando alle colline pedemontane della Bolivia. García riuscì a trovare l'argento nelle Ande, ma morì nel viaggio di ritorno. Fu proprio a causa della sua scoperta che il Río de Solís venne ribattezzato Río de la Plata (fiume d'argento).

Sebastiano Caboto risalì il Río Paraguay nel 1527, ma fu la spedizione di Pedro de Mendoza a compiere i maggiori progressi: dopo aver tentato inutilmente di fondare una colonia permanente a Buenos Aires, i suoi uomini costruirono una fortezza chiamata Nuestra Señora de la Asunción sulla riva orientale del Río Paraguay. Ad Asunción i Guaraní erano molto più tolleranti nei confronti degli Spagnoli, e strinsero con essi un'alleanza militare contro le popolazioni ostili del Chaco.

Pur essendo più sedentari delle tribù nomadi del Chaco, i Guaraní non erano stanziali quanto le civiltà andine e questo fatto influì sulle relazioni tra indiani e Spagnoli. I Guaraní assimilarono 350 Spagnoli (e altri europei) nel proprio sistema sociale fornendo loro le donne e, quindi, il cibo, essendo le donne incaricate della coltivazione dei campi. Gli Spagnoli divennero in pratica i capi famiglia e l'*encomienda*, quando venne introdotta, non fece altro che ratificare questa organizzazione informale. Gli Spagnoli adottarono il cibo, i costumi e anche il linguaggio dei Guaraní nel corso di un'assimilazione culturale che comunque fu reciproca. Pian piano emerse una società ibrida ispanoguaraní in cui gli Spagnoli svolgevano un ruolo politico dominante. I figli nati da matrimoni misti adottarono i valori culturali spagnoli e al contempo la lingua e i costumi guaraní.

Le missioni gesuite

In epoca coloniale il Paraguay occupava un'area più vasta di quella attuale e comprendeva ampie zone dell'odierno Brasile e dell'Argentina. In quest'area, su ambedue le sponde del Paraná superiore i missionari gesuiti condussero un eccezionale esperimento creando una serie di insediamenti organizzati in cui i Guaraní venivano a contatto con alcuni aspetti della cultura europea imparando nuovi mestieri, colture e metodi di coltivazione. Per più di un secolo e mezzo, fino all'espulsione dei gesuiti nel 1767, avvenuta a causa di invidie locali e del timore di Madrid nei confronti della loro crescente influenza, l'organizzazione gesuita scoraggiò l'intervento portoghese e protesse gli interessi della corona spagnola.

L'influenza dei gesuiti fu molto minore tra gli indigeni del Chaco, che si opposero agli Spagnoli impedendo qualsiasi proselitismo. Martin Dobrizhoffer, un gesuita austriaco che trascorse quasi 20 anni nella regione, scrisse di questi popoli:

I feroci Guaycurus, Lenguas, Mocobios, Tobas, Abipones e Mbayas compiono terribili massacri e saccheggi nella provincia senza lasciare ai poveri abitanti un luogo dove vivere o i mezzi per difendersi. Per eludere i loro piani vengono costruite un po' ovunque lungo le rive del Paraguay piccole fortezze armate di un solo cannone che, scaricato non appena vengono avvistati i selvaggi, segnala alle popolazioni limitrofe di prepararsi a combattere o a fuggire.

Per questi indiani, continuava Dobrizhoffer, il Chaco era un rifugio, 'la terra promessa e il paradiso, mentre per i soldati spagnoli non era che un luogo di miseria.' Là, scriveva, 'le montagne fungevano da torri di guardia, i boschi privi di sentieri da fortificazioni, i fiumi e le paludi da fossati e i frutteti da depositi di viveri.'

Avendo iniziato ad allevare cavalli, i gruppi formati dagli Abipones e dai Tobas erano diventati mobili e flessibili nella loro resistenza, mentre i Payaguá, che vivevano lungo il fiume, compivano le loro scorrerie a bordo di imbarcazioni:

Da anni questi feroci pirati che infestavano il fiume Paraguay e il Paraná riuscivano a intercettare i vascelli spagnoli carichi di merci diretti al porto di Buenos Aires...e a massacrare gli equipaggi...

Dispongono di due tipi di canoe; quella più piccola è destinata alla pesca e agli spostamenti di tutti i giorni e quella più grande a scopi bellici. Se decidono di attaccare gli Spagnoli, viene formata una vera e propria flotta, la quale è molto pericolosa perché le canoe hanno un pescaggio basso e riescono ad appostarsi al riparo dei corsi d'acqua minori o delle isole finché si presenta una buona occasione per saccheggiare i vascelli o sbarcare e attaccare le colonie...Per molti anni continuarono a saccheggiare le colonie spagnole e tutte le navi che capitavano sulla loro rotta, provenienti dalla città di Asunción, quaranta leghe più a sud.

Diversi missionari gesuiti, come Dobrizhoffer, eccellenti etnografi e naturalisti dilettanti, riuscirono a sopravvivere tra le tribù del Chaco a partire dalla metà del XVII secolo, ma fino alla metà del '900 la zona rimase una roccaforte degli indiani. Una volta realizzato che il Chaco non aveva né oro né argento, gli Spagnoli laici abbandonarono completamente l'idea di colonizzare l'area e lo sviluppo economico e politico si concentrò a est del Río Paraguay.

L'indipendenza e la dittatura di El Supremo

Quando i Paraguayani deposero il loro governatore spagnolo e dichiararono la propria indipendenza nel 1811, la corona spagnola decise di non opporsi a questa iniziativa poichè la colonia era isolata dal punto di vista geografico e risultava insignificante da quello economico. Nel giro di pochi anni José Gaspar Rodríguez de Francia divenne il membro più influente della giunta al governo e dal 1814 al 1840 governò il paese con lo pseudonimo di El Supremo.

Alla fine del XVI secolo il funzionario spagnolo López de Velasco scriveva che il Paraguay aveva 'tutto il necessario per il proprio sostentamento, ma nessuna ricchezza in denaro, perché...tutta la ricchezza era costituita dalle risorse agricole del paese.' Anche nell'Asunción del XVII secolo, scriveva Dobrizhoffer, il denaro era così scarso che la 'mancanza o ignoranza dei metalli poteva essere considerata una benedizione divina e un vero e proprio vantaggio per il Paraguay.' Francia, conscio dell'incapacità del paese di competere con gli stati confinanti, fece di necessità virtù e sigillò i confini del paese promuovendo l'autarchia, ossia la sussistenza su scala nazionale.

Per raggiungere i suoi obiettivi Francia espropriò le terre dei latifondisti, dei mercanti e anche della chiesa (i monasteri furono trasformati in caserme), facendo diventare lo stato la massima potenza economica e politica. L'eccedenza, pur minima, dei prodotti agricoli – soprattutto di *yerba mate* e di tabacco – era sotto il controllo statale. Come i governi dei suoi successori fino quasi ai giorni nostri, anche il regime di Francia si basava sulla paura: i suoi oppositori venivano confinati

in quelle che J. P. Robertson, che sostenne di essere stato il primo inglese a visitare il Paraguay durante la dittatura di Francia, descriveva come 'prigioni statali':

> Sono prigioni sotterranee sormontate da volte umide e di dimensioni così ridotte che è impossibile mantenersi in posizione eretta al loro interno, tranne forse al centro della volta.

> Eccolo qui, incatenato, sorvegliato continuamenricoperte di boschite da una sentinella, privo di ogni comodità, senza la possibilità di lavarsi e con il divieto di radersi, tagliarsi le unghie e i capelli – qui, nel silenzio, nell'isolamento e nella disperazione, le vittime della vendetta del dittatore...trascorrono una vita alla quale sarebbe preferibile la morte....Le misere vittime, nella maggior parte dei casi innocenti, vengono lasciate a languire nell'oscurità e nella solitudine.

In un esempio di linguaggio propagandistico che anticipava Orwell di più di un secolo, Francia chiamava 'Camera della Verità' la più terribile delle sue prigioni.

Lo stesso Francia non era immune dal clima di terrore. Dopo essere sfuggito a un attentato nel 1820, El Supremo temeva talmente di venire assassinato che faceva regolarmente controllare cibi e bevande a lui destinate nel timore che fossero avvelenati; inoltre tutti dovevano rimanergli a una distanza di almeno sei passi, le strade venivano sgomberate quando doveva passare e dormiva ogni notte in un luogo diverso. Nel 1840 morì di morte naturale e gli successe Carlos Antonio López. Nel 1870 gli oppositori politici, che nutrivano ancora rancori nei confronti del dittatore, disseppellirono i suoi resti e li gettarono nel fiume Paraguay.

La 'dinastia' López e la guerra della triplice alleanza

Grazie alle entrate delle imprese statali Carlos Antonio López pose fine all'isolazionismo del Paraguay costruendo le ferrovie, un telegrafo, una fonderia, un cantiere navale e, soprattutto, organizzando un esercito. Non meno dispotico di Francia, all'inizio del decennio compreso tra il 1860 e il 1870 mise insieme un esercito permanente di 28.000 uomini e un altro formato da 40.000 riserve (l'Argentina a quel tempo aveva solo 6000 soldati). Gli successe il figlio megalomane Francisco Solano López, il quale condusse il paese alla catastrofica guerra della triplice alleanza contro Argentina, Uruguay e Brasile.

Solano López, appoggiando una fazione federalista dei blancos in Uruguay, marciò a capo delle truppe attraverso il territorio argentino di Misiones giungendo anche a conquistare la provincia di Corrientes, ma le forze della triplice alleanza distrussero la sua flotta e, dopo quattro anni, conquistarono Asunción. Solano López si diede alla macchia, ma morì nel 1870 ucciso dalle truppe brasiliane a Cerro Corá, vicino all'odierno Pedro Juan Caballero.

Il Paraguay perse 150.000 kmq di territorio, ma il conflitto ebbe conseguenze anche peggiori: gran parte della popolazione morì per la guerra, la fame e le malattie (si dice che rimasero solo donne, bambini e somari). In base alle cronache del tempo, alla fine della guerra le donne erano in maggioranza con un rapporto di 3 a 1 rispetto agli uomini; secondo altri il paese perse più di metà della popolazione, ma ricerche recenti indicano che le perdite totali non superarono il 20%. In ogni caso fu un vero e proprio colpo dal quale il paese non si è mai completamente ripreso.

La ricostruzione e la guerra del Chaco

A partire dal 1870, nonostante la nuova costituzione, il Paraguay attraversò un periodo di instabilità politica che durò decenni. Quando furono aperte le frontiere iniziarono ad arrivare immigrati europei e argentini che lentamente riattivarono l'economia agricola. Il partito colorado, fondato nel 1887, contribuì a ridare al paese dignità di stato sovrano, incoraggiò lo sviluppo agricolo e introdusse riforme nel sistema scolastico. L'altro partito principale, il partito liberale, prese le redini del governo all'inizio del '900.

Più o meno in quel periodo venne a crearsi un clima di tensione tra la Bolivia e il Paraguay a causa dei confini non ben definiti del Chaco, regione che nessuno dei due paesi occupava effettivamente. Nel 1907 le due nazioni cominciarono a costruire fortificazioni in previsione della guerra, ma le ostilità scoppiarono solo nel 1932. Dopo una tregua conclusa nel 1935, che non decretò alcun vincitore, venne firmato un trattato di pace che assegnò al Paraguay tre quarti del territorio conteso. Il paese pagò però a caro prezzo questa vittoria, sia finanziariamente sia con la perdita di un'altra parte consistente della popolazione.

I motivi che si celavano dietro a questa guerra non sono chiari. I Paraguayani provocarono il governo boliviano incoraggiando l'insediamento di immigrati mennoniti nel Chaco. Si dice però che lo sforzo bellico boliviano fu sottoscritto dalle compagnie petrolifere – secondo un opuscolo turistico paraguayano sembra addirittura che il senatore statunitense dissidente Huey Long, col nome del quale è stato battezzato un insediamento sulla statale Trans-Chaco, fu assassinato per aver espresso apertamente la sua disapprovazione in merito al coinvolgimento della

Standard a fianco della Bolivia. In ogni caso non fu trovato alcun petrolio e la regione è tuttora una zona depressa scarsamente popolata.

Gli ultimi anni

Alla fine della guerra del Chaco seguì un decennio di disordini che sfociò in una breve guerra civile al termine della quale, nel 1949, i colorados tornarono al potere. Nel 1954 un colpo di stato militare destituì il presidente e portò al potere il generale Alfredo Stroessner, il quale, nonostante i brogli elettorali ('democrazia guidata'), guidò il paese per 35 anni con un governo basato su ciò che nella ex Unione Sovietica sarebbe stato definito 'culto della personalità'.

Dopo la caduta di Stroessner, rovesciato dal generale Andrés Rodríguez nel 1989, il governo si è impegrato a rimuovere le migliaia di monumenti dedicati al dittatore e ai suoi parenti, ribattezzando anche la città di Puerto Presidente Stroessner col nome di Ciudad del Este, ma la memoria del suo brutale regime è difficile da cancellare. Alcuni Paraguayani più anziani hanno una certa nostalgia dell'ormai vecchio Stroessner (che ora è malato e si trova in esilio in Brasile), il quale ha chiesto pubblicamente il permesso di ritornare ad Asunción. La maggior parte della popolazione, però, approva la fine dello stato di polizia, benché piuttosto scettica sul fatto che possa portare benefici, a parte la libertà di esprimere pubblicamente le proprie opinioni. (Per maggiori informazioni sul regime di Stroessner e i governi seguenti, v. **Ordinamento dello stato** più avanti in questo capitolo).

GEOGRAFIA E CLIMA

Privo di sbocco sul mare, isolato nel cuore dell'America meridionale e circondato da enormi stati quali il Brasile, l'Argentina e la Bolivia, il Paraguay sembra molto più piccolo di quanto non sia. Con una superficie di 407.000 kmq è leggermente più grande della Germania e ha quasi le stesse dimensioni della California. Più della metà del territorio è ricoperta da boschi, la mag-

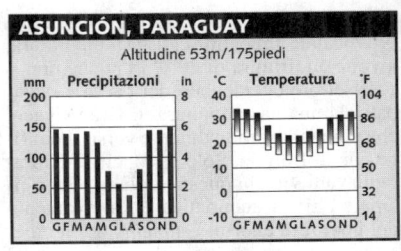

gior parte dei quali, però, non sono sfruttabili commercialmente.

Il Río Paraguay, che collega la capitale Asunción al Río Paraná, al bacino idrografico del fiume Plata e all'Oceano Atlantico, divide il paese in due parti disuguali. La più piccola è quella orientale e comprende circa il 40% del territorio e la stragrande maggioranza della popolazione. In questa zona un altopiano ben irrigato di praterie ondulate e aree di foresta subtropicale separa la valle del Río Paraguay dal Paraná superiore.

Questi fiumi, insieme al Río Pilcomayo, segnano buona parte dei confini con il Brasile e l'Argentina. Il Paraná rappresenta una notevole risorsa idroelettrica, il cui sfruttamento potrebbe trasformare il Paraguay in una vera e propria riserva energetica per i suoi vicini più grandi. Le risorse minerarie, compreso il petrolio, sono praticamente inesistenti.

Il clima del Paraguay orientale è umido e le precipitazioni sono distribuite abbastanza uniformemente lungo l'intero arco dell'anno. A est, vicino al confine con il Brasile, le precipitazioni raggiungono in media 2000 mm all'anno e scendono a circa 1500 mm vicino ad Asunción. Poiché i rilievi non superano i 600 m, in estate le temperature sono elevate quasi ovunque, con una media massima a dicembre, gennaio e febbraio di 35°C. In inverno il clima è mite e la temperatura media massima a luglio, il mese più freddo, è di 22°C, anche se ci può essere qualche gelata.

Il Paraguay è soggetto a fronti freddi chiamati *pamperos* che in primavera scendono dal nord, dalla temperata Argentina, provocando repentini cali di temperatura, a volte addirittura di 20°C in poche ore.

Il settore occidentale del paese è occupato da una vasta pianura, il Gran Chaco, che si innalza gradualmente verso il confine con la Bolivia. Solo il 4% circa dei Paraguayani vive in questa regione e la principale attività economica è l'allevamento dei bovini in enormi *estancias*. Le temperature sono ancora più alte di quelle del Paraguay orientale e spesso superano i 40°C; le precipitazioni sono irregolari e raggiungono al massimo i 1000 mm. Questo fatto, insieme all'elevato tasso di evaporazione, rende inaffidabili le coltivazioni, che richiedono una buona irrigazione. I tedeschi mennoniti, che hanno colonizzato la regione, sono comunque riusciti a coltivare cotone, sorgo e altre colture commerciali e ad allevare mucche da latte.

FLORA E FAUNA

La vegetazione del paese dipende in massima parte dalle precipitazioni e diminuisce da est verso ovest. La foresta umida subtropicale è più fitta nelle valli del Paraguay orientale, vicino alla frontiera con il Brasile, mentre si dirada sul terreno più sterile dell'altopiano. Le più importanti specie vegetali sono il lapacho *(Tabebuia spp)*, il quebracho colorado *(Schinopsis balansae)*, il trébol *(Amburana cearensis)*, il peroba *(Aspidosperma polyneuron)* e il guatambú *(Balfourodendron riedelianum)*. Tra questa foresta e il Río Paraguay il terreno è ricoperto dalla savana con qualche foresta a galleria lungo i corsi d'acqua, mentre a ovest del fiume Paraguay la savana di palme caranday lascia gradualmente spazio alla boscaglia di arbusti spinosi, tra cui il prezioso quebracho, fonte di tannino naturale. In tutto il paese abbondano in modo particolare le piante della famiglia delle aracee (come ad esempio i filodendri) e le orchidee.

La fauna del paese è altrettanto varia, ma nel Paraguay orientale la densità della popolazione rischia di comprometterne l'habitat. Tra i mammiferi in pericolo di estinzione figurano il formichiere gigante, l'armadillo gigante, il crisocione (o lupo dalla criniera), la lontra di fiume, il tapiro sudamericano, il giaguaro, il cervo delle pampas e il blastocero (ocervo delle paludi). Intorno alla metà degli anni '70 la riscoperta di alcuni esemplari di pecari del chaco, una specie che si pensava estinta da almeno cinquant'anni, e il successivo allevamento, reso possibile grazie alla collaborazione internazionale, hanno rappresentato un piccolo ma importante successo nel campo della salvaguardia del patrimonio faunistico.

La ricca avifauna, che si concentra soprattutto nel Chaco, è rappresentata da ben 365 specie di uccelli, tra cui 21 specie di pappagalli e parrocchetti, jabirú, ibis, ibis piumati e uccelli acquatici. Nelle pianure fluviali ci sono numerosi rettili tra cui due specie di caimani, anaconde e boa. Chi si ferma per poco tempo non riuscirà ad avvistare le specie più rare, ma comunque avrà modo di scorgere molti rettili mai visti prima.

PARCHI NAZIONALI E RISERVE

Sparsi su tutto il territorio del Paraguay ci sono diversi parchi nazionali e riserve minori che ospitano un'incredibile varietà di habitat, ma solo pochi di questi paradisi sono facilmente accessibili ai turisti. I tre più grandi sono nel Chaco, mentre le riserve più piccole e varie dal punto di vista biologico si trovano nel Paraguay orientale. Per maggiori informazioni provate a rivolgervi alla Dirección de Parques Nacionales y Vida Silvestre (☎ 445-214), situata ad Asunción nell'Edificio Ayfra, in Ayolas angolo Presidente, tenendo però presente che il personale non è molto preparato a trattare con il pubblico. La Fundación Moisés Bertoni (☎ 608-790, mbertoni@pla. net. py), in Prócer Carlos Argüello 208 ad Asunción, è un'organizzazione privata che collabora con i proprietari terrieri e il governo nell'interesse dell'ambiente, ed è inoltre una buona fonte di informazioni sulla conservazione biologica in Paraguay.

Purtroppo, a causa della corruzione, delle pressioni economiche e di uno scarso impegno politico, alcuni parchi versano in condizioni precarie. Nonostante queste difficoltà, comunque, organizzazioni come la Fundación Bertoni hanno fatto molto per la salvaguardia della natura, pubblicizzando le tematiche ambientali sia a livello locale sia all'estero.

Reserva de Recursos Ypacaraí
Questa riserva occupa una superficie di 16.000 ettari e si trova appena 30 km a est di Asunción, intorno al Lago Ypacaraí. La riserva è formata soprattutto da zone umide, ma la rapida urbanizzazione sta invadendo il territorio protetto e alcune zone sono gravemente inquinate.

Reserva de Recursos Ybytyruzú
Vicino alla città di Villarrica, nel dipartimento di Guairá, questa riserva di 24.000 ettari è costituita da diverse varietà di vegetazione forestale e da alcuni territori paludosi.

Monumento Natural Moisés Bertoni
Situata appena 25 km a sud di Ciudad del Este, questa piccola riserva di 200 ettari comprende la foresta pluviale dell'Alto Paraná ed è dedicata al noto naturalista paraguayano di origine svizzera.

Monumento Natural Macizo Acahay
Nel dipartimento di Paraguarí, a sud-est della città di Carapeguá, quest'area di 2500 ettari comprende colline coperte da foresta pluviale, la cui condizione di riserva protetta finora è stata tuttavia più nominale che effettiva.

Parque Nacional Ypoá
Anch'essa nel dipartimento di Paraguarí, 150 km a sud di Asunción, questa riserva naturale di 100.000 ettari è una zona umida in cui si radunano gli uccelli migratori.

Refugio de Vida Silvestre Yabebyry
Situata sulla sponda settentrionale del Paraná, a ovest della città di Ayolas, questa riserva si estende per 30.000 ettari e comprende zone paludose e isole ricoperte di boschi in mezzo al fiume.

Reserva Natural del Bosque Mbaracuyú
Gestita in collaborazione con la Commissione di Controllo della Natura e con la Fundación Moisés Bertoni, questa riserva di 64.000 ettari nel dipartimento di Canindeyú contiene la più vasta area di foresta pluviale presente nell'Alto Paraná. Se desiderate partecipare a un'escursione guidata rivolgetevi alla Fundación Bertoni.

Parque Nacional Serranía San Rafael
Situato su un terreno collinoso nei dipartimenti sudoccidentali di Itaipúa e Caazapá, il parco nazionale di San Rafael, che occupa una superficie di 78.000 ettari, ospita foreste e paludi oltre a siti d'interesse storico e comunità indigene.

Parque Nacional Tinfunqué
Sul Río Pilcomayo, 300 km da Asunción, il Tinfunqué occupa 280.000 ettari di savana e paludi ed è il secondo parco nazionale più vasto del paese. Essendo formato esclusivamente da estancias private, si tratta in realtà di un parco solo sulla carta, privo di una vera e propria amministrazione e di attività di tutela; comunque i proprietari terrieri non hanno nulla da obiettare alle visite dei turisti. La fauna comprende capibara, blastoceri, caimani e diverse specie ornitologiche.

Parque Nacional Teniente Enciso
Situato nelle terre semi-aride del Chaco superiore, a 665 km da Asunción, sulla Ruta Trans-Chaco, il parco Teniente Enciso occupa 40.000 ettari di fitta boscaglia spinosa popolata da un'ricca fauna (simile a quella del più vasto e meno accessibile parco Defensores del Chaco), e comprende inoltre alcuni luoghi in cui fu combattuta la guerra del Chaco. Gestito congiuntamente dal Ministerio de Defensa e dal Ministerio de Agricoltura y Ganadería, il parco è provvisto di guardiani e di infrastrutture per i turisti.

Parque Nacional Defensores del Chaco
Situato nel semi-arido Chaco nordoccidentale, a 830 km da Asunción, questo parco di 780.000 ettari è di gran lunga il più vasto

del paese, sebbene le attività di tutela ambientale siano ridotte al minimo in quasi tutta l'area. La vegetazione dominante è costituita da boscaglia di arbusti spinosi quali *quebracho, algarrobo* e *palo santo*; tra i mammiferi figurano giaguari, puma, tapiri, pecari e scimmie. L'accesso al parco è difficile ma non impossibile.

Parque Nacional Caaguazú
Questo parco, le cui dimensioni sono triplicate grazie a recenti acquisizioni, comprende 16.000 ettari ed è costituito da foresta pluviale mista secondaria di notevole interesse storico e antropologico, situata 250 km a sud-est di Asunción nel dipartimento di Caazapá. Il patrimonio faunistico comprende coati, cervi e rettili; ci sono inoltre diverse grotte con iscrizioni primitive. A causa delle pressioni degli agricoltori le dimensioni del parco, che un tempo copriva 200.000 ettari, si sono ridotte notevolmente e le attività di tutela sono molto scarse.

Parque Nacional Cerro Corá
Nel dipartimento di Amambay, a 500 km da Asunción, Cerro Corá è forse il più scenografico dei parchi nazionali del paese, formato da foresta subtropicale umida interrotta da picchi isolati che raggiungono un'altezza di 450 m. Anche questo parco contiene numerose grotte ed è stato teatro della famosa battaglia in cui trovò la morte Francisco Solano López, durante la guerra della triplice alleanza. Nel parco c'è un centro per i visitatori, un'area riservata al campeggio e diverse *cabañas* (capanne) dove i turisti possono alloggiare.

Parque Nacional Ybycuí
Nel dipartimento di Paraguarí, ad appena 150 km da Asunción, quest'area di 5000 ettari, formata da foresta subtropicale umida, è il parco più accessibile e, probabilmente, meglio gestito del Paraguay, nonostante la presenza degli agricoltori e i problemi di disboscamento illecito. Ci sono diversi percorsi naturalistici ben segnati, un itinerario più lungo, un centro per i visitatori, un campeggio e le rovine della prima fonderia del paese. Nei fine settimana funziona anche un piccolo ristorante.

Parque Nacional Serranía San Luis
Nel dipartimento di Concepción, 670 km a nord di Asunción, il parco di San Luis, che comprende 10.000 ettari, copre un'area di foresta subtropicale vicino al confine con il Brasile. Le infrastrutture per i turisti sono molto scarse.

Bosque Protector Ñacunday
Situata nel dipartimento di Alto Paraná, subito a sud del Monumento Natural Moisés Bertoni, questa riserva di 1000 ettari protegge un piccolo tratto di foresta equatoriale che circonda la suggestiva e imponente cascata di Salto Ñacunday.

ORDINAMENTO DELLO STATO E POLITICA
Ufficialmente il Paraguay è una repubblica sancita da una costituzione approvata nel 1992, che prevede un presidente con potere esecutivo eletto dal popolo per un periodo di cinque anni; il presidente a sua volta nomina un gabinetto di sette membri che lo assiste nelle funzioni governative. Il Congresso è formato da una camera bassa, la Cámara de Diputados (camera dei deputati), e una camera alta, il Senado (senato), eletto insieme al presidente. La Corte Suprema è il più elevato organo del potere giudiziario. Dal punto di vista amministrativo il paese è ripartito in 17 dipartimenti che corrispondono agli stati o alle regioni di altri paesi.

Negli anni che seguirono la seconda guerra mondiale, tuttavia, il Paraguay fu governato da uno dei più abominevoli e duraturi regimi dittatoriali dell'emisfero occidentale, una dittatura il cui sistema elettorale corrotto permetteva solo un'opposizione simbolica. La mancanza di qualsiasi limitazione del mandato presidenziale e congressuale contribuì a consolidare la dittatura di Stroessner per ben 35 anni, fino alla sua deposizione all'inizio del 1989.

Prima del 1989 il sistema elettorale era semplice e non rappresentativo. Il partito con la maggioranza dei voti conquistava automaticamente i due terzi dei seggi del Congresso, relegando l'opposizione a un ruolo marginale. Uscito vittorioso dalla guerra civile del 1947, il partito colorado aveva assunto il controllo dell'apparato statale diventando l'organizzazione formale dominante nella vita politica del paese. Durante la dittatura la posizione privilegiata del partito si basò sul potere di Stroessner e sull'esercito paraguayano, in anni in cui la pratica della tortura e gli assassinii politici erano all'ordine del giorno.

Poco dopo aver deposto Stroessner, nel 1989 il generale Andrés Rodríguez riportò un'indiscussa vittoria nelle elezioni presidenziali, che per la prima volta videro l'assegnazione di numerosi seggi congressuali a tutti i partiti dell'opposizione. Nel dicembre 1991, in quella che fino ad allora era stata l'elezione più corretta mai tenutasi in Paraguay, il partito colorado del generale Rodríguez ottenne la maggioranza. Comunque, ancor prima delle elezioni del 1991, l'attività politica e il dialogo avevano raggiunto un livello rimasto senza precedenti nella storia recente di questo paese.

Durante il regime di Stroessner sia i liberali sia i Febreristas, un partito moderato orientato ai lavoratori, agivano nello spazio ristretto consentito dai limiti imposti dalla dittatura, ma altri, comprese alcune fazioni liberali e colorado, boicottavano le elezioni guidate. Insieme ai liberali e ai Febreristas, i democristiani e il Mopoco (una fazione dissidente dei colorados) avevano costituito l'Alianza Democrática attualmente all'opposizione.

Oggi i 45 senatori vengono scelti in base a una rappresentanza proporzionale nel corso di elezioni che si tengono a livello nazionale, mentre gli 80 deputati vengono eletti per dipartimenti, in base quindi alla distribuzione geografica; grazie alla decentralizzazione politica i vari dipartimenti scelgono i propri governatori civili. Nelle ultime elezioni i colorados se la sono cavata bene vincendo 24 dei 45 seggi al senato e 44 degli 80 seggi alla camera dei deputati. Quattordici dei 17 governatori di dipartimento appartengono al partito colorado.

A causa della tradizione autoritaria di questo paese e dell'egemonia della classe dirigente colorado che ha ormai consolidato le proprie posizioni, non è chiaro se questi promettenti sviluppi condurranno ad una democrazia duratura. Ironia della sorte, il rovesciamento di Stroessner ha portato al potere Rodríguez, il quale è apparso trionfalmente in televisione con la figlia e i nipoti che, guarda caso, sono anche i nipoti di Stroessner, avendo la figlia di Rodríguez sposato il figlio di Stroessner, Gustavo (fino ad oggi i Paraguayani sono riusciti a tenere le cose in famiglia). Intanto una fazione del partito colorado si sta adoperando per ottenere un'amnistia che consenta a Stroessner di rientrare dall'esilio in Brasile.

Juan Carlos Wasmosy, primo presidente civile eletto nel 1993 dopo anni di governo militare, ebbe in realtà la funzione di prestanome dei colorados allora al potere, ma presto entrò in conflitto con gli ancora potenti militari, soprattutto con il generale Lino Oviedo. Soprannominato 'cavaliere bonsai' per la statura ridotta e la sua appartenenza alla cavalleria, Oviedo si travestì da Giulio Cesare in occasione di una festa mascherata, ma un senatore osservò che il generale assomigliava di più a Caligola.

Dopo aver minacciato un colpo di stato nel 1996, il populista Oviedo venne condannato dall'esercito a 10 anni di prigione e non poté quindi presentarsi alle elezioni presidenziali del 1998, ma la carica fu rilevata dal suo candidato alla vicepresidenza, Raúl Cubas. Dopo aver facilmente sconfitto il candidato di Alianza Democrática Domingo Laíno, la cui campagna era basata sulla corruzione dei colorados, Cubas rilasciò quasi immediatamente Oviedo, provocando le ire di qualche colorado più appassionato, tra cui il vicepresidente Luis María Argaña, che ne chiese l'incriminazione.

Nel marzo 1999 Argaña è stato assassinato ad Asunción e Cubas si è dimesso in quanto accusato di essere il mandante dell'assassinio. Con l'appoggio dell'esercito e osannato dalla folla giubilante, il capo del senato Luis Angel González Macchi è diventato il nuovo presidente dello stato del Paraguay.

Cubas, nel frattempo, si trova in esilio insieme a Stroessner, mentre Oviedo è fuggito in Argentina, dove il presidente Carlos Menem, nonostante le numerose proteste, gli ha concesso asilo politico (la moglie di Oviedo è argentina), anche se il Paraguay ne ha chiesto l'estradizione.

Sebbene si tratti di un paese politicamente instabile, finora non ci sono mai stati seri pericoli per i turisti.

ECONOMIA

L'economia del Paraguay si è sempre basata sull'agricoltura e sull'allevamento. I principali prodotti di esportazione sono la carne di manzo, il mais, la canna da zucchero, la soia, il legname e il cotone, ma gran parte della popolazione è dedita a un'agricoltura di sussistenza basata sulla coltivazione di piccoli terreni. I contadini vendono poi i prodotti in eccedenza nei mercati locali e, per arrotondare le entrate, lavorano come braccianti nelle grandi estancias e nelle piantagioni. I costi elevati dei trasporti, dovuti alla posizione isolata del paese, hanno determinato l'aumento del costo delle esportazioni in rapporto ad altri stati dell'America latina.

Il Paraguay manca di risorse energetiche minerarie, ma negli ultimi 15 anni ha iniziato a sviluppare il proprio massiccio potenziale idroelettrico costruendo enormi dighe in collaborazione con il Brasile e l'Argentina. Il Brasile copre gran parte del proprio fabbisogno energetico con la diga di Itaipú, sul corso superiore del Paraná, sopra Ciudad del Este; la diga di Yacyretá, invece, al confine con la provincia argentina di Corrientes, a causa della corruzione imperante potrebbe non essere mai ultimata. Finora il Paraguay ha beneficiato dell'antagonismo tra le due maggiori potenze economiche e militari dell'America meridionale, ma ora rischia di diventare una 'colonia energetica', specialmente se calerà il prezzo delle altre fonti di energia e il Paraguay non sarà in grado di rimborsare la sua parte di costi di capitale, che Brasile Argentina hanno già sostenuto, né di far fronte ai costi di manutenzione.

L'industria paraguayana, che consiste principalmente nella lavorazione dei prodotti agricoli, trae ben poco vantaggio da questo enorme potenziale idroelettrico. Il rallentamento dei lavori di costruzione per il completamento della diga di Itaipú e i continui problemi legati a quella di Yacyretá hanno quasi annullato la crescita economica degli anni '70. Nel 1997 il tasso di crescita economica è sceso al 2%, anche se l'inflazione è diminuita arrivando a circa il 6%. La paga minima ufficiale è di circa US$240 al mese, ma il Ministerio de Justicia y Trabajo (Ministero della Giustizia e del Lavoro) non è in grado di far rispettare i regolamenti e probabilmente il 70% dei lavoratori percepisce un salario inferiore a questa cifra.

La principale 'fonte di guadagno' del paese è il contrabbando, che comprende anche prodotti elettronici e agricoli, la maggior parte dei quali passano da Ciudad del Este in Brasile o provenienti da questo paese. Purtroppo il contrabbando riguarda anche automobili rubate, armi e droghe illecite, tra cui la cocaina.

La graduale riduzione delle tariffe all'interno del Mercosur, di cui fa parte il Paraguay, potrebbe limitare il contrabbando riducendo il prezzo delle merci importate dai paesi membri confinanti (Argentina, Brasile e Uruguay).

Alcuni Paraguayani sostengono che il paese diventerà un centro finanziario, ma il *Wall Street Journal* ha dichiarato più volte che le irregolarità finanziarie sono troppo diffuse e a tal proposito cita il presidente della borsa di Asunción: "I rendiconti societari del Paraguay contengono delle anomalie. Gli attivi sono contraffatti, le vendite sono contraffatte e i profitti sono contraffatti.'

A differenza del resto del subcontinente, dove la privatizzazione ha ridotto le opportunità di corruzione, buona parte dell'economia paraguayana è sotto il controllo dello stato e soggetta alle influenze politiche.

POPOLAZIONE E POPOLI

La popolazione paraguayana conta 5.2 milioni di abitanti ed è circa un sesto di quella dello stato della California, che ha più o meno la stessa superficie. Con 500.000 abitanti Asunción è di gran lunga la città più popolata, ma solo il 52% dei Paraguayani vive nelle città rispetto al 90% degli Argentini e degli Uruguayani. Molti Paraguayani sono piccoli coltivatori che producono una minima eccedenza destinata alla vendita.

Rispetto agli standard internazionali, e anche sudamericani, di ricchezza e benessere, il Paraguay occupa un gradino piuttosto basso. Il tasso di mortalità infantile è relativamente alto, anche se notevolmente più basso che in Bolivia, Brasile, Ecuador, Guyana, Suriname e Perù; l'aspettativa di vita di 69 anni è inferiore rispetto ad altri paesi del subcontinente, tranne il Brasile, la Bolivia e la Guyana. L'incremento demografico è pari al 2.7% annuo con un tempo di raddoppio di appena 26 anni.

Per ragioni politiche ed economiche molti Paraguayani vivono all'estero, soprattutto in Brasile e in Argentina (tra il 1950 e il 1970 più di 350.000 Paraguayani sono emigrati in Argentina). Molti esiliati politici sono ritornati nel paese dopo il rovesciamento della dittatura di Stroessner.

Più del 75% della popolazione è costituita da meticci di etnia ispano-guaraní e quasi tutti sono bilingui con una preferenza per il guaraní, anche se la lingua ufficiale del governo e dell'economia è lo spagnolo. Anche i Paraguayani di classe elevata parlano il guaraní.

Circa il 20% dei Paraguayani discende da immigrati europei, tra cui circa 100.000 tedeschi. A partire dagli anni '30 l'insediamento di coloni tedeschi mennoniti, che nonostante l'ambiente ostile del Chaco centrale hanno dato vita a una comunità prosperosa, ha provocato tensioni etniche e continui problemi con alcuni gruppi indigeni. Gli immigrati giapponesi si sono insediati in alcune zone del Paraguay orientale insieme ad agricoltori brasiliani, molti dei quali di origine tedesca, che negli ultimi anni si sono trasferiti oltre confine. Ad Asunción c'è stata una consistente immigrazione di Coreani, impiegati per lo più nel commercio, e dalla fine dell'apartheid alcuni Sudafricani si sono trasferiti nel dipartimento di Caaguazú.

Il Chaco e alcune zone del Paraguay orientale sono abitate da piccole ma significative comunità di indigeni, alcune delle quali fino a pochissimo tempo fa vivevano ancora di caccia e raccolta. Secondo molti resoconti attendibili, negli anni '70 la dittatura di Stroessner condusse un'attiva campagna di genocidio contro gli indiani Aché (Guayakí) del Paraguay orientale.

Quasi tutti gli indiani vivono nel Chaco dove gruppi isolati, come gli Ayoreo, sono venuti a contatto con gli europei solo negli ultimi anni. I gruppi più numerosi sono i Nivaclé e i Lengua che contano circa 10.000 individui ciascuno, molti dei quali lavorano come braccianti nelle estancias della regione. In tutto gli indiani costituiscono circa il 3% dell'intera popolazione.

ISTRUZIONE

L'istruzione è obbligatoria solo fino a 12 anni. Nel complesso l'alfabetismo è del 90%, il più basso tra le repubbliche del fiume Plata, ma superiore a tutti i paesi andini. Gli studi universitari sono competenza dell'Universidad Nacional e dell'Universidad Católica di Asunción, che hanno dipartimenti in tutto il paese.

ARTI

Non sono molte le opere della letteratura paraguayana tradotte in altre lingue, ma grazie al romanziere e poeta Augusto Roa Bastos, vincitore nel 1990 del Premio Cervantes assegnato dal governo spagnolo, il Paraguay è presente nel panorama letterario internazionale. Pur avendo trascorso gran parte della vita in esilio durante la dittatura di Stroessner, Roa Bastos ha posto l'accento sulla storia e su tematiche paraguayane nel più ampio contesto della politica e del governo dittatoriale. Lo scrittore ha fatto ritorno in Paraguay nel 1996.

Alcune delle sue opere migliori sono disponibili anche in italiano. *Figlio di uomo* (Feltrinelli, Milano 1977), pubblicato in edizione originale nel 1960, è un romanzo che collega diversi episodi della storia del paese, tra cui anche la dittatura di José Gaspar de Francia e la guerra del Chaco, che viene raccontata in un'aura di sottile simbolismo cristiano. *Io il supremo* (stesso editore, 1978) è un romanzo storico sul paranoico dittatore Francia, che inaugurò la politica nazionalista e populista che più tardi si diffuse in tutto il Sudamerica.

Lo scrittore si è cimentato anche con la letteratura per ragazzi. Due romanzi riconducibili a questo genere sono *I bambini volanti* (Mondadori, Milano 1999), storia di due cuginetti che odiano la scuola, ma che sono capaci di inventare i giochi più straordinari e le storie più belle, e addirittura di viaggiare nel tempo; e *Il pulcino di fuoco* (stesso editore e anno), che narra invece la vicenda di Pippiolino, pulcino qualunque che una mattina scopre di essersi trasformato in uccello di fuoco, le cui piume incendiano tutto quello con cui vengono a contatto.

Non sono al momento disponibili traduzioni italiane delle opere di altri importanti scrittori paraguayani come Gabriel Casaccia e il poeta Elvio Romero. Un autore paraguayano che attualmente vive in Italia come rifugiato politico è Egidio Molinas Leiva, nato in un villaggio rurale del Paraguay nel 1942. La sua storia personale nel paese natio, segnata dall'impegno politico, dal carcere e dalla persecuzione per via del suo aperto contrasto con il regime militare, permea il romanzo *La notte del Yacaré* (Aiep, Repubblica di San Marino 1998): Molinas Leiva rievoca la sua vita tormentata attraverso l'esperienza del giovane protagonista, che si fa uomo sperimentando l'amore segreto, la violenza e la tortura. Si snoda così nelle pagine del libro, che diviene esame di coscienza per il lettore, un percorso di formazione in cui s'intrecciano esperienze d'amore e di lotta politica. L'autore ricerca il linguaggio della sua infanzia e l'oralità del guaraní, che ha conosciuto la scrittura attraverso le trascrizioni dei gesuiti.

Parole e frasi comuni in guaraní

Di seguito riportiamo un piccolo campionario di parole e frasi che possono tornare utili ai viaggiatori, se non altro per rompere il ghiaccio. La pronuncia non è proprio fonetica come quella dello spagnolo, ma è comunque abbastanza facile da riprodurre. Noterete che alcune parole presentano evidenti origini spagnole.

io	*che*	molti	*hetá*	acqua	*y*	strada	*tapé*
tu	*nde*	grande	*guazú*	carne	*soó*	pioggia	*amá*
noi	*ñande*	piccolo	*mishí*	caldo	*hakú*	nuvola	*araí*
questo	*péva*	uno	*peteí*	freddo	*roí*	montagna	*sero*
quello	*amóa*	due	*mokoi*	donna	*kuñá*	nuovo	*piahú*
no	*nahániri*	mangiare	*okarú*	uomo	*kuimbaé*	buono/bene	*porá*
tutto	*entéro*	bere	*hoiú*	persona	*hente*	nome	*héra*

Come stai?	*Mba'eichapa?*	Vengo dall'Italia	*Che Italia gua*
Bene e tu?	*Iporãiterei, ha nde?*	Dove vivi?	*Moõpa reiko?*
Anch'io bene.	*Iporãiterei avei.*	Vivo a Roma	*Che aiko Roma*
Da dove vieni?	*Moõguápa nde?*		

Le opere storiche e critiche di Josefina Pla sull'arte guaraní-barocca e sugli Inglesi in Paraguay sono state tradotte in inglese, mentre della sua poesia non figurano per ora traduzioni né in inglese né in italiano. Per quanto riguarda i libri su argomenti storici e altri aspetti del paese v. **Libri in Informazioni pratiche**.

Come a Buenos Aires e a Montevideo, il teatro ha molto seguito e a volte capita di assistere a rappresentazioni in guaraní oltre che in spagnolo. Nel 1933, durante la guerra del Chaco, ad Asunción fu messa in scena l'opera *Guerra Ayaa* della drammaturga guaraní Julie Correa. Molto diffuse e importanti sono anche le arti visive; ad Asunción ci sono diverse gallerie, in particolare il Museo del Barro, dedicato soprattutto a opere moderne che a volte trascendono i canoni tradizionali. Nella capitale si può inoltre ascoltare musica classica e folcloristica.

Il più famoso prodotto dell'artigianato locale è costituito dai variopinti *ñandutí* (pizzi a ragnatela), realizzati nel sobborgo di Itauguá ad Asunción. Nel villaggio di Luque si producono arpe e chitarre, nonché gioielli in filigrana d'oro e d'argento e pelletteria, mentre altri oggetti artigianali di elevata qualità provengono dalle comunità indiane del Chaco. Sebbene la realizzazione di prodotti destinati più alla vendita che al consumo abbia compromesso la qualità di alcuni articoli, per esempio lance e coltelli, le sculture in legno sono molto graziose, soprattutto quelle prodotte nel villaggio di Tobatí, nel Paraguay orientale.

SOCIETÀ E COSTUMI

I visitatori di lingua inglese scopriranno che il Paraguay è per certi versi più 'esotico' dell'Argentina e dell'Uruguay a causa del miscuglio razziale e culturale avvenuto in epoca coloniale; comunque i Paraguayani in genere sono ospitali nei confronti degli stranieri e s'intrattengono volentieri a parlare con i turisti. Approfittate di ogni invito a bere del *mate*, spesso offerto sotto forma di *tereré* gelato, perché può essere un buon inizio per imparare a conoscere questo paese e i suoi abitanti.

La conoscenza di un po' di tedesco nelle colonie mennonite del Chaco vi aiuterà a superare le barriere in quest'isola culturale. È più difficile, invece, entrare in contatto con gli indigeni della regione ed è poco diplomatico affrontare subito il problema delle relazioni tra le due comunità, dato che si tratta di un argomento assai controverso. Avendo avuto contatti con i mennoniti, alcuni indiani del Chaco hanno adottato come seconda lingua il tedesco invece dello spagnolo.

LINGUA

Il Paraguay ha due lingue ufficiali, lo spagnolo e il guaraní, un'eredità dell'epoca coloniale in cui la minoranza spagnola non ebbe altre alternative che mescolarsi con la popolazione indigena. L'influenza tra le due lingue è stata reciproca: il guaraní presenta elementi spagnoli e lo spagnolo ha subito modifiche nel vocabolario e nella sintassi. Durante la guerra del Chaco degli anni '30, il guaraní ebbe il suo momento di gloria poichè, per motivi di sicurezza, i comandanti proibirono lo spagnolo sul campo di battaglia. Se ascoltate la radio sentirete più spesso le cantilene guaraní che le canzoni spagnole.

Nel Chaco e nelle zone isolate del Paraguay orientale si parlano molti altri idiomi indiani, tra cui il Lengua, il Nivaclé e l'Aché.

RELIGIONE

La religione ufficiale è il cattolicesimo, ma presenta importanti varianti popolari e la chiesa è più debole e meno influente rispetto ad altri paesi dell'America latina. Un visitatore dell'Ottocento, sicuramente di religione protestante, scriveva quanto segue:

I Paraguayani erano immersi nell'ignoranza religiosa e si dibattevano nell'idolatria... I preti erano ignoranti e immorali, giocavano e scommettevano sui combattimenti dei galli, possedevano un grande ascendente sulle donne che sfruttavano per gli scopi più turpi.

A causa del tradizionale isolamento del Paraguay e dell'indifferenza statale verso la religione, hanno preso piede numerose pratiche religiose anomale (secondo un antropologo i contadini vedono i preti più come guaritori o stregoni che come consiglieri spirituali). Le donne sono più devote degli uomini.

Le sette protestanti hanno fatto pochi proseliti nel Paraguay cattolico rispetto ad altri paesi dell'America latina, nonostante la presenza dei mennoniti fin dagli anni '30 tra gli indiani del Chaco. Altri gruppi evangelici, tra cui la controversa organizzazione New Tribes Mission, agivano in collusione e, secondo alcuni, collaboravano attivamente con la dittatura di Stroessner. Questo regime era ostile alle popolazioni indigene del paese, che, naturalmente, avevano i propri credi religiosi, molti dei quali, nonostante la fedeltà nominale al cattolicesimo o al protestantesimo evangelico, sono stati mantenuti fino ad oggi o solo leggermente modificati.

Informazioni pratiche

DA NON PERDERE

Benché poco frequentato dai turisti, il Paraguay può offrire molto ai viaggiatori indipendenti e aperti a nuove esperienze. Asunción, una delle più antiche città dell'America latina, ha un'importanza storica notevole, anche se dell'epoca coloniale rimane ben poco. Nel Paraguay sudorientale, tra Asunción ed Encarnación, troverete invece significative testimonianze dell'epoca coloniale, tra cui le rovine delle missioni gesuite, quelle per esempio di Jésus e Trinidad, che per certi versi superano quelle argentine di San Ignacio Miní. Lungo il Río Paraná e il Río Paraguay ci sono ottimi punti per pescare.

Sul confine brasiliano l'imponente complesso idroelettrico di Itaipú, realizzato in collaborazione con il Brasile, merita una visita, se non altro per rimpiangere Sete Quedas, una serie di cascate che, prima di sparire nell'enorme bacino, facevano impallidire addirittura quelle di Iguazú. Le cascate di Iguazú si possono visitare facilmente da Ciudad del Este, ma il Paraguay ha una tale quantità di bellezze naturali, sparse nei suoi diversi parchi nazionali, che non è necessario espatriare. Il più accessibile di questi parchi è Ybycuí, che conserva un'area di foresta pluviale subtropicale. Ci sono altre riserve sia nel Paraguay orientale sia nella regione semi-desertica del Chaco, una delle zone più selvagge dell'America meridionale. In tutto il paese l'avifauna è incredibilmente ricca, mentre non vi sono altrettante specie di mammiferi e di rettili.

PIANIFICARE IL VIAGGIO
Quando andare

A causa del caldo intenso dell'estate paraguayana, i visitatori provenienti da latitudini medie preferiranno probabilmente i mesi invernali, ossia il periodo che va da maggio ad agosto o settembre, caratterizzati da un clima primaverile. In questa stagione fa caldo di giorno, ma di notte la temperatura può scendere notevolmente e non sono rare le gelate.

Cartografia

Le cartine migliori sono quelle dell'Instituto Geográfico Militar, in Av Artigas ad Asunción, ma la *Guía Shell* (v. il paragrafo **Altre guide** in **Libri**, più avanti in questo capitolo) contiene un'eccellente cartina stradale del paese (nonostante i vari simboli della Shell sparsi qua e là che indicano i punti di rifornimento). La guida comprende inoltre una buona cartina generale in scala 1:2.000.000 e un'ottima piantina di Asunción, completa di indice delle vie, in scala 1:25.000.

Anche la Dirección de Turismo di Asunción distribuisce una piantina della città, a cui è allegata gratuitamente una sezione dedicata al *microcentro* (centro città) ancora più particolareggiata. A Filadelfia si può acquistare una buona cartina delle colonie mennonite, mentre è più difficile trovare le piantine di altre città e cittadine dell'interno.

Se si escludono le carte generali del Sudamerica (ITM, Hallwag, Bartolomew, Kümmerly & Frey, ecc.) e la carta *Argentina* di FMB, che comprendono sia l'Uruguay sia il Paraguay in scala 1:4.000.000, non sono disponibili in Italia carte commerciali del Paraguay. Le uniche reperibili sono quelle edite da DSGM (Dirección del Servicio Geográfico Militar), che produce le seguenti carte: in foglio unico (scala 1:2.000.000), in due fogli (1:1.250.000), in quattro fogli (1:1.000.000), in 36 fogli (1:250.000), in 160 fogli (1:100.000) e in circa 500 fogli (1:50.000).

Per ulteriori informazioni potete rivolgervi alla VEL - La Libreria del Viaggiatore (☎ e fax 0342-218952, e-mail: vel@vel.it; internet: http://www.vel.it), Via Angelo Custode 3, 23100 Sondrio.

Oltre alla VEL, segnaliamo alcune delle librerie italiane specializzate in cartine, guide e narrativa di viaggio in cui potete trovare un buon assortimento: Gulliver (☎ 045-800-7234), Verona; Il Giramondo (☎ 011-473-2815), Torino; Jamm (☎ 081-552-6399, e-mail: jammnapoli@usa.net), Napoli; Libreria del Viaggiatore (☎ 06-6880-1048, e-mail: libreriaviaggiatore@tiscalinet.it), Roma; Luoghi e Libri (☎ 02-738-8370), Milano; Pangea (☎ 049-876-4022, e-mail: pangea@inter city.shiny.it), Padova.

Che cosa portare

In estate i Paraguayani si vestono in modo informale. Un abbigliamento in cotone leggero è più che sufficiente per quasi tutto l'anno, tranne che nei mesi invernali; è comunque consigliabile portarsi una maglia o una giacca leggera, perché in primavera il tempo è variabile. Se avete intenzione di trascorrere del tempo all'aria aperta sotto lo spietato sole tropicale, non dimenticate di portarvi un cappello a tesa larga o un berretto con visiera, una camicia leggera a maniche lunghe e la crema solare. I repellenti per zanzare sono indispensabili nel Chaco e in molti altri luoghi.

UFFICI TURISTICI

In Paraguay ci sono pochi uffici turistici e quei pochi non sono neanche ben organizzati. Ne troverete ad Asunción, Encarnación, Ciudad del Este e in alcune altre località.

In genere le delegazioni dei principali consolati paraguayani all'estero (v. **Ambasciate e consolati**, più avanti) hanno nel proprio organico un responsabile del turismo.

VISTI E DOCUMENTI

Il visto è richiesto a tutti gli stranieri, tranne che ai cittadini dei paesi confinanti, ai Cileni (necessitano solo della carta d'identità) e ai cittadini di quasi tutti i paesi dell'Europa occidentale (incluse l'Italia e la Svizzera) e degli USA. Secondo il consolato paraguayano di Los Angeles, in California, i Canadesi, gli Australiani e i Neozelandesi devono richiedere il visto, che però non è più a pagamento. I Canadesi devono rivolgersi al consolato paraguayano di New York.

I cittadini italiani e svizzeri non necessitano del visto per un soggiorno turistico in Paraguay fino a 3 mesi; per gli italiani è sufficiente il passaporto in corso di validità, mentre i cittadini svizzeri devono esibire il passaporto con validità di almeno sei mesi e il biglietto aereo di ritorno o proseguimento del viaggio.

Non è più necessaria la tessera turistica, che un tempo era invece richiesta, e non ci sono più tasse da pagare alla frontiera, tranne la tassa d'imbarco all'aeroporto. In ogni caso assicuratevi che il passaporto venga timbrato quando entrate nel paese, altrimenti rischiate di dover pagare qualche ammenda al momento di rientrare in patria.

Il passaporto è necessario per molte operazioni, per esempio per incassare i travellers' cheque, per registrarsi negli alberghi e per attraversare i vari posti di controllo dell'esercito e della polizia nella regione del Chaco.

Per guidare in Paraguay è sufficiente la patente italiana in corso di validità. È inoltre obbligatoria l'assicurazione di responsabilità civile (RC). In ogni caso, i controlli sono in genere superficiali.

AMBASCIATE E CONSOLATI
Ambasciate e consolati paraguayani all'estero

Pur non avendo molte rappresentanze diplomatiche all'estero, il Paraguay ha comunque alcune missioni nei paesi confinanti e d'oltremare.

Argentina
   (☎ 011-4812-0075)
   Viamonte 1851, Buenos Aires
   (☎ 03783-426576)
   Gobernador Ruiz 2746, Corrientes
   (☎ 03752-423850)
   San Lorenzo, tra Santa Fe e Sarmiento, Posadas
Bolivia
   (☎ 322018)
   Av Arce, Edificio Venus, La Paz

Informazioni pratiche 113

Brasile
(☎ 045-523-2898)
Bartolomeu de Gusmão 738 Foz do Iguaçu
(☎ 242-9671)
No 1208, Rua do Carmo 21, Centro, Rio de Janeiro
(☎ 255-7818)
10° piano, Av São Luis 112, São Paulo
Cile
(☎ 639-4640)
Huérfanos 886, Santiago
Italia
Ambasciata:
(☎ 06-4470-4684, fax 446-1119)
Via del Castro Pretorio 116 2° piano, 00185 Roma
Consolato:
(☎ 02-481-5532, fax 481-8577)
Via Vincenzo Monti 79/3, 20145 Milano
Regno Unito
(☎ 020-7937-1253)
Braemar Lodge, Cornwall Gardens, London SW7 4AQ
Svizzera
(☎ 031-312-3222, fax 312-3432)
Kramgasse 58, 3011 Berna
Uruguay
(☎ 400-3801)
Bulevar Artigas 1256, Montevideo

Ambasciate e consolati esteri in Paraguay

I paesi sudamericani, gli USA e quasi tutti i paesi dell'Europa occidentale hanno rappresentanze diplomatiche ad Asunción, mentre gli Australiani e i Neozelandesi devono rivolgersi ai propri consolati di Buenos Aires o al consolato britannico.

Argentina
(☎ 442151)
Banco Nación, 1° piano, Palma 319, Asunción
(☎ 203446)
Mallorquín 788, Encarnación
Belgio
(☎ 610603)
5° piano, Juan O'Leary 409, Asunción
Bolivia
(☎ 210676)
Eligio Ayala 2002, Asunción
Brasile
(☎ 448084)
3° piano, General Díaz 521, Asunción
(☎ 203950)
Memmel 452, Encarnación
(☎ 512308)
Pampliega 337, Ciudad del Este
Canada
(☎ 226196)
Profesor Ramírez ang. Juan de Salazar, Asunción
Cile
(☎ 600671)
Guido Spano 1687, Asunción
Francia
(☎ 212439)
Av España 893, Asunción
Germania
(☎ 214009)
Av Venezuela 241, Asunción
(☎ 204041)
Memmel 631, Encarnación
Giappone
(☎ 604616)
Av Mariscal López 2364, Asunción
(☎ 202288)
Carlos Antonio López 1290, Encarnación
Israele
(☎ 495097)
8° piano, Edificio San Rafael, Yegros 437, Asunción
Italia
(☎ 225918, fax 212630)
Luis Morales 680, Asunción
Olanda
(☎ 492137)
Cile 668, Asunción
Perú
(☎ 200949)
Av Mariscal López 648, Asunción
Regno Unito
(☎ 496067)
4° piano, Presidente Franco 706, Asunción
Spagna
(☎ 490686)
6° piano, Yegros 437, Asunción
Svizzera
(☎ 448022, fax 445853)
4° piano, Juan O'Leary 409, Asunción
Uruguay
(☎ 203864)
25 de Mayo 1894, Asunción
USA
(☎ 213715)
Av Mariscal López 1776, Asunción

DOGANA
È possibile importare 'quantità ragionevoli' di effetti personali, alcol e tabacco; dato

che però il contrabbando è diffusissimo, i funzionari ai valichi di frontiera tendono a chiudere un occhio, a meno che non si tratti di qualcosa di platealmente illegale.

Ciò nonostante gli automobilisti stranieri possono imbattersi in funzionari corrotti che sostengono che per entrare nel paese è necessario pagare una cauzione pari alla metà del valore locale del veicolo (che è superiore a quello europeo). Se vi trovate in una situazione del genere, fate presente, in modo cortese ma deciso, che tale cauzione non è prevista dai regolamenti del Mercosur, i quali stabiliscono una tariffa esterna comune tra Brasile, Argentina, Uruguay e Paraguay. Se venite da uno di questi paesi, fate delle fotocopie dei documenti del veicolo e conservatele in caso dobbiate dimostrare la provenienza del vostro mezzo quando passate il confine.

MONETA

La moneta ufficiale è il *guaraní* (plurale *guaraníes*), il cui simbolo è una G maiuscola sbarrata. Ci sono banconote da 500, 1000, 5000, 10.000, 50.000 e 100.000 guaraníes e monete da 50, 100 e 500 guaraníes.

Il tasso annuo d'inflazione è sceso a circa il 6% e in genere i prezzi sono leggermente inferiori a quelli dell'Uruguay. Si può cambiare facilmente nelle casas de cambio di Asunción, Ciudad del Este, Encarnación e Pedro Juan Caballero, ma nell'interno è possibile farlo solo nelle banche. Ci sono anche dei cambiavalute che operano per strada, ma i tassi sono leggermente inferiori rispetto ai cambios; si rivelano però utili nei fine settimana o la sera, quando i cambios sono chiusi.

Quasi tutti i migliori alberghi, ristoranti e negozi della capitale accettano la carta di credito, mentre il suo utilizzo è più raro al di fuori della capitale. Gli sportelli automatici (bancomat) paraguayani in genere non riconoscono le carte di credito straniere.

Tassi di cambio

Gli uffici di cambio accettano i travellers' cheque a tassi leggermente inferiori rispetto ai dollari contanti e qualche volta richiedono una commissione, che però non è così elevata come quella applicata in Argentina. Benché i prezzi siano riportati in dollari, che rimangono la valuta estera più diffusa, i marchi tedeschi sono accettati più facilmente ad Asunción che in altre capitali sudamericane. Non c'è mercato nero. In base ai resoconti di alcuni viaggiatori, vi sono uffici di cambio che non accettano i travellers' cheque se non viene presentata la ricevuta di acquisto.

US$1	=	₲ 3499
Euro1	=	₲ 3130,76
₲1	=	Lire 0,6195

Cambio calcolato con il dollaro a un valore di lire 2165 circa.

POSTE E TELECOMUNICAZIONI

Le tariffe postali sono inferiori a quelle praticate nei paesi confinanti, per esempio in Argentina e in Uruguay, ma se dovete inviare della posta importante, è meglio che la spediate per raccomandata, come d'altronde è consigliabile fare anche in altre parti del subcontinente. Se avete un indirizzo di fermoposta dovete pagare US$0.25 per ogni lettera o pacco ricevuto.

Spedire una lettera o cartolina di peso non superiore a 20 g dall'Italia in Paraguay costa lire 1000, secondo le nuove disposizioni in vigore dal 14 febbraio 2000. Infatti, il nuovo tariffario per i paesi extraeuropei non prevede più il sovrapprezzo per il trasporto aereo.

L'Antelco, la società telefonica statale, mette a disposizione posti telefonici pubblici per chiamate in teleselezione simili a quelli uruguayani dell'Antel; è possibile che presto venga privatizzata. Gli uffici centrali di Asunción hanno linee a fibre ottiche dirette con operatori negli Stati Uniti (ATT, MCI, Sprint), nel Regno Unito, in Australia, Germania, Argentina, Uruguay, Brasile e Giappone. È più economico fare chiamate a carico del destinatario o con addebito su carta di credito telefonica. Per quanto riguarda le chiamate urbane, le cabine telefoniche sono poche e

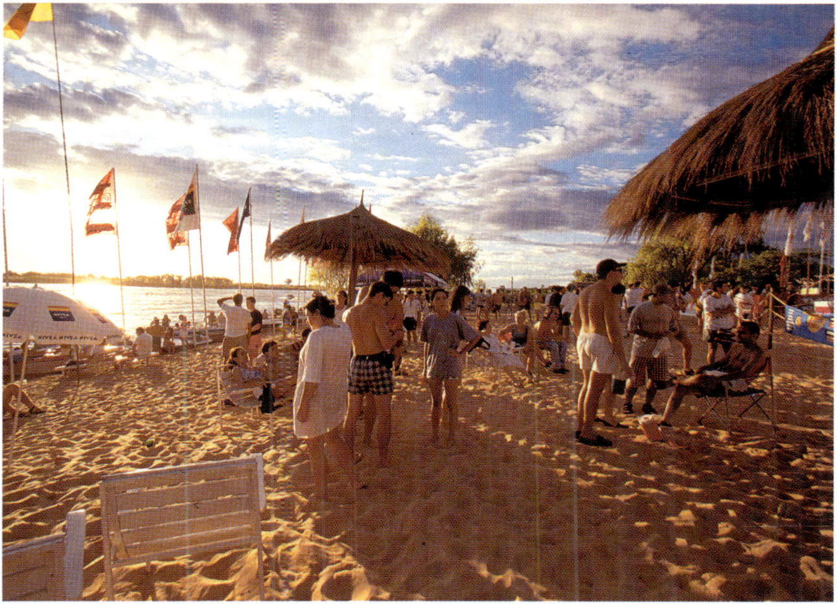

VITTORIO SCIOSIA

Asuncion, spiaggia dell'esclusivo Golf e Yacht Club

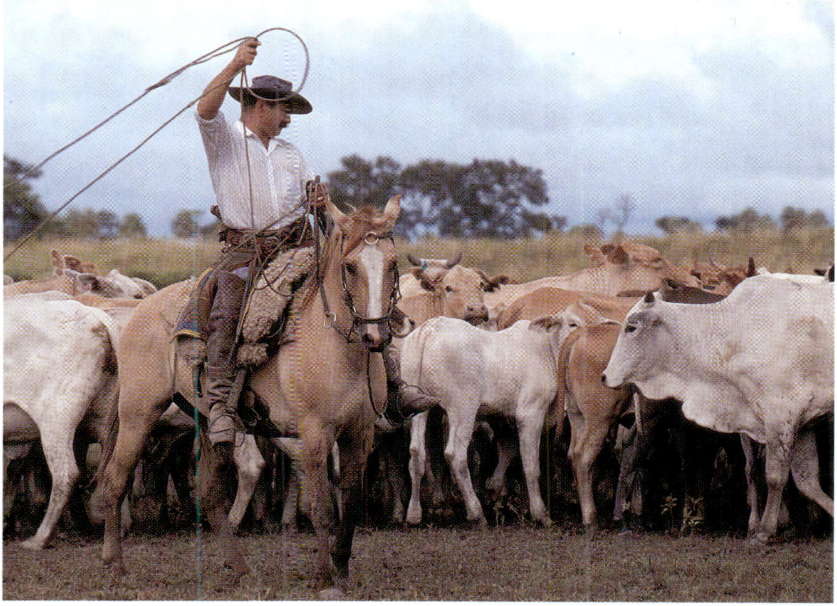

VITTORIO SCIOSIA

Gauchos del Chaco (Nord Paraguay)

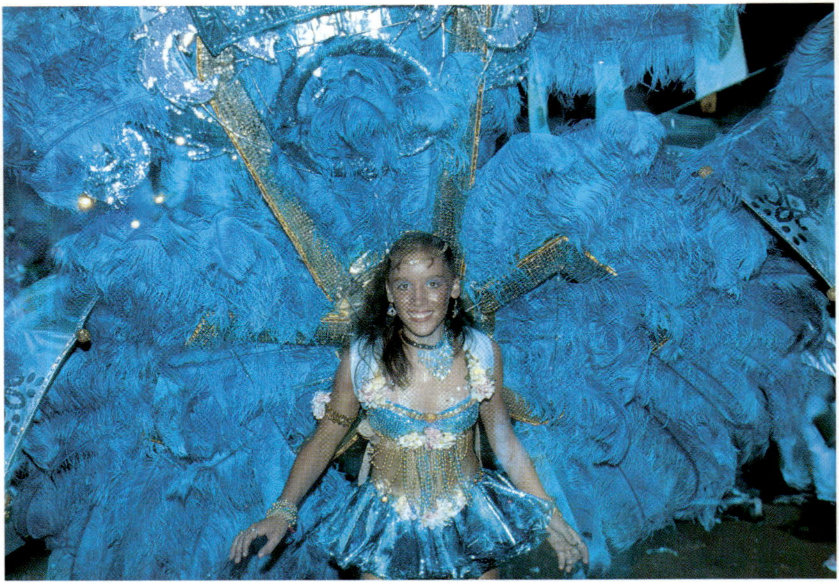

Paraguay, il carnevale di Encarnacion, cittadina del sud al confine con l'Argentina

Artigianato locale

Abiti tradizionali alla festa patronale di Areguà

distanti le une dalle altre (funzionano per lo più a gettone).

Per parlare con un operatore internazionale componete lo 0010 e per il Discado Directo Internacional (DDI) lo 002.

Per chiamare dal Paraguay in Italia dovete comporre lo 00239, seguito dal prefisso della località italiana con lo zero e dal numero dell'abbonato. Per chiamare il Paraguay dall'Italia il prefisso internazionale è lo 00595, cui si fa seguire il prefisso della località senza lo zero e il numero desiderato. Il numero da comporre per usufruire del servizio ItalyDirect dal Paraguay, per chiamate a carico del destinatario o con addebito su carta di credito telefonica, è lo 008391800, ma solo da telefoni pubblici, alberghi e aeroporti.

LIBRI
EDT/Lonely Planet
Se il vostro viaggio include anche altri paesi dell'America latina vi saranno utili le guide *Argentina, Bolivia, Brasile, Cile e Isola di Pasqua, Colombia, Ecuador e Galápagos, Perù* e *Venezuela*.

Nel sito Internet della EDT, www.edt.it, troverete il catalogo completo delle guide EDT/Lonely Planet, oltre alle indicazioni relative alle collane di narrativa di viaggio 'Viaggi e avventura' e 'Orme'.

Altre guide
Pur fornendo poche informazioni turistiche, fra l'altro piuttosto convenzionali, la *Guía Shell* locale contiene le migliori cartine stradali del Paraguay, oltre a un'ottima piantina della capitale. Si tratta quindi di un acquisto indispensabile per chiunque sia intenzionato a rimanere un po' di tempo nel paese. La guida, completa di cartine, costa circa US$8, ma il Touring y Automóvil Club Paraguayo concede un piccolo sconto ai soci, esteso anche ai soci delle organizzazioni estere.

Libri di viaggio
In passato il Paraguay è stato meta prediletta più di missionari che di viaggiatori. Ciò nonostante, esistono alcune testimonianze recenti di viaggiatori italiani che hanno incluso questo paese nelle loro peregrinazioni in America latina. Fra questi segnaliamo Ferruccio Bolognani, che ha inserito il Paraguay nel terzo volume di un ciclo di opere dedicato alla realtà dei paesi del Sud America, pubblicato presso la casa editrice Curcu & Genovese di Trento. Nel libro in questione, dal titolo *Dalle foreste incantate. Pagine di diario dal Paraguay, Uruguay e Brasile* (1999), l'autore descrive i luoghi del suo girovagare; nella parte dedicata al Paraguay illustra fra l'altro il contrasto fra le *Cataratas del Iguaçu*, cascate che irrompono nella foresta selvaggia, e il miracolo dell'ingegno umano costituito dalla *Represa de Itaipú*, la più grande centrale elettrica del mondo. Lo sguardo di Bolognani è quello di chi desidera scoprire e comprendere civiltà e valori lontani da quelli del mondo occidentale.

Storia
Nonostante il titolo un po' fuorviante, la raccolta curata da J. Richard Gorham *Paraguay: Ecological Essays* (Academy of the Arts and Sciences of the Americas, 1973) contiene materiale interessante sulla storia precolombiana e coloniale, nonché sulla geografia del Paraguay.

Tobatí: Paraguayan Town di Elman e Helen Service è un classico resoconto storico sul Paraguay rurale. *Rebirth of the Paraguayan Republic* di Harris Gaylord Warren è una cronaca della ripresa, pur incompleta, del Paraguay dalla disastrosa guerra della triplice alleanza sotto la guida del partito colorado.

Per un resoconto generale sulla violazione dei diritti umani durante il regime di Stroessner, leggete *Rule by Fear: Paraguay After Thirty Years Under Stroessner* (Americas Watch, 1985). La raccolta redatta da Richard Arens, *Genocide in Paraguay*, illustra il ruolo svolto dal governo paraguayano nel tentato sterminio degli indiani Aché. *The Stroessner Era* di Carlos Miranda è un'analisi approfondita e obiettiva dell'ascesa e del consolidamento del potere di questo dittatore, corredata da un breve necrologio politico.

Le pubblicazioni in lingua italiana dedicate alla storia del Paraguay sono piuttosto ridotte, e per lo più costituite da saggi specifici su momenti storici molto circoscritti; buona parte della seppur scarsa produzione è costituita da opere incentrate sul ruolo delle missioni dei padri gesuiti nella cristianizzazione ed educazione del popolo guaraní, e sul modello di comunità da loro create nel Paraguay fra il XVII e il XVIII secolo. Chi fosse interessato ad approfondire l'argomento può leggere *Il Cristianesimo felice nelle missioni dei padri della Compagnia di Gesù nel Paraguay* di Antonio L. Muratori (Sellerio, Palermo 1985), *Lo stato cristiano-sociale dei gesuiti nel Paraguay* di Eberhard Gothein (La Nuova Italia, Firenze 1987) o *L'utopia e la guerra. L'esperimento dei gesuiti in Paraguay* di Paolo Collo (Cultura della Pace, Firenze 1993).

Fiabe

Per un approccio alla cultura popolare paraguayana consigliamo la lettura di *Sangue del sole e della luna: fiabe dall'Argentina e dal Paraguay*, a cura di Felix Karlinger e Johannes Pögl (Oscar Mondadori, Milano 1998). Nelle fiabe di questa raccolta gli elementi propri della cultura indigena s'intrecciano e convivono con motivi fantastici più 'usuali' (principesse, castelli), fotografando una tradizione orale frutto della fusione fra due culture, quella autoctona e quella europea.

Storia naturale

Per gli appassionati di ornitologia potrebbe rivelarsi interessante il volume di Floyd E. Hayes *Status, Distribution and Biogeography of the Birds of Paraguay* (American Birding Association, Monographs in Field Ornithology No 1, 1995).

GIORNALI E RADIO

Il regime di Stroessner puniva severamente qualsiasi forma di critica giornalistica: il dittatore fece chiudere i giornali dell'opposizione, imprigionò e torturò editori e giornalisti e mise sotto controllo le agenzie di stampa straniere. Ciò nonostante, il quotidiano di Asunción *ABC Color* divenne famoso in quanto unica voce dell'opposizione, seppure soggetta a severe limitazioni. Anche una stazione radiofonica indipendente, Radio Ñandutí, criticava il regime di Stroessner. Il giornale *Última Hora* è molto indipendente e rivela notizie scabrose, per esempio le morti, in genere definite 'suicidi', che avvengono nella caserme fra i militari di leva, evidenziandone le circostanze sospette; ha anche un'ottima sezione culturale.

El Pueblo, un giornale del partito febrerista con una modesta tiratura, è indipendente ma non ha avuto molta influenza. *Hoy* e *Patria* (l'organo ufficiale del partito colorado) sono controllati dai parenti di Stroessner.

La comunità tedesca di Asunción pubblica un giornale bimestrale distribuito in tutto il paese, *Neues für Alle*, e il settimanale *Rundschau*. Il *Buenos Aires Herald* e altri giornali argentini sono reperibili ad Asunción in un'edicola all'angolo tra Cile e Palma, ma sono difficili da trovare altrove.

MATERIALE FOTOGRAFICO

Fra tutte le città sudamericane Asunción è il posto giusto per acquistare pellicole a buon mercato; è facile, infatti, trovare un rullino di diapositive Fujichrome 100 per circa US$5 escluso lo sviluppo, ma è bene stare attenti alle pellicole scadute. Questo tipo di pellicola è ideale per la luminosità dei tropici e per i verdi brillanti caratteristici di questo paese, ma nelle fitte foreste pluviali del Paraguay orientale è meglio utilizzare una pellicola ultrarapida, che però, dato il prezzo elevato, conviene portarsi da casa.

ORA

Il Paraguay è tre ore indietro rispetto all'ora di Greenwich, quattro ore indietro rispetto all'Italia. Pertanto, quando ad Asunción è mezzogiorno, a Roma sono le 16 (le 17 quando in Italia è in vigore l'ora legale).

ELETTRICITÀ

La rete elettrica in Paraguay fornisce corrente a 220V, e ha una frequenza di 60 Hz.

PESI E MISURE
Il Paraguay utilizza il sistema metrico decimale.

LAVANDERIE
Non dovrebbe essere difficile trovare una lavanderia dove poter lavare i vostri indumenti. In questa guida sono indicati alcuni indirizzi alla voce **Lavanderie** delle principali città o località turistiche, in caso contrario provate a chiedere alla gente del posto o rivolgetevi agli uffici turistici.

SERVIZI IGIENICI
Fate sempre molta attenzione quando usate i gabinetti pubblici, pulizia e igiene possono infatti essere notevolmente trascurate. Buona norma è avere sempre con sé la carta igienica ed eventualmente anche delle salviette umidificate.

Un'alternativa può essere quella di servirsi delle toilette dei caffè e dei ristoranti le cui condizioni igieniche vi sembrano buone.

SALUTE
La malaria non rappresenta un pericolo per la salute, ma l'imponente progetto idroelettrico di Itaipú, al confine con il Brasile, sembra che abbia creato un nuovo habitat per le zanzare. I centri di controllo malattie di Atlanta raccomandano la profilassi antimalarica con la clorochina.

Altri possibili rischi per la salute, che però non devono essere motivo di isteria, sono la malattia di Chagas, la tubercolosi, il tifo, l'epatite A e l'anchilostomiasi (*susto*; evitate di girare scalzi). La leishmaniosi cutanea (*ura*), malattia trasmessa dai pappataci che provoca grosse cicatrici, è alquanto spiacevole e può rivelarsi pericolosa se non curata. La febbre gialla è rara e c'è un minimo rischio di contrarre la dengue, una malattia trasmessa dalle zanzare.

Per ulteriori informazioni v. il capitolo **Salute**.

DONNE SOLE
Il Paraguay è in genere un paese sicuro per le donne che viaggiano sole, ma è importante comportarsi con discrezione ed evitare sguardi troppo diretti con sconosciuti, specialmente nelle zone rurali. Le donne dovrebbero inoltre fare a meno di intrattenersi in conversazioni 'amichevoli' con uomini incontrati casualmente sugli autobus. Sono stati riferiti casi di rapimenti e tentativi di stupro ai danni di donne che viaggiavano sole.

VIAGGIATORI DISABILI
In Italia l'associazione Mondo possibile (☎ 011-309 6362, fax 309 1201) da qualche anno si occupa di turismo accessibile per i disabili. Consultate il sito internet www.tour-web.com/accturhp.htm.

Potete inoltre rivolgervi agli uffici turistici e alle agenzie di viaggi per avere informazioni sui servizi e le strutture che il Paraguay offre ai viaggiatori disabili.

Consultate anche la voce **Viaggiatori con particolari esigenze** nel capitolo **Il viaggio**.

VIAGGIARE CON I BAMBINI
Viaggiare con i bambini richiede naturalmente particolari attenzioni, in qualsiasi paese.

Generalmente sono più vulnerabili degli adulti anche solo al cambiamento del clima e degli orari, e inoltre corrono maggiori rischi di contrarre malattie.

Molti consigli pratici in materia si possono trovare nel testo di Maureen Wheeler *Viaggiare con i bambini* (EDT/Lonely Planet, Torino, 1996), dove sono riportati anche episodi di cui è stata protagonista la stessa autrice.

V. anche **Viaggiatori con esigenze particolari** in **Il viaggio**.

ORGANIZZAZIONI UTILI
I visitatori interessati alla storia naturale e alla tutela dell'ambiente possono rivolgersi alla Fundación Moisés Bertoni (☎ 600855) Prócer Carlos Argüello 208, ad Asunción, un'organizzazione che accoglie volontieri i visitatori stranieri. Battezzata con il nome di un naturalista paraguayano di origine svizzera vissuto nel XIX secolo, la fondazione sponsorizza progetti che incoraggia-

no la biodiversità e il risanamento degli ecosistemi in degrado, collabora con lo stato per migliorare i parchi nazionali e le riserve, promuove l'istruzione ambientale e la ricerca e s'impegna per ottenere un maggiore coinvolgimento dei cittadini paraguayani e delle imprese private nella salvaguardia della natura. Quasi tutto il personale parla inglese.

L'ente governativo responsabile dei parchi nazionali, che collabora inoltre con la Fundación Bertoni e i Corpi di Pace Statunitensi, è la Dirección de Parques Nacionales y Vida Silvestre (☎ 445214) del Ministerio de Agricoltura. La sede è nell'Edificio Ayfra, in Ayolas ang. Presidente ad Asunción.

Gli automobilisti possono rivolgersi al Touring y Automóvil Club Paraguayo, che pur avendo meno filiali del suo corrispondente argentino, è comunque un'utile fonte di informazioni, servizi stradali e ottime cartine e guide, sia per i suoi soci sia per i soci delle organizzazioni estere. L'ufficio di Asunción (☎ 210550, 210553) è in Calle Brasil, tra Cerro Corá e 25 de Mayo.

PERICOLI E CONTRATTEMPI

Soprattutto nel Chaco state attenti ai serpenti velenosi. Come in qualsiasi altra parte del mondo, è poco probabile che vi imbattiate in questi rettili, a meno che non siate voi ad andarli a cercare; comunque le conseguenze di un morso sono talmente gravi che non vale la pena di rischiare. A differenza del suo equivalente settentrionale, il serpente a sonagli brasiliano *(Crotalus durissus)* trasmette una potentissima neurotossina che causa una paralisi talmente grave che i muscoli del collo non riescono più a sorreggere il capo e il collo sembra rotto. È comunque più probabile che abbiate problemi con le zanzare, quindi portatevi dei repellenti, camicie leggere a maniche lunghe e un cappello per proteggervi anche dal sole.

Dalla fine del regime di Stroessner la polizia agisce meno impunemente di prima, ma non è consigliabile infastidirla e lo stesso vale per i militari. Stranamente la polizia stradale sembra meno arbitraria che in Argentina, ma comunque nei posti di controllo del Chaco vi capiterà di imbattervi in coscritti adolescenti con fucili automatici più grossi di loro (gira però voce che gli ufficiali non diano loro le munizioni per paura che si rivoltino). Siate gentili, mostrate i vostri documenti e non avrete seri problemi. Nel Chaco avvertirete un certo clima di tensione tra i pacifici mennoniti e l'esercito e la polizia paraguayani.

ORARI DEGLI UFFICI E GIORNI FESTIVI

Quasi tutti i negozi sono aperti nei giorni feriali e il sabato dalle 7 a mezzogiorno, poi chiudono per la pausa pranzo, riaprono a metà pomeriggio e rimangono aperti fino alle 19 o 20. Le banche in genere sono aperte nei giorni feriali dalle 7.30 alle 11, ma gli uffici di cambio hanno orari più lunghi.

In estate, a causa del caldo, i Paraguayani vanno al lavoro molto presto (da metà novembre a metà marzo gli uffici governativi aprono già alle 6.30 e in genere chiudono prima di mezzogiorno). Di seguito riportiamo la lista delle feste nazionali in cui gli uffici e gli esercizi commerciali sono chiusi.

1° gennaio
Año Nuevo (Capodanno)
3 febbraio
Día de San Blas (santo patrono del Paraguay)
Febbraio (data variabile)
Carnevale – la celebrazione di questo festival, diffuso in tutto il subcontinente, è molto sentita in Paraguay, soprattutto ad Asunción, Encarnación, Ciudad del Este, Caacupé e Villarrica
1° marzo
Cerro Corá (anniversario della morte del Mariscal Francisco Solano López) – commemora la guerra della triplice alleanza svoltasi tra il 1860 e il 1870.
Marzo/aprile (data variabile)
Viernes Santo/Pascua (Venerdì Santo/Pasqua)
1° maggio
Día de los Trabajadores (Festa del Lavoro)
15 maggio
Independencia Patria (Festa dell'Indipendenza)

12 giugno
  Paz del Chaco (fine della guerra del Chaco)
15 agosto
  Fundación de Asunción (fondazione di Asunción)
29 settembre
  Victoria de Boquerón (battaglia di Boquerón) – commemora la guerra del Chaco combattuta negli anni Trenta
8 dicembre
  Día de la Virgen (Immacolata Concezione) – importante ricorrenza cattolica celebrata con grandi festeggiamenti nel centro religioso di Caacupé.
25 dicembre
  Navidad (Natale)

ATTIVITÀ

In tutto il territorio paraguayano ci sono parchi nazionali e riserve che, nonostante non siano tutti facilmente accessibili, offrono ai turisti la possibilità di praticare vari tipi di escursioni.

Il parco più accessibile è il Parque Nacional Ybycuí, dove ci sono diversi percorsi naturalistici ben segnalati. Il più scenografico è invece il Parque Nacional Cerro Corá, a 500 Km da Asunción.

Vero e proprio paradiso terrestre per gli amanti del bird-watching e più in generale per gli amanti della natura è il Gran Chaco, a ovest del Río Paraguay, che copre più del 60% della superficie del paese. In questa zona si trova il parco più vasto, il Parque Nacional Defensores del Chaco, luogo ideale per vedere grossi felini oltre ad altre specie endemiche, che sono però più difficili da avvisare.

Buone possibilità per la pesca si possono trovare a Villa Florida, mentre per il nuoto e le attività acquatiche il posto che offre le migliori opportunità è il Lago Ypacarí, le cui acque dovrebbero avere anche poteri curativi.

ALLOGGIO

Pernottare in Paraguay risulta decisamente meno costoso rispetto all'Uruguay e all'Argentina.

I turisti che viaggiano in economia possono usufruire della possibilità offerta dai campeggi, che si trovano un po' ovunque.

Nella capitale ci sono diversi alberghi economici, puliti ma essenziali. Molto validi sono quelli di categoria media e quelli di categoria elevata sono superiori rispetto a quelli della capitale uruguayana. È anche possibile trovare sistemazione nel campeggio, un posto tranquillo e sicuro.

La più cara delle città paraguayane è Ciudad del Este, dove le possibilità di alloggio sono numerose ma costose ed è bene prenotare in anticipo vista l'elevata richiesta.

Nel Gran Chaco invece la situazione è un po' problematica, può infatti diventare difficile trovare alloggio fuori delle città principali. Si può però campeggiare quasi ovunque, oppure un'altra possibilità è quella di trovare un letto in qualche *estancias* o presso i contadini lungo la Trans-Chaco.

Anche in Paraguay, come in ogni altro paese, i prezzi sono sempre più cari nell'alta stagione, quando il flusso dei turisti è maggiore ed è meglio prenotare in anticipo per essere certi di trovare una buona sistemazione, soprattutto per quel che riguarda le località più turistiche.

CIBO

Per molti aspetti la dieta paraguayana ricorda quella argentina e uruguayana, mentre per altri è completamente diversa. Il consumo di carne è decisamente minore rispetto alle altre due repubbliche del fiume Plata, anche se la *parrillada* (grigliata di carne) è ancora il piatto base di tutti i ristoranti. Nella cucina paraguayana svolgono un ruolo fondamentale anche i cibi tropicali e subtropicali che fanno parte dell'eredità gastronomica guaraní.

I cereali, in particolare il mais, e i tuberi come la *mandioca* (manioca o cassava) sono la base di quasi tutti i piatti. Il *locro* è uno stufato di mais simile al suo omonimo argentino, mentre la *mazamorra* è un porridge di granoturco. La *sopa paraguaya*, piatto nazionale e ingrediente base della dieta di questo paese, non è una minestra, bensì una focaccia di granoturco con formaggio e cipolle. La *chipa guazú*, piatto molto apprezzato, è una variante della sopa paraguaya (una sorta di soufflé di formaggio). Il *mbaipy so-ó* è un budino di mais caldo con pezzi di carne e il *boribori* è una minestra di pollo con palline di farina di granoturco. Il *sooyo sopy* è una minestra densa di carne macinata servita con riso o pasta. Il *mbaipy heé* è un dolce di granoturco, latte e melassa.

I piatti a base di manioca sono diffusi soprattutto tra i contadini più poveri, dato che si tratta di una coltura che rende molto su terreni poveri o mediocri. La *chipa de almidón* somiglia alla *chipa guazú*, ma è fatta con la farina di manioca. Il *mbeyú*, chiamato anche *torta de almidón*, è una semplice frittella di manioca grigliata che ricorda la tortilla messicana. Durante la settimana santa i pasti di tutti i giorni vengono arricchiti con uova, formaggio e spezie e si trasformano in veri e propri banchetti.

Il Paraguay può anche essere il luogo ideale, oltre alle Guyane, per assaggiare varie cucine asiatiche (cinese, coreana e giapponese), a causa dell'ondata migratoria giunta da questi paesi negli ultimi dieci anni. Di sicuro offre la scelta più vasta di qualsiasi altro paese di lingua spagnola del subcontinente.

BEVANDE

Come gli Argentini e gli Uruguayani, anche i Paraguayani consumano un'enorme quantità di *mate*, ma più spesso sotto forma di *tereré*, che viene servito ghiacciato ed è molto rinfrescante soprattutto nel caldo torrido estivo. Si dice che il tereré si diffuse come bevanda durante la guerra del Chaco, quando i soldati cominciarono a utilizzarlo per filtrare l'acqua fangosa della regione, ma già nel XVIII secolo un padre gesuita notava che il mate 'attutisce la fame e la sete, specie se... bevuto con acqua fredda e zucchero'.

In tutto il Paraguay orientale vedrete ai lati della strada dei chioschi che vendono il *mosto*, ossia succo di canna da zucchero. La *caña*, l'alcol ricavato dalla canna da zucchero, è una bevanda alcolica molto apprezzata.

DIVERTIMENTI

Ad Asunción il cinema e il teatro sono passatempi molto popolari e dopo la caduta di Stroessner la vita culturale della capitale è rinata.

MANIFESTAZIONI SPORTIVE

In genere i Paraguayani amano lo sport; la squadra di calcio più importante, l'Olimpia, ha battuto le migliori squadre argentine. Anche le partite di tennis e pallacanestro sono seguite, mentre il golf e lo squash sono sport riservati all'élite.

ACQUISTI

Il prodotto artigianale più noto del Paraguay è il pizzo ñandutí con cui vengono realizzati diversi articoli, dai semplici centrini ai copriletti. Le donne di Itauguá, un villaggio a est di Asunción, sono le tessitrici più famose del paese. Nella cittadina di Luque gli artigiani realizzano a mano strumenti musicali di squisita fattura, specialmente chitarre e arpe, e li vendono a prezzi incredibilmente ragionevoli.

Anche la pelletteria paraguayana è pregiata ed è più facile fare affari in questo paese che in Argentina o in Uruguay. Gli indiani del Chaco scolpiscono figure di animali nel legno aromatico del palo santo, riproducono lance e altre armi e confezionano borse a rete *(yiscas)* tradizionali.

Asunción e Ciudad del Este sono i posti giusti se cercate apparecchiature elettroniche, in particolare se dovete sostituire la vostra macchina fotografica persa o rubata. La scelta non è così vasta come nella *zona franca* di Iquique, in Cile, ma i prezzi sono contenuti.

Il viaggio

Il Paraguay è un importante nodo del traffico aereo del Cono Sud, ma chi viaggia via terra, e non è diretto alle cascate di Iguazú o a Posadas, lo troverà un po' fuori mano. C'è un valico di frontiera con la Bolivia che, nonostante le lunghe attese, è sempre più trafficato.

AEREO
Per chi proviene dall'America settentrionale e dall'Europa è più facile trovare un collegamento per l'Aeropuerto di Asunción con scalo a Buenos Aires o a San Paolo che un volo diretto per la capitale paraguayana.

Acquisto del biglietto
Il Sudamerica risulta una meta piuttosto costosa da raggiungere pressoché da qualunque parte del mondo, ma alcune tariffe scontate possono ridurre considerevolmente la spesa. Oltre ai biglietti diretti si possono scegliere anche quelli Round-the-World. Spesso sono praticati consistenti sconti stagionali; quindi è meglio evitare periodi di punta come dicembre, l'estate e le feste religiose o nazionali. È meglio rivolgersi direttamente alle singole compagnie aeree riguardo a tali festività, perché le date possono cambiare.

Il biglietto aereo rappresenterà forse la spesa più consistente del viaggio, e acquistarlo potrebbe creare una certa apprensione. Vale sempre la pena di dedicare qualche ora all'analisi del mercato attuale. Cercate di procurarvi per tempo i biglietti – alcuni tra i più convenienti devono essere acquistati con mesi di anticipo e i voli più richiesti si esauriscono subito. È anche utile parlare con chi è stato di recente nella zona, in quanto può evitarvi di compiere gli stessi errori. Leggete gli annunci sui giornali e sulle riviste, consultate i repertori e prestate attenzione alle offerte speciali.

Le compagnie aeree forniscono informazioni su rotte e orari, ma non offrono i biglietti più convenienti se non in periodi di bassa stagione e nei momenti cruciali di guerra dei prezzi. Le agenzie di viaggi sono di solito il luogo privilegiato per fare gli affari migliori. Che ricorriate direttamente alla compagnia aerea oppure a un'agenzia di viaggi, chiedete sempre che vi vengano specificati la tariffa, la rotta, la durata del viaggio e le eventuali restrizioni sul biglietto.

Uno dei modi più economici per raggiungere il Sudamerica è avvalersi di un corriere aereo: in cambio di tariffe fortemente scontate, il viaggiatore accetta una riduzione parziale o totale del proprio bagaglio e acconsente a portare con sé documenti e materiale commerciale. I maggiori inconvenienti, oltre al bagaglio ridotto, sono il soggiorno piuttosto breve e l'esiguo numero di aeroporti europei e nordamericani disponibili per questi voli (in Italia, per esempio, non è consentito volare in questo modo).

La maggior parte delle compagnie aeree più importanti offre ingenti sconti sulle tariffe per l'America latina attraverso i cosiddetti 'consolidatori' di biglietti, ma la situazione cambia così rapidamente che persino i listini che compaiono settimanalmente sui quotidiani diventano obsoleti in brevissimo tempo. Le migliori fonti d'informazione per quel che riguarda i biglietti più economici sono, tra le altre, le pagine dedicate ai viaggi sui maggiori quotidiani, come il *New York Times,* il *Los Angeles Times* e il *San Francisco Examiner* per quanto riguarda gli USA, o il *Sydney Morning Herald* e il *The Age* in Australia. Simili listini si possono reperire nelle apposite sezioni di riviste quali *Time Out* e *TNT* nel Regno Unito. Alcuni annunci sulle riviste universitarie e altre pubblicazioni locali propongono tariffe scontate, ma non c'è da stupirsi se al momento di contattare l'agenzia di viaggi

Glossario per i viaggi in aereo

Agenzie di viaggi Ne esistono di tutti i generi e dovreste cercare di trovare quella più adatta alle vostre esigenze. Alcune si occupano soltanto di viaggi organizzati, mentre altre trattano sia i pacchetti tutto compreso sia la vendita di biglietti, il noleggio di automobili e le prenotazioni alberghiere. Una buona agenzia può prendersi cura di tutte queste cose facendovi risparmiare tempo e denaro, ma se desiderate un biglietto aereo al prezzo più basso possibile vi converrà rivolgervi a un'agenzia del tipo *bucket-shop*. Queste ultime però si occupano solo di biglietti aerei e non fanno prenotazioni alberghiere.

Air Shuttles (voli navetta) Si tratta di brevi voli navetta per le città più importanti. Il biglietto può essere acquistato direttamente in aeroporto al momento della partenza, ma più spesso viene usato il sistema **Ticketless Travel** (si veda la voce specifica più avanti). Perciò bisogna arrivare con un certo anticipo per trovare posto. Non sono ammessi eccessi di bagaglio.

Apex L'Apex, o 'Advance Purchase Excursion' (biglietto a pagamento anticipato) è un biglietto che costa dal 30 al 40% in meno dei biglietti a tariffa piena, ma prevede una serie di restrizioni. Lo si deve acquistare almeno 21 giorni prima della partenza (a volte anche di più) e ha una durata minima (di solito 14 giorni) e massima (90 o 180 giorni). Non sono concessi stopover, e se volete cambiare le date della partenza o del ritorno, oppure la destinazione, bisogna pagare una penale. Questi biglietti non sono del tutto rimborsabili, quindi se dovete cancellare il viaggio vi sarà rimborsata una cifra spesso considerevolmente inferiore a quella da voi pagata per il biglietto; fate un'assicurazione di viaggio che vi copra nel caso in cui dobbiate rinunciare a partire per cause impreviste – per esempio per una malattia.

Baggage Allowance (bagaglio consentito) Sul vostro biglietto troverete scritto quanto bagaglio vi è consentito di portare: di solito un collo fino a 20 kg che va nel bagagliaio, più uno come bagaglio a mano. Alcune compagnie che fanno voli transoceanici permettono di avere un bagaglio in più (precisando le limitazioni rispetto alle dimensioni e al peso).

Bucket Shops In certi periodi dell'anno e/o su determinate rotte, molte compagnie aeree volano con i posti a sedere in parte vuoti. In queste situazioni è per loro più conveniente cercare di riempire gli aerei anche se questo significa vendere un certo numero di biglietti a tariffe estremamente scontate; per fare questo scaricano i biglietti ad agenzie specializzate che a loro volta li venderanno al pubblico a tariffe scontate. Spesso questi biglietti sono i più economici che possiate trovare ma non è possibile acquistarli direttamente dalle compagnie. Sono biglietti non sempre disponibili, per cui non solo dovete essere molto flessibili nei programmi di viaggio, ma anche seguire con attenzione la pubblicità delle agenzie sui giornali ed essere tra i primi a presentarsi in agenzia.

I bucket shop pubblicano le loro offerte su giornali e riviste e dal momento che vi è una forte concorrenza – specialmente su piazze come Amsterdam e Londra – è meglio telefonare per accertarsi della disponibilità dei biglietti prima di correre da un'agenzia all'altra. Ovviamente, negli annunci vengono pubblicizzati i biglietti dalle tariffe più basse, ma può succedere che quando si arriva in agenzia questi siano già esauriti e vi venga proposto qualcosa di leggermente più caro.

Bumped Avere un posto confermato non significa che abbiate la sicurezza di prendere l'aereo – v. **Overbooking**.

Cancellation Penalties (penalità per cancellazione) Cancellare o cambiare un apex o un altro tipo di biglietto a tariffa scontata può comportare forti penalità; a volte è possibile fare un'assicurazione che copra questo rischio.

Glossario per i viaggi in aereo

Alcune compagnie aeree impongono penalità anche sui biglietti normali, soprattutto per quei passeggeri che non si presentano alla partenza ('no show').

Check in In genere per i voli internazionali viene richiesto di presentarsi all'aeroporto circa un'ora e mezzo prima della partenza. Se non arrivate in tempo o se per il vostro volo sono state accettate prenotazioni in più rispetto al numero dei posti, la compagnia aerea può annullare la vostra prenotazione e dare la precedenza ad altri.

Confirmation (conferma) Avere un biglietto compilato con i dati del volo e la data non significa che abbiate un posto finché l'agente non abbia verificato con la compagnia aerea che il vostro status sia 'OK' o confermato. Nel frattempo potete solo essere 'on request' (in richiesta).

Courier Fares (corrieri) Le ditte spesso si servono di corrieri per spedire in modo rapido e sicuro documenti urgenti e merci, e queste compagnie di corrieri spesso ingaggiano una persona per far passare il pacco attraverso la dogana, offrendole in cambio un biglietto a volte estremamente conveniente. In effetti, quello che gli spedizionieri fanno è imbarcare la merce su normali voli di linea facendola passare come vostro bagaglio. Tutta l'operazione è perfettamente legale ma presenta due svantaggi: da un lato la ridotta durata del biglietto, di solito non più di un mese e dall'altro il fatto che si debba cedere tutta la propria baggage allowance alla compagnia di corrieri, così che vi sarà concesso avere soltanto il bagaglio a mano.

Direct Flights (voli diretti) Da non confondersi con i voli 'nonstop' (v. **Nonstop Flights**), i voli 'direct', di solito più economici, effettuano brevi scali lungo le rotte interne più lunghe. Un volo New York-San Francisco, per esempio, può prevedere uno scalo di un'ora a Chicago. È sempre meglio che cambiare aereo, ma non è di certo il sistema più rapido per spostarsi.

Discounted Tickets (biglietti a tariffa ridotta) Ci sono due tipi di tariffe ridotte: le ufficiali come le apex (v. **Fromotional Fares**) e le non ufficiali (v. **Bucket Shops**). Questi ultimi tipi di biglietto possono darvi altri vantaggi oltre a farvi risparmiare denaro: può succedere di pagare tariffe apex senza essere costretti a sottostare alle restrizioni relative e a prenotare con molto anticipo. I prezzi più bassi spesso implicano svantaggi come volare con compagnie poco richieste, o in orari scomodi, o ancora su rotte e con coincidenze disagevoli.

Economy Class Tickets (biglietti di classe economica) I biglietti di classe economica di solito non sono i biglietti più convenienti in assoluto, ma danno il massimo della flessibilità e hanno una validità di 12 mesi. Se non li utilizzate, sono quasi sempre totalmente rimborsabili, come lo sono le carti non utilizzate di un biglietto multiplo.

Full Fare (tariffa piena) Le linee aeree offrono tutte una prima classe (codice F), la cosiddetta business class (codice J o C) e la tariffa turistica (codice Y). Oggi però ci sono tante opportunità più convenienti, fra campagne promozionali e tariffe scontate, e ben pochi passeggeri optano per la tariffa piena.

Lost Tickets (biglietti smarriti) Se perdete il vostro biglietto aereo la compagnia generalmente si comporterà come se fosse un travellers' cheque e, dopo una verifica, ve ne rilascerà un altro.
In termini legali, tuttavia, la compagnia aerea ha il diritto di considerarlo come denaro contante che una volta perso non è più ricuperabile, perciò state attenti ai vostri biglietti.

(segue)

Glossario per i viaggi in aereo

MCO Un MCO (Miscellaneous Charges Order) è un voucher di un determinato valore che sembra un biglietto aereo e può essere usato per pagare un volo con qualsiasi compagnia aerea della IATA (International Air Transport Association). È più flessibile di un biglietto normale e può rispondere all'irritante necessità di dover esibire in anticipo un biglietto per un volo che vi riporti fuori dal paese in cui siete arrivati, ma ora alcuni paesi sono restii ad accettarlo. Se inutilizzato un MCO è totalmente rimborsabile.

No Shows (mancata presentazione alla partenza) I 'no shows' sono passeggeri che, per qualsiasi ragione, non si presentano alla partenza del loro volo. I passeggeri con un biglietto a tariffa piena che non arrivano in tempo hanno talvolta la possibilità di prendere il volo successivo. Tutti gli altri devono pagare una penale (v. **Cancellation Penalties**).
Nonstop Flights (voli 'nonstop') Il modo più veloce e più comodo per viaggiare è prendere un volo 'nonstop' che vi porti direttamente a destinazione senza scali intermedi. Tuttavia sulle rotte lunghe questi voli si fanno sempre più rari, e anche più costosi (v. anche **Direct Flights**).

Open-Jaw Ticket Si chiama così un biglietto di andata e ritorno che vi permette di volare in un posto ma di ritornare da un altro e di viaggiare a vostre spese tra le due località con qualsiasi mezzo di trasporto. Questo tipo di biglietto, quando è disponibile, vi evita di dover ritornare nel luogo in cui siete arrivati per imbarcarvi sul volo di ritorno.
Overbooking (prenotazioni in eccesso) Le compagnie aeree non amano far volare gli aerei con dei posti vuoti e, dato che per ogni volo c'è qualche passeggero che non si presenta alla partenza (v. **No Shows**), spesso prenotano più passeggeri di quanti siano i posti disponibili. Di solito l'eccesso di passeggeri viene bilanciato da quelli che non si presentano, ma talvolta qualcuno rimane escluso. Quando questo avviene chi arriva tardi al check in ha più probabilità di rimanere a terra.

Promotional Fares (tariffe promozionali) Sono tariffe scontate ufficialmente, come le apex, ottenibili dalle agenzie di viaggi o direttamente dalle linee aeree.

Reconfirmation (riconferma) Almeno 72 ore prima della partenza dovete contattare la compagnia aerea e 'riconfermare' che intendete prendere quel volo. Se non lo fate la compagnia può cancellare il vostro nome dalla lista dei passeggeri e voi perderete il posto.
Restrictions (restrizioni) I biglietti scontati spesso sono soggetti a una serie di restrizioni, come il pagamento anticipato, le limitazioni sulla durata minima e massima del viaggio e sulla possibilità di interromperlo o di cambiare la prenotazione strada facendo, ecc.
Round-the-World Ticket (biglietto per il giro del mondo) Questi biglietti hanno avuto una grande diffusione negli ultimi anni. Ve ne sono di due tipi: delle compagnie aeree e delle agenzie di viaggi. Un biglietto RWT del primo tipo viene rilasciato da due o più compagnie aeree che hanno stipulato un accordo per emettere un biglietto per il giro del mondo che combini le loro diverse rotte. Permette di viaggiare praticamente dovunque utilizzando le loro rotte, a patto che non si torni mai indietro, ma che si mantenga sempre approssimativamente la stessa direzione verso est o verso ovest. Altre restrizioni riguardano il fatto che (di solito) si deve prenotare in anticipo la prima parte del viaggio (con conseguente applicazione di penali) e che vi è un determinato numero di stopover consentiti. La validità di questi biglietti va da 90 giorni a un anno. L'altro tipo di biglietti RWT, quelli emessi da un'agenzia, consiste in una combinazione di tariffe economiche messe insieme da un'intraprendente agenzia di viaggi, ma pur essendo a volte meno cari di quelli delle compagnie aeree, consentono una scelta più limitata per quanto riguarda le rotte.

Glossario per i viaggi in aereo

Standby (riserva) Biglietto scontato che prevede che voliate solo se c'è un posto libero all'ultimo momento. Le tariffe standby di solito sono disponibili soltanto direttamente all'aeroporto, ma a volte si trovano anche presso la sede cittadina delle compagnie aeree. Per avere maggiori possibilità di partire con il volo che vi interessa, arrivate presto in aeroporto e fate subito inserire il vostro nome nella lista d'attesa. I primi arrivati sono i meglio serviti.

Students Discounts (sconti per studenti) Alcune compagnie offrono dal 15 al 25% di sconto sulle tariffe dei loro biglietti ai possessori di una carta dello studente. Le stesse condizioni valgono anche per coloro che hanno meno di 26 anni. Questi sconti di solito si applicano soltanto sulle tariffe ordinarie di classe economica; non valgono, per esempio, su un apex o su un RWT, che sono già scontati.

Tickets Out (biglietti d'uscita) Molti paesi richiedono come requisito d'ingresso che abbiate un biglietto per una destinazione successiva oppure un biglietto di andata e ritorno, in altre parole un biglietto che vi porti fuori dal paese. Se non siete sicuri di ciò che volete fare dopo, la soluzione più semplice è acquistare il biglietto più economico per un paese vicino oppure un biglietto da una compagnia affidabile che ve lo rimborsi se non lo usate.

Ticketless Travel (viaggio senza biglietto) Un nuovo sistema utilizzato sui voli economici delle linee aere locali, che consente di acquistare i biglietti per telefono o tramite agenzia, e di imbarcarsi presentando semplicemente un documento d'identificazione con fotografia.

Transferred Tickets (trasferimento di biglietti) I biglietti aerei non possono essere trasferiti da una persona a un'altra. I viaggiatori talvolta tentano di vendere la parte del ritorno del loro biglietto, ma i funzionari dell'aeroporto possono chiedervi di provare che siete la persona titolare del biglietto. Sui voli interni non è molto probabile che succeda, ma sui voli internazionali i biglietti sono di solito confrontati con i passaporti.

Travel Periods (periodi di viaggio) Alcune tariffe scontate in modo ufficiale, in particolare le tariffe apex, variano a seconda dei periodi dell'anno. Spesso esistono una bassa e un'alta stagione e talvolta anche una stagione intermedia. In alta stagione, quando tutti vogliono volare, saranno più alte non soltanto le tariffe scontate ufficialmente, ma anche quelle con ribassi non ufficiali, o semplicemente possono non essere messi sul mercato biglietti scontati. Di solito la tariffa dipende dalla data della partenza: se partite in alta stagione e tornate in bassa stagione, pagate comunque la tariffa di alta stagione.

non sono più disponibili: si tratta solitamente di tariffe di bassa stagione, applicate da compagnie poco note e con molte condizioni restrittive.

Si può scegliere di rinunciare alla lusinga dei prezzi bassissimi e pagare qualcosa in più, rivolgendosi a un'agenzia di viaggi più conosciuta e sicura. Ditte consolidate come la STA Travel, che ha uffici in tutto il mondo, il Council Travel negli USA e il Travel CUTS in Canada rappresentano delle valide alternative e offrono ottimi prezzi per numerose destinazioni.

I biglietti economici sono di due tipi: ufficiali e consolidatori. I primi hanno svariati nomi, come tariffa acquisto anticipato, tariffa economica, Apex e Super-Apex. I biglietti consolidatori sono semplicemente biglietti scontati che le compagnie distribuiscono attraverso agenzie di viaggi selezionate (e non tramite i propri uffici). I biglietti più economici di solito non sono rimborsabili e comportano il pagamento di una tassa addizionale nel caso in cui si voglia cambiare volo. Molte polizze assicurative coprono tale spesa se il cambiamento è dovuto a situazioni di emergenza. I biglietti di andata e ritorno si rivelano solitamente meno cari – spesso molto più economici – di due biglietti di sola andata.

Una volta ottenuto il biglietto, è bene annotarne il numero insieme a quello del volo e ad altri dettagli, e conservare tali informazioni separatamente. In caso di perdita o furto del biglietto, questi accorgimenti saranno utili per ottenerne la sostituzione. Ricordate di stipulare un'assicurazione di viaggio il più presto possibile.

Biglietti Round-the-World (RTW) Questo tipo di biglietti ha avuto un grande successo negli ultimi anni. I biglietti aerei RTW sono spesso molto convenienti rispetto ai comuni biglietti di andata e ritorno. Tuttavia, ultimamente i prezzi sono aumentati e ora partono da UK£1220, A$3100 o US$2700. Comunque, gli accordi tra le varie compagnie aeree stanno mutando rapidamente e i prezzi variano sensibilmente secondo la data di partenza e la durata del biglietto; perciò bisogna condurre un'attenta ricerca prima di effettuare l'acquisto.

I biglietti RTW ufficiali di solito sono il frutto della combinazione di due linee aeree e consentono di volare ovunque sulle loro rotte purché si viaggi sempre nella stessa direzione. Altre limitazioni sono rappresentate dalla prenotazione anticipata (obbligatoria) del primo tratto e dalle penali in caso di cancellazione. Le limitazioni possono riguardare anche il numero degli scali, e i biglietti valgono di solito da tre mesi a un anno. Un altro tipo di biglietto RTW è quello emesso da un'agenzia di viaggi attraverso la combinazione di più biglietti scontati.

Anche se la maggior parte delle compagnie aeree riduce a quattro il numero di tratte percorribili negli USA e in Canada, e altre escludono alcune delle rotte più trafficate (come la Honolulu-Tokyo), il numero degli scali intermedi è infinito. In molti casi questi biglietti devono essere acquistati 14 giorni prima del viaggio. Una volta acquistato il biglietto, si può cambiare la data senza sovrapprezzo e lo si può modificare per aggiungere o cancellare scali al costo di US$50 ciascuno.

La maggior parte dei biglietti RTW è limitata a due compagnie: per esempio, Qantas vola in collaborazione con American Airlines, Delta Air Lines, Northwest Airlines, Canadian Airlines, Air France, LanChile e KLM. Un biglietto RTW della Qantas, emesso in collaborazione con una qualsiasi delle compagnie aeree di cui sopra, costa US$3247 o A$3099.

Per coloro che partono dall'Australia o dall'Argentina, una possibilità è il biglietto congiunto proposto dalla Qantas e da Aerolíneas Argentinas. Partendo da Sydney o Buenos Aires, ci si può fermare in Nuova Zelanda, Londra, Parigi, Bahrain, Singapore e altrove, ma si deve specificare in anticipo l'itinerario. Sfortunatamente non sono ammesse fermate intermedie in Nordamerica, ma tariffe simili sono disponibili negli USA e in Canada. Il prezzo del biglietto Aerolíneas-Qantas è A$3299 a Sydney o US$3218 a Buenos Aires (quest'ultimo è più caro del 35% rispetto a quello acquistato in Australia).

Aerolíneas ha stretto ulteriori accordi, per quanto riguarda i biglietti RTW, con Air New Zealand, Cathay Pacific, KLM, Malaysia Airlines, Singapore Airlines e Thai Airways International. British Airways, LanChile e Qantas Airways offrono a US$3344 o A$2550 un biglietto RTW che permette la combinazione di più rotte, incluso il Pacifico attraverso l'Isola di Pasqua.

Viaggiatori con esigenze particolari
Se avete un problema particolare – avete una gamba rotta, dovete seguire una dieta speciale, siete seduti su una sedia a rotelle, viaggiate con un neonato, avete paura di volare – segnalatelo alla compagnia aerea il più presto possibile, perché possa prendere gli opportuni provvedimenti. È bene ribadire tali esigenze al momento di riconfermare la prenotazione (almeno 72 ore prima della partenza) e di nuovo all'atto del check-in all'aeroporto. Vale anche la pena di provare a sentire diverse compa-

gnie aeree prima di fare la prenotazione, per sapere come ciascuna è in grado di far fronte alle vostre esigenze.

Aeroporti e compagnie aeree possono essere straordinariamente efficienti, se avvertiti in anticipo. Molti aeroporti internazionali offrono l'accompagnamento dal banco del check-in fino all'aereo laddove ce ne sia bisogno e sono attrezzati con rampe, ascensori, servizi igienici e telefoni per i disabili. Al contrario, la toilette sull'aereo può creare qualche problema; è meglio parlarne subito alla compagnia e, se necessario, consultare il proprio medico.

I cani guida per i ciechi spesso viaggiano in un compartimento bagagli appositamente pressurizzato insieme ad altri animali, lontano dal loro padrone; soltanto i cani guida di piccola taglia possono essere ammessi in cabina. I cani guida non sono sottoposti a quarantena, purché si possa dimostrare che sono stati vaccinati contro la rabbia.

I viaggiatori con problemi di udito possono chiedere che tutti gli annunci diffusi all'aeroporto e in volo vengano loro comunicati in forma scritta.

I bambini al di sotto dei due anni generalmente pagano il 10% della tariffa intera (con alcune compagnie viaggiano gratuitamente) se non occupano un posto, ma non hanno diritto al bagaglio. Se richiesta in anticipo, la compagnia aerea fornisce una culla particolare, capace di contenere un bambino fino a un peso di 10 kg circa. I bambini dai 2 ai 12 anni possono occupare un posto a sedere pagando metà o due terzi della tariffa intera, e hanno diritto al bagaglio. Generalmente i passeggini possono essere portati a bordo, essendo considerati bagaglio a mano.

Tassa d'imbarco
Il Paraguay richiede una tassa d'imbarco pari a US$17 per i voli internazionali in partenza dall'Aeropuerto Silvio Pettirossi di Asunción.

Per/dall'Italia
L'aeroporto di Asunción, principale scalo aereo del paese, non è attualmente collegato da voli di linea diretti né con l'Italia né con nessun altro aeroporto europeo. Il Paraguay è comunque facilmente raggiungibile grazie ai numerosi collegamenti gestiti da Aerolíneas Argentinas (4 voli settimanali da Roma Fiumicino con cambio di aeromobile a Buenos Aires) e Varig (diversi collegamenti settimanali da Milano Malpensa 2000 e Roma Fiumicino con cambio a Rio de Janeiro o San Paolo). In alternativa, potete volare su Montevideo (Uruguay) con Air France (via Parigi) o Pluna (Primeras Líneas Uruguayas de Navegación Aérea, con partenze da Madrid) od optare per Buenos Aires, per esempio con Alitalia (da Milano Malpensa 2000), Iberia, KLM o Lufthansa (da tutti i principali aeroporti italiani), per poi proseguire con un volo interno per Asunción.

Le tariffe possono variare secondo la stagionalità o in occasione di particolari promozioni aeree in bassa stagione. In generale, la tariffa Alitalia/KLM parte da lire 1.620.000 (bassa stagione)/lire 1.770.000 (alta stagione) per un biglietto a date fisse non modificabili con validità minima/massima di 6 giorni/1 mese, per passare a lire 2.650.000 (bassa stagione)/lire 2.950.000 (alta stagione) per la cosiddetta tariffa 'escursionistica' con validità minima/massima di 7 giorni/6 mesi con possibilità di cambiare la data del ritorno. Tariffe più vantaggiose si possono comunque ottenere con Aerolíneas Argentinas o Varig, a condizione di utilizzare per l'intero itinerario aereo lo stesso vettore con un biglietto a date fisse. In definitiva, tutto dipende dal vostro itinerario e dal fatto che il Paraguay rappresenti o meno l'unica destinazione del vostro viaggio. Il consiglio migliore è, come sempre, di rivolgersi a un'agenzia di viaggi di fiducia, prenotando possibilmente con un certo anticipo, specie in periodi di alta stagione.

Per/dall'Europa
La Lufthansa è la compagnia aerea che offre il maggior numero di voli con partenza da Francoforte e scalo a Rio de Janeiro, San Paolo o all'Ezeiza. L'Iberia effettua voli giornalieri da Madrid con scalo a Bue-

nos Aires, ma a volte si deve cambiare all'Ezeiza e proseguire con Aerolíneas Argentinas.

Per/dai paesi confinanti
La Transportes Aéreos Mercosur (TAM), che ha rimpiazzato la vecchia Lapsa (Líneas Aéreas Paraguayas), sta riorganizzando la propria rete con particolare attenzione al traffico regionale piuttosto che a quello internazionale. Effettua due voli giornalieri per Buenos Aires, uno al giorno verso destinazioni brasiliane, tra cui Rio de Janeiro, San Paolo e Brasilia, e diversi voli settimanali verso le città brasiliane di Curitiba, Porto Alegre e Belo Horizonte; meno frequenti sono invece i collegamenti per Santa Cruz, in Bolivia.

Aerolíneas Argentinas effettua tre voli settimanali per l'aeroporto Ezeiza di Buenos Aires. La Lloyd Aéreo Boliviano offre collegamenti il martedì e il venerdì per Santa Cruz, da dove si può proseguire per altre destinazioni. La Varig effettua voli giornalieri per San Paolo e Rio de Janeiro, il sabato serve solo San Paolo e giovedì e domenica Florianópolis e Curitiba.

Per/da altri paesi sudamericani
La TAM effettua diversi voli settimanali per Montevideo e Punta del Este (Uruguay), Santiago del Cile e Lima (Perú). La LanChile collega Asunción a Santiago quattro volte la settimana e tre volte a Iquique. Il vettore cileno Avant ha acquisito di recente le rotte della National Airlines con sede a Santiago, che offriva servizi simili alla LanChile.

VIA TERRA
I pochi valichi di frontiera del Paraguay sono una ulteriore dimostrazione dell'isolamento geografico del paese. Ci sono solo tre valichi ufficiali con l'Argentina, due con il Brasile e uno con la Bolivia.

Valichi di frontiera con l'Argentina
Ci sono due valichi diretti tra il Paraguay e l'Argentina, mentre un terzo richiede una breve deviazione attraverso il Brasile. Se verrà completato il progetto idroelettrico di Yacyretá sul Río Paraná, sarà aperto un altro valico tra Ayolas e Ituzaingó attraverso un ponte che passerà sopra la diga. I cittadini italiani non necessitano del visto per entrare in Argentina; è sufficiente il passaporto con almeno tre mesi di validità.

Da Asunción a Clorinda C'è un servizio di autobus frequente che passa dal Puente Internacional Ignacio de Loyola tra Asunción e Clorinda, nella provincia argentina di Formosa, noto per i severissimi controlli doganali.

Da Encarnación a Posadas L'istituzione di un frequente servizio di autobus attraverso il Paraná ha facilitato l'attraversamento del Puente Internacional Beato Roque González per raggiungere Posadas, nella provincia argentina di Misiones. In alternativa, si può sempre prendere una lancia e attraversare il fiume, anche quando la diga di Yacyretá inonda le zone più basse di ambedue le città.

Da Ciudad del Este a Puerto Iguazú Ciudad del Este (ex Puerto Presidente Stroessner) è collegata a Puerto Iguazú, nella provincia argentina di Misiones, con autobus frequenti che passano per la città brasiliana di Foz do Iguaçu.

Valichi di frontiera con il Brasile
Da Ciudad del Este a Foz do Iguaçu Si tratta del valico più frequentato tra i due paesi. Il traffico di veicoli e pedoni è più scorrevole sul Puente de la Amistad (ponte dell'amicizia) che collega le due città attraverso il Paraná. Se avete intenzione di trascorrere più di un giorno in uno dei due paesi, assicuratevi di sbrigare le necessarie formalità per l'espatrio. Per l'ingresso in Brasile ai cittadini italiani non occorre il visto, ma solo il passaporto con almeno sei mesi di validità.

Da Pedro Juan Caballero a Ponta Porã Pedro Juan Caballero è una cittadina paraguayana di confine con il Brasile e Ponta Porã è la corrispondente località brasiliana dall'altra parte della frontiera.

Ogni città ha un consolato del paese confinante. Ci sono regolari servizi di autobus e collegamenti aerei tra Asunción e Pedro Juan Caballero. Inoltre la Ruta 5, che porta in quest'ultima località, viene attualmente asfaltata. Dalla città brasiliana di Campo Grande partono numerosi autobus e due treni al giorno.

Valichi di frontiera con la Bolivia
Da tempo è uno dei valichi più difficili dell'America meridionale, in quanto privo di trasporti pubblici regolari tra Estancia La Patria, sulla Ruta Trans-Chaco, 85 km dal confine, e la città boliviana di Boyuibe, 135 km più a ovest. Comunque attualmente è stato istituito un servizio di autobus abbastanza affidabile fino alla città boliviana di Santa Cruz de la Sierra. Oltre Filadelfia la strada non è asfaltata e sono quindi possibili lunghi ritardi in caso di forti precipitazioni (che sono comunque rare).

Se non ci sono autobus, potete comunque aspettare, anche per giorni, presso uno dei numerosissimi posti di controllo militari nella speranza di trovare qualche camion che passa il confine. Un'alternativa è rappresentata dall'autobus della compagnia Nasa che collega Asunción a Estancia La Patria, anche se sarebbe più comodo aspettare a Mariscal Estigarribia, dove potete alloggiare e mangiare e dove c'è anche una stazione di rifornimento. Ai cittadini italiani non occorre il visto per entrare in Bolivia: è sufficiente il passaporto con almeno tre mesi di validità.

TRASPORTI FLUVIALI
Non ci sono servizi internazionali con partenze regolari, ma è comunque possibile salire su qualche nave di rifornimento che risale il fiume in direzione del Brasile. Per maggiori informazioni v. **Asunción**.

ESCURSIONI ORGANIZZATE
La Intertours (☎ 211747), Perù 436, Asunción, è il più grande ed esperto tour operator del Paraguay e organizza escursioni brevi o lunghe per Asunción e dintorni, la zona delle missioni gesuite intorno a Encarnación e le cascate di Iguazú al confine tra Brasile e Argentina.

Trasporti interni

I trasporti pubblici sono in genere economici ed efficienti, ma non sempre così comodi come quelli argentini e uruguayani.

AEREO
La rete aerea nazionale è piuttosto ridotta. La Transportes Aéreos Mercosur (TAM) effettua solo voli internazionali, ma la consociata Arpa e il nuovo vettore privato Ladesa servono Ciudad del Este e forse anche Encarnación. La Transporte Aéreo Militar (TAM), il servizio passeggeri dell'aeronautica militare, serve alcune zone isolate del Chaco. Un biglietto di sola andata da Asunción a Ciudad del Este costa circa US$75. Per maggiori informazioni v. paragrafi dedicati alle singole città.

AUTOBUS
La qualità dei servizi di autobus è molto diversa a seconda che scegliate il *servicio removido*, che fa fermate su richiesta, o il *servicio directo*, che ferma solo in punti prefissati di ogni città e cittadina. Altri termini comuni sono *regular* (autobus che fermano in ogni punto ombroso lungo la strada principale), *común* (autobus essenziale che fa poche fermate) ed *ejecutivo* (autobus veloce e deluxe completo di toilette, distribuzione di tè e caffè e altri servizi). Le città più grandi sono provviste di stazioni centrali e, nelle città in cui queste sono assenti, le sedi delle compagnie sono tutte vicine le une alle altre, in genere intorno alla piazza principale.

Ci sono servizi molto frequenti per ogni località del paese e solo in prossimità delle feste è necessario prenotare. Le tariffe sono contenute (ad esempio il biglietto da Asunción a Filadelfia, a circa 450 km di distanza l'una dall'altra, costa circa US$11).

TRENO
I vecchi treni a legna sono più un'attrazione che un mezzo di trasporto pratico. Chi è diretto ad Asunción non dovrebbe perdersi il breve tratto ferroviario fino ad Areguá, sulle rive del Lago Ypacaraí, che è una vera e propria escursione di un giorno.

AUTOMOBILE
Purtroppo sembra che i Paraguayani prendano lezioni di guida dai vicini Argentini con tutti i rischi che la cosa comporta (ad esempio non rispettano la distanza di sicurezza e sorpassano nelle curve cieche). Guidare in questo paese presenta inoltre altri inconvenienti meno frequenti in Argentina e Uruguay: si tratta della presenza sulle strade di bestiame e di carri con ruote molto alte, tirati da buoi. Nella maggior parte dei casi i carri rimangono sui percorsi che costeggiano la strada, ma a volte devono attraversare. In tutto il paese, soprattutto nel Chaco, fate attenzione al bestiame che spesso e volentieri ingombra le strade e, sempre per lo stesso motivo, evitate di guidare durante la notte.

Ufficialmente il Paraguay richiede la patente internazionale oltre a quella nazionale, ma le automobili con targa straniera in genere non vengono fermate, tranne nei posti di controllo militari del Chaco. Il furto di automobili è un crimine comune e molti veicoli, i cosiddetti *mau*, sono 'importati' illegalmente dall'Argentina e dal Brasile senza che le autorità facciano nulla per fermare questo traffico. Se avete un'automobile di grossa cilindrata, accertatevi che sia coperta da assicurazione.

Guidare la macchina in Paraguay costa meno che in Argentina e in Uruguay perché il prezzo della super, US$0.50 al litro, è circa la metà rispetto a quello praticato in questi paesi. Il paese offre inoltre una gran quantità di pezzi di ricambio a buon mercato; se avete bisogno di acquistare pneumatici Asunción è il posto che fa per voi e vi troverete anche meccanici esperti che si fanno pagare molto meno di quelli argentini.

Il Touring y Automóvil Club Paraguayo (☎ 215011) ha la propria sede ad Asunción, in Brasil tra Cerro Corá e 25 de Mayo, e corrisponde all'ACA argentino. Sebbene abbia meno filiali di quest'ultimo, il personale è amichevole e disponibile.

NAVE

I servizi che risalgono il fiume da Asunción sono irregolari, ma per qualche consiglio v. **Asunción**.

TRASPORTI LOCALI
Per/dall'aeroporto

Tranne che ad Asunción, gli spostamenti in aereo sono poco diffusi nel resto del Paraguay; comunque l'Aeropuerto Silvio Pettirossi è raggiungibile dalla capitale attraverso gli autobus urbani. Per maggior informazioni v. **Asunción**.

Autobus

La rete dei trasporti pubblici della capitale è capillare ed efficiente, ma gli autobus notturni sono meno frequenti rispetto a Buenos Aires. Come in Argentina l'autista o il bigliettaio vi chiederà la destinazione. Conservate il biglietto perché ci possono essere controlli. La tariffa standard è di circa US$0.40.

Gli autobus che servono i sobborghi della capitale, come San Lorenzo, Villa Hayes e Areguá, partono dal centro e anche dalla stazione degli autobus. Per informazioni v. **Asunción**.

Taxi

I taxi sono tutti muniti di tassametro. Le tariffe sono leggermente meno care di quelle praticate in Argentina e Uruguay, ma dopo mezzanotte quasi tutti i conducenti applicano un sovrapprezzo. Inoltre spesso è previsto un piccolo supplemento per il bagaglio.

Asunción

Dalla sua posizione centrale sul Río Paraguay, Asunción ha sempre rappresentato il collegamento del paese, privo di sbocchi sul mare, con il mondo esterno nonché il fulcro della vita politica, economica e culturale. Anche se solo circa il 20% degli abitanti vive ad Asunción e nei suoi sobborghi, quasi tutto il resto della popolazione si concentra nel raggio di circa 150 km dalla capitale. A differenza di Buenos Aires e di altre metropoli sudamericane, ad Asunción ci sono relativamente pochi grattacieli e quindi il sole riesce comunque a raggiungere i marciapiedi delle stradine del centro, una fortuna che però nella torrida estate si rivela una maledizione, alleviata solo dalle piazze ombrose. Sebbene ci siano alcune industrie in periferia (per lo più stabilimenti per la lavorazione dei prodotti agricoli), l'economia della capitale è basata essenzialmente sull'amministrazione e sul commercio.

STORIA

Fondata nel 1537 da Juan de Salazar, un ufficiale di Pedro de Mendoza, fondatore della colonia di Buenos Aires che in seguito fu distrutta dagli indigeni, Asunción aveva abbondanti scorte di viveri e una popolazione guaraní molto ospitale. Nel 1541 gli abitanti di origine europea erano circa 600 e fino alla rifondazione di Buenos Aires, nel 1580, Asunción fu l'insediamento più importante della regione del fiume Plata. Nei piani degli Spagnoli Asunción doveva diventare la via d'accesso al Perù, ma il torrido e arido Chaco, popolato da indiani ostili, si dimostrò una barriera insuperabile e gli Spagnoli scelsero la via lungo il versante orientale delle Ande, che passa da Salta, Tucumán, Córdoba e Buenos Aires.

Per i canoni europei l'Asunción dell'epoca coloniale non era che una zona depressa e arretrata. Il missionario gesuita austriaco Martin Dobrizhoffer, che la visitò intorno alla metà del XVIII secolo, non rimase particolarmente colpito dalla città né dai suoi abitanti:

Qui non si vedono né splendidi edifici né fortificazioni. Molte case sono di pietra o mattoni con tetti ricoperti di tegole, ma nessuna supera il pianterreno. I monasteri corrispondono quasi alla stessa descrizione e non hanno nulla che contraddistingua la loro chiesa. Le strade sono tortuose e ostacolate da canali e pietre smosse e rappresentano quindi un pericolo sia per le persone sia per i cavalli. C'è solo una piazza del mercato ed è ricoperta d'erba. Il governatore e il vescovo risiedono qui dai tempi di Carlo V, ma nessuno dei due ha una vera e propria residenza... I giovani, le classi inferiori e addirittura le matrone altolocate parlano guarany, anche se tutti conoscono lo spagnolo. A dire la verità mischiano le due lingue e non parlano correttamente nessuna delle due...Gli Spagnoli hanno miseramente corrotto la lingua indiana e gli indiani hanno fatto lo stesso con quella spagnola.

Dopo l'indipendenza, nel 1811, la dittatura isolazionista di José Rodríguez de Francia lasciò poco spazio ai cambiamenti. L'inglese J. P. Robertson visitò la capitale durante gli ultimi anni della dittatura di Francia e anch'egli, come Dobrizhoffer, la descrisse con occhi europei, benché avesse un'opinione migliore dei suoi abitanti:

Per dimensioni, architettura, funzionalità e popolazione non è neanche paragonabile a una cittadina inglese di quinta categoria....La sede del governo, che si fregia del nome di palazzo, è una misera struttura bassa e imbiancata che ha l'unico vantaggio di essere spaziosa. Gli edifici più grandi (tutt'altro che sontuosi) sono i conventi...mentre gran parte delle abitazioni è costituita da semplici capanne allineate in strette file, oppure isolate, circondate da qualche arancio. C'è solo una strada che può definirsi tale, e quell'unica non è asfaltata....

Gli abitanti di Assunzione e della sua periferia ammontavano...a diecimila...La maggior parte della popolazione era un ibrido di spagnoli e indiani, così ben mescolato ...che i nativi sembravano di discendenza europea. Gli uomini, in genere, erano ben fatti e atletici; le donne quasi sempre graziose.

Solo con la morte di Francia, nel 1840, ebbe fine l'isolamento della capitale, allorché Carlos Antonio López aprì il paese agli stranieri cancellando quasi tutte le vestigia coloniali. López e suo figlio Francisco Solano López, fecero costruire i principali edifici pubblici di Asunción, tra cui il Palacio de Gobierno (destinato a diventare la residenza di Francisco Solano López e ora sede del Congresso), il Pantéon de los Héroes, la stazione ferroviaria e l'edificio dell'opera, sul modello del Teatro alla Scala che ora ospita l'erario pubblico. Francisco Solano López pose fine però a questo breve periodo di progresso materiale trascinando il Paraguay nella disastrosa guerra della triplice alleanza.

Dieci anni dopo la guerra, nel 1880, un giornalista britannico osservava che gli edifici lasciati in eredità dalla famiglia López non erano che 'lussi stravaganti' che si stagliavano come pollici infetti sull'ambiente circostante:

Queste rovine del glorioso passato, che guardano con odio le misere costruzioni sparse intorno e con disprezzo la povera gente che vaga sotto i loro pilastri rimbombanti, le arcate vacillanti e le travi cadenti, fanno uno strano effetto. Non sono grandiosi, piuttosto il contrario, ma devono essere apparsi colossali a una popolazione che vive in abitazioni primitive.

L'opera di risanamento fu un processo molto lento. Ancora nel XX secolo gran parte del centro di Asunción era priva di asfalto, anche se a partire dal 1873 era in funzione un tram tirato da cavalli, in seguito trasformato in una locomotiva a vapore che arrivava fino a Villa Morra e nel nord-est della città. Con l'arrivo degli immigrati europei la città migliorò gradualmente il proprio aspetto, grazie anche alla costruzione di eleganti quartieri residenziali a est del centro.

La guerra del Chaco, combattuta negli anni '30, ritardò ulteriormente il processo di bonifica, ma da allora la città si è allargata arrivando a includere zone remote come il centro universitario di San Lorenzo. Negli ultimi decenni si è assistito a un boom edilizio di modeste proporzioni con la costruzione nel centro di edifici a più piani e di alberghi, ma la città continua a conservare il proprio look ottocentesco caratterizzato da edifici bassi che costeggiano strette stradine. Al contempo il flusso di gente proveniente dalle zone rurali più depresse ha avuto come conseguenza il sorgere di enormi baraccopoli sul lungofiume, lungo la ferrovia e in qualsiasi altro punto della città che offra spazio sufficiente.

ORIENTAMENTO

Asunción sorge su un promontorio sulla sponda orientale del Río Paraguay. Come la maggior parte delle città coloniali, presenta una pianta a griglia, deformata dalle irregolarità dovute alla posizione sul fiume, una topografia leggermente ondulata e alcuni quartieri più recenti. Come Buenos Aires e Montevideo, la città è formata da numerosi barrios, ma quasi tutti i luoghi di maggiore interesse, nonché gli alberghi e i ristoranti economici, si trovano entro l'area delimitata dal lungofiume, da Av Colón a ovest, Haedo angolo Luis A. Herrera a sud e Estados Unidos a est. Ben poco rimane invece dell'epoca coloniale.

Il centro città è rappresentato da Plaza de los Héroes, demarcata a est da Independencia Nacional, a nord da Palma, a ovest da Chile e a sud da Oliva. Dopo l'incrocio con Independencia Nacional le strade proseguono con un nome diverso. Le istituzioni commerciali e finanziarie della città sono concentrate lungo Palma e Mariscal Estigarribia, il suo proseguimento in direzione est; nel tratto compreso tra Plaza de los Héroes e Plaza Uruguaya sono in corso dei lavori per trasformare Palma e Mariscal Estigarribia in zona pedonale.

Plaza Uruguaya confina a nord con Eligio Ayala, a ovest con México, a sud con 25 de Mayo e a est con Antequera (non confondete Eligio Ayala con Eusebio Ayala, un'importante arteria che porta

QUARTIERI DI ASUNCIÓN

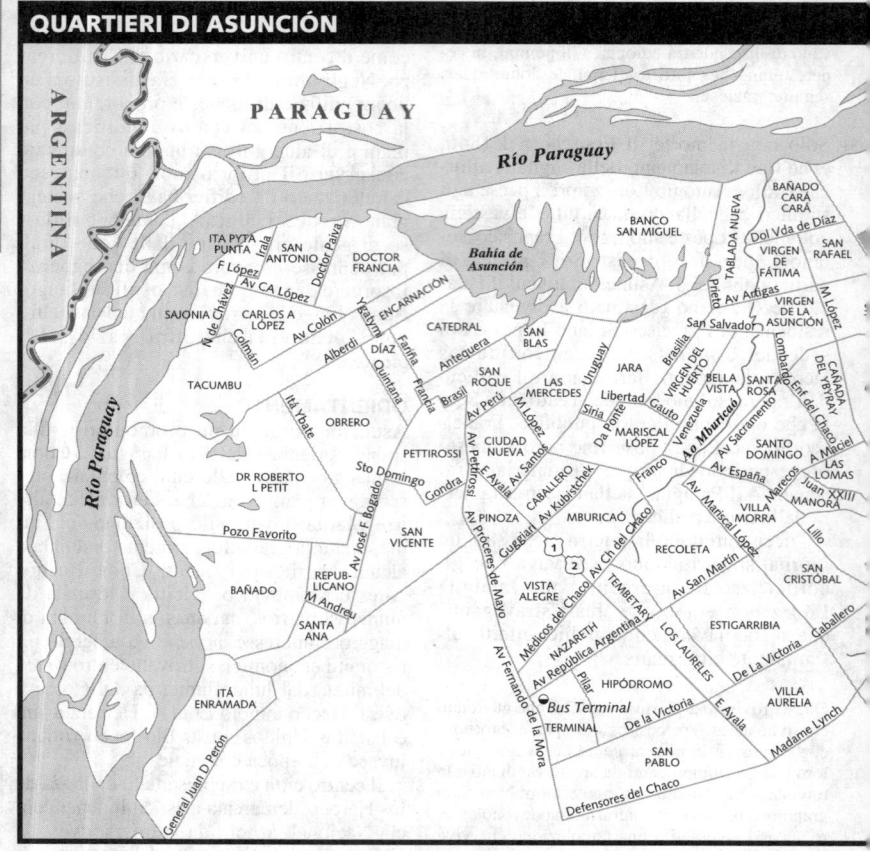

fuori città in direzione est). Sebbene Plaza Uruguaya offra un ombroso rifugio dalla calura del mezzogiorno, di notte questa zona è frequentata dalle prostitute e le donne sole probabilmente preferiranno evitarla.

A nord, sul lungofiume, l'irregolare Plaza Constitución è delimitata a est da Independencia Nacional, a sud da El Paraguayo Independiente e a ovest da 14 de Mayo. Sulla piazza si erge il Palacio Legislativo, ma sotto il promontorio, in una zona soggetta alle inondazioni, si trovano le cosiddette *viviendas temporarias*, le baraccopoli paraguayane equivalenti alle *villas miserias* dell'Argentina. El Paraguayo Independiente, una strada che procede in diagonale, porta in direzione ovest al Palacio de Gobierno, ossia il palazzo presidenziale.

I quartieri residenziali più prestigiosi di Asunción sono a est del centro, oltre Av España e Av Mariscal López in direzione dell'Aeroporto Silvio Pettirossi (ex Aeroporto Presidente Stroessner). La maggior parte delle ambasciate e i migliori ri-

QUARTIERI DI ASUNCIÓN

storanti si trovano in questa zona, in quartieri come Recoleta e Villa Morra. A nord-est del centro, in fondo ad Av Artigas, sorge il Jardín Botánico che un tempo era la tenuta della famiglia López e ora è lo spazio pubblico più vasto della città, tradizionale meta delle gite fuori porta nel fine settimana.

INFORMAZIONI
Uffici turistici

Il personale della Dirección General de Turismo (☎ 441530, 441620, ditur@infonet. com.py), Palma 468, tra Alberdi e 14 de Mayo, è disponibile ma, non essendo molto informato, è di poca utilità. Distribuisce comunque buone cartine del centro e opuscoli nonché diversi volantini pieni di informazioni turistiche. È aperta nei giorni feriali dalle 7 alle 19 e il sabato dalle 8 alle 11.30; c'è una filiale nella stazione degli autobus.

Il Touring y Automóvil Club Paraguayo (☎ 215011) è situato in Brasil, tra Cerro Corá e 25 de Mayo. Vende la *Guía Shell* con le relative cartine e concede uno sconto ai propri soci e a quelli delle organizzazioni estere. Il personale sarà felice di fornirvi anche altri servizi previsti per i soci.

Per cartine più particolareggiate rivolgetevi alla Dirección del Servicio Geográfico Militar (☎ 206344), Av Artigas 920 in Perú.

Immigrazione

La Dirección de Migraciones (☎ 493646) è all'angolo tra Juan O'Leary e General Díaz, al primo piano.

Cambio

Il Cambios Guaraní è in Palma 449, ma ci sono diversi altri uffici di cambio in Palma e nelle vicine strade laterali: l'Internacional Cambios (che non richiede la ricevuta di acquisto per cambiare i travellers' cheque) è in Palma 364 e il Banco Alemán è in Estrella angolo 14 de Mayo. Ci sono anche dei cambiavalute, muniti di cartellino di riconoscimento, al 2° piano della stazione degli autobus, vicino alle biglietterie.

Poste e telecomunicazioni

L'ufficio postale principale, in Alberdi angolo El Paraguayo Independiente, è aperto nei giorni feriali dalle 7.30 a mezzogiorno e dalle 14.30 alle 19.30, il sabato dalle 8 alle 13. L'edificio è circondato da un piacevole giardino con patio e al suo interno ospita anche un museo, che vale la pena visitare se si è già nell'edificio o nelle vicinanze. Dal tetto si gode un bel panorama del centro.

L'Antelco, 14 de Mayo angolo Oliva, ha linee dirette a fibre ottiche con operatori negli Stati Uniti (ATT, MCI, Sprint), Gran Bretagna, Australia, Germania, Argentina, Uruguay, Brasile e Giappone per chiamate a carico del destinatario o con addebito sulla carta di credito telefonica. C'è un altro ufficio, molto meno attrezzato, alla stazione degli autobus. Il prefisso di Asunción è 021.

Presso il Centro Cultural Paraguayo-Americano (☎ 224772), in Av España 352, si paga US$1 per inviare o ricevere posta elettronica. Se avete bisogno di servizi internet più completi provate al Patio de Luz (☎ 449741, pegaso@uninet.com.py), México 650, un caffè aperto nei giorni feriali dalle 16 a mezzanotte e il sabato dalle 16 all'1.

Per servizi postali privati internazionali rivolgetevi al DHL Express, situato in Av España 676.

Centri culturali

Con un costo ridotto o nullo potete visitare un'esposizione d'arte o una mostra fotografica, o assistere alla proiezione di qualche film presso uno dei numerosi centri culturali internazionali della capitale. Tra questi c'è anche la Casa de la Cultura Paraguaya (ex Colegio Militar), all'angolo tra 14 de Mayo ed El Paraguayo Independiente, il Centro Juan de Salazar (☎ 449221), in Herrera 834, l'Alianza Francesa (☎ 210382), in Estigarribia 1039, l'Instituto Cultural Paraguayo Alemán (☎ 226242), in Juan de Salazar 310, a lato di Av España e il Centro Cultural Paraguayo-Japonés (☎ 661914), in Julio Correa angolo Portillo nel Barrio San Miguel, vicino ad Av Santísima Trinidad. Il Centro Cultural Paraguayo-Americano (☎ 224772) in Av España 352, mette a disposizione libri, riviste e video americani, un piccolo caffè e servizi di posta elettronica.

Agenzie di viaggio

In centro ci sono diverse agenzie di viaggio, tra cui l'Inter-Express (☎ 490111), la rappresentanza dell'AmEx, situata in Yegros 690. Il personale dell'American Tours (☎ 490672), in Alberdi 517, parla correntemente inglese.

Paula Braun, presso la Paula's Tours (☎ 446021), in Cerro Corá 795, è un agente di viaggi mennonita che parla inglese e che può fornirvi utili informazioni sul Chaco. Può inoltre organizzare i vostri spostamenti in autobus attraverso questa zona fino alla Bolivia. Anche la Menno Travel (☎ 441210), República de Colombia 1042, è gestita dai mennoniti.

Librerie

La Librería Comuneros, in Cerro Corá 289, offre una buona scelta di volumi sulla storia del Paraguay e su tematiche attuali. Un altro buon negozio è la Librería Internacional, in Estigarribia 270, vicino al Chaco Hotel. In Plaza Uruguaya ci sono delle bancarelle di libri.

Lavanderie

La Laverap è presente in vari punti della città: in centro, in Hernandarias 636, in Teniente Fariña angolo Caballero e in San José 313.

Assistenza sanitaria

L'Hospital de Clínicas di Asunción (☎ 80982) è all'angolo tra Av Dr. J. Montero e Lagerenza, circa 1 km a ovest del centro.

ESCURSIONE A PIEDI

Il centro raccolto di Asunción conserva qualche edificio di epoca coloniale e alcuni musei di un certo interesse, la maggior parte dei quali ha orari variabili (è meglio telefonare prima, a meno che non ci si trovi comunque in zona).

Iniziato nel 1860 e completato solo nel 1892, il **Palacio de Gobierno** (palazzo presidenziale), in El Paraguayo Independiente, tra Ayolas e O'Leary, era destinato a diventare la residenza di Francisco Solano López, che morì nella guerra della triplice alleanza. Ci si può avvicinare per fare fotografie, almeno da quando non c'è più Stroessner, che sembra seguisse le orme del suo omologo ottocentesco Francia: J. R. Robertson racconta che una volta El Supremo ordinò l'immediata uccisione di chiunque fosse stato sorpreso a osservare il suo palazzo. Tutti giorni al calar del sole si tiene la cerimonia dell'ammainabandiera.

Tra i pochi edifici coloniali sopravvissuti al regime di Francia c'è la **Casa Viola** (1750), dalla parte opposta della strada in Ayolas angolo El Paraguayo Independiente, che è stata restaurata e fa parte del **Centro Cultural de la Rivera** (☎ 442448), aperto nei giorni feriali dalle 8 alle 13.30 e dalle 16 alle 20. Nel centro vengono allestite mostre d'arte, viene distribuito un calendario gratuito che riporta le principali manifestazioni, ci sono un caffè e un **Museo Memoria de la Ciudad**, che illustra lo sviluppo urbano di Asunción.

Due isolati a est, in 14 de Mayo, la **Casa de Cultura Paraguaya** è ciò che resta di un edificio di tarda epoca gesuita che di recente è stato utilizzato come Colegio Militar. Con vista sul fiume, in Plaza Constitución, in fondo ad Alberdi, il **Palacio Legislativo**, iniziato nel 1844 e completato nel 1857, ospita la camera dei deputati e il senato.

All'estremità orientale di Plaza Constitución sorge la neoclassica **Catedral Metropolitana** (1845), il cui **Museo del Tesoro de la Catedral** è aperto tutti i giorni, tranne domenica, dalle 8 alle 11. A sud di Plaza Constitución, in Alberdi, tra El Paraguayo Independiente e Benjamín Constant, l'**Edificio de Correos**, risalente alla fine dell'800, è l'ufficio postale principale e anche la sede del **Museo Postal Telegráfico**. In Alberdi angolo Presidente Franco, il **Teatro Municipal** (1893) sorge sulle fondamenta di un teatro più antico che dava sul fiume. Un isolato a ovest, in Presidente Franco angolo 14 de Mayo, nella **Casa de la Independencia** (1772) i Paraguayani proclamarono l'indipendenza nel 1811. L'edificio ospita anche un museo (☎ 493918), aperto nei giorni feriali dalle 7 alle 19 e sabato dalle 8 a mezzogiorno.

Su Plaza de los Héroes, in Chile angolo Palma, si leva il **Pantéon de los Héroes**, un mausoleo pubblico che ospita le spoglie delle principali figure militari del paese, molte delle quali lo in guerre disastrose. Quattro isolati più a est, il piccolo e deludente **Museo de Bellas Artes** (☎ 447716), in Iturbe angolo Mariscal Estigarribia, è aperto da martedì a venerdì dalle 7 alle 19 e sabato dalle 7 a mezzogiorno. Subito accanto, l'**Archivo Nacional** contiene eleganti interni in legno e un'interessante scala a chiocciola. In fondo a Iturbe sorgono i resti della **Cárcel Pública**, una delle prigioni sotterranee in cui Francia rinchiudeva i nemici politici, tra cui Pedro Juan Caballero che vi si suicidò. Due isolati a est, sul lato settentrionale di Plaza Uruguaya, l'**Estación Ferrocarril Central**, costruita dagli Inglesi, risale al 1856 ed espone vecchie locomotive a vapore, alcune delle quali ancora in funzione sul breve tratto fino ad Areguá. Durante la guerra del Chaco contro la Bolivia l'edificio è stato utilizzato come ospedale.

Chi ha il gusto del macabro può dare un'occhiata al luogo in cui fu assassinato l'ex dittatore nicaraguense Anastasio Somoza, in Av España, tra América e Venezuela. È interessante notare che questo tratto dell'Av España è noto ufficialmente con il nome di 'Generalísimo Franco', forse l'unica strada dell'America latina dedicata al defunto dittatore spagnolo. Il nome stesso potrebbe però cadere vittima del processo di 'de-Stroessnerizzazione', dato che quasi tutti preferiscono comunque usare 'Av España'.

PANTÉON DE LOS HÉROES

Su Plaza de los Héroes, in Chile angolo Palma, una solenne guardia d'onore veglia sulle spoglie di Carlos Antonio López, suo figlio Francisco Solano López, Bernardino Caballero, José Félix Estigarribia e altre figure chiave (per molte delle quali è difficile usare la parola 'eroe') delle catastrofiche guerre di questo paese. I lavori di costruzione del Pantéon, che in origine era destinato a diventare un santuario, furono iniziati sotto Francisco Solano López nel 1863, ma ultimati solo nel 1936, dopo la fine della guerra del Chaco.

ASUNCIÓN

PERNOTTAMENTO
- 7 Residencial Ambassador
- 26 Hotel América
- 32 Hotel Embajador
- 36 Plaza Hotel
- 47 Ñandutí Hotel
- 57 Chaco Hotel
- 64 Hotel de la Paz
- 69 Gran Hotel Rinacimiento
- 75 Hotel Cecilia
- 80 Hotel Asunción Palace
- 81 Hotel Zaphir
- 82 Hotel Sahara
- 84 Hotel Continental
- 91 Hotel Hispania
- 93 Gran Hotel Paraná
- 94 Hotel Miami
- 99 Hotel Nova Itapúa
- 100 Hotel Internacional
- 109 Hotel Guaraní
- 124 Hotel Azara
- 126 Hotel España
- 127 Hotel la Española
- 129 Residencial Itapúa
- 131 Hotel Amalfi
- 135 Hotel Excelsior
- 138 Hotel Manduvirá Plaza
- 142 Hotel Tayi

PASTI
- 5 Formosa
- 12 Confitería El Molino
- 15 Don Vito
- 16 Il Capo
- 17 La Pérgola Jardín
- 27 Anahi
- 34 4-D
- 39 La Flor de Canela
- 40 Deutsche Bäckerei
- 41 Heladería Venecia
- 49 Confitería El Molino
- 52 Lido Bar
- 54 Munich
- 72 Talleyrand
- 73 Rincón Chileno
- 76 La Preferida
- 77 Café San Francisco
- 78 Buon Appetito
- 79 Chiquilín
- 87 Bolsi Bar
- 88 Bar San Marcos
- 96 Vieja Bavaria
- 112 Rincón Latino
- 114 Taberna El Antojo
- 122 Nick's
- 130 Jazmín
- 134 Alexander Grill
- 136 Patio de Comidas (Excelsior Mall)

Río Paraguay

Asunción

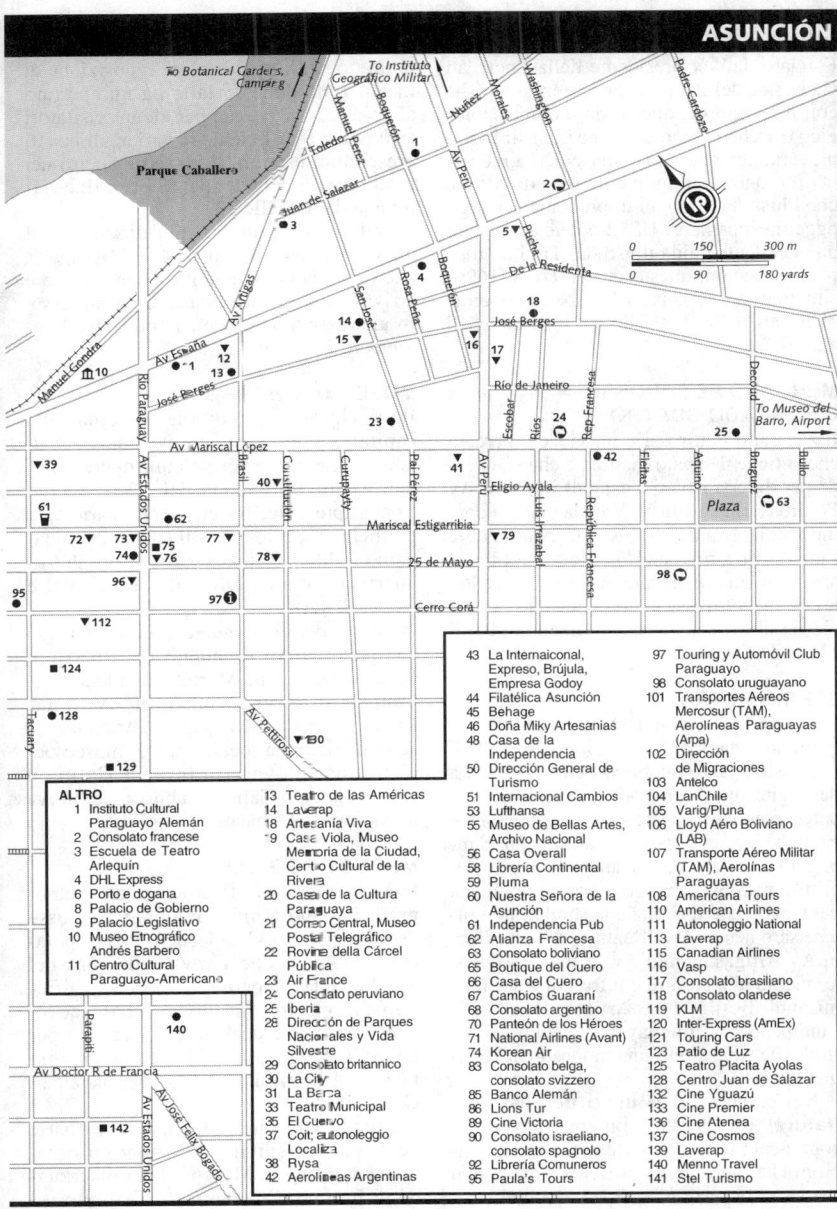

ALTRO	
1	Instituto Cultural Paraguayo Alemán
2	Consolato francese
3	Escuela de Teatro Arlequín
5	DHL Express
6	Porto e dogana
8	Palacio de Gobierno
9	Palacio Legislativo
10	Museo Etnográfico Andrés Barbero
11	Centro Cultural Paraguayo-Americano
13	Teatro de las Américas
14	Laverap
18	Artesanía Viva
19	Casa Viola, Museo Memoria de la Ciudad, Centro Cultural de la Rivera
20	Casa de la Cultura Paraguaya
21	Correo Central, Museo Postal Telegráfico
22	Rovine della Cárcel Pública
23	Air France
24	Consolato peruviano
25	Iberia
28	Dirección de Parques Nacionales y Vida Silvestre
29	Consolato britannico
30	La City
31	La Barca
33	Teatro Municipal
35	El Cuervo
37	Coit; autonoleggio Localiza
38	Rysa
42	Aerolíneas Argentinas
43	La Internaicional, Expreso, Brújula, Empresa Godoy
44	Filatélica Asunción
45	Behage
46	Doña Miky Artesanías
48	Casa de la Independencia
50	Dirección General de Turismo
51	Internacional Cambios
53	Lufthansa
55	Museo de Bellas Artes, Archivo Nacional
56	Casa Overall
58	Librería Continental
59	Pluma
60	Nuestra Señora de la Asunción
61	Independencia Pub
62	Alianza Francesa
63	Consolato boliviano
65	Boutique del Cuero
66	Casa del Cuero
67	Cambios Guaraní
68	Consolato argentino
70	Panteón de los Héroes
71	National Airlines (Avant)
74	Korean Air
83	Consolato belga, consolato svizzero
85	Banco Alemán
86	Lions Tur
89	Cine Victoria
90	Consolato israeliano, consolato spagnolo
92	Librería Comuneros
95	Paula's Tours
97	Touring y Automóvil Club Paraguayo
98	Consolato uruguayano
101	Transportes Aéreos Mercosur (TAM), Aerolíneas Paraguayas (Arpa)
102	Dirección de Migraciones
103	Antelco
104	LanChile
105	Varig/Pluna
106	Lloyd Aéro Boliviano (LAB)
107	Transporte Aéreo Militar (TAM), Aerolíneas Paraguayas
108	Americana Tours
110	American Airlines
111	Autonoleggio National
114	Laverap
115	Canadian Airlines
116	Vasp
117	Consolato brasiliano
118	Consolato olandese
119	KLM
120	Inter-Express (AmEx)
121	Touring Cars
123	Patio de Luz
125	Teatro Placita Ayolas
128	Centro Juan de Salazar
132	Cine Yguazú
133	Cine Premier
136	Cine Atenea
137	Cine Cosmos
139	Laverap
140	Menno Travel
141	Stel Turismo

MUSEO ETNOGRÁFICO ANDRÉS BARBERO

Fondato dall'ex presidente della Sociedad Científica del Paraguay, e battezzato anche con il suo nome, questo museo antropologico e archeologico contiene utensili indiani, ceramiche, tessuti e una superba raccolta di fotografie, il tutto corredato da cartine che illustrano i luoghi di provenienza degli oggetti esposti. Per US$2 potete acquistare un'eccellente guida illustrata. Tra i migliori di Asunción, questo museo (☎ 441696), situato in Av España 217, è aperto nei giorni feriali dalle 7.30 alle 11.30 e dalle 15 alle 17.30.

MERCADO PETTIROSSI E MERCADO CUATRO

Il Mercado Pettirossi è un vivace mercato che si tiene il sabato mattina e che si estende per diversi isolati a est dall'inizio di Av Pettirossi fino a Brasil. Vale la pena di dare un'occhiata, ma non bisogna commettere l'errore di attraversarlo in automobile o, ancor peggio, di cercare un parcheggio. Più a est, in Pettirossi angolo Eusebio Ayala, c'è un altro mercato più o meno simile, il Mercado Cuatro.

JARDÍN BOTÁNICO

Un tempo tenuta della famiglia López, il giardino botanico di Asunción è in realtà il più vasto spazio pubblico della città, meta delle gite fuori porta del fine settimana. Il parco contiene uno zoo (che ospita specie esotiche più che paraguayane) e un campeggio municipale, ed è anche il rifugio degli ultimi Maká, una popolazione indigena del Chaco la cui situazione sembra non interessare nessuno. All'entrata del giardino, in Av Artigas angolo Av Primer Presidente, vicino alla casa in cui trascorse gli ultimi anni d'esilio José Artigas, l'eroe dell'indipendenza uruguayana, ci sono dei custodi che richiedono una modesta tariffa di ingresso.

Nel parco c'è il **Museo de Historia Natural** (☎ 291255), un edificio d'epoca contenente un'incredibile raccolta di campioni che, però, sono presentati male, con scarse informazioni e senza alcun tentativo di inserimento in un contesto ecologico. La collezione merita di essere vista soprattutto per la spettacolare esposizione di insetti (una delle farfalle ha un'apertura alare di 274 mm), ma per alcuni visitatori sarà più che sufficiente la varietà di insetti presenti all'esterno. Il museo è aperto nei giorni feriali dalle 8 alle 16 e nei fine settimana dalle 8 alle 13.

Dal centro l'autobus più diretto per il giardino botanico è il n. 44B ('Artigas') che parte da Oliva angolo 15 de Agosto e arriva direttamente al cancello d'ingresso. In alternativa potete anche prendere l'autobus n. 23 o il n. 35.

MUSEO DEL BARRO

Il principale museo di arte moderna della capitale, situato nel nuovo quartiere di Isla de Francia, espone alcune opere originali e altre che vanno dal XVIII secolo fino al presente, tra cui anche caricature politiche di personaggi di spicco paraguayani. Il Museo del Barro (☎ 607996) è aperto da mercoledì a domenica dalle 15.30 alle 20.

Per arrivarci prendete l'autobus n. 30 che parte da Av Aviadores del Chaco, in fondo ad Av San Martín, chiedendo all'autista di farvi scendere in Av Molas López, e cercate l'insegna, altrimenti risulta difficile da localizzare. Il museo occupa una nuova struttura in Callejón Cañada angolo Calle 1, subito a lato di Av Aviadores del Chaco.

MUSEO BOGGIANI

Dal 1887 fino alla fine del secolo l'etnografo italiano Guido Boggiani condusse degli studi tra i Chamacoco, una popolazione indigena che viveva nella zona del Río Paraguay superiore. Dopo aver rifiutato di sposare una donna chamacoco, Boggiani venne ucciso dagli indigeni per tema che scegliesse di vivere con un'altra fazione della tribù o con la tribù nemica i Caduveo.

Prima di morire Boggiani inviò parte della sua incredibile collezione di ornamenti di piume al Museum für Völkerkunde di Berlino. Ciò che resta è esposto nel museo a lui dedicato (☎ 584717), in Coronel Bogado 888, nel sobborgo di San Lorenzo. In fase di ampliamento, il museo è aperto da martedì a sabato dalle 10 a mezzogiorno e dalle 15 alle 18 la visita ripaga della lunghezza del tragitto (45 minuti da Av Mariscal López, in centro, con la Línea 27). Si possono acquistare anche oggetti di artigianato.

A San Lorenzo c'è inoltre una bella cattedrale in stile gotico.

GALLERIE D'ARTE

Oltre ai centri culturali e ai musei descritti finora, la comunità artistica di Asunción espone le proprie opere in diverse gallerie private, tra cui l'Artesanos (☎ 227853), in Cerro Corá angolo 22 de Setiembre, e la Pequeña Galería (☎ 603177), Local 39 nello Shopping Center de Villa Morra, in Mariscal López angolo De Gaulle. Per avere una lista aggiornata delle gallerie e dei relativi orari di apertura date un'occhiata a *Fin de Semana* che esce ogni settimana.

ESCURSIONI ORGANIZZATE

Per visite guidate della città, diurne o serali, nonché escursioni in zone remote, ad esempio a San Bernardino, alle Cataratas del Iguazú (Cascate di Iguazú) e alle missioni gesuite, rivolgetevi alla Lions Tur (☎ 490591), in Alberdi 454. La visita guidata del centro, che dura sette ore, costa US$45 e secondo alcuni è troppo cara, ma nel prezzo è compreso un buon buffet a San Bernardino.

PERNOTTAMENTO

Ad Asunción ci sono numerosi alberghi economici, la maggior parte dei quali è gestita da coreani giunti nel paese negli ultimi dieci anni sull'onda di un consistente flusso migratorio. Si tratta quasi sempre di sistemazioni pulite ma essenziali, anche se diverse hanno l'aria condizionata, comodità più che apprezzabile nell'afosa Asunción. Gli alberghi di categoria media sono spesso molto validi e la qualità della categoria elevata è superiore a quella di Montevideo, ma inferiore a quella di Buenos Aires.

Pernottamento – prezzi economici

Campeggi Il campeggio di Asunción si trova nel Jardín Botánico, a circa 5 km dal centro. In genere è tranquillo e sicuro e il personale è gentile; l'unico inconveniente sono gli animali del vicino zoo, che potrebbero tenervi svegli. Ci sono docce tiepide e servizi igienici adeguati, ma state attenti a non piantare la tenda su un formicaio, poiché i morsi delle formiche sono dolorosi. Munitevi di repellente per le zanzare.

Le tariffe sono estremamente ridotte: US$0.50 per persona più US$2 per l'automobile o la tenda e US$0.50 per persona per l'ingresso al giardino botanico. Quando rientrate la sera avvertite il custode all'ingresso del giardino, in Av Artigas, che siete ospiti del campeggio.

Per raggiungere il campeggio l'autobus più diretto è il n. 44B ('Artigas') che parte dal centro, all'angolo tra Oliva e 15 de Agosto. Potete però anche prendere il bus n. 23 o il n. 35.

Hospedajes, residenciales e alberghi

Probabilmente la sistemazione più economica e al contempo passabile è il *Residencial Ambassador* (☎ 445901, *Montevideo 110*), ad un tiro di schioppo dal Palacio de Gobierno. L'albergo, che costa US$5, è semplice e di aspetto un po' trascurato, ma il personale è disponibile e la maggior parte delle stanze è munita di ventilatori a soffitto. In fondo all'isolato c'è l'*Hotel América* (☎ 493251, *Montevideo 160*) che offre stanze singole con bagno in comune per US$5 o US$8 con bagno privato.

L'*Hotel Hispania* (☎ 444018, *Cerro Corá 265*) è da anni un'alternativa economica molto frequentata, con stanze singole/doppie al piano terra, pulite ma un po' tetre, per US$7/10 con bagno in comune, US$10/13 con bagno privato; di recente i visitatori si sono lamentati per la minore pulizia e il rumore proveniente da un pub sito nelle vicinanze. Benché in posizione centrale, il *Residencial Itaipúa* (☎ 445121, *Moreno 943*) è situato in un isolato tranquillo all'interno di un edificio di mattoni in stile neocoloniale che, a dire il vero, lascia un po' a desiderare. L'albergo offre aree comuni spaziose e confortevoli e le stanze singole/doppie costano US$7/12 con bagno in comune e prima colazione. Subito fuori dalla trafficata zona del centro si trova l'*Hotel Tayí* (☎ *490147, SimónBolívar 930*) che costa US$10 per persona.

L'*Hotel Azara* (☎ *449754, Azara 850*) circondato da un giardino, offre stanze con bagno privato, frigobar e aria condizionata per US$19/12. Pulito e spazioso con soffitti alti, l'*Hotel Embajador* (☎ *493393, Presidente Franco 514)* ha stanze doppie con bagno privato a partire da circa US$11 per persona.

L'*Hotel Nova Itapúa* (☎ *493327, General Díaz 932*) è recentemente ritrovo abituale dei Corpi di Pace Statunitensi. Le tariffe sono di US$10/18 con bagno in comune, US$12/20 con bagno privato. Il congeniale *Ñandutí Hotel* (☎ *446780, Presidente Franco 551*) offre un ottimo livello qualitativo per US$12 per persona con bagno in comune, US$16 con bagno privato. All'*Hotel Miami* (☎ *444950, México 449*), raccomandato dai turisti, le tariffe sono di US$14/18 con bagno privato, prima colazione e aria condizionata; chiedete una stanza lontana dalla porta che dà sulla strada.

Se dovete prendere un autobus che parte molto presto la mattina, potreste preferire pernottare in un albergo vicino alla stazione; in questo caso provate l'accogliente e tranquillo *Hotel Familiar Yasy* (☎ *551623, Fernando de la Mora 2390*) che costa US$7 per persona con bagno privato; subito accanto c'è un ristorante piuttosto anonimo che serve però squisite empanadas di pollo.

Pernottamento – prezzi medi

Situato di fronte a Plaza Uruguaya, nei pressi della stazione ferroviaria, il *Plaza Hotel* (☎ *444772, Eligio Ayala 609*)è pulito, tranquillo, sicuro e anche accogliente. Costa US$14/21 con bagno in comune, US$21/28 con bagno privato. Vicino alla stazione degli autobus c'è l'*Hotel 2000* (☎ *551628, Fernando de la Mora 2332*) che costa US$16/26.

L'*Hotel España* (☎ *443192, Haedo 667*) è leggermente più caro e costa US$22/26, mentre all'*Hotel La Española* (☎ *447312, Luis A Herrera 142)*le tariffe sono di US$23/25. In centro, all'*Hotel Sahara* (☎ *494935, Oliva 920*) le stanze singole/doppie costano US$22/36 con bagno e prima colazione; la strada è rumorosa, ma le stanze interne sono tranquille.

Il tranquillissimo *Hotel Amalfi* (☎ *494154, Caballero 877)*costa US$32/42. L'*Hotel Asunción Palace* (☎ *600966, Av Colón 415*) è stato rimodernato e ora costa US$34/44 con aria condizionata e bagno privato; le stanze affacciate sulla strada sono provviste di bei balconi. Tra i più vecchi alberghi del centro, il *Gran Hotel Renacimiento* (☎ *445165, Chile 388*), di fronte a Plaza de los Héroes, ha più personalità di molti altri. Le tariffe sono di US$35/44 con prima colazione, televisione, telefono e altre comodità.

Più o meno sullo stesso genere sono l'*Hotel Zaphir* (☎ *490025, Estrella 955*) che costa circa US$34/43, e *l'Hotel La Paz* (☎ *490786, Av Colón 350)*con tariffe di US$35/48.

In cima alla categoria troviamo l'*Hotel Manduvirá Plaza* (☎ *447533, Manduvirá 345*), un edificio alto che offre stanze singole/doppie per US$40/48. L'*Hotel Continental* (☎ *493760, 15 de Agosto 420)*costa US$43/52 e il *Gran Hotel Paraná* (☎ *444545)* in 25 de Mayo angolo Caballero, offre stanze per US$55/69.

Pernottamento – prezzi elevati

Negli ultimi anni i prezzi sono notevolmente aumentati in questa categoria. L'*Hotel Internacional* (☎ *496587, Ayolas 520*) costa US$74/83, mentre il moderno *Chaco Hotel* (☎ *492066, Caballero 285*) offre stanze per US$80/102 compresa la prima colazione e l'utilizzo della piscina sul tetto. L'*Hotel Cecilia* (☎ *210365, Estados Unidos 341*) costa US$99/112, ma si tratta di una struttura di livello sicuramente più alto.

L'*Hotel Guaraní* (☎ *401131*), di fronte a Plaza de los Héroes, in Oliva angolo Independencia Nacional, è un edificio alto con stanze standard per US$110/134. Le tariffe allo stravagante *Hotel Excelsior* (☎ *495632, Chile 980*) partono da US$150/165.

Il meglio di Asunción è lo *Yacht y Golf Club Paraguayo* (☎ *906117*) il cui nome importante implica già il prezzo: US$143/169. Si trova in Av del Yacht 11 nell'elegante quartiere occidentale di Lambaré.

PASTI

Dalle modeste tavole calde ai più formali ristoranti internazionali, Asunción offre un'incredibile varietà di ottimi ristoranti. Le zone migliori sono in centro e nei quartieri orientali, intorno ad Av Mariscal López e Av España.

Uno dei locali migliori dove fare colazione o pranzare è il *Lido Bar*, di fronte al Panteón de los Héroes, all'angolo tra Chile e Palma, che offre una varietà di specialità paraguayane gustose e a prezzi ragionevoli. Frequentato dalla gente del posto, è ideale per uno spuntino a qualsiasi ora. Il *Bolsi Bar* (☎ *491841, Estrella 399*)è un locale per non fumatori simile al precedente con un servizio sollecito. Il *Bar San Marcos*, in Alberdi angolo Oliva, è un classico ritrovo della gente del posto.

L'*Anahi*, all'angolo tra Presidente Franco e Ayolas, è un'ottima *confitería* che serve buoni piatti e gelati a prezzi contenuti; è aperta di domenica, quando la maggior parte dei locali del centro è chiusa. Un po' più a ovest, in direzione di Av Montevideo, c'è un'ottima panetteria tedesca. Il *Nick's (Azara 348)* è un buon ristorante per pranzare o cenare senza spendere troppo.

Un altro locale che merita una tappa è la *Confitería El Molino* che ha filiali in Palma 488 e Av España 382 (☎ *210671*) Il miglior caffè di Asunción si beve al piccolissimo *Café San Francisco*, all'angolo tra Brasile ed Estigarribia.

Il *Rincón Chileno (Estados Unidos 314)* serve buoni piatti cileni a prezzi contenuti ed è frequentato dai volontari dei Corpi di Pace Statunitensi (una buona fonte di informazioni sul paese), ma il proprietario può diventare scortese se avete

da ridire sui suoi calcoli. Un isolato a sud, la *Vieja Bavaria (Estados Unidos 422)* offre buona birra e piatti veloci. È un ritrovo abituale della comunità tedesca, ma tutti sono i benvenuti. Anche il *Munich* (☎ *447604, Eligio Ayala 163*)è un buon locale. La *Deutsche Bäckerei (Eligio Ayala 1189)* serve pasticceria tedesca.

Come nelle altre repubbliche lungo il fiume Plata, anche qui le *parrillas* sono un po' ovunque. L'*Alexander Grill*, in Alberdi angolo Teniente Fariña, è una parrilla con buffet. Ce ne sono diverse anche lungo Av Brasilia, a nord di Av España, nel quartiere Mariscal López: *La Paraguaya (Av Brasilia 624)*, il *Maracaná*, all'angolo tra Av Brasilia e Salazar, e l'*Anrejó (Av Brasilia 572)*, che è anche una pizzeria. La *Paraguayita*, in Av Brasilia angolo República, appartiene ai proprietari di La Paraguaya, situata di fronte.

Se amate la cucina italiana provate l'eccellente e congeniale *Buon Appetito (25 de Mayo 1199)*, che ha un bel giardino. Altre possibilità sono *Il Capo* (☎ *213022, Perú 291*), *La Stampa* (☎ *606085*) in Austria angolo Viena a Villa Morra, e la *Spaghettoteca (Av San Martín 893)*, anch'essa in Austria a Villa Morra. Il *Pizzometro (Bruselas 1789)*, in Barrio Luis Herrera, serve pizza a volontà per un importo fisso. Un'alternativa per la cena è *La Pérgola Jardín* (☎ *210219, Perú 240*) Il *Chiquilín*, in Av Perú angolo Estigarribia, serve pizza e pasta.

Il *Talleyrand* (☎ *441163, Estigarribia 932*) è un ristorante molto apprezzato che serve cucina francese e internazionale. È caro ma è ideale per occasioni speciali. Anche *La Maison des Alpes*, in Bruselas angolo Viena, a Villa Morra, e *La Preferida* (☎ *441637, 25 de Mayo 1005*) un ristorante tedesco, meritano una visita.

Con le pareti ricoperte da proverbi e conchiglie, bottiglie e campane che pendono dal soffitto, la *Taberna El Antojo* (☎ *441743, Ayolas 631*)ha una bella atmosfera e offre buoni menu a prezzi fissi per US$7, oltre a danze e musica dal vivo. L'unica cosa che non convince troppo è il servizio.

Nei nuovi quartieri vicino a Mariscal López, *La Flor de Canela* (☎ *498928, Tacuary 167*) serve cucina peruviana: provate il *surubí al ajo*, un pesce di fiume ben cucinato. Anche al *Rincón Latino* (*Cerro Corá 948*) si possono gustare piatti peruviani altrettanto buoni ma meno costosi, tra cui anche gustosi sottaceti pisco.

Per quanto riguarda la cucina asiatica Asunción ha un'offerta migliore e più varia rispetto a Buenos Aires e Montevideo, probabilmente a causa della presenza dei Coreani – nella zona intorno al Mercado Cuatro, in Pettirossi angolo Rodríguez de Francia, provate il *Copetín Koreano*, situato in Eusebio Ayala, un isolato da Rodríguez de Francia angolo Perú. La cucina cinese viene servita allo *Jazmín* (*Constitución 763*), in Av Pettirossi, al *Formosa* (☎ *211075, Av España 780*) vicino a Perú, e al *Kung Fu* (*Luis Herrera 1031*).

La famosa gelateria di Asunción *4-D* ha un negozio in centro, in Eligio Ayala angolo Independencia Nacional, ma la sede è in Av San Martín angolo Olegario Andrade (prendete gli autobus n. 12, 16 e 28) e offre una scelta di gusti più ampia. La *Heladería Venecia* (☎ *23861, Mariscal López 458*), in Perú, fa anche dei buoni gelati.

Il Patio de Comidas all'Excelsior Mall, in Chile vicino a Manduvirá, offre versioni fast food di diverse cucine: *Sugar* (ottimi gelati), *Don Vito* (empanadas), *Sabor Brasil*, *Chopp y Compañía*, *Taberna Española*, *Shangri-La* e *Ali Baba*. *Don Vito* ha un'altra filiale in José Berges 595.

DIVERTIMENTI

Fin de Semana è un settimanale che riporta le date degli intrattenimenti e degli eventi culturali, ed è reperibile in tutta la città.

Cinema

La maggior parte dei cinema del centro in genere non offre altro che film pornografici di basso livello o film d'azione; ci sono però alcuni cinema che hanno una buona programmazione e ai quali vale la pena di dare un'occhiata. Il prezzo del biglietto per le prime visioni va da circa US$4 a US$5 nei seguenti cinema: *Cine Premier* (☎ *491106*) in Montevideo angolo Piribebuy, *Cine Yguazú* (☎ *494427*) in Colón angolo Piribebuy, *Cine Cosmos* (☎ *490306*) in Independencia Nacional angolo Manduvirá, *Cine Victoria* (☎ *448603*) in Oliva angolo Chile e *Cine Atenea* (☎ *443015*) nel Mall Excelsior in Chile angolo Manduvirá.

I diversi centri culturali della capitale (v. **Informazioni**) offrono il meglio della cinematografia straniera; per conoscere i programmi consultate *Fin de Semana*. In estate, per US$3, potete assistere a una proiezione all'aperto (anche in caso di pioggia) nel *Patio del Aguacate del Teatro Municipal*, in Alberdi angolo Presidente Franco.

Bar

Per ascoltare rock and roll dal vivo andate all'*El Cuervo* (*Paraguarí 120*). Anche all'*Independencia Pub* (*Estigarribia 127*) si può ascoltare musica dal vivo.

Club

Diversi lettori hanno raccomandato gli spettacoli allestiti al *Jardín de la Cerveza* (☎ *600752*) in República Argentina angolo Castillo, nel barrio di Recoleta (di fronte all'omonimo cimitero dell'élite), tra cui anche concerti di musica d'arpa tradizionale. Molti si sono però detti insoddisfatti del cibo. Il *Patio de Luz* (☎ *449741, pegaso@uninet.com.py, México 650*) è un caffè che offre musica dal vivo oltre a servizi internet.

In centro provate il *Piano Bar* (*Ayolas 520*) all'Hotel Internacional, *La City*, all'angolo tra Presidente Franco e 15 de Agosto, e *La Barca*, in Presidente Franco, tra 15 de Agosto e 14 de Mayo. Quasi tutti gli altri club si trovano nei quartieri residenziali a est del centro, ad esempio il *Muzak Mall* (☎ *662792*) situato a Villa Morra, in Ocampos angolo Bertoni.

Teatro

Ad Asunción ci sono diversi edifici destinati alla rappresentazione di brani teatrali e spettacoli musicali e la stagione in genere va da marzo a ottobre. Tra questi centri c'è la *Casa de la Cultura Paraguaya* (v. **Centri culturali** in **Informazioni**), il *Teatro Arlequín* (☎ *605107*) in De Gaulle angolo Quesada a Villa Morra, l'*Escuela de Teatro Arlequín*, in Salazar angolo Av Artigas, il *Teatro de las Américas* (☎ *224772, José Berges 297*) e il *Teatro Placita Ayolas*, all'angolo tra Ayolas e Humaitá.

ACQUISTI

Quasi tutti i negozi sono aperti nei giorni feriali dalle 8 a mezzogiorno e dalle 15 alle 19, il sabato solo di mattina. Alcuni esercizi rimangono aperti un po' più a lungo.

L'Artesanía Viva, José Berges 993, vende artigianato degli indiani del Chaco, tra cui ponchos, amache, borse e libri; funge anche da centro di informazioni sulle popolazioni indigene del Chaco. Se cercate oggetti in legno provate da Behage (☎ 493279), in Ayolas 222 o dallo scultore Zenón Páez (☎ 490717), in Lillo 1360 a Villa Morra. Un'altra possibilità è Doña Miky Artesanías, in Juan O'Leary, tra Presidente Franco e Palma

La Casa Overall (☎ 448694), Estigarribia 397, ha una buona scelta di *ñanduti* e di pelletterie. Per quest'ultimo articolo potete anche rivolgervi alla Boutique del Cuero (☎ 495239), in Montevideo 329, o alla Casa del Cuero (☎ 492701), in Montevideo angolo Estrella.

Per comprare libri in guaraní o sui Guaraní andate da Guaraní Raity (☎ 227234), in Eligio Ayala 3562 a Recoleta (una strada discontinua che parte dal centro). I collezionisti di francobolli dovrebbero fare un salto alla Filatélica Asunción (☎ 446218), Presidente Franco 845.

Al mercato di Plaza de los Héroes si possono acquistare ottimi oggetti d'artigianato, ma ricordate che gli articoli fatti con le piume il più delle volte sono proibiti dalle leggi di salvaguardia dlle specie in via d'estinzione, in vigore negli altri paesi.

PER/DA ASUNCIÓN
Aereo

L'Aeropuerto Internacional Silvio Pettirossi (☎ 646083) si trova nel sobborgo di Luque, a est de Asunción, ma è facilmente raggiungibile con gli autobus che partono da Av Aviadores del Chaco.

Tra le compagnie rappresentate ad Asunción, alcune delle quali hanno servizi in partenza dai paesi confinanti, figurano:

Alitalia
(☎ 660435)
General Genes 490
National Airlines (Avant)
(☎ 492000)
Independencia Nacional 365
Aerolíneas Argentinas
(☎ 491011, 491012)
Av Mariscal López 706
Air France
(☎ 448442)
San José 136
American Airlines
(☎ 443331)
Independencia Nacional 557
Canadian Airlines
(☎ 448917)
Juan O'Leary 690
Iberia
(☎ 214246)
Av Mariscal López 995
KLM
(☎ 449393)
Chile 680
Korean Air
(☎ 495059)
Estados Unidos 348
LanChile
(☎ 490782)
15 de Agosto 588
Lloyd Aéreo Boliviano (LAB)
(☎ 441586)
14 de Mayo 563
Lufthansa
(☎ 447962)
Nuestra Señora de la Asunción 208
Transportes Aéreos Mercosur (TAM)
(☎ 495265)
Oliva 761
Varig/Pluna
(☎ 497351)
General Díaz angolo 14 de Mayo
VASP
(☎ 490555)
Juan O'Leary 689

L'Aerolíneas Paraguayas (Arpa), negli stessi uffici della TAM, effettua da 5 a 7 voli giornalieri per Ciudad del Este e uno al giorno, tranne la domenica, per Encarnación. Anche la Líneas Aéreas del Este (Ladesa; ☎ 600948), Mariscal López 4531, in Barrio San Cristóbal, serve la città di Ciudad del Este.

La compagnia militare Transporte Aéreo Militar (anch'essa chiamata TAM, come già un'altra compagnia, ☎ 445843), in Oliva 471, raggiunge destinazioni in zone remote del Chaco e lungo il tratto settentrionale del Río Paraguay, tra cui Concepción, Valle Mí, La Victoria, Fuerte Olimpo, San Carlos e Bahía Negra.

Autobus
Il Terminal de Omnibus di Asunción (☎ 551728, 551740) è in Av Fernando de la Mora angolo República Argentina nel Barrio Terminal. Prendete gli autobus n. 8, 10, 25, 31 o 38 che partono da Oliva, in centro. I passeggeri diretti ad Asunción dovrebbero tenere presente che le toilette del terminal sono a pagamento, conviene quindi approfittare di quelle a bordo dell'autobus prima di arrivare.

Asunción dispone di un'ottima rete di servizi internazionali e nazionali e le tariffe dipendono dalla qualità del servizio offerto. Alcune compagnie hanno anche delle biglietterie vicino al porto o in Plaza Uruguaya, in modo che il visitatore non è costretto ad andare fino alla stazione.

Per raggiungere l'Argentina o il Brasile può risultare più conveniente prendere un autobus locale fino oltre la frontiera (ad esempio quello che collega Asunción a Clorinda o quello tra Encarnación e Posadas) e poi salire sull'autobus diretto alla destinazione desiderata. Comunque, tutto sommato, il risparmio minimo che ne deriva non giustifica la scomodità di dover cambiare autobus.

Valichi di frontiera con l'Argentina La Nuestra Señora de la Asunción (☎ 551667) e l'Expreso Brújula (☎ 551662, 491720), in Presidente Franco 995, offrono servizi di autobus per Falcón, sul confine argentino, che partono ogni ora, dalle 5 alle 11 e dalle 12.30 alle 17.30, dal centro della capitale (US$2), all'angolo tra Presidente Franco e Av Colón. La Nuestra Señora, la Brújula e l'Empresa Godoy (☎ 491720) mettono inoltre a disposizione da 8 a 10 autobus al giorno per Clorinda con partenza dalla stazione.

La Nuestra Señora offre anche servizi frequenti per Posadas (US$11, 5 ore), Buenos Aires (US$56, 20 ore; US$73 con cuccetta *coche cama*) e servizi giornalieri (tranne il lunedì) per Rosario, Argentina (da US$40 a US$56, 12 ore). La Chevalier Paraguaya (☎ 551660) serve Buenos Aires via Formosa e Santa Fe. L'Expreso Brújula ha anche servizi frequenti per Resistencia e Buenos Aires. La Internacional (☎ 551662, 491720), in Presidente Franco 995, serve Buenos Aires via Formosa. L'Empresa Godoy, che condivide gli stessi uffici, raggiunge Resistencia via Formosa e Buenos Aires passando sia da Formosa sia da Encarnación.

Anche La Encarnaceña (☎ 551745) e l'Expreso Río Paraná (☎ 551733) hanno servizi giornalieri per Buenos Aires. La Singer collega la capitale a Córdoba (US$46, 18 ore) due volte la settimana, e lo stesso fa la Cacorba che ha sede negli uffici della Brújula.

Valichi di frontiera con il Brasile La Pluma (☎ 551758, 445024), in Mariscal Estigarribia angolo Antequera, e la Nuestra Señora offrono frequenti collegamenti con Foz do Iguaçu (US$10, 5 ore). La Pluma prosegue per San Paolo (18 ore), Río de Janeiro (US$50, 22 ore), Curitiba (14 ore) e Paranaguá (16 ore). Anche la Rápido Yguazú (Rysa; ☎ 551601, 442244) raggiunge Foz e San Paolo 9 volte alla settimana e Río de Janeiro due volte alla settimana, mentre l'Expreso Brújula serve San Paolo 5 volte alla settimana. La Catarinense (☎ 551738) provvede al servizio per Florianópolis (US$35) via Blumenau.

Valichi di frontiera con la Bolivia Di recente la Stel Turismo (☎ 450043, 390340), Caballero 1340, e la Yacyretá (☎ 551725) hanno attivato un servizio di 3 o 4 autobus alla settimana per le città boliviane di

Le rovine gesuitiche di Trinidad sono state dichiarate dall'Unesco patrimonio dell'umanità

Asuncion. Vista della città dall'altro lato del fiume Paraguay, a nord.

Boyuibe (24 ore) e Santa Cruz (US$56, 30 ore) e qualche volta proseguono per La Paz. Sono compresi i pasti, ma è consigliabile portarsi una scorta d'acqua perché il tragitto è polveroso e fa caldo. Se desiderate esplorare il Chaco paraguayano, prima di proseguire per la Bolivia è consigliabile acquistare il biglietto ad Asunción, anche se avete intenzione di salire a Filadelfia o Mariscal Estigarribia.

Valichi di frontiera con l'Uruguay L'Expreso Brújula serve Montevideo il martedì e il venerdì alle 13.30. La Czit (☎ 551738, 496197), in Eligio Ayala 693, raggiunge Montevideo lunedì, mercoledì e sabato mattina (US$70, 18 ore).

Valichi di frontiera con il Cile L'Expreso Pullman Sur (☎ 551553) collega Asunción a Santiago (30 ore) il martedì e il venerdì. L'Expreso Brújula offre lo stesso servizio la domenica con partenza alle 13.

Tragitti nazionali Ci sono diversi autobus diretti a Ciudad del Este (da US$10 a US$14, 4 ore e mezzo): rivolgetevi alla compagnia Rysa, situata in centro, in Eligio Ayala angolo Antequera, alla Rápida Caaguazú (☎ 551665) e alla Nuestra Señora de la Asunción (☎ 551667, 492274), in Mariscal Estigarribia 727. I collegamenti con Encarnación (US$10, 5 ore) sono garantiti dalle compagnie Rysa, Nuestra Señora, Flecha de Oro (☎ 551641) e La Encarnaceña (☎ 551745).

Se siete diretti a Pedro Juan Caballero provate la San Jorge (☎ 554782), la Cometa del Amambay (☎ 551657), La Santaniana (☎ 551607) o La Ovetense (☎ 551737). La Nueva Asunción (Nasa; ☎ 551731), La Ovetense, San Jorge, La Santaniana e Ciudad de Concepción (☎ 551912) collegano la capitale a Concepción.

La Chaqueña serve le località più vicine del Chaco come Presidente Hayes e Benjamín Aceval. I vettori che raggiungono le destinazioni più remote di questa regione sono la Nasa (☎ 551731), la Stel Turismo (☎ 390340), in Caballero 1340, e l'Ecmetur (☎ 555725) con servizi per Pozo Colorado e Concepción (tempo permettendo perché la strada da Pozo è fangosa), Filadelfia (US$12, 8 ore), Neuland, Mariscal Estigarribia (US$14) ed Estancia La Patria, ultima fermata sulla Ruta Trans-Chaco. La Nasa è l'unica compagnia che copre buona parte del tragitto di giorno.

I collegamenti con le destinazioni vicine ad Asunción, come San Bernardino e Caacupé, sono garantiti da servizi talmente frequenti che sarebbe assurdo elencarli in questa sede; per queste informazioni rimandiamo quindi alle singole località.

Treno
Costruita nel 1856, l'Estación Ferrocarril Central (☎ 447316) è in Plaza Uruguay, all'angolo tra Eligio Ayala e México. Il suo storico treno a vapore per Lago Yparacaí passa dietro le baraccopoli della capitale verso il Jardín Botánico, Luque, Isla Valle e Areguá. Il biglietto per Areguá, centro di addestramento dei Corpi di Pace Statunitensi, costa circa US$0.70 andata e ritorno, ma negli ultimi anni i servizi sono stati così irregolari che sarebbe inutile pubblicare qualsiasi orario; è meglio che andiate alla stazione e vi informiate di persona.

Nave
Un modo alternativo per andare in Argentina è la lancia che da Puerto Itá Enramada, a ovest della città, raggiunge Puerto Pilcomayo, Formosa. Queste imbarcazioni partono ogni mezz'ora nei giorni feriali dalle 7 alle 17 e con cadenze irregolari il sabato tra le 7 e le 10. È possibile ritornare con l'autobus che parte da Clorinda.

Ogni settimana una dozzina di navi di rifornimento trasportano passeggeri risalendo il Río Paraguay fino a Concepción; informatevi al porto, in fondo a Calle Montevideo dalla parte del fiume, proprio a est dell'Aduana (dogana). Queste imbarcazioni raggiungono Isla Margarita, sul confine brasiliano, e poi attraversano il fiume fino a Porto Murtinho, in Brasile, da dove partono degli autobus diretti a Corumbá.

TRASPORTI LOCALI
Per/dall'aeroporto
L'autobus n. 30A parte dal centro e impiega da 50 a 60 minuti per raggiungere l'Aeropuerto Silvio Pettirossi. La tariffa è di US$0.25. Con il taxi spenderete circa US$15.

Per/dalla stazione degli autobus
L'autobus n. 8 va da Cerro Corá alla stazione degli autobus; in alternativa potete anche prendere il n. 25 da Colón angolo Oliva, il n. 38 da Haedo e il n. 42 da Rodríguez angolo Francia.

Autobus
Con le linee urbane si raggiunge praticamente qualsiasi punto della città per circa US$0.25, ma i Paraguayani non sono nottambuli come gli Argentini e gli Uruguayani, quindi a partire dalle 22-23 i servizi sono poco frequenti. Pianificate bene gli spostamenti notturni oppure servitevi di un taxi. In compenso gli autobus entrano in servizio molto presto la mattina, perché i Paraguayani iniziano a lavorare intorno alle 6.30-7; a mezzogiorno le linee sono gremite di gente che torna a casa per la lunga pausa del pranzo, quindi evitate di spostarvi a quell'ora verso i barrios o i sobborghi più lontani.

Automobile
Ad Asunción ci sono diverse agenzie di autonoleggio: la Hertz (☎ 605708), in Eusebio Ayala, al Km 4.5, o all'Aeropuerto Silvio Pettirossi (☎ 645600); la National (☎ 491379, national@infonet.com.py), in Yegros 501; la Localiza (☎ 446233), in Eligio Ayala 695 e la Touring Cars (☎ 447945), in Iturbe 682. Le tariffe partono da circa US$40 al giorno e i primi 100 km sono gratuiti.

Taxi
I taxi sono provvisti di tassametro e le tariffe sono ragionevoli, però è possibile che di notte venga applicato un supplemento. Il tragitto dal centro fino alla stazione degli autobus costa circa US$5 e fino all'aeroporto US$15.

Paraguay orientale

A est del Río Paraguay, oltre Asunción, si trova il nucleo del Paraguay storico, il paese dei Guaraní che accolsero fra di loro gli Spagnoli nel XVI secolo. Più del 90% della popolazione del paese vive in questa regione, e la maggior parte nel raggio di 100 km dalla capitale; negli ultimi anni, comunque, le città di confine di Encarnación, sul Río Paraná di fronte alla città argentina di Posadas, e Ciudad del Este (ex Puerto Presidente Stroessner), anch'essa sul Paraná di fronte alla città brasiliana di Foz do Iguaçu, sono state protagoniste di un intenso sviluppo economico a causa degli imponenti progetti idroelettrici di Itaipú e Yacyretá, realizzati in collaborazione con il Brasile e l'Argentina.

Molte delle attrazioni culturali, storiche e naturali del paese si concentrano nei dintorni di Asunción, lungo un comodo circuito turistico che parte dalla capitale. Tra queste ci sono il centro di tessitura di Itauguá, le località lacustri di San Bernardino e Areguá, il famoso santuario di Caacupé e i villaggi coloniali di Piribebuy e Yaguarón. Lungo la statale che collega Asunción a Encarnación, e nelle immediate vicinanze, le rovine delle missioni gesuite sono in condizioni paragonabili, se non superiori, a quelle di Misiones, in Argentina. Ciudad del Este, città in rapida crescita e centro di contrabbando, è la via d'accesso alle Cataratas del Iguazú e il gigantesco progetto idroelettrico di Itaipú è di per sé una vera e propria attrazione turistica.

Circuito Central

Questo itinerario di circa 200 km, che gli opuscoli turistici chiamano iperbolicamente 'Circuito de Oro', parte da Asunción e in realtà non ha nulla a che vedere con il prezioso metallo. Tuttavia questo fatto non dovrebbe distogliervi dall'organizzare escursioni in giornata dalla capitale né tanto meno dal trascorrere un fine settimana o soggiorni più lunghi nelle località toccate dal circuito.

AREGUÁ
Situata sulla sponda meridionale del più grande lago del paese, il Lago Ypacaraí, la cittadina di Areguá si trova in posizione leggermente più elevata della capitale, che dista appena 28 km, ed è quindi un po' più fresca. È anche il centro di addestramento dei Corpi di Pace Statunitensi, i quali sconsigliano di nuotare nel lago a causa dell'inquinamento provocato da uno stabilimento di fertilizzanti sito nelle vicinanze. Sulla strada principale che collega la stazione ferroviaria al lago sorge l'*Hospedaje Ozli* che offre stanze provviste di ventilatore per US$6 per persona, piacevoli giardini e buoni piatti a prezzi ragionevoli.

I collegamenti ferroviari sono saltuari (ma se funzionano vale la pena servirsene; informatevi alla stazione di Asunción). Ci sono anche servizi d'autobus frequenti con la Línea 11 che parte da Av Perú ad Asunción.

ITAUGUÁ
Fondata nel 1728, ad appena 30 km da Asunción, Itauguá è il luogo d'origine del famoso pizzo *ñandutí*, un'industria da lavoro a domicilio a donne di tutte le età. Su ambedue i lati della Ruta 2, la strada principale che porta a Ciudad del Este, i tessitori espongono la loro mercanzia variopinta che va da semplici centrini a grandi copriletti. È possibile visitare le case degli artigiani, dove avrete modo di vedere le donne impegnate a completare il loro ultimo lavoro.

Ci sono due cooperative, la Mutual Tejedoras, al km 28, e la Taller Artesanal,

al km 29, ambedue aperte tutti i giorni, tranne domenica, dalle 9 alle 17. Lezioni e dimostrazioni sono gratuite. Di fronte alla Taller c'è la Casa Myriam, il luogo ideale per chi cerca un vestito da sposa, cucito a mano per nove mesi da quattro donne, per US$1500. I capi più piccoli costano solo pochi dollari e quelli più impegnativi partono da US$50, ma potete comunque trattare con i negozianti. Anche la Casa Servín vende pregiati ñandutí.

Due isolati a sud della statale, di fronte alla plaza, il **Museo Parroquial San Rafael** espone reliquie religiose e profane del periodo che va dall'epoca coloniale ai giorni nostri, tra cui artigianato indiano di ispirazione gesuita e francescana nonché antichissimi pizzi ñandutí. Sebbene il museo sia poco illuminato e umido, condizioni che di certo non favoriscono la conservazione delle opere, la qualità degli oggetti esposti giustifica sicuramente una visita. È aperto tutti i giorni dalle 8 alle 11.30 e dalle 15 alle 18. Ogni anno, a luglio, la città celebra il **Festival del Ñandutí**.

Si può mangiare al mercato locale per meno di US$1, per lo più spaghetti con carne, manioca o riso. Dal terminal di Asunción, gli autobus diretti a Itauguá (US$0.50, un'ora), che fermano anche a Caacupé, Tobatí e Atyrá, partono ogni 15 minuti a tutte le ore del giorno e della notte.

SAN BERNARDINO

Nel 1881 i coloni tedeschi si insediarono a San Bernardino, sulla sponda orientale del Lago Ypacaraí, a 48 km da Asunción su una strada che si diparte dalla Ruta 2 in direzione nord. Ben presto divenne una località di villeggiatura ed è tuttora meta dei fine settimana dell'élite di Asunción, a cui offre una vasta scelta di ristoranti, caffè e alberghi lungo le sue stradine ombrose e le sponde del lago. Ci sono anche alcuni alberghi economici e il lago è più pulito in questo punto che ad Areguá. Gli artigiani del vicino villaggio di Altos realizzano bellissime sculture in legno, specialmente maschere di animali.

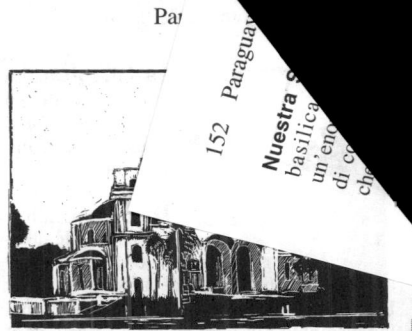

Basilica de Nuestra Señora de Los Milagros

L'elegante *Hotel del Lago* (☎ *2201*) in Caballero angolo Teniente Weiler, offre stanze per US$12 per persona. Sistemazioni di livello superiore sono disponibili al *San Bernardino Pueblo Hotel* (☎ *2195*) un albergo relativamente nuovo in Paseo del Pueblo angolo Mbocayá, che costa US$36/48, o all'*Hotel Acuario* (☎ *2375*) al km 45 sulla Ruta 2. In città potete mangiare al *Restaurant Las Palmeras* e alla *panetteria* tedesca, in Colonos Alemanes. Al km 44 sulla Ruta 2, il *Cuckaroochoo*, gestito da un americano, serve hamburger e crostate di mele, pecan e limone.

La Transporte Villa del Lago (Línea 210) offre servizi per San Bernardino che partono ogni 20-30 minuti durante quasi tutto il giorno della stazione degli autobus di Asunción. Anche la Transporte Cordillera de los Andes (Línea 103) raggiunge San Bernardino, ma gli autobus sono leggermente meno frequenti.

CAACUPÉ

Fin dalla metà del '700 ogni 8 dicembre orde di pellegrini calano su Caacupé, il più importante centro religioso del paese, in occasione del Día de la Virgen (Immacolata Concezione), ma il flusso di fedeli è costante anche in altri periodi dell'anno.

Dopo aver assolto gli obblighi di leva nel Chaco, i soldati di questa regione percorrono spesso la Ruta Trans-Chaco e gli ultimi 54 km attraverso Asunción e i suoi sobborghi fino all'imponente **Basílica de** orientale

...**Señora de Los Milagros**. La ...domina la città e si erge su ...rme piazza in acciottolato in grado ...ntenere senza difficoltà i pellegrini, ...a volte arrivano anche a 300.000.

L'*Hospedaje Uruguayo* (☎ 0511-2977), in Eligio Ayala angolo Asunción, a metà strada tra la Ruta 2 e la basilica, offre stanze singole/doppie confortevoli circondate da un giardino subtropicale per US$12/16 con bagno privato e ventilatore, leggermente più care se hanno l'aria condizionata. L'*Hotel La Giralda* (☎ 0511-2227), in Alberdi angolo 14 de Mayo, offre stanze per US$12/14.

Di fronte alla piazza c'è un isolato di ristoranti economici e di bancarelle che vendono i soliti souvenir. Per mangiare qualcosa provate il *Restaurant Edelweiss*. Al km 69, sulla Ruta 2, la *Casa de Maní*, gestita da americani, serve buoni piatti.

La compagnia Transporte La Caacupeña (Línea 119) e la Transporte Villa Serrana (Línea 110) collegano Asunción a Caacupé tutti i giorni più o meno ogni 10 minuti tra le 5 e le 22.

DINTORNI DI CAACUPÉ
Tobatí

Situato circa 20 km a nord di Caacupé, questo villaggio è famoso per la produzione di sculture lignee realizzate da abili artigiani; si tratta di un'arte che deve essere stata introdotta di recente, dato che non è menzionata nel volume di Elman e Helen dal titolo Service *Tobatí: Paraguayan Town*, un classico dell'etnografia pubblicato nel 1954.

Se siete interessati a questi prodotti artigianali rivolgetevi a Zenón Páez (☎ 0516-202); che ha anche uno studio ad Asunción (v. **Acquisti** in **Asunción**).

PIRIBEBUY

Durante la guerra della triplice alleanza, il villaggio di Piribebuy diventò per un breve periodo la capitale del paese e fu anche teatro di aspri combattimenti. Fondato nel 1640, presenta una chiesa risalente alla metà del XVIII secolo, ancora in ottime condizioni, che conserva parte degli interni in legno e delle sculture originali. Il **Museo Histórico Comandante Pedro Juan Caballero**, sulla piazza posta di fronte alla chiesa, espone interessanti manufatti sulla storia locale e sulla guerra del Chaco, che però, purtroppo, si stanno deteriorando; il museo è aperto tutti i giorni, tranne la domenica, dalle 7.30 a mezzogiorno e dalle 13 alle 18.

Situato ad appena 74 km da Asunción, su una diramazione meridionale della Ruta 2, Piribebuy è il luogo ideale per dare un'occhiata al Paraguay rurale. All'ingresso settentrionale del villaggio si estende la piantagione sperimentale di canna da zucchero, di proprietà del governo, con accanto uno stabilimento, e dall'altra parte della statale i contadini coltivano mais, fagioli e manioca. All'estremità meridionale della città vive un abile carpentiere che ogni anno riesce a costruire fino a cinque carri per buoi con il duro legno di lapacho.

L'*Hotel Rincón Viejo* (☎ 0515-251, Teniente Horacio Giní 502), un isolato a est della piazza, offre singole/doppie con bagno privato per US$12/14 compresa la prima colazione. L'*Hotel Los Carlos* (☎ 0515-223, Mariscal Estigarribia 668) costa US$12/21.

La Transporte Piribebuy (Línea 197) offre servizi da Asunción che partono ogni mezz'ora tra le 5 e le 21.

DINTORNI DI PIRIBEBUY
Chololó

A sud di Piribebuy, una stretta e panoramica strada asfaltata conduce a Chololó. Più che un villaggio si tratta di una serie di accampamenti lungo il fiume, in una zona verde e relativamente selvaggia. Da qui una diramazione conduce alla piccola **Saltos de Piraretá**, una cascata con alcune aree per il campeggio nelle vicinanze.

Paraguarí

Il paesaggio intorno a Paraguarí, nel punto in cui la strada si congiunge alla Ruta 1 in direzione di Asunción, è formato da piacevoli colline, ma la città è degna di nota solo per avere eliminato 'Presidente Stroessner' dall'elenco delle strade (anche se il campo giochi porta ancora una targa che commemora la moglie di Stroessner, Eligia). L'*Hotel Chololó* (☎ *0531-242*) offre stanze singole/doppie a prezzi ragionevoli, US$16/20. La Transporte Ciudad Paraguarí (Línea 193) serve Asunción ogni 15 minuti tra le 5 e le 20.

Circa 21 km a sud di Paraguarí, lungo la Ruta 1, sorge il villaggio di **Carapeguá**, famoso per le amache di cotone chiamate con il termine guaraní *poyvi*. A novembre si tiene il **Festival del Poyvi**.

YAGUARÓN

L'orgoglio di Yaguarón è la chiesa francescana del XVIII secolo, una struttura in legno lunga 70 m e larga 30 m con un altare barocco (la torre campanaria che si erge isolata dal corpo principale è stata però ricostruita nel XX secolo). È aperta tutti i giorni dalle 7.30 a mezzogiorno e dalle 14 alle 17, tranne la domenica in cui è aperta solo per la messa.

Yaguarón ospita anche il **Museo del Doctor Francia**, a due isolati e mezzo dalla chiesa, all'interno di una casa coloniale in buono stato di conservazione dove Francia ricevette la nomina ad amministratore coloniale. La collezione di dipinti dell'epoca coloniale e dei primi anni dell'indipendenza comprende anche ritratti di El Supremo a diverse età. Il museo è aperto tutti i giorni, tranne la domenica, dalle 7 alle 11 e dalle 14 alle 17.

Dall'altra parte della Ruta 1, di fronte alla chiesa, c'è un ristorante senza nome che ha prezzi contenuti ma piatti mediocri, a parte l'ottimo gelato artigianale. All'occorrenza si può anche pernottare in stanze semplici per US$5 per persona. I collegamenti tra Asunción, situata 48 km più a nord, e Yaguarón sono garantiti dalla Transporte Ciudad Paraguarí (Línea 193), con autobus che partono ogni 15 minuti tra le 5 e le 20.15.

ITÁ

Fondata nel 1539 da Domingo Martínez de Irala, Itá è famosa per le sue ceramiche *gallinita*, realizzate con l'argilla nera del luogo. Ci sono autobus frequenti per/da Asunción, situata a 37 km di distanza, con la Transporte 3 de Febrero (Línea 159).

Paraguay sudorientale

PARQUE NACIONAL YBYCUÍ

Situato nel dipartimento di Paraguarí, il Parque Nacional Ybycuí si estende per 5000 ettari e conserva una delle ultime aree di foresta equatoriale brasiliana presenti nel Paraguay orientale. La topografia irregolare del parco comprende colline ripide che raggiungono i 400 m, interrotte da ruscelli che formano belle cascate e pozze. L'ecosistema è simile a quello del Parque Nacional Iguazú dell'Argentina. Istituito nel 1973, Ybycuí è il parco più accessibile tra quelli paraguayani.

Anche se abbondante, è difficile vedere la fauna, perché la foresta secondaria è molto fitta; gli animali sono così difficili da individuare che in genere preferiscono nascondersi piuttosto che scappare. L'unica eccezione è rappresentata dalle numerosissime farfalle dai colori sgargianti. Le precipitazioni annuali raggiungono circa 1500 mm e le temperature medie sono comprese tra i 22°C e i 24°C.

Che cosa vedere e fare

Ybycuí è una zona tranquilla e selvaggia, a parte durante il fine settimana quando la quiete viene turbata dalle frotte di gitanti provenienti dalla capitale. Per evitarli potete rifugiarvi su uno qualsiasi dei molti sentieri, che sono più estesi e accessibili di quelli di Iguazú. C'è un centro per visitatori, provvisto di guardie forestali dove è disponibile un opuscolo utile a chi desidera fare escursioni per conto proprio.

Sendero Mirador A ovest del campeggio, sul lato opposto della strada, di fronte alla casa della guardia forestale, questo sentiero breve ma ripido che conduce a un punto panoramico non ripaga completamente della fatica di percorrerlo, in quanto la foresta è così fitta che è difficile riuscire a vedere qualcosa. La fauna è presente, ma, sempre per lo stesso motivo, più che vederla la sentirete.

Salto Guaraní Sotto questa cascata, nelle vicinanze del campeggio, un ponte porta a un piacevole sentiero che corre lungo il ruscello e arriva fino alla vecchia fonderia di La Rosada. Vedrete una miriade di farfalle, tra cui specie più rare. State attenti ai serpenti velenosi, ma tenente presente che quelli a sonagli e i serpenti corallo in genere non sono aggressivi e lo yararà, che invece lo è, circola solo di notte.

La Rosada Si tratta della più vecchia fonderia dell'America meridionale. Fu costruita durante il governo di Carlos Antonio López e distrutta dall'esercito brasiliano durante la guerra della triplice alleanza. Particolarmente interessante è la vecchia ruota idraulica. Situata all'entrata del parco, 2 km a ovest del campeggio, è posta accanto a un museo che osserva orari variabili.

Gran parte della foresta di Ybycuí è secondaria, essendo stata recuperata dopo l'eccessivo sfruttamento a cui fu sottoposta negli anni in cui la fonderia funzionava con carbone di legna, due tonnellate del quale erano necessarie per produrre una singola tonnellata di ferro. Gli ingegneri costruirono una diga sull'Arroyo Mina per fornire acqua ed energia ai mantici, mentre i carri tirati da buoi trasportavano il minerale estratto da diversi siti per più di 25 km.

Pernottamento
Nel parco non ci sono alberghi, quindi l'unica alternativa è *accamparsi* nei pressi dell'Arroyo Mina, provvisto di servizi igienici adeguati, docce fredde e una confitería che funziona nei fine settimana. I posti in piano sono pochi. Per fortuna non ci sono tante zanzare, ma di notte le falene e altri insetti fastidiosi sono un vero tormento, anche se non pungono.

Nel villaggio di Ybycuí, in cui si trova anche un cotonificio, l'*Hotel Pytu'u Renda*, che è senza telefono, chiede US$10 per una stanza doppia.

Per/dal Parque Nacional Ybycuí
Il Parque Nacional Ybycuí è 151 km a sud-est di Asunción. Seguendo la Ruta 1, la statale asfaltata che arriva a Encarnación, in direzione sud, dopo 84 km si arriva a Carapeguá. Qui c'è un bivio per il parco che si trova ad altri 67 km, dopo aver oltrepassato i villaggi di Acahay e Ybycuí. La compagnia Transporte Emilio Cabrera offre otto autobus giornalieri che collegano Asunción ad Acahay, dove bisogna cambiare per raggiungere il villaggio di Ybycuí (c'è un autobus che parte tutti i giorni a mezzogiorno e arriva fino all'ingresso del parco. Per il ritorno c'è un servizio ogni giorno alle 7 e alle 14). Ci sono poi dei camion coperti che proseguono attraverso il parco fino al villaggio di Sargento Barrientos.

Se siete in automobile non confondete il Parque Nacional Bernardino Caballero, un monumento storico con un museo semiabbandonato, con il Parque Nacional Ybycuí, che è a diversi chilometri di strada dal primo.

VILLA FLORIDA
Sulle rive del Río Tebicuary, 161 km a sud-est di Asunción, Villa Florida è un noto *balneario* (località balneare) piuttosto caro, che offre ottimi punti per pescare e campeggiare. I prezzi delle stanze singole/doppie dei diversi alberghi si aggirano intorno a US$30/40 e in questa categoria di prezzo rientra anche l'*Hotel Nacional de Turismo* (☎ *083-207*)

ENCARNACIÓN
Nulla rimane dell'antica *reducción* (insediamento) gesuita di Encarnación, una cittadina di 50.000 abitanti situata nella regione di Itaipúa e via d'accesso al Paraguay meridionale. Pur essendo una città animata, Encarnación vive in una sorta di limbo: le piene dovute alla diga di Yacyretá inondano regolarmente i suoi quartieri più vecchi, dove gli edifici pubblici e le case sono ormai in rovina. Per questo motivo gli esercizi commerciali si sono trasferiti in una

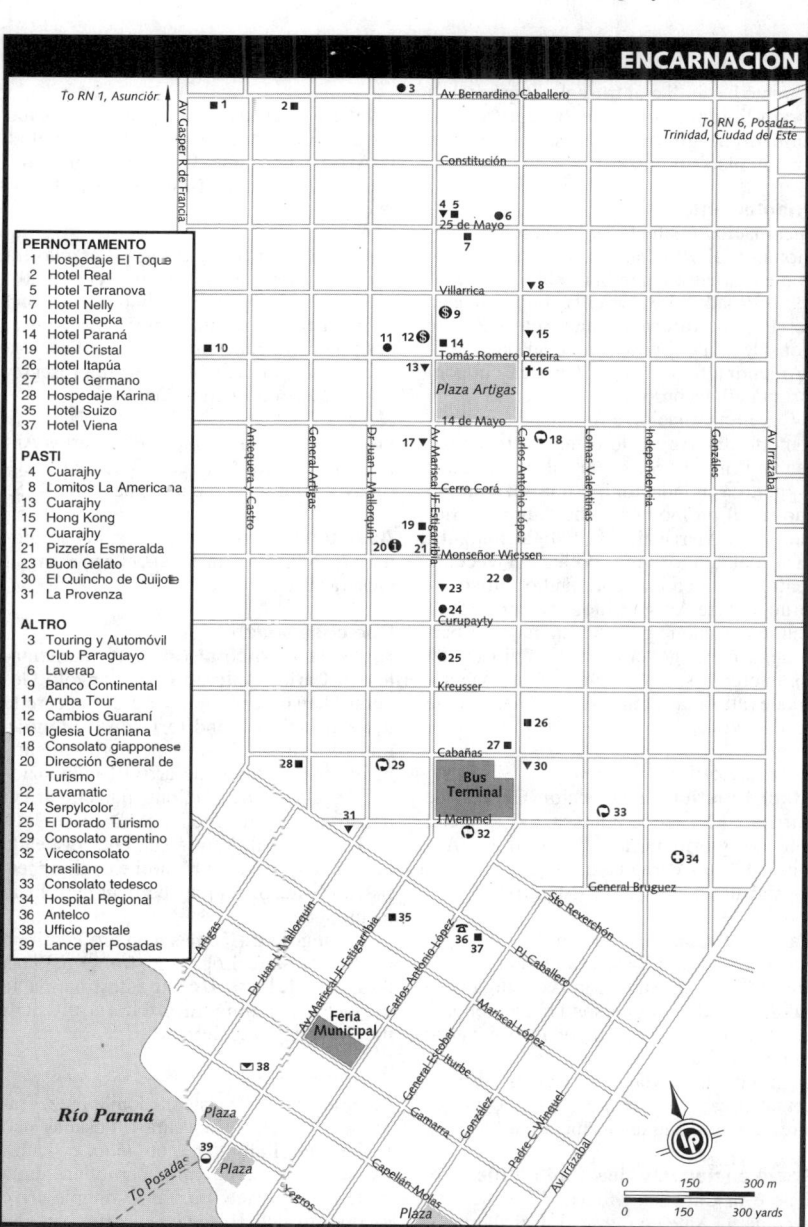

zona sopraelevata e tale migrazione ha trasformato il vecchio centro città in un unico vibrante bazar di cianfrusaglie importate di poco valore (orologi digitali, registratori e simili), che gli Argentini si contendono contrattando sui prezzi.

Orientamento
Encarnación è situata sulla sponda settentrionale del Río Paraná, direttamente di fronte alla città argentina, molto più grande, di Posadas. Le due città sono collegate dal Puente Internacional Beato Roque González, la cui costruzione ad opera dell'Argentina fu voluta dal Paraguay in conformità all'accordo di Yacyretá.

Oggi Encarnación è formata da due parti molto diverse tra loro: un quartiere più vecchio in stile coloniale sul lungofiume, soggetto a inondazioni, e una sezione più nuova sul promontorio che domina il fiume. L'Av Mariscal J. F. Estigarribia, che parte dal lungofiume, collega il vecchio centro commerciale con quello nuovo intorno a Plaza Artigas, luogo in cui sorgeva l'antica missione gesuita. La maggior parte degli uffici governativi e degli esercizi commerciali si è spostata in una zona sopraelevata, ma alcuni sono rimasti nella vecchia zona.

Informazioni
Uffici turistici La Dirección General de Turismo, Monseñor Wiessen 345, è aperta solo nei giorni feriali. Il Touring y Automóvil Club Paraguayo (☎ 202203) è in Av Caballero angolo Av Estigarribia.

Cambio Il Cambios Guaraní è in Av Estigarribia 1405 e il Banco Continental è sull'altro lato della strada, in Av Estigarribia 1418. Quando i cambi sono chiusi, oppure nei fine settimana, potete rivolgervi ai cambiavalute che operano nella stazione degli autobus. I viaggiatori muniti di bancomat o carte di credito dovranno invece attraversare il fiume e cambiare a Posadas.

Poste e telecomunicazioni L'ufficio postale è in Capellán Molas 337, nella città vecchia. L'Antelco è in P. J. Caballero angolo Carlos Antonio López, vicino all'Hotel Viena. Il prefisso di Encarnación è 071.

Agenzie di viaggi La El Dorado Turismo (☎ 202558) è in Av Estigarribia 964. L'Aruba Tour (☎ 205158) è un'altra agenzia di viaggi in Tomás Romero Pereira 347.

Fotografia La Serpylcolor, all'angolo tra Av Estigarribia e Curupayty, vende pellicole economiche, ma le diapositive sono difficilmente reperibili. Chi si trova a Posadas può comunque attraversare la frontiera e fare scorta di pellicole prima di proseguire per Iguazú o Buenos Aires.

Lavanderie La Lavamatic è in Carlos Antonio López, tra Monseñor Wiessen e Curupayty. La Laverap è in 25 de Mayo 485.

Assistenza sanitaria L'Hospital Regional (☎ 202272) è in Independencia angolo General Bruguez.

Che cosa vedere
La **Feria Municipal** (mercato municipale), in Carlos Antonio López angolo General Gamarra, è un alveare di bancarelle dove meschini venditori sono intenti a mungere fino all'ultimo peso gli Argentini in visita, prima che arrivi l'inondazione. Se questa descrizione può apparirvi negativa, va detto che in realtà questo luogo ha una vitalità tutta sua che trascende la dubbia qualità dei ninnoli e degli oggetti scambiati. Si può anche mangiare bene e con poco.

All'angolo tra Tomás Romero Pereira e Carlos Antonio López, di fronte a Plaza Artigas, l'**Iglesia Ucraina** testimonia la presenza di immigrati ortodossi orientali nel Paraguay meridionale.

Pernottamento
Encarnación offre sistemazioni a prezzi ragionevoli e chi è in visita a Posadas può trovare quasi altrettanto comodo, e sicuramente molto meno caro, pernottare dalla parte paraguayana. Le stanze singole prive di finestre dell'*Hospedaje Karina*, in Ca-

bañas angolo General Artigas, rappresentano l'offerta più economica per US$5, e le toilette in comune sono pulite. L'*Hospedaje El Toque* (☎ 202604, Av Caballero 46) offre stanze singole/doppie pulite, ma piccole ed essenziali, per US$6/10 con bagno in comune; l'acqua calda, però, va e viene e i galli della casa vicina iniziano a cantare molto presto.

L'accogliente *Hotel Repka* (☎ 203546, Pereira 47) offre stanze con bagno in comune per US$8/12. Il comodo *Hotel Germano* (☎ 203346) di fronte alla stazione degli autobus, all'angolo tra Cabañas e Carlos Antonio López, costa US$6/9 con bagno in comune, US$8/13 con bagno privato. È previsto un supplemento per l'aria condizionata. L'*Hotel Suizo* (☎ 203692, Av Estigarribia 562) costa US$8/12.

In centro ci sono tre alberghi discreti con tariffe intorno a US$10/16. Vicino alla stazione degli autobus, l *Hotel Itapúa* (☎ 205045) in Carlos Antonio López, tra Cabañas e Kreusser, ha stanze con aria condizionata provviste di TV, telefono e bagno privato. Provate anche l'*Hotel Real* (☎ 202020, Av Caballero 170) o l'*Hotel Nelly* (☎ 204737, 25 de Mayo 448).

Le stanze del pulito e tranquillo *Hotel Viena* (☎ 203486, P. J. Ccballero 568) offrono un eccellente rapporto qualità-prezzo per US$12/20 con bagno privato (è possibile che ai visitatori di lingua tedesca venga concesso un piccolo sconto e un servizio più accurato). L'*Hotel Terranova* (☎ 202038, 25 de Mayo 413) è leggermente più caro per le stanze singole, che costano US$14.

L'*Hotel Paraná* (☎ 204440, Av Estigarribia 1414) offre stanze con bagno privato per US$20/29, mentre l'*Hotel Cristal* (☎ 2371, Av Estigarribia 1157) è il migliore in città per US$35/48. Subito fuori città, a Villa Quitería sulla Ruta 1, al km 361, il *Novotel* (☎ 207248) offre sistemazioni di prima classe per US$55/84.

Pasti

Il *Cuarajhy* (☎ 204249) in Plaza Artigas, Av Estigarribia angolo Tomás Romero Pereira, è sempre pieno di Argentini e gente del posto. È una buona *parrilla* a prezzi contenuti, aperta 24 ore su 24, ed è presente anche in altri punti della città, in Av Estigarribia angolo 25 de Mayo (☎ 203 639) e in A. Estigarribia 1285 (☎ 205571)

El Quincho de Quijote, di fronte al terminal degli autobus, in Carlos A. López angolo General Cabañas, è un buon locale che serve piatti discreti con un servizio eccellente e prezzi moderati. Il *Lomitos La Americana*, in Villarrica angolo Carlos Antonio López, serve piatti veloci.

La *Pizzería Esmeralda* è in Av Estigarribia, tra Cerro Corá e Monseñor Wiessen. *La Provenza* (☎ 204618, Mallorquín 609) offre un'ampia scelta di piatti italiani.

L'alternativa asiatica è rappresentata dal ristorante cinese *Hong Kong* (☎ 203166) in Carlos Antonio López, tra Villarrica e Pereira.

Al *Buon Gelato* (Av Estigarribia 1044) si possono gustare gelati discreti.

Per/da Encarnación

Aereo L'Arpa potrebbe attivare presto un servizio per/da Asunción dal vicino aeroporto di Encarnación (☎ 203940). Dalla parte argentina ci sono collegamenti con Buenos Aires e Puerto Iguazú (v. relativo paragrafo in **Posadas** nel capitolo **Mesopotamia argentina**).

Autobus Tra le 6 e le 11 ci sono autobus frequenti che attraversano il Puente Internacional Beato Roque González diretti a Posadas. Il tragitto costa US$1 con servizio regolare, US$2 con servizio diferencial (cioè con aria condizionata e disbrigo più veloce delle formalità doganali la mattina, quando il traffico è particolarmente intenso). Questi autobus partono da Av Bernardino Caballero, percorrono Av Estigarribia e passano davanti al terminal degli autobus e al porto. Il tragitto richiede circa 50 minuti comprese le fermate per la dogana e l'immigrazione da ambedue le parti del ponte.

Il Terminal de Ómnibus (☎ 202412) occupa l'isolato delimitato da Av Estigarribia, Cabañas, Carlos Antonio López e Memmel. La Oficina de Control nel Terminal espone una lista completa degli autobus interurbani.

Diverse compagnie offrono servizi giornalieri per Buenos Aires (US$42, 18 ore), tra cui La Encarnaceña (☎ 203448), Río Paraná (☎ 202606) e Rysa (☎ 203 311). Comunque le partenze sono più frequenti da Posadas e i prezzi sono anche leggermente inferiori.

A livello nazionale i collegamenti con Asunción (US$10, 5 ore) sono garantiti da servizi frequenti di compagnie come Flecha de Oro, La Encarnaceña, Nuestra Señora (☎ 203527) e Rysa. Dieci compagnie, tra cui La Encarnaceña, Rysa, Transparanaense (☎ 204121) e Yacyretá (☎ 204563), mettono a disposizione circa 30 autobus al giorno per Ciudad del Este (US$8, da 4 a 5 ore). Ci sono inoltre collegamenti frequenti per Ayolas, San Cosme y Damián, Villarrica e molte destinazioni minori.

Imbarcazioni Ogni mezz'ora, tra le 7 e le 17, le lance attraversano il Paraná dirette a Posadas; il tragitto richiede 30 minuti e costa US$1. Il molo vecchio ora è sommerso e pertanto i passeggeri si imbarcano dal molo galleggiante, predisposto in via provvisoria, in fondo ad Av Estigarribia.

Trasporti locali
Encarnación dispone di buoni servizi di autobus, ma è più pratico girare a piedi. Quasi tutti gli autobus diretti alla città vecchia passano da Carlos Antonio López e ritornano per General Artigas. Ci sono 'taxi' sia trainati da cavalli sia a benzina.

DINTORNI DI ENCARNACIÓN
Trinidad e Jésus
La reducción gesuita meglio conservata del Paraguay, Trinidad, occupa una superba posizione in cima a una collina, 28 km a nordest di Encarnación lungo la Ruta 6. Nonostante la chiesa sia più piccola e la tenuta meno estesa, Trinidad per molti aspetti equivale alla reducción di San Ignacio Miní, nella Mesopotamia argentina. Dalla torre campanaria si vede la missione gesuita di Jesús de Tavarangue, 10 km a nord in linea d'aria (che in realtà non è una rovina, bensì una missione che non fu mai ultimata a causa dell'espulsione dei gesuiti nel 1767). Fondata nel 1706, Trinidad fu uno degli ultimi insediamenti di questa congregazione, ma già nel 1728 poteva vantare una popolazione guaraní di più di 4000 individui. Progettata dall'architetto gesuita italiano Juan Batista Prímoli, che dedicò ben 12 anni al progetto, fu ultimata solo nel 1760, sette anni prima dell'espulsione dei gesuiti. La chiesa, che contiene un pulpito elaborato, affreschi, statue e altri ornamenti, tutto in ottimo stato di conservazione, era il fulcro della reducción.

Come era già avvenuto altrove, i gesuiti introdussero l'artigianato e l'industria europea e Trinidad divenne quindi famosa per la produzione di campane, organi, arpe e statue. L'insediamento comprendeva inoltre tre *estancias*, due grandi piantagioni di *yerba mate*, una piantagione di canne da zucchero e un mulino.

La tenuta di Trinidad, circondata da un recinto, e il museo sono aperti da lunedì a sabato dalle 7.30 alle 11.30 e dalle 13.30 alle 17.30, domenica e festivi dalle 8 alle 17. Il recinto, comunque, non è particolarmente sicuro e molti lo oltrepassano e vanno in giro anche dopo l'orario di chiusura senza che i custodi se ne preoccupino troppo. L'ingresso costa US$1 per gli adulti, US$0.50 per i bambini fino ai 12 anni. Il parcheggio costa US$1. Si può campeggiare subito fuori le rovine.

La missione di Jésus, 11 km a nord di Trinidad, è collegata a quest'ultima da una strada fangosa, ma abbastanza buona, che si diparte dalla Ruta 6 e ha quasi gli stessi orari di apertura e le stesse tariffe.

In Capitán Miranda, 21 km da Encarnación lungo la Ruta 6, l'*Hotel Tirol* (☎ 075-555) offre eccellenti sistemazioni a partire da US$45/63. Dal terminal degli autobus di Encarnación, l'Empresa Ciudad de Encarnación offre nove servizi al giorno, tra le 6 e le 19, per Trinidad (US$0.80) e due autobus al giorno per Jésus (US$1.25) alle 6.30 e alle 10.

Coronel Pirapó
Uno dei luoghi turistici più contraddittori del Paraguay si trova in questo piccolo vil-

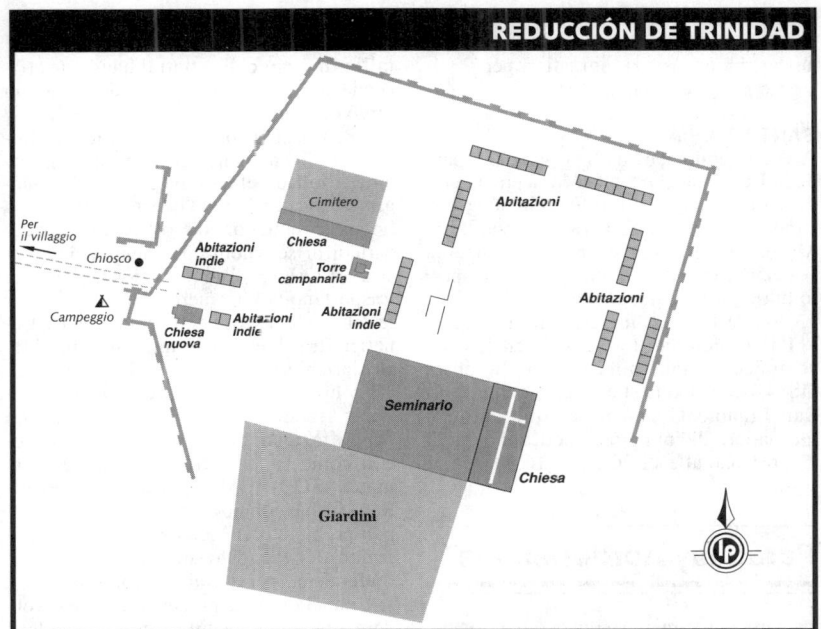

laggio lungo la Ruta 6 a est di Trinidad, Jésus e Hohenau: si tratta di uno stadio rudimentale, che può contenere più di mille spettatori provvisto di un tabellone elettronico. Qui non sentirete parlare spagnolo o guaraní, bensì giapponese, grazie agli immigrati che hanno progettato lo stadio destinato a ospitare incontri di baseball. Comunque vi giocano anche squadre paraguayane. In città ci sono anche giardini giapponesi e frutteti.

L'*Hotel Pirapó* (☎ 0768-307) direttamente sulla statale, offre stanze singole/doppie modeste per US$6/10. Tutti gli autobus che collegano Encarnación a Ciudad del Este passano da questa città.

SAN IGNACIO GUAZÚ

Situato circa 140 km a nord-ovest di Encarnación lungo la Ruta 1, anche San Ignacio era una reducción gesuita del XVIII secolo. Sono rimaste conservate solo poche rovine, ma ci sono due musei di tutto rispetto. Il **Museo Jesuítico**, aperto tutti i giorni dalle 8 alle 11.30 e dalle 14 alle 17, ospita una preziosa collezione di incisioni, opera degli indiani guaraní; l'ingresso costa US$1. Il **Museo Histórico Semblanza de Héroes** è aperto da lunedì a sabato dalle 7.45 alle 11.45 e dalle 14 alle 17, domenica e festivi dalle 8 alle 11.

Direttamente sulla Ruta 1, vicino al bivio per Ayolas, all'estremità settentrionale della città, l'*Hotel Piringo* offre singole/doppie per US$10/16 con ventilatori a soffitto, US$16/24 con aria condizionata; ha anche un ristorante discreto. Un po' più a nord, l'albergo dal nome pretenzioso di *Gran Hotel Parador Arapizandú* (☎ 082-213) è solo di poco migliore del precedente e costa US$22/40 con bagno privato.

Ci sono più di 30 autobus giornalieri per Asunción (3 ore e mezzo), 20 per Encarnación, 20 per il capoluogo del dipartimento, San Juan Bautista, e 15 per il porto di Ayolas sul Río Paraná. Ci sono anche cinque servizi giornalieri per il villaggio gesuita di Santa María.

SANTA MARÍA

A dodici chilometri da San Ignacio, a lato della Ruta 1, anche Santa María era una reducción gesuita e ora è una cittadina con strade fangose e una piazza ombrosa. Il suo Museo Jesuítico, che contiene una superba collezione di statue di quel periodo, è aperto tutti i giorni dalle 8.30 alle 11.30 e dalle 13.30 alle 17.00. L'ingresso costa US$1.

La Pensión San José è una pensioncina semplice, situata sulla piazza che costa US$4 per persona. La città è collegata a San Ignacio Guazú da cinque autobus giornalieri, di cui i più comodi sono quelli che partono alle 11.30 e alle 16.30.

Paraguay nordorientale

La parte del Paraguay situata più a oriente, lungo il confine con il Brasile, è la zona del boom economico, favorito dal più grande progetto idroelettrico del mondo, la diga di Itaipú. Pur essendo un perfetto esempio del modo in cui si indebitano i paesi del terzo mondo nonché di catastrofe ambientale, questo progetto ha promosso il benessere, pur effimero, di Ciudad del Este, portando una prosperità senza precedenti basata anche sul contrabbando. Negli ultimi anni si è assistito a un'immigrazione di contadini brasiliani, che disboscano la campagna per coltivare caffè e cotone cacciando i contadini paraguayani e i pochi indiani Aché rimasti nella regione.

CIUDAD DEL ESTE

Un tempo chiamata Presidente Stroessner, Ciudad del Este è un importante valico di frontiera, un nodo dei trasporti e una delle vie d'accesso alle Cataratas del Iguazú, famose in tutto il mondo. Secondo le parole del *Wall Street Journal*, però, è più famosa come città in cui '15.000 negozi sono concentrati in 20 isolati', come 'orgia del consumismo di massa' che frutta più di US$55 miliardi l'anno in contrabbando (corrispondenti a cinque volte il prodotto interno lordo del Paraguay).

Anche se è difficile ignorare lo squallore e l'indigenza che caratterizzano questa città, Ciudad del Este ha la vitalità contagiosa tipica delle città che attraversano un boom economico. Nascosti dietro carrelli carichi di scatoloni contenenti videoregistratori e stereo d'importazione, i giovani trasportano la loro mercanzia su e giù per le salite e le discese della città, mentre frenetici Brasiliani vacillano come facchini stracarichi sotto enormi borse colme degli articoli acquistati nella frenesia consumistica, finanziati dal fortissimo real. La contraffazione dilaga, soprattutto per articoli come batterie di telefoni cellulari di marca e CD-ROM, e anche il presidente Raúl Cubas ammette che 'uno dei principali problemi del Mercosur è il coinvolgimento del Paraguay nell'*intermediación*' (eufemismo per definire il contrabbando). A Ciudad del Este potete comprare o vendere praticamente tutto quel che volete, tranne prodotti paraguayani.

Nel commercio lecito sono gli immigrati asiatici a fare la parte del leone. Alcuni abitanti del luogo temono che la riduzione delle tariffe all'interno del Mercosur possa minare il contrabbando. Ecco come si è espresso a tal riguardo un 'uomo d'affari' citato nel *Journal*: 'Per come la vedo io, non saremo più in grado di vivere contrabbandando merci e dovremo iniziare a produrre.' Inoltre, su *The New York Times* si leggeva che l'ex governatore dell'Alto Paraná, Carlos Barreto, è stato indagato per una pista aerea clandestina e due aerei non registrati trovati sulla sua proprietà.

Ciudad del Este soffre di problemi ben più gravi del contrabbando. Il ministro dell'interno argentino Carlos Corach, parlando del problema del riciclaggio di denaro nella zona, ha addirittura definito la città 'un tempio unico al mondo del crimine e dell'impunità', in parte a causa di sospetti legami con i terroristi hezbollah ritenuti responsabili degli attentati al-

l'AMIA e all'ambasciata israeliana di Buenos Aires (anche se va detto che lo stesso governo di Corach è stato molto lento a indagare sugli attentati). Di fronte a tale affermazione, la prima reazione delle autorità locali è stata dichiarare Corach persona non gradita, ma alla fine lo hanno invitato in città.

Orientamento

Ciudad del Este sorge sulla sponda occidentale del Río Paraná ed è collegata alla città brasiliana di Foz do Iguaçu mediante il Puente de la Amistad (ponte dell'amicizia). Fondata solo nel 1957 (i Paraguayani scherzano sul fatto che è priva di cimitero perché praticamente non ci sono abitanti), la città ha una pianta piuttosto irregolare. La strada principale è Av San Blas, prolungamento in direzione ovest del Puente de la Amistad, che diventa Ruta 7 per Caaguazú, Coronel Oviedo e Asunción (via Ruta 2).

Pur essendo un po' intricato, irregolare e molto disordinato, il centro è raccolto e facilmente percorribile a piedi.

Informazioni

Uffici turistici Il personale della Dirección de Turismo (☎ 512417, 516051) al posto di frontiera è disponibile, ma non particolarmente utile, e anche il materiale informativo tende a scarseggiare.

Il Touring y Automóvil Club Paraguayo (☎ 512340) è in Av San Blas, presso la stazione di rifornimento Shell, circa 1 km a ovest di Plaza Madame Lynch, sulla Ruta 7 per Asunción. Per US$8 vende la *Guía Shell* che comprende le migliori cartine stradali del Paraguay disponibili sul mercato.

Cambio Ci sono cambiavalute un po' ovunque, specie al confine, ma le tariffe applicate sono inferiori rispetto alle banche e ai cambios. Il Banco Real dispone di uno sportello automatico in Av Monseñor Rodríguez angolo Teniente Coronel Pampliega, e il Banco de Asunción ne ha uno in Av Adrián Jara angolo Boquéron.

Poste e telecomunicazioni L'ufficio postale è in Alejo García angolo Paí Pérez. Il prefisso di Ciudad del Este è 061.

Agenzie di viaggi La Cosmo's Tours (☎ 511068) è in Pampliega tra Av Adrián Jara e Paí Pérez.

Lavanderie La Laverap (☎ 561511) è in Pampliega tra Adrián Jara e Paí Pérez.

Pernottamento
Le possibilità di alloggio sono numerose, ma la domanda è elevata e le stanze sono più costose rispetto alle altre città paraguayane; se si considerano però gli attuali livelli dei prezzi in Brasile, la qualità offerta può dirsi relativamente buona. L'accogliente e confortevole **Hotel Mi Abuela** (☎ 512373) provvisto di un bel cortile con giardino in Alejo García angolo Adrián Jara, offre stanze con bagno privato, ventilatori a soffitto e prima colazione per US$12/20; per l'aria condizionata aggiungete US$3 per persona. Dato che è stato messo in vendita, è possibile che ci siano dei cambiamenti.

Un altro buon albergo è l'**Hotel Munich** (☎ 500347) gestito da tedeschi e situato in Emiliano Fernández angolo Capitán Miranda. Le stanze con bagno privato, aria condizionata e una buona prima colazione costano US$13/18. Proseguendo per l'isolato incontrerete l'**Hotel Austria** (☎ 504213, Emiliano Fernández 165), un albergo che ha ricevuto gli elogi di molti visitatori. Le tariffe sono leggermente più care, intorno a US$16/18. Il **City Hotel** (☎ 500415, RegimientoSauce 301), in Capitán Miranda, costa US$20/30.

L'**Hotel San Rafael** (☎ 500804) all'angolo tra Av Adrián e Abay, costa US$25/35 per stanze con prima colazione e aria condizionata, mentre il moderno **Executive Hotel** (☎ 500942) in Av Adrián Jara angolo Curupayty, è leggermente più caro, US$28/34. Il **Convair Hotel** (☎ 500342) sull'altro lato della strada, di fronte all'Hotel Mi Abuela, è stato rimodernato e offre stanze con aria condizionata, televisione, telefono e altre comodità per US$34/42. Il **Gran Hotel Acaray** (☎ 500252) in Av 11 de Septiembre vicino al fiume, è anche il casinò di Ciudad del Este; le stanze costano US$44/55. È più tranquillo perché lontano dal traffico del centro.

Pasti
Sarete piacevolmente sorpresi soprattutto per l'ottima cucina asiatica (giapponese, cinese e coreana) che a Ciudad del Este viene servita a prezzi ragionevoli. Il **Restaurant Oriental**, in Adrián Jara vicino ad Av Boquerón, serve piatti giapponesi/cinesi e una speciale minestra *agropicante*, che è squisita. Accanto troverete l'**Osaka** che ha un menu altrettanto allettante, ma chiude prima. Il **Taiwan** (☎ 510635), in Boquerón, tra Adrián Jara e Pai Pérez, serve cucina cinese.

La **Rotisería Ricky**, in Pampliega, tra Adrían Jara e Paí Pérez, offre numerosi spuntini e cibi per asporto. Il **Mi Ranchito**, una parrilla in Curupayty angolo Av Adrián Jara, serve gustosi pasti completi per US$4. Il **Restaurant Cavi**, in Monseñor Rodríguez angolo Nanawa, è un locale paraguayano molto frequentato. Per fare uno spuntino e mangiare un panino c'è il **Coffee Pub Cosmopolitan**, in Paí Pérez, di fronte al consolato brasiliano.

Per/da Ciudad del Este
Aereo Il nuovo Aeroporto Internacional Guaraní di Ciudad del Este sorge 30 km a ovest della città sulla Ruta 7, ma i voli sono ancora limitati. L'Arpa (☎ 512646), in Boquerón 310, effettua diversi voli giornalieri per Asunción (tra US$60 e US$90) con voli di proseguimento internazionali; la TAM (Transportes Aéreos Mercosur), che condivide gli stessi uffici, collega Ciudad del Este a Porto Alegre e Curitiba (Brasile) il lunedì, mercoledì, e venerdì e la domenica, a Iquique (Cile) il

martedì, giovedì e sabato. La compagnia aerea militare TAM (☎ 518352), nell'Edificio SABA in Nanawa, a lato di Monseñor Rodríguez, qualche volta serve Asunción.

Ci sono anche importanti aeroporti a Foz do Iguaçu, in Brasile, e a Puerto Iguazú, in Argentina. Da Foz, la Varig e altre compagnie brasiliane effettuano voli per San Paolo, Curitiba, Rio de Janeiro e Asunción; da Puerto Iguazú Aerolíneas, Austral e LAPA offrono servizi regolari per l'Aeroparque di Buenos Aires.

Autobus Dopo aver sbrigato le formalità per l'espatrio, prendete uno degli autobus diretti a Foz do Iguaçu, che partono dall'ingresso del ponte sul Paraná ogni 10 minuti nei giorni feriali e il sabato e ogni mezz'ora la domenica e festivi. Giunti dall'altra parte del ponte, scendete per passare la dogana brasiliana, a meno che non vi fermiate solo per la giornata; se conservate il biglietto potete proseguire per Foz con qualsiasi autobus. Ci sono anche collegamenti diretti e quasi altrettanto frequenti per Puerto Iguazún, in Argentina.

Inoltre Pluma (☎ 510343), Rysa (☎ 500458), Catarinense e La Paraguaya offrono sei servizi giornalieri per le destinazioni di San Paolo (18 ore), Rio de Janeiro (25 ore), Florianópolis (15 ore) e Curitiba (13 ore). Naturalmente a Foz la scelta di servizi è più ampia. La Pluma raggiunge anche Buenos Aires, così come Rápido Caaguazú (☎ 510397), Rysa e la compagnia La Internacional.

Ciudad del Este è collegata ad Asunción da 34 autobus giornalieri delle compagnie Rysa, Rápido Caaguazú (☎ 518 124), Beato Roque González (☎ 510283), Ciudad del Este (☎ 510397), Nuestra Señora de la Asunción (☎ 510095), Pycasu (☎ 514910), La Paraguaya e Crucero del Sur. Ce ne sono quasi altrettanti per Encarnación con le compagnie Carepegueña (☎ 510178), La Pilarense (☎ 513 637), Santa Rita del Monday (☎ 510089), Yacyretá (☎ 510897), Nuestra Señora, Crucero del Sur, La Sampedrana, Transporte Paraná, Rysa, Ciudad del Este e altre ancora.

La Salto Cristal offre due servizi al giorno per Ybycuí via Villarrica, pratici per chi è diretto al Parque Nacional Ybycuí, e le compagnie Piribebuy e La Guaireña (☎ 510181) raggiungono Villarrica diverse volte al giorno. L'Empresa Piribebuy serve Carapeguá via Piribebuy e Paraguarí, mentre la Ciudad del Este fa servizio cinque volte al giorno per Caaguazú. Ci sono diversi vettori che offrono collegamenti per Pedro Juan Caballero, tra cui la Cometa del Amambay, García Hermanos e Rysa.

Ecco alcuni esempi di tariffe: Encarnación (US$8, 4 ore e mezzo), Villarrica (US$6, 3 ore e mezzo) e Asunción (da US$10 a US$14, 5 ore).

Trasporti locali
La rete dei trasporti pubblici di Ciudad del Este è riuscita a tenere il passo con il rapido sviluppo della città, ma il centro è abbastanza raccolto e la maggior parte dei visitatori non riterrà necessario utilizzare i mezzi pubblici. L'unica eccezione è il terminal degli autobus interurbani che si trova in Av Bernardino Caballero, 2 km a sud del centro; per raggiungerla prendete l'autobus 'Mburucuyá' che parte da Av Alejo García oppure un taxi che vi costerà circa US$3.

DINTORNI DI CIUDAD DEL ESTE
Diga di Itaipú
Con una potenza di 12.6 milioni di kilowatt, la diga di Itaipú, costruita in collaborazione con il Brasile, è il progetto idroelettrico più grande del mondo. È anche un esempio pratico di come progetti di sviluppo imponenti possano indebitare paesi come il Brasile per molti miliardi di dollari senza alcuna speranza di restituzione. Il Paraguay ha invece tratto benefici economici da questo progetto a causa del boom edilizio e del fatto che la domanda interna è ridotta (nel 1997 la produzione della diga ha raggiunto la cifra record di 89.237.001 Mwh, ossia 18 volte il consumo totale interno del paese) mentre il fabbisogno energetico del Brasile è tale da costringerlo a comprare l'energia in eccedenza del Paraguay.

Il Paraguay rischia però di diventare una 'colonia energetica' del potente vicino. Inoltre, se il prezzo delle altre fonti di energia dovesse scendere, la domanda brasiliana calerebbe e il Paraguay si troverebbe a dover rimborsare parte degli enormi costi di capitale e di manutenzione del progetto.

La propaganda omette qualsiasi riferimento ai costi di questo progetto da US$25 miliardi e ai problemi ambientali che ha provocato. La diga ha creato un bacino profondo 220 m, che copre una superficie di 1350 km^2 e che ha sommerso le cascate di Sete Quedas, una meraviglia naturale che superava per dimensioni e spettacolarità le cascate di Iguazú. Le ricerche compiute nel bacino hanno rivelato che le acque stagnati hanno creato un nuovo habitat per la zanzara anofele, riproponendo il problema della malaria in un'area in cui la malattia era stata quasi debellata.

Su ambedue i lati del confine guide ben preparate portano i turisti a scattare fotografie. Dalla parte paraguayana le escursioni partono dal Centro de Reception de Visitas, a nord di Ciudad del Este, vicino alla città di Hernandarias, da lunedì a sabato alle ore 8, 9 e 10 e alle ore 14.30 e 15.30. È necessario essere muniti di passaporto. Mezz'ora prima della partenza viene proiettato un documentario, disponibile anche in inglese.

Da Ciudad del Este prendete qualsiasi autobus diretto alla Hernadarias Transtur o Tacurú Pucú che parte dalla rotatoria all'incrocio tra Av San Blas e Av Alejo García. Le partenze sono ogni 10-15 minuti durante tutto il giorno (chiedete di scendere all'entrata della diga).

Salto Monday
Anche se non sono all'altezza di quelle di Sete Quedas, le cascate sul Río Monday, vicino a Puerto Presidente Franco, sono quanto di meglio il Paraguay possa attualmente offrire. Le cascate si trovano ad appena 10 km da Ciudad del Este, ma non essendoci mezzi pubblici regolari per raggiungerle bisogna ricorrere al taxi. In alternativa si può prendere uno dei frequenti autobus che da Ciudad del Este vanno a Puerto Presidente Franco e di là proseguire a piedi fino alle cascate.

Colonia Iguazú
Quaranta chilometri a ovest di Ciudad del Este, lungo la Ruta 7 per Asunción, sorge Colonia Iguazú, un insediamento agricolo giapponese fondato nel 1960 con il sostegno del governo nipponico, la cui economia si basa essenzialmente sul cotone. Gli autobus provenienti da Ciudad del Este fermano all'Esso Servicentro, dove il ristorante serve squisiti piatti giapponesi e anche cucina paraguayana.

CORONEL OVIEDO
Subito a lato della Ruta 2, a metà strada tra Asunción e Ciudad del Este, si trova Coronel Oviedo, uno dei più importanti nodi stradali del Paraguay orientale (gli autobus interurbani attraversano la città almeno ogni 15 minuti durante tutto il giorno). La Ruta 3 corre in direzione nord verso Pedro Juan Caballero, con diramazioni per Salto del Guairá e Concepción mentre la Ruta 8 va a sud, verso Villarrica, centro di una zona di colonizzazione tedesca sulla linea ferroviaria che collega Asunción a Encarnación.

Situato al crocevia, l'*Hotel Alemán* (☎ *0521-202374*) è un albergo che pratica prezzi ragionevoli; la singola/doppia costa US$10/12 e il vicino *Parador La Tranquera* serve buoni piatti. In città, 3 km a nord del crocevia, l'*Hotel Colonial* (☎ *0521-202393*) è un albergo raccomandato dai turisti, che offre stanze singole per US$14/18. L'*Hotel del Rey* (☎ *0521-202117, Av Mariscal J. F. Estigarribia 213*) costa US$14/24.

Tra Coronel Oviedo e San José, una strada che si diparte dalla Ruta 2 porta alla città, più volte ribattezzata di **Nueva Australia**, un esperimento socialista che ebbe vita breve, abitato dai discendenti degli immigrati australiani che vi giunsero alla fine del XIX secolo. Indicato su alcune cartine con il nome di Hugo Stroessner, ossia con il nome del padre del dittatore, l'insediamento agricolo attirò i primi coloni con una propaganda esagerata sulle potenzialità economiche dell'area, finché l'esperimento naufragò nel 1896. Colonia Cosme, un altro villaggio simile a sud di Villarrica, resistette qualche anno di più.

VILLARRICA
Colonizzata da contadini immigrati dalla Germania, Villarrica è una tranquilla cittadina di provincia nota per essere una delle capitali culturali del paese, grazie anche alla bella chiesa francescana risalente all'epoca coloniale. Si trova circa 40 km a sud di Coronel Oviedo, seguendo l'asfaltata Ruta 8 che diventa Av Thompson dopo la piazza e poi Av Carlos Antonio López all'altezza di Bulevar Ayolas.

Il vicino villaggio di Yataity è famoso per la produzione artigianale di indumenti *ao po'i* o *lienzo* (tessuti di cotone ricamati). La **Fiesta del Ao po'i** si tiene nel mese di novembre.

Per alloggiare senza spendere troppo provate l'*Hotel Guairá* (☎ *0541-2369)* in Talavera angolo Av Mariscal Estigarribia, dove le singole/doppie costano US$8/12. L'*Hotel Ybyturutzú* (☎ *0541-2390)* in Carlos Antonio López angolo Dr Bottrell, offre stanze pulite e spaziose con prima colazione, bagno privato e aria condizionata per US$18/24, ma alcune stanze al piano terra risultano poco ariose. Si mangia bene e c'è un piacevole giardino con alle aree di soggiorno. Per la prima colazione provate il *Tirol*, situato un isolato più avanti.

L'unico locale notturno di Villarrica è il *Petroleo's Pub*, anch'esso in Carlos Antonio López.

PEDRO JUAN CABALLERO
Capitale del dipartimento di Amambay, 532 km a nord-est di Asunción lungo la Ruta 3 e la Ruta 5 da Coronel Oviedo, Pedro Juan Caballero è la città di confine paraguayana a cui corrisponde la città brasiliana di Ponta Porã. Il confine non è segnato in modo chiaro e la gente del posto passa liberamente da una parte all'altra. Potete fare lo stesso anche voi ma, prima di addentrarvi in uno qualsiasi dei due paesi, andate all'ufficio immigrazione in Naciones Unidas 144, aperto tutti i giorni, tranne la domenica, dalle 8 a mezzogiorno. Sono stati scoperti traffici illeciti di stupefacenti, quindi è consigliabile comportarsi con moderazione.

Ci sono diversi uffici di cambio, tra cui il Guaraní Cambios in Rodríguez de Francia. Il consolato brasiliano (aperto nei giorni feriali dalle 8 a mezzogiorno e dalle 14 alle 18) è nell'*Hotel La Siesta* (☎ *036-3021)*, in Alberdi angolo Dr Francia, che offre singole/doppie per US$36/48. Sistemazioni più economiche sono disponibili in diversi alberghi lungo Mariscal López: la stanza singola all'*Hotel Guavirá* (☎ *2743, Mariscal López 1325)* costa US$6 con bagno in comune, US$10 con bagno privato; l'*Hotel Peralta* (☎ *2346, Mariscal López 1257)* offre stanze per US$10/16 e l'*Hotel La Negra* (☎ *2262, Mariscal López 1342)* per US$14 per persona. L'*Hotel Eiruzú* (☎ *2259, Av Mariscal J. F. Estigarribia 48)* costa US$31/46 e l'*Hotel Casino Amambay* (☎ *2718, Rodríguez de Francia 1)* è il migliore in città, per US$66/93.

Per/da Pedro Juan Caballero
Dieci autobus giornalieri delle compagnie San Jorge, Cometa del Amambay, La Santaniana e La Ovetense collegano Pedro Juan Caballero ad Asunción via Coronel Oviedo; il tragitto richiede in genere da 8 a 12 ore a seconda del tempo e delle condizioni stradali, anche se ora la statale è quasi completamente asfaltata.

Ci sono anche 10 autobus giornalieri per Concepción, da dove si può proseguire via fiume fino ad Asunción, e uno al giorno per Ciudad del Este. La compagnia Nasa serve tutti i giorni Campo Grande, in Brasile, ma a Ponta Porã, al di là del confine, gli autobus sono più frequenti e ci sono anche due treni al giorno per questa destinazione.

PARQUE NACIONAL CERRO CORÁ
I visitatori che attraversano il Paraguay nordorientale non dovrebbero perdersi il

Parque Nacional Cerro Corá, un parco di 22.000 ettari situato appena 40 km a sud-ovest di Pedro Juan Caballero. L'ecosistema del parco comprende un'area di foresta tropicale secca e prateria a savana in un paesaggio di colline ripide e isolate, che si elevano sull'altopiano centrale. Oltre a una varietà rappresentativa della flora e fauna paraguayana, il parco ospita anche siti di importanza culturale e storica, tra cui grotte e petroglifi precolombiani; fu inoltre teatro della battaglia in cui un soldato brasiliano uccise Francisco Solano López alla fine della guerra della triplice alleanza.

Il parco è attraversato da sentieri e contiene poche ed essenziali cabañas, dove i visitatori possono pernottare. Ci sono guardie forestali, ma non c'è un vero e proprio centro per i visitatori.

CONCEPCIÓN

Sulla sponda orientale del Río Paraguay, 310 km a monte di Asunción, la cittadina di Concepción intrattiene intense relazioni commerciali via fiume con il Brasile e vanta un interessante mercato. Le sistemazioni meno care sono all'*Hospedaje Boquerón* (☎ *031-2263)* in Boquerón angolo Iturbe, che costa US$4 per persona. Le singole/doppie all'*Hotel Victoria* (☎ *031-2826)* in Presidente Franco angolo Juan Pedro Caballero, costano circa US$12/20 con bagno privato, mentre l'*Hotel Francés* (☎ *031-2750)*, in presidente Franco angolo Carlos Antonio López, costa US$22/30 compresa una buona prima colazione.

Per/da Concepción
Aereo La TAM, il servizio passeggeri dell'aeronautica militare paraguayana, effettua voli per Asunción, Valle Mí, La Victoria, Fuerte Olimpo, San Carlos e Bahía Negra.

Imbarcazioni Per maggiori informazioni sul traffico fluviale tra Asunción e Corumbá, in Brasile, v. **Per/da Asunción**.

Autobus I servizi di autobus per la capitale, che possono venire sospesi a causa delle condizioni stradali, passano da Pozo Colorado, nel Chaco, o da Coronel Oviedo (quest'ultimo tragitto richiede da 9 a 11 ore). I principali vettori sono Nasa, La Ovetense, San Jorge, La Santaniana e Ciudad de Concepción. Tutti i giorni gli autobus della compagnia Nasa collegano Concepción a Pedro Juan Caballero (US$8.50, 5 ore e mezzo, con proseguimento per Campo Grande in Brasile) e a Ciudad del Este.

Chaco paraguayano

Il Gran Chaco copre più del 60% della superficie del paese ed è abitato da appena il 4% della popolazione: è la frontiera del Paraguay, dove grandi distanze separano piccoli insediamenti. La Ruta 9, nota col nome di Ruta Trans-Chaco, è asfaltata e corre per 450 km fino alla città di Filadelfia, centro di una zona colonizzata a partire dagli anni '20 da immigrati europei mennoniti. Oltre Filadelfia la strada non è più asfaltata, ma prosegue fino a Eugenio Garay, al confine con la Bolivia, 300 km più a nord-ovest.

Dal punto di vista geografico il Chaco è la zona più settentrionale di una pianura quasi totalmente priva di tratti distintivi, che si innalza gradualmente da sud-est a nord-ovest e la cui superficie consiste in sedimenti erosi dalle Ande. Comprende tre zone piuttosto ben distinte, che si evidenziano man mano che da est si procede verso ovest. Subito a ovest del Río Paraguay il paesaggio del basso Chaco diventa una piacevole e verde savana di palme caranday, interrotta qua e là da cespugli spinosi, chiamata comunemente *monte*. In questa zona di acque stagnanti, le pozze e le paludi offrono rifugio a una grande moltitudine di uccelli variopinti, tra cui le goffe cicogne sudamericane. Gli abitanti sono per lo più contadini che costruiscono case pittoresche di tronchi di palma, ma l'industria primaria è l'allevamento dei magri bovini, radunati dai *gauchos* paraguayani in *estancias* le cui dimensioni superano a volte quelle delle estancias argentine o uruguayane.

Man mano che la Ruta Trans-Chaco prosegue verso nord-ovest, le precipitazioni diminuiscono e il monte, che sopporta bene la siccità, si espande in boschetti di quebracho, palo santo e *palo borracho*, una pianta unica nel suo genere che conserva acqua nel tronco. Nonostante la diversità delle condizioni ambientali, nel Chaco centrale i coloni mennoniti sono riusciti a fondare delle comunità agricole, mentre nell'alto Chaco, oltre Mariscal Estigarribia, nessuno è riuscito a creare qualcosa di diverso da basi militari ed estancias di bovini. La zona è infatti ricoperta da una fitta boscaglia spinosa e le precipitazioni sono inaffidabili.

Storicamente il Chaco è stato l'ultimo rifugio di popolazioni indigene come gli Ayoreo e i Nivaclé, i quali fino a poco tempo fa vivevano indisturbati di caccia, raccolta e pesca. Le industrie più recenti sono quelle dell'allevamento e dell'estrazione del tannino, di cui è ricco il quebracho. Furono i coloni mennoniti, giunti nella zona nel 1927, a dimostrare che alcune zone del Chaco erano adatte a un'agricoltura più intensiva e a insediamenti permanenti. Al loro arrivo la Ruta Trans-Chaco non esisteva ancora (fu completata solo nel 1964 e asfaltata negli anni '80) e quindi, per raggiungere il cuore del Chaco, i coloni si servirono della linea ferroviaria che partiva da Puerto Casado, sul corso superiore del Río Paraguay.

Uno sguardo alla cartina rivela un numero incredibile di località che iniziano con la parola *Fortín*; si tratta delle numerose fortificazioni e trincee, molte delle quali sono rimaste praticamente immutate dalla guerra del Chaco (1932-5) contro la Bolivia. Nella maggior parte dei casi si tratta di luoghi abbandonati, ma accanto ad alcuni sono sorti dei piccoli insediamenti. L'esercito paraguayano continua a mantenere un piccolo contingente in tutta la regione.

La guerra del Chaco indusse il Paraguay a costruire una rete di strade sterrate che andarono poi in rovina alla fine delle ostilità. L'unica eccezione sono le strade all'interno della giurisdizione mennonita che, grazie all'impegno dei coloni, sono tuttora praticabili. Le altre sono invece accessibili solo ai fuori strada.

Viaggiare in questa regione può essere difficile e al di fuori delle città principali le possibilità di alloggio sono poche; si può campeggiare quasi ovunque, ma occorre fare attenzione ai serpenti. In caso di necessità potete trovare un letto, a volte completo di zanzariera, in qualche estancias o presso i *campesinos* (contadini) lungo la Trans-Chaco. Per il resto dovrete arrangiarvi.

VILLA HAYES

A breve distanza da Asunción, oltre il Puente Remanso, sorge Villa Hayes che prende il proprio nome da uno dei più sconosciuti e anonimi presidenti americani, il quale, stranamente, è un eroe nel cuore e nelle menti dei Paraguayani. Molti lo considerano 'cittadino onorario del Paraguay'.

Rutherford Birchard Hayes (nella zona del fiume Plata si pronuncia 'ai-ses') fu presidente dal 1877 al 1881 e lasciò la carica senza neanche tentare di ottenere un secondo mandato. Anche nella sua città, Delaware nell'Ohio, viene ricordato con una semplice targa sulla sua casa natale (che ora è un distributore di benzina). In Paraguay, invece, gli è stato dedicato il

Club Presidente Hayes, che sponsorizza la squadra di calcio locale, una scuola, l'Escuela Rutherford B. Hayes, e un monumento posto davanti alla stessa. Nel 1928 e nel 1978 si sono tenute delle celebrazioni in suo onore.

Perché questo omaggio a un uomo quasi dimenticato nel proprio paese, che non ha mai neanche messo piede in Paraguay, 7400 km più a sud? Alla fine della guerra della triplice alleanza l'Argentina reclamava l'intera regione del Chaco, ma dopo delicati negoziati che non portarono a nulla, ambedue i paesi concordarono di sottoporre ad arbitrato la contesa di una piccola zona compresa tra il Río Verde e il Río Pilcomayo. Nel 1878 i diplomatici argentini e paraguayani si recarono a Washington per presentare il caso a Hayes, il quale decise a favore del Paraguay; in segno di gratitudine il Congresso di Asunción immortalò il presidente americano ribattezzando con il suo nome la città più grande della zona, Villa Occidental.

Se volete presenziare al 150° anniversario della storica decisione, nel 2028, prendete l'autobus n. 46 da Estados Unidos o Av España, nel centro di Asunción. Le partenze sono ogni mezz'ora tra le 5.30 e mezzogiorno e ogni 45 minuti da mezzogiorno alle 21.

POZO COLORADO

Pozo Colorado, 274 km a nord-ovest di Asunción, non ha nulla di particolarmente interessante, ma è l'unico importante crocevia dell'intera regione del Chaco. Da qui la Ruta 5, praticabile solo se non piove, corre verso est fino a Concepción, dove è possibile prendere un autobus per tornare verso Asunción o proseguire per Pedro Juan Caballero, sul confine brasiliano. C'è un posto di controllo militare subito prima di arrivare a Pozo Colorado.

Il *Parador Pozo Colorado*, sul lato settentrionale della statale, serve piatti discreti e birra gelata; è possibile che possa ospitarvi per la notte, ma in caso contrario provate a chiedere alla stazione di rifornimento della Shell, dall'altra parte della strada. Da Concepción la compagnia Nasa offre due servizi al giorno per Asunción, alle 7.30 e alle 23, passando da Pozo Colorado. Il tragitto richiede circa 2 ore e mezzo o al massimo 3. Ci sono molti altri autobus che proseguono per gli insediamenti mennoniti di Filadelfia, Loma Plata e Neu-Halbstadt.

FILADELFIA

Filadelfia, centro degli organi amministrativi e dei servizi della colonia mennonita di Fernheim, è la più visitata delle tre colonie e ha le sistemazioni più economiche e gli abitanti più estroversi. Per certi versi assomiglia alle città di mandriani dell'Australia o del far west americano, ma l'economia non è tanto basata sull'allevamento quanto sui prodotti caseari e sul cotone. Proprio come gli aborigeni accudiscono i bovini in Australia, anche i Nivaclé, i Lengua, gli Ayoreo e altre popolazioni indigene lavorano nelle fattorie dei mennoniti. La New Tribes Mission, un gruppo evangelico non collegato ai mennoniti, ha un ufficio in città.

Filadelfia è ancora una comunità religiosa e la domenica è quasi tutto chiuso. La mattina, nei giorni feriali, i contadini mennoniti vengono a prelevare i braccianti indiani con i loro pick-up e a fine giornata li riportano in città. A mezzogiorno, quando il caldo può diventare insopportabile, la città è incredibilmente silenziosa, poiché i mennoniti hanno adottato l'usanza della siesta tropicale.

Orientamento

Filadelfia è circa 450 km a nord-ovest di Asunción lungo la Ruta Trans-Chaco. La città sorge 20 km a nord della statale, su un tratto di strada che è asfaltata fino ad 1 km circa a sud della città.

Le strade polverose e sterrate formano una pianta a griglia molto regolare. La *Hauptstrasse* (strada principale) corre da nord a sud e si chiama Hindenburg, dal nome del generale e presidente tedesco il cui governo aiutò i coloni di Fernheim a fuggire dall'Unione Sovietica. L'altra arteria principale è Trébol, che porta in direzione est a Loma Plata, centro della colonia di Menno, e verso ovest alla Ruta

Trans-Chaco e a Fortín Toledo. Quasi tutti i principali servizi pubblici sono in Hindenburg o nelle vicinanze.

Informazioni
Uffici turistici Filadelfia non ha un ufficio turistico vero e proprio, ma all'Hotel Florida potete assistere alla proiezione di un documentario sulle colonie mennonite.

Cambio Per cambiare contanti andate al supermercato Cooperativa Mennonita, all'angolo tra Unruh e Hindenburg.

Poste e telecomunicazioni L'ufficio postale e l'Antelco sono ambedue in Hindenburg angolo Unruh. Il prefisso telefonico di Filadelfia è 091.

Assistenza sanitaria Il moderno ospedale di Filadelfia (☎ 2851) è in Hindenburg angolo Trébol.

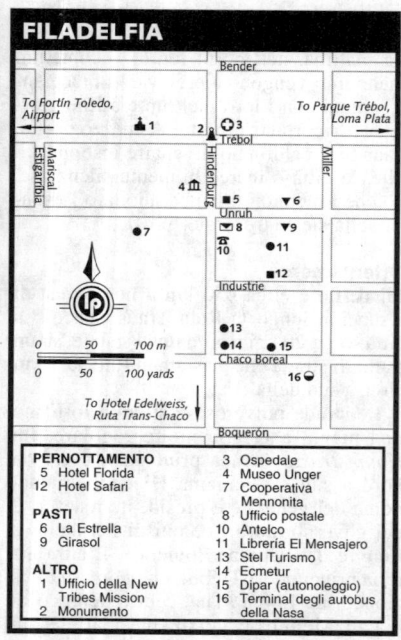

PERNOTTAMENTO	3 Ospedale
5 Hotel Florida	4 Museo Unger
12 Hotel Safari	7 Cooperativa Mennonita
PASTI	8 Ufficio postale
6 La Estrella	10 Antelco
9 Girasol	11 Librería El Mensajero
	13 Stel Turismo
ALTRO	14 Ecmeter
1 Ufficio della New Tribes Mission	15 Dipar (autonoleggio)
2 Monumento	16 Terminal degli autobus della Nasa

Museo Unger
Questo museo ben organizzato, in Hindenburg, di fronte all'Hotel Florida, documenta la storia della colonia di Fernheim dalla sua fondazione, nel 1930, al presente e contiene anche materiale etnografico sugli indiani del Chaco. Non ha orari regolari, ma quando non ha impegni Hartmut Wohlgemut, gestore dell'albergo, organizza visite guidate in spagnolo o tedesco. Per l'ingresso si paga circa US$1.

Pernottamento
Campeggi È possibile campeggiare gratuitamente nell'ombroso *Parque Trébol*, 5 km a est di Filadelfia, che però è privo di acqua e ha solo una toilette alla turca.

Alberghi Il più vecchio albergo di Filadelfia è l'*Hotel Florida* (☎ 2476), all'angolo tra Hindenburg e Unruh. Le doppie stile motel con bagno privato e aria condizionata costano US$28 per persona compresa la prima colazione. Il suo annesso è un vero e proprio affare: US$6 per persona con letti confortevoli, bagno in comune, docce fredde (che vanno benissimo in questa zona) e ventilatori; le stanze con bagno privato costano US$10 (per la prima colazione si paga un supplemento di US$3).

Le singole/doppie al nuovo *Hotel Safari* (☎ 2218) in Industrie, tra Hindenburg e Miller, costano US$22/29, compreso l'uso della piscina.

Pasti
Nell'*Hotel Florida* c'è un ristorante discreto, oppure si può fare uno spuntino in uno dei tanti negozi lungo Hindenburg che vendono anche gelato artigianale. Assaggiate la *parrillada* del **La Estrella**, in Unruh, dietro l'angolo rispetto all'Hotel Florida, dove ci si può anche sedere fuori all'ombra. Il *Girasol*, dalla parte opposta della strada, serve anche un buon *asado*. Il moderno supermercato Cooperativa Mennonita vende ottimi prodotti caseari e altri generi alimentari.

Acquisti
La Librería El Mensajero, dietro l'Antelco, di fronte alla cooperativa mennonita, è una

libreria evangelica che offre anche una buona scelta di oggetti d'artigianato realizzati dagli indiani del Chaco. A Neu-Halbstadt c'è però una scelta migliore.

Per/da Filadelfia
La compagnia di autobus Nasa, in Chaco Boreal all'angolo con Miller, porta ad Asunción (7 ore) tutti i giorni alle 14.30 e alle 21.30 e alle 2 serve Mariscal Estigarribia (2 ore) ed Estancia La Patria (5 ore), ultima fermata dei mezzi pubblici sulla Trans-Chaco prima del confine boliviano. C'è anche un servizio di minibus che parte alle 13 di sabato (US$4) diretto a Mariscal Estigarribia, ideale per coloro che desiderano vedere il paesaggio. La Stel Turismo, sul lato orientale di Hindenburg, tra Industrie e Chaco Boreal, collega Filadelfia ad Asunción tutti i giorni e mezzogiorno tranne il sabato. La Ecmetur, all'angolo tra Hindenburg e Chaco Boreal, offre servizi per la capitale tutti i giorni alle 19 o alle 20.

La linea locale di autobus Expreso CV collega Filadelfia a Loma Plata (25 km) tutti i giorni alle 8, con ritorno alle 9. I minibus della compagnia Nasa fanno servizio per Neu-Halbstadt lunedì, mercoledì e venerdì alle 11.30 con ritorno alle 13.

Gli autobus di quest'ultima compagnia provenienti da Asunción fermano a Loma Plata e la maggior parte, se non piove, prosegue per Neu-Halbstadt, mentre la Stel Turismo ferma a Loma Plata e Neu-Halbstadt, che piova o meno. Se avete intenzione di raggiungere altre destinazioni, come Fortín Toledo, Neu-Halbstadt o Loma Plata a ore strane, vale la pena fare l'autostop o chiedere un passaggio a qualcuno.

Trasporti locali
La Dipar (☎ 2450), in Chaco Boreal tra Hindenburg e Miller, noleggia automobili con aria condizionata per US$50 al giorno compresi i primi 100 km, a condizione di rimanere entro i confini delle colonie mennonite.

DINTORNI DI FILADELFIA
Cruce de los Pioneros
Tradizionale tappa sulla Trans-Chaco, l'*Hotel Cruce de los Pionieros* (☎ 094820, 605740 ad Asunción) offre buone sistemazioni e un ristorante. Il proprietario dell'albergo organizza escursioni nell'interno del Chaco. Le singole/doppie costano US$24/32.

Fortín Toledo
Circa 40 km a ovest di Filadelfia, Fortín Toledo fu teatro di diversi combattimenti di trincea durante la guerra del Chaco. Ora ospita il Proyecto Taguá, una piccola riserva popolata da pecari giganti o pecari di Wagner *(Catagonus wagneri)*, una specie che si pensava estinta da almeno 50 anni fino alla sua riscoperta in una zona remota nel 1975. I direttori attuali del progetto, Jakob e María Unger, parlano inglese e, se sono liberi da impegni, saranno felici di fornirvi tutte le informazioni del caso.

I pecari sono confinati in una zona di foresta recintata, con una grande pozza che attira anche molti uccelli. I direttori del progetto, sponsorizzati in parte dal San Diego Zoo (alcuni mammiferi sono esposti in questo zoo), sperano di riuscire a estendere la riserva, ma ci sono problemi di natura legale relativi all'acquisizione della proprietà adiacente, che è oggetto di un contenzioso ereditario. Nelle vicinanze potete visitare le fortificazioni di Fortín Toledo, alcune delle quali si trovano ancora in ottime condizioni, e un cimitero militare paraguayano. Quando siete sul posto cercate di immaginarvi nelle polverose e fangose trincee in attesa della carica dei boliviani.

Se provenite da Filadelfia, per arrivare a Fortín Toledo fate l'autostop o prendete un autobus (come ad esempio quello della compagnia Nasa diretto a Estancia La Patria) da Calle Trébol fino all'incrocio con la Ruta Trans-Chaco. Da qui attraversate la statale e proseguite per circa 3 km fino a un enorme pneumatico sul quale è dipinta la scritta 'pasar prohibido'. Continuate per altri 7 km sulla strada principale, passando davanti a diversi edifici occupati da abusivi che fanno parte di una vecchia estancia, poi svoltate a destra e arrivate a un cartello con la scritta 'Proyecto Taguá' (se siete a piedi evitate la calura di mezzo-

Le colonie mennonite

I mennoniti sono anabattisti, ossia sostengono che il battesimo debba venire impartito agli adulti e non ai neonati. Oggi questa credenza sembra innocua, ma nell'Olanda e nella Svizzera del XVI secolo provocò loro seri problemi sia con i cattolici sia con altri protestanti. Convinti pacifisti, i mennoniti credono inoltre nella separazione tra stato e chiesa e rifiutano il servizio militare obbligatorio, tutte convinzioni che a quel tempo contribuirono a peggiorare la loro situazione costringendoli a fuggire in Germania, Russia e Canada. All'inizio del XX secolo i disordini politici li indussero ancora una volta a trasferirsi altrove, questa volta in America latina. Mete principali dell'immigrazione furono il Messico e il Paraguay.

Ciò che li attirava in Paraguay erano le vaste distese di terra disabitata, dove avrebbero potuto seguire i loro ritmi tradizionali, e la disponibilità del governo a concedere alla comunità l'autonomia politica in base a un *Privilegium* che garantiva loro immunità e diritti: erano responsabili del proprio sistema scolastico (con istruzione in tedesco) e dell'applicazione delle leggi nella comunità, avevano un'organizzazione economica separata, erano esenti da tassazione, godevano di libertà religiosa ed erano esonerati dal servizio militare. I primi ad arrivare in Paraguay, nel 1927, furono i mennoniti *Sommerfelder* (campo estivo) provenienti dalle praterie canadesi, i quali lasciarono il paese dopo che le autorità non mantennero la promessa di esonerarli dal servizio militare. I Sommerfelder formarono la colonia di Menno, il primo di tre gruppi distinti che, però, condividevano in parte gli stessi territori. Concentrato intorno alla città di Loma Plata, si tratta ancora della comunità più conservatrice e fedele alle proprie tradizioni.

Pochi anni dopo la fondazione della colonia di Menno, giunsero dei rifugiati provenienti dall'Unione Sovietica che si stabilirono a Fernheim (casa lontana) fissando la propria 'capitale' a Filadelfia. Neuland (terra nuova) fu fondata nel 1947 da mennoniti ucraino-tedeschi, molti dei quali, con riluttanza, avevano fatto parte dell'esercito tedesco nella seconda guerra mondiale ed erano riusciti a rimanere in occidente dopo il rilascio dai campi di prigionia. L'insediamento più grande di quest'ultimo gruppo è Neu-Halbstadt.

Gli immigrati mennoniti ottennero grandi concessioni con il Privilegium, ma ben presto scoprirono che i Paraguayani avevano approfittato del loro desiderio di vivere in pace e indisturbati assegnando loro delle terre in mezzo a una zona di conflitti. Fin dall'inizio del secolo il Paraguay e la Bolivia costruivano fortificazioni in previsione di uno scontro armato su un'area che era stata oggetto di antagonismi dai tempi del colonialismo. Nel 1932 questo antagonismo sfociò in una guerra aperta e gli insediamenti mennoniti si trovarono nel bel mezzo del teatro bellico, fatti anche oggetto degli attacchi aerei boliviani.

A causa del loro isolamento i mennoniti vedevano di rado i Paraguayani, pur mantenendo con

giorno). Potete anche provare a percorrere questo tratto in autostop.

A Rosaleda, vicino a Fortín Toledo, l'***Hotel Suiza*** (☎ *0951-355*) offre sistemazioni a partire da US$10 per persona e un buon ristorante.

LOMA PLATA
Loma Plata, 25 km a est di Filadelfia, è il centro degli organi amministrativi e dei servizi della colonia di Menno, l'insediamento più antico e conservatore di questa comunità. C'è un ottimo museo con un'esposizione all'aperto di vecchi attrezzi agricoli e una tipica casa di pionieri, con all'interno un'eccellente mostra fotografica sulla storia della colonia. Chiedete la chiave al Secretariat, il grosso edificio accanto al museo.

Sono disponibili delle stanze all'***Hotel Loma Plata*** per circa US$10, con bagno in comune. In alternativa potete anche alloggiare al nuovo ***Hotel Algarrobo*** (☎ *0918-353*) a 1 km dalla città, per

Le colonie mennonite

essi contatti regolari, e qua che volta entravano in conflitto con gli indiani del Chaco. Durante la guerra gli indiani nomadi, che non parteggiavano per nessuno dei due paesi, furono presi di mira sia dai Boliviani sia dai Paraguayani. Alcuni si rifugiarono presso i mennoniti, mentre altri si opposero con violenza alla loro intrusione. Negli anni '40 i cacciatori-raccoglitori Ayoreo attaccarono e uccisero alcuni membri di una famiglia mennonita nel Chaco nordoccidentale, sebbene rimanga ancora da chiarire la responsabilità dell'accaduto.

Questi casi estremi erano rari, ma più di un indiano era convinto che i mennoniti erano degli invasori e non esitava a lasciare pascolare i propri animali sui loro raccolti. Per motivi sia religiosi sia di convenienza, i mennoniti incoraggiavano gli indiani a seguire il loro esempio diventando contadini sedentari. In ogni caso venivano mantenute le distanze: gli indiani che adottavano la loro religione erano incoraggiati a formare la propria chiesa e a integrarsi nella società paraguayana piuttosto che in quella mennonita. Nel corso degli anni molti Lengua e Nivaclé (Chulupí) iniziarono a lavorare come braccianti nelle fattorie mennonite. Questo sfruttamento opportunistico, e l'atteggiamento condiscendente di qualcuno, allontanò molti indiani, il cui sistema culturale era basato su principi più egualitari e solidali. Non si mette in dubbio la sincerità delle convinzioni cristiane dei mennoniti, né tanto meno il loro pacifismo, ma come disse un membro della comunità, 'non tutti vivono secondo i principi della religione.'

Con l'insediamento di un maggior numero di Paraguayani nel Chaco, le comunità mennonite iniziano a subire pressioni da parte delle autorità e si teme che il governo decida di revocare il Privilegium. Se alcuni mennoniti hanno investito i loro guadagni in Paraguay, altri stanno cercando nuove opportunità altrove. Dall'altro lato l'elezione di un mennonita quale governatore del dipartimento di Boquerón, a cui capitale è Filadelfia, indica forse il desiderio di partecipare più direttamente alla vita politica e sociale del Paraguay.

Negli ultimi tempi, comunque il benessere materiale di Filadelfia ha contribuito a creare una generazione più interessata alle motociclette e ai video che ai valori tradizionali della comunità ,e ciò incontra la disapprovazione di molti mennoniti. Birra e tabacco, un tempo assolutamente *verboten*, ora si trovano ovunque nei negozi, anche se in genere solo chi non appartiene alla comunità ne fa uso in pubblico.

Nella regione ci sono circa 15.000 mennoniti e un numero leggermente superiore di indiani. Tra di loro i mennoniti preferiscono parlare il dialetto *plattdeutsch* (basso tedesco), ma parlano correntemente e capiscono anche l'*hochdeutsch* (alto tedesco), la lingua insegnata nelle scuole. Quasi tutti gli adulti parlano spagnolo e alcuni anche un discreto inglese. Gli indiani del luogo parlano sia tedesco sia spagnolo, anche se la maggior parte preferisce esprimersi nella propria lingua.

US$12 per persona con bagno privato, aria condizionata e prima colazione. L'hotel dispone di due ristoranti il ***Churrascaría Amambay*** e ***La Carreta***.

È possibile visitare questa località anche con un'escursione in giornata da Filadelfia, da dove partono autobus tutti i giorni. Gli autobus che collegano Filadelfia ad Asunción fermano dopo mezz'ora a Loma Plata e anche sul tragitto di ritorno, da Asunción a Filadelfia, la prima fermata è Loma Plata.

NEU-HALBSTADT

Fondata nel 1947 da mennoniti ucraino-tedeschi, 33 km a sud di Filadelfia, Neu-Halbstadt è il centro servizi della colonia di Neuland. L'***Hotel Boquerón*** (☎ *0951-311*) offre singole/doppie per US$15/22 e un buon ristorante, ma c'è anche un ***campeggio*** a nord della città. Il vicino Fortín Boquerón conserva un tratto di trincee della guerra del Chaco.

A sud di Neuland si trovano le più grandi riserve indiane del paese, dove molti

Lengua e Nivaclé si sono insediati con l'aiuto dell'Asociación del Servicio de Cooperación Indígena Menonita (ASCIM), imparando a coltivare la terra. Neu-Halbstadt è il luogo ideale dove acquistare oggetti artigianali realizzati dagli indiani, tra cui borse e amache, nonché cinture e coperte tinte con colori naturali. Se desiderate avere informazioni complete sugli indiani locali rivolgetevi a Verena Regehr (☎ 286), a Neu-Halbstadt, che distribuisce inoltre una vasta scelta di oggetti artigianali indiani senza fini di lucro ed è anche la proprietaria del negozio Artesanía Viva di Asunción. Anche Heinrich Braun (☎ 319) è una buona fonte di informazioni su Neu-Halbstadt.

Diversi autobus che collegano Filadelfia ad Asunción proseguono per Neu-Halbstadt, ma ci sono anche collegamenti diretti dalla capitale. La Stel Turismo offre servizi per la capitale tutti i giorni alle 18.30, il sabato alle 12.

PARQUE NACIONAL DEFENSORES DEL CHACO

Istituito nel 1980, il Defensores del Chaco, situato nell'Alto Chaco, è il parco più grande (780.000 ettari) e remoto del paese. Un tempo popolata esclusivamente da nomadi del gruppo Ayoreo, l'area del parco è costituita essenzialmente da una pianura alluvionale ricoperta di foresta a un'altitudine di circa 100 m, sulla quale si erge isolato il picco, alto 500 m, di Cerro Léon.

Quebracho, algarrobo, palo santo e cactus sono le specie vegetali dominanti nella fitta boscaglia spinosa, che ospita una fauna molto varia nonostante la caccia di frodo, difficile da controllare su un'area così vasta e scarsamente popolata. È il luogo ideale per riuscire a vedere grossi felini come il giaguaro, il puma, il gattopardo e il gatto di monte, oltre ad altre specie endemiche, anche se, come succede anche altrove, queste ultime sono più difficili da avvistare.

Il parco si trova a 830 km dalla capitale ed è raggiungibile attraverso strade inaccessibili alla maggior parte dei veicoli, specialmente se ha piovuto. Si arriva agli uffici amministrativi del parco seguendo una strada a nord di Filadelfia che porta a Fortín Teniente Martínez e poi a Fortín Madrejón, 213 km più a nord. Altri servizi sono ad Aguas Dulces, a 84 km da Madrejón.

Non essendoci trasporti pubblici regolari per questo parco, l'accesso è difficile ma non impossibile. Informatevi presso la Dirección de Parques Nacionales (☎ 021-445214) di Asunción, che può mettervi in contatto con le guardie forestali che qualche volta vanno ad Asunción. Se hanno posti liberi non è raro che portino passeggeri sul tragitto di ritorno. Lasciare il parco può presentare qualche difficoltà, ma abbiate pazienza, di certo non rimarrete bloccati per sempre.

MARISCAL ESTIGARRIBIA

A detta del lettore Jerry Azevedo, l'ultimo insediamento di una certa importanza sulla Trans-Chaco prima del confine boliviano ha '300 soldati, 150 civili e altrettanti galli': si tratta di Mariscal Estigarribia, che sorge a 540 km da Asunción. Dato che oltre questa località non ci sono pompe di benzina affidabili, chi è in automobile dovrebbe fare il pieno e portarsi scorte di carburante oltre a cibo e acqua.

Potete pernottare all'*Hotel Alemán*, dove la stanza doppia costa US$16, e mangiare al *Restaurant Achucarro* (che offre anche sistemazioni spartane).

Ci sono inoltre un posto di polizia e una stazione di rifornimento, quest'ultimo luogo ideale per trovare un passaggio se siete intenzionati a proseguire per la Bolivia. Da Mariscal Estigarribia passa un autobus diretto a Santa Cruz (Bolivia), ma è meglio comprare il biglietto ad Asunción.

Ogni venerdì alle 8 un autobus della compagnia Nasa raggiunge Estancia la Patria (3 ore), l'ultimo avamposto sulla Trans-Chaco accessibile con i mezzi pubblici. Per Asunción (US$12.50, 10 ore) ci sono collegamenti giornalieri e la domenica le corse sono due.

ESTANCIA LA PATRIA

Ad appena 85 km dalla frontiera con la Bolivia, Estancia La Patria è destinata a diventare un centro servizi per le estancias dell'Alto Chaco, con acqua corrente, centrale elettrica, scuola, ospedale, rete telefonica, motel e stazione di rifornimento. Ogni venerdì alle 14 gli autobus diretti a est raggiungono Mariscal Estigarribia (3 ore), Filadelfia (5 ore) e Asunción (14 ore). Qui è anche possibile trovare benzina.

Salute

Chi proviene dall'estero è bene che stipuli una buona assicurazione di viaggio prima della partenza.

Guide sanitarie per viaggiatori
In Italia i Servizi d'igiene e sanità pubblica delle ASL (Aziende Sanitarie Locali) distribuiscono gratuitamente opuscoli e stampati d'informazione sanitaria per i viaggiatori. In libreria si trovano volumi specifici su viaggi e salute. Ecco alcuni titoli utili:

La salute in viaggio, Valter Accomasso, Vallardi, Milano 1998. Vademecum indispensabile per viaggiare sani e salvi a tutte le latitudini: come comportarsi, dalla partenza fino al ritorno a casa.

Viaggiare e stare bene. Guida sanitaria per il viaggiatore, Giovanna Zanella, Portoria Editrice, Milano 1997. Tutto su prevenzione e salute nei viaggi internazionali.

Il viaggiarsano. Guida medico-pratica per girare il mondo in salute, Orazio Anni, Hoepli, Milano 1991 (ultima ristampa 1995). Un'utile lista di dettagliati consigli ed esaurienti istruzioni, indispensabile al viaggiatore d'oggi.

"Dottore, posso andare in montagna?". Preziosi consigli di un medico, Daniela Bortolin, Club Alpino Italiano Sez. UGET-Torino, Edizioni Arti Grafiche San Rocco, Grugliasco (To) 1997. Per gli amanti della montagna, estiva e invernale.

La salute in valigia, Christian Tal Schaller, Blu International Studio, Borgofranco d'Ivrea (To) 1998. Il celebre medico svizzero, dopo 25 anni di viaggi nel mondo, ci propone tutti i mezzi naturali per viaggiare in piena forma, senza fatica né malattie.

Viaggiare con i bambini, Maureen Wheeler, EDT/Lonely Planet, Torino 1996. Contiene consigli di base per la salute dei bambini più piccoli durante il viaggio.

Su Internet è possibile trovare numerosi siti eccellenti sulla salute. Dal sito web della Lonely Planet, all'indirizzo www.lonelyplanet.com/weblinks/wlprep.htm#heal, è possibile collegarsi ai siti dell'Organizzazione Mondiale della Sanità e degli US Centers for Disease Control & Prevention (Centri di controllo e prevenzione delle malattie degli Stati Uniti).

Preparativi prima della partenza
Assicuratevi di star bene prima di partire. Se vi preparate a un viaggio lungo, accertatevi che i vostri denti non richiedano cure. Se portate gli occhiali, prendetene un paio di riserva e portatevi dietro la prescrizione oculistica. Potrete farvene fare un paio in fretta e con competenza, secondo la prescrizione e la montatura. Sostituire le lenti a contatto può essere più complicato e farà perdere un po' più di tempo. Se avete bisogno di un farmaco particolare, portatevene una scorta sufficiente e non dimenticate la ricetta con l'indicazione del nome farmacologico accanto al nome commerciale del farmaco: in tal modo sarà più facile trovare un prodotto sostitutivo, in caso di necessità.

Vaccinazioni Per entrare in Uruguay e Paraguay non sono richieste vaccinazioni obbligatorie; comunque, più ci si allontana dalle zone abitate, più è necessario prendere delle precauzioni e quindi considerare la possibilità di vaccinarsi contro alcune malattie.

È importante comprendere la distinzione tra vaccini raccomandati per viaggiare in alcune regioni e quelli richiesti dalla legge. In generale, il numero dei vaccini soggetti alle norme sanitarie internazionali è stato drasticamente ridotto negli ultimi dieci anni: attualmente, l'unico è quello contro la febbre gialla. Il certificato di vaccinazione contro la febbre gialla è richiesto in Paraguay solo per i viaggiatori provenienti da zone infette (molti paesi del Centro Africa e dell'America del Sud tropicale).

Pianificate in anticipo le vaccinazioni, perché in alcuni casi è necessaria un'iniezione iniziale seguita da una seconda di rinforzo a distanza di un mese, mentre alcuni vaccini non possono essere sovrapposti ad altri. È consigliabile pertanto rivolgersi al proprio medico almeno due mesi prima della partenza. Le vaccinazioni vanno fatte prima di partire presso il Servizio di igiene e sanità pubblica delle ASL (cercate l'indirizzo alla voce 'Azienda sanitaria locale' dell'elenco telefonico). Esse verranno registrate sul Certificato internazionale di vaccinazione, da portare con sé in viaggio.

Siate consapevoli che i bambini e le donne incinte corrono maggiori rischi di contrarre malattie.

Ecco un elenco delle vaccinazioni consigliate ai viaggiatori diretti in Uruguay e Paraguay:

Difterite e tetano L'antidifterica e l'antitetanica in Italia sono vaccinazioni obbligatorie per tutti i bambini. È consigliato un richiamo antitetanico-antidifterico del tipo per adulti (andrebbe fatto ogni dieci anni) nel caso in cui queste vaccinazioni siano scadute o prossime alla scadenza.

Poliomielite È una malattia grave e contagiosa, presente ancora in molti paesi in via di sviluppo. Il vaccino viene somministrato nell'infanzia; un richiamo ogni 10 anni mantiene l'immunità.

Epatite virale A Il vaccino (due dosi iniettate a distanza di 6-12 mesi l'una dall'altra) conferisce protezione contro il rischio di contrarre l'epatite virale A da alimenti e bevande contaminate. Dopo la prima dose vi è già una buona protezione.

Epatite virale B Il vaccino (due dosi iniettate a distanza di un mese, più un richiamo dopo sei mesi) è consigliato soprattutto a chi prevede di avere rapporti sessuali con persone del luogo o di lavorare in campo sanitario. Per avere un minimo di protezione occorrono almeno due dosi.

È anche disponibile un vaccino bivalente, valido per l'epatite A e per l'epatite B, consigliato a chi intende proteggersi da entrambe le infezioni virali. Sono necessarie tre iniezioni nell'arco di sei mesi: dopo le prime due, che vanno effettuate a distanza di un mese, vi è già una discreta protezione.

Febbre tifoide La vaccinazione antitifica è consigliata a tutti i viaggiatori. È disponibile per via orale sotto forma di tre capsule o di vaccino intramuscolare (una sola iniezione protegge per tre anni).

Rabbia La vaccinazione antirabbica è consigliata a chi intende fare trekking in zone isolate o lavorare con gli animali (veterinari, speleologi, biologi, cacciatori). La rabbia animale è infatti molto diffusa. La vaccinazione è particolarmente raccomandata ai bambini (che possono non riferire di essere stati morsi). Comporta tre iniezioni nell'arco di un mese. Anche se si è stati vaccinati, in caso di morso o graffio da parte di un animale si dovranno fare ulteriori dosi di richiamo.

Assicurazioni Se avete optato per un viaggio organizzato, l'assicurazione sarà senz'altro inclusa nel 'pacchetto', ma controllate bene che tipo di copertura prevede.

Se viaggiate per conto vostro potete provvedere voi stessi, rivolgendovi a un'assicurazione specializzata per il turismo (Ami, Elvia, Europ Assistance). Vi saranno proposte polizze di vario tipo, con coperture più o meno ampie secondo la durata del viaggio e quanto volete spendere. Prima di scegliere, confrontate diverse polizze e leggetele attentamente. Di solito viene fatta un'unica polizza che comprende l'assicurazione medica, quella sul bagaglio e quella sulla vita, ma ci sono anche polizze che prevedono il rimborso del biglietto se siete costretti ad annullare il viaggio per motivi familiari o professionali. Ovviamente, più garanzie chiedete, più alto sarà il costo.

Leggete bene la sezione sul bagaglio, perché molte polizze pongono un tetto a quanto sono disposte a pagare per ogni singolo collo smarrito o rubato. Controllate le parti scritte in piccolo:

- Alcune polizze escludono specificatamente le 'attività pericolose', tra le quali possono rientrare le immersioni subacquee, il motociclismo e persino il trekking. Se prevedete di svolgere tali attività, non scegliete queste polizze.
- Potreste preferire una polizza che paghi direttamente il medico e l'ospedale, evitandovi quindi di pagare sul posto per poi chiedere il rimborso. Alcune polizze vi chiedono, in caso di bisogno, di telefonare subito (con tariffa a carico del destinatario) a un centro in Italia, dove verrà fatta una pronta valutazione del vostro problema. Se avete sottoscritto una polizza che prevede il rimborso, conservate con cura tutta la documentazione delle spese mediche che avete sostenuto.
- Controllate che la polizza copra le spese per l'ambulanza o per un eventuale volo di rimpatrio. Nel caso in cui dobbiate stare distesi avrete bisogno di due posti e qualcuno dovrà pagarli!

Gli antibiotici vanno sempre somministrati sotto controllo medico e non dovrebbero mai essere assunti indiscriminatamente. L'abuso di queste sostanze può indebolire le naturali capacità di difesa dell'organismo contro le infezioni e può ridurre l'efficacia del farmaco in caso di una successiva somministrazione.

Si raccomanda di rispettare le dosi e gli intervalli prescritti e di continuare a usare l'antibiotico per tutto il periodo indicato, anche se avete l'impressione di essere già guariti. Per ogni tipo di infezione vi è un antibiotico specifico, ma interrompetene immediatamente l'assunzione se notate delle reazioni gravi e non usatelo affatto se non siete sicuri che sia quello giusto.

Regole fondamentali

La prima regola è quella di fare attenzione a ciò che si mangia e si beve: la diarrea è il problema di salute più frequente in viaggio (in due settimane di soggiorno dal 30% al 50% dei viaggiatori soffre di questo disturbo), ma nella maggioranza dei casi tutto si risolve nel giro di pochi giorni. Non è il caso di diventare paranoici; dopo tutto, assaggiare il cibo locale fa parte dell'esperienza del viaggio.

Cibo Se la vostra alimentazione è poco nutriente o scarsa, se viaggiate intensamente e cominciate a saltare i pasti o se semplicemente perdete l'appetito, potreste perdere peso e mettere a repentaglio la vostra salute.

Cercate di seguire una dieta ben bilanciata. Le uova, i fagioli, le lenticchie e le noci sono alimenti ricchi di proteine. La frutta che si può sbucciare (banane, arance e mandarini, per esempio) in genere è esente da rischi (è meglio però evitare i meloni, che possono contenere batteri nella polpa) ed è una fonte sicura di vitamine. Cercate di mangiare molti cereali (riso) e pane. Ricordate che di solito il cibo ben cotto è più sicuro, ma perde gran parte del suo valore nutritivo se viene cotto troppo. Se la vostra dieta non è ben bilanciata o se mangiate troppo poco è bene che assumiate delle compresse di vitamine.

Se la temperatura è elevata, accertatevi di bere a sufficienza; non basatevi solo sullo stimolo della sete per decidere quando bere. L'assenza del bisogno di urinare o urine di colore giallo molto intenso sono segni di disidratazione. Portate sempre con voi una bottiglia d'acqua nei lunghi spostamenti. Una sudorazione eccessiva può comportare la perdita di sali minerali e provocare crampi muscolari. Le compresse di sali minerali possono essere d'aiuto, ma in genere è sufficiente aggiungere sale al cibo.

Acqua Secondo i volontari dei Corpi di Pace statunitensi, che vivono a stretto contatto con la popolazione nelle campagne e nelle città e che quindi conoscono le condizioni sanitarie, il Paraguay e l'Uruguay non presentano problemi di salute particolari per i viaggiatori. I funzionari raccomandano ai volontari il rispetto della 'regola dei 20 metri' da applicare per l'utilizzo dell'acqua nelle zone rurali (se la fonte d'acqua si trova entro 20 metri da una latrina, non bevetela). Chi scrive ha bevuto acqua di rubinetto da Ciudad del Este fino a Filadelfia e non ha avuto problemi, ma se siete in dubbio bevete l'acqua minerale che si può acquistare ovunque.

Sterilizzazione dell'acqua Il modo migliore per sterilizzare l'acqua è farla bollire a lungo (almeno quindici minuti). Ricordate che alle altitudini elevate l'acqua bolle a una temperatura più bassa, quindi è meno probabile che i germi vengano uccisi.

Il filtraggio rimuove le impurità ma non tutti i germi, quindi se non potete fare bollire l'acqua dovete ricorrere a mezzi chimici. Le compresse o soluzioni di cloro (Steridrolo, Amuchina) uccidono molti dei germi patogeni, ma non sono efficaci contro la giardia e l'amebia. Lo iodio è molto efficace nella sterilizzazione dell'acqua ed esiste sotto forma di compresse, ma seguite attentamente le istruzioni e ricordate che l'eccesso di iodio può essere dannoso.

Lo iodio è disponibile in Italia sotto forma di tintura di iodio (2%). La dose consigliata è di cinque-dieci gocce di tintura per ogni litro di acqua, che dovete poi lasciar riposare per 30 minuti. Le soluzioni per la preparazione casalinga di bibite serviranno a coprire il gusto dell'acqua trattata con lo iodio e si riveleranno utili se si viaggia con i bambini.

Per ogni evenienza, può essere utile avere con sé le cannucce Pocket Purifier dell'Invicta, che filtrano e rendono potabile l'acqua.

Salute quotidiana

Una temperatura corporea normale è di 37°C; un aumento superiore ai due gradi è febbre 'alta'. Le pulsazioni normali di un adulto variano tra 60 e 80 al minuto (tra 80 e 100 per i bambini, 100 e 140 per i neonati). È bene imparare a misurare temperatura e battito del polso. Come regola generale, le pulsazioni aumentano di circa 10 al minuto per ogni grado in più di temperatura corporea.

La frequenza della respirazione è anch'essa un indicatore dello stato di salute. Contate il numero di respiri al minuto: tra 12 e 20 è normale per adulti e ragazzi (fino a 30 per i bambini e 40 per i neonati). Persone con febbre alta o serie affezioni respiratorie (come la polmonite) respirano più in fretta del normale. Più di 40

Farmacia da viaggio

È bene portarsi dietro una piccola ed essenziale dotazione di medicinali. Ecco un elenco di ciò che potrebbe esservi utile:

❑ **Aspirina o Tachipirina** – per febbre e dolori.
❑ **Antistaminici** (Polaramin, Zirtec) – utili come decongestionanti per raffreddori allergici, orticaria e allergie. Possono indurre sonnolenza e interagire con l'alcol, quindi vanno usati con cautela; se possibile, prendetene uno che avete già usato.
❑ **Antibiotici** – utili se viaggiate al di fuori delle zone più battute, ma devono essere acquistati con la ricetta medica, che dovete portare con voi.
❑ **Preparati a base di caolino** (Kao Pront) o di **loperamide** (Imodium, Dissenten) – per alleviare i sintomi della diarrea; e a base di metoclopramide (Plasil) – contro la nausea e il vomito.
❑ **Antibiotici intestinali** (Bimixin, Normix, Rifacol) – per curare forme serie di diarrea del viaggiatore.
❑ **Soluzioni reidratanti** – per il trattamento della dissenteria grave, particolarmente importanti se viaggiate con bambini.
❑ **Antisettici, mercurocromo e polveri antibiotiche** o altri spray secchi del genere – per tagli e graffi.
❑ Una **pomata antistaminica** (Fargan, Polaramin) – per calmare irritazioni dovute a morsi o punture di insetti.
❑ **Polveri antimicotiche** – per i piedi e l'inguine.
❑ **Garze e cerotti** – per piccole ferite.
❑ **Forbici, pinzette e un termometro** (ricordate che i termometri al mercurio sono proibiti da alcune linee aeree).
❑ **Insettifughi** (Autan Extreme), creme protettive e lozioni per il sole, creme contro le screpolature e compresse o soluzioni per disinfettare l'acqua (Steridrolo, Amuchina).
❑ **Siringhe sterili** per qualsiasi emergenza, di cui almeno una sufficientemente grande per un eventuale prelievo per l'esame del sangue; quelle usate normalmente per le iniezioni sono troppo piccole.
❑ **Compresse multivitaminiche** – utili nei lunghi viaggi, quando l'assunzione quotidiana di vitamine potrebbe rivelarsi inadeguata.

inspirazioni poco profonde al minuto, di solito, significano polmonite.

Problemi medici e cure

I problemi medici che possono insorgere si suddividono in diversi gruppi. Innanzitutto ci sono quelli legati a fattori climatici e geografici: problemi causati dall'escursione termica, dall'altitudine o dall'uso di mezzi di trasporto. Ci sono poi le malattie e le indisposizioni dovute a mancanza di igiene, a morsi o punture di insetti o a contatti con persone e animali. Anche semplici tagli, morsi o graffi possono causare problemi.

Farsi le diagnosi e curarsi da soli può essere pericoloso, perciò, se possibile, cercate un aiuto qualificato. Le indicazioni su dosi dei farmaci e cure fornite in questa sezione vanno utilizzate solo in caso di emergenza. Ricorrete a un medico prima di assumere qualunque medicina. Un'ambasciata o consolato di solito è in grado di indirizzarvi a una persona qualificata.

Problemi causati da fattori climatici e geografici

Infezioni micotiche Le infezioni micotiche dovute al caldo colpiscono in particolare il cuoio capelluto, la pelle tra le dita dei piedi (piede d'atleta) o delle mani, l'inguine (micosi inguinale) e il corpo (tricofitosi). Quest'ultima si contrae da animali infetti, mentre il piede d'atleta si contrae attraverso il contatto con terreni o superfici umide, per esempio il piatto della doccia.

Per prevenire le infezioni micotiche indossate indumenti ampi e comodi, evitate le fibre artificiali, lavatevi spesso e asciugatevi accuratamente. Se contraete un'infezione, lavate quotidianamente la zona colpita con acqua e un sapone disinfettante, sciacquate e asciugate bene. Applicate una polvere antimicotica come il Tinaderm, il Daktarin o il Pevaryl, che si trovano molto facilmente. Cercate di esporre il più possibile la zona infetta all'aria e al sole; cambiate spesso gli asciugamani e la biancheria e lavateli in acqua molto calda.

Collasso da calore e scottature Usate una crema solare ad alto fattore di protezione e fate molta attenzione a coprire le zone che normalmente non sono esposte al sole, per esempio i piedi. Un cappello vi proteggerà il viso e il capo; per il naso e le labbra è bene usare anche una crema allo zinco o qualche altro preparato che limiti il passaggio dei raggi solari. Per le scottature leggere usate una crema reidratante adeguata. Proteggete gli occhi con degli occhiali da sole di buona qualità, soprattutto stando vicino ad acqua, sabbia o neve.

La disidratazione o la carenza di sali possono provocare il collasso da calore. Esso si manifesta con sintomi quali stanchezza, apatia, emicrania, capogiro e crampi muscolari. La sudorazione eccessiva, la diarrea e il vomito sono le principali cause della perdita di sali minerali e di liquidi. Per prevenire tale disturbo bevete molto e cercate di reintegrare i sali minerali perduti; le compresse di sali reperibili in commercio possono essere di aiuto. Il collasso da calore provocato dall'assenza di sudorazione è invece piuttosto raro, ma può colpire anche le persone che si trovano in climi caldi da un certo periodo.

Colpo di calore Questo disturbo grave, talora fatale, può aver luogo se il meccanismo che regola la temperatura corporea si altera ed essa si alza giungendo a livelli pericolosi. Periodi lunghi e continuati di esposizione a temperature elevate possono rendervi vulnerabili ai colpi di calore. Quando arrivate in un luogo dal clima caldo è bene evitare in un primo momento gli alcolici e le attività fisiche pesanti.

I sintomi sono senso di malessere, sudorazione scarsa o nulla e alta temperatura corporea (39-40 gradi). Quando la sudorazione cessa, la pelle si arrossa. Compariranno anche un'emicrania lancinante e una carenza di coordinazione nei movimenti: la persona colpita potrà cadere in stato confusionale o diventare aggressiva, e infine avrà delirio e convulsioni. È essenziale il ricovero ospedaliero. Nel frattempo bisogna spostare all'ombra il paziente, coprirlo con un lenzuolo o un asciugamano umido e fargli vento continuamente.

Jet lag Questo malessere, dovuto al rapido spostamento attraverso vari fusi orari, si verifica di solito quando se ne attraversano più di tre (ogni fuso orario di norma rappresenta una differenza di un'ora). Ciò avviene perché molte delle funzioni del corpo umano (come la temperatura, la frequenza del polso e lo svuotamento della vescica e dell'intestino) sono regolate da cicli interni della durata di 24 ore, detti ritmi circadiani. Quando copriamo rapidamente una lunga distanza, il nostro organismo ha bisogno di tempo per adattarsi alla 'nuova ora' della nostra destinazione e può reagire con sintomi quali fatica, disorientamento, insonnia, ansia, problemi di concentrazione e perdita di appetito. Questi sintomi di solito scompaiono entro tre giorni dall'arrivo, ma l'impatto del jet lag può essere ridotto con i seguenti accorgimenti:

- Rimanere a riposo nei giorni che precedono la partenza.
- Scegliere voli aerei che non costringano a privarsi del sonno; giungere a destinazione verso sera significa poter andare a dormire subito dopo l'arrivo e recuperare il sonno perduto. In caso di viaggi aerei molto lunghi, organizzatevi in modo da poter fare uno scalo.
- Mangiate poco (per evitare la sensazione di gonfiore allo stomaco) ed evitate le bevande alcoliche durante i voli. Assumete invece molte bevande analcoliche non gassate, come i succhi di frutta e l'acqua.
- Non fumate.
- Vestitevi con abiti ampi e comodi; per conciliare il sonno potete usare una mascherina per gli occhi e i tappi per le orecchie.
- Cercate di dormire nelle ore appropriate rispetto al fuso orario in vigore nel paese di destinazione.

Cinetosi o mal di viaggio Mangiare poco prima e durante il viaggio ridurrà il rischio di nausee. Se siete soggetti a cinetosi cercate di trovare un posto che renda minimo il disturbo: vicino alle ali sugli aeroplani, a metà nave sulle imbarcazioni e nei sedili centrali sugli autobus. L'aria fresca può essere di aiuto; al contrario leggere o fumare (o sedere accanto a qualcuno che fuma) può essere controproducente. Prima di iniziare il viaggio si può prendere un prodotto contro il mal di movimento (Xamamina), che di solito provoca sonnolenza; se lo assumente quando già vi sentite male sarà troppo tardi. I cerotti di scopolamina (Transcop) si applicano almeno quattro ore prima della partenza. La scopolamina può provocare sonnolenza. Usatela con attenzione, perché dilata la pupilla se viene a contatto con gli occhi. Due rimedi naturali contro la cinetosi sono lo zenzero (disponibile anche sotto forma di capsule) e la menta piperita (incluse le caramelle aromatizzate).

Malattie infettive

Colera L'epidemia di colera che ha colpito il Perù e altri paesi sudamericani all'inizio degli anni Novanta non si è diffusa tra la popolazione dell'Uruguay e del Paraguay, ma è comunque opportuno prendere alcune precauzioni. Non consumate frutti di mare crudi ed evitate il ghiaccio nelle zone dove l'acqua potabile non è sicura.

Questa grave malattia è causata dall'acqua e dal cibo contaminati e si manifesta con un improvviso attacco di diarrea acuta con feci risiformi (fiocchi di cellule e muco sospesi in un liquido acquoso), vomito, crampi muscolari e una grande debolezza. È necessario un aiuto medico, ma prendete subito provvedimenti contro la disidratazione, che può essere molto forte; se non potete raggiungere l'ospedale in tempi brevi cominciate a prendere la tetraciclina (Minocin, Bassado). In caso di emergenza, gli adulti possono assumere una compressa di Bassado da 100 mg due volte al giorno (dose ridotta della metà per i bambini tra i nove e i dodici anni). La tetraciclina è controindicata al di sotto dei nove anni d'età, perché può provocare pigmentazione dentaria; non dev'essere assunta dalle donne in gravidanza. È importante ricordare che per quanto essa possa abbreviare la durata della malattia, per avere salva la vita è necessario ingerire quantità adeguate di liquidi.

La vaccinazione intramuscolare disponibile in Italia è generalmente sconsigliata perché poco efficace (dà una protezione del 40%): la migliore prevenzione resta quella di prestare molta attenzione a ciò che si mangia e si beve. Il vaccino orale Orochol Berna, disponibile in Svizzera e in altri paesi europei, sembra offrire una migliore protezione. Consultate il Servizio d'igiene dell'ASL prima di partire per sapere se nelle zone dove intendete recarvi ci sono epidemie in corso.

Diarrea La diarrea può essere provocata dal cambiamento dell'acqua, del cibo e del clima; la più seria è quella dovuta al cibo e all'acqua contaminati. Nonostante tutte le precauzioni vi potrà capitare di avere un attacco di 'diarrea del viaggiatore', ma qualche scarica al giorno non accompagnata da altri sintomi non è segno di un problema grave. Una diarrea che comporta una mezza dozzina di scariche al giorno è già qualcosa di più che un semplice fastidio. Il pericolo principale della diarrea è la disidratazione, in particolare nei bambini, quindi il primo provvedimento da prendere è quello di ingerire liquidi: vanno bene un tè leggero con un po' di zucchero, acqua minerale o bibite private del gas e diluite al 50% con acqua. In caso di una diarrea più grave è necessario reintegrare i sali minerali con una soluzione reidratante, che si può acquistare in farmacia o preparare in casa con ingredienti facilmente reperibili (un litro d'acqua, due cucchiai di zucchero o miele, un quarto di cucchiaino di sale e altrettanto di bicarbonato di sodio; aggiungere mezza tazza di succo d'arancia o una banana schiacciata); durante la convalescenza è bene seguire una dieta leggera.

Per alleviare i sintomi si può usare un antidiarroico a base di caolino, come il Kao Pront, oppure di loperamide (Imodium, Dissenten). Questi farmaci agiscono sui sintomi, ma non curano il problema: usateli solo se è assolutamente necessario, per esempio se dovete a tutti i costi viaggiare. Per i bambini è preferibile il Kao Pront, ma non somministratelo in presenza di febbre alta o di forte disidratazione. Gli antibiotici intestinali (Bimixin, Normix, Rifacol) possono essere indicati nella cura di diarree gravi, specialmente se sono accompagnate da nausea, vomito, dolori addominali e febbre. Ma non ricorrete agli antibiotici ai primi sintomi di diarrea: state piuttosto a riposo e a digiuno, evitate di viaggiare e bevete molto.

Dissenteria La dissenteria è una malattia grave provocata dal cibo o dall'acqua contaminata ed è caratterizzata da diarrea grave, spesso con sangue e muco nelle feci. Vi sono due tipi di dissenteria: quella bacillare e quella amebica.

La dissenteria bacillare porta febbre alta e ha uno sviluppo rapido; altri sintomi sono il mal di testa, il vomito e i dolori addominali. Generalmente non dura più di una settimana, ma è molto contagiosa. I farmaci consigliati nel trattamento della dissenteria batterica sono la norfloxacina (400 mg due volte al giorno per quattro giorni) o la ciprofloxacina (500 mg due volte al giorno per cinque giorni). Non somministrare ai bambini e alle donne in gravidanza. Il medicinale più indicato per i bambini è il co-trimoxazolo (Bactrim), il cui dosaggio dipende dal peso. Il ciclo completo dura cinque giorni. Le donne in gravidanza possono invece assumere l'ampicillina o l'amoxicillina, purché non allergiche e sotto controllo medico.

La dissenteria amebica ha uno sviluppo più graduale, non dà febbre né vomito, ma è più grave. Non è una malattia autolimitante: essa persiste finché non viene curata e può provocare ricadute e danni a lunga scadenza. Si cura con il metronidazolo, meglio noto come Flagyl. La somministrazione del Flagyl andrebbe fatta solo sotto controllo medico. La dose per gli adulti è di due capsule da 250 mg al giorno per cinque giorni. Per i bambini tra gli otto e i dodici anni la dose va dimezzata.

Per diagnosticare il tipo di dissenteria che si è contratto è necessario fare analizzare le feci (esame coprologico e/o parassitologico), pertanto bisogna cercare urgentemente l'aiuto di un medico.

Giardiasi La giardia è un parassita intestinale presente nell'acqua contaminata. I sintomi della giardiasi sono dolori addominali, nausea, ventre gonfio, diarrea acquosa e maleodorante e flatulenze. La malattia può apparire diverse settimane dopo l'esposizione al parassita. I sintomi possono scomparire per alcuni giorni e poi manifestarsi di nuovo, e questo può continuare per diverse settimane. Il farmaco raccomandato è il metronidazolo (Flagyl). La somministrazione del Flagyl andrebbe fatta solo sotto il controllo del medico. La dose per gli adulti nella cura della giardiasi è di tre capsule da 250 mg al giorno per dieci giorni. Per i bambini tra gli otto e i dodici anni la dose va dimezzata. Non somministrare ai bambini più piccoli e alle donne in gravidanza.

Siccome il Flagyl può causare effetti collaterali, alcuni medici preferiscono curare la giardiasi con 500 mg di Fasigin (tinidazolo) presi due volte al dì per due giorni; questo farmaco consente di eliminare il parassita in modo rapido. Se non si verificano risultati immediati, il trattamento può essere ripetuto per tre giorni.

Epatite Epatite è un termine generico che indica un'infiammazione del fegato. Le varie forme di epatite virale sono indicate con lettere dell'alfabeto – A, B, C, D, E – che identificano agenti specifici che provocano la malattia. Le epatiti di tipo C, D ed E sono ancora piuttosto rare, a differenza delle forme A e B, per le quali è disponibile un vaccino.

Le epatiti virali si possono suddividere in due gruppi, secondo il modo di trasmissione. Le forme A ed E si trasmettono attraverso il cibo e l'acqua contaminati, mentre le forme B, C e D si diffondono attraverso il sangue e i liquidi organici.

Epatite virale A È la forma più comune di epatite. Si trasmette attraverso l'acqua o il cibo contaminato. I primi sintomi sono febbre, brividi, mal di testa, stanchezza, debolezza e dolori. Seguono poi perdita di appetito, nausea, vomito, dolori addominali, urine di colore scuro (tipo marsala), feci di colore chiaro e ittero (colorazione gialla della cute); anche il bianco degli occhi tende a diventare giallo. In alcuni casi vi può essere solo una sensazione di malessere o di stanchezza, accompagnata da inappetenza e nausea. Bisogna ricorrere a un medico, ma in genere non si può fare altro che stare a riposo, bere molto, seguire una dieta leggera ed evitare cibi grassi. Le persone colpite da epatite devono astenersi dall'alcol per sei mesi, perché la malattia attacca il fegato e questo è il periodo di cui esso ha bisogno per guarire.

La vaccinazione contro l'epatite A – due dosi iniettate a distanza di 6-12 mesi l'una dall'altra – è consigliata ai viaggiatori esposti al rischio di consumare acqua e cibo contaminato; dopo la prima dose vi è comunque già una buona protezione.

Epatite virale B Questa forma di epatite, definita anche epatite da siero, si trasmette tramite i rapporti sessuali o la penetrazione cutanea, per esempio tramite l'uso di un ago infetto. I sintomi e la cura sono simili a quelli per la forma A, ma la malattia è più grave e può diventare cronica. Evitate di farvi bucare le orecchie e di farvi fare dei tatuaggi se avete dubbi sulle condizioni igieniche.

Contro l'epatite B è disponibile il vaccino: richiede due iniezioni a distanza di un mese, più un richiamo dopo sei mesi. In Italia la vaccinazione è obbligatoria per tutti i bambini dal 1990.

Epatite C È provocata da un virus isolato di recente. Pare che produca danni al fegato più rapidamente dell'epatite B. Il virus si trasmette per contatto con sangue infetto (trasfusioni, iniezioni, ecc.). Attualmente non è disponibile alcun vaccino.

Epatite D Provocata da un virus spesso denominato 'Delta', questa infezione si manifesta solo nei malati cronici di epatite B. Si trasmette con il sangue e i liquidi organici. Anche per questo tipo non esiste alcun vaccino. Il rischio per i turisti è indubbiamente molto limitato.

Epatite E Si sa poco di questo virus, scoperto di recente. Sembra che sia piuttosto diffuso nei paesi in via di sviluppo, dove causa in genere forme blande di epatite; tuttavia può essere molto pericolosa per le donne in gravidanza. L'attenzione all'acqua che si beve è l'unica prevenzione possibile, perché non è ancora disponibile il vaccino specifico. Al momento il rischio di contagio per i viaggiatori sembra piuttosto improbabile.

Malattie a trasmissione sessuale Queste malattie si trasmettono in seguito al contatto sessuale con un partner infetto. L'astinenza è l'unica prevenzione sicura al 100%, ma il rischio può essere circoscritto usando i profilattici. Le più diffuse fra queste malattie sono la gonorrea e la sifilide; i sintomi più comuni sono dolori, eruzioni cutanee intorno ai genitali e senso di bruciore nell'urinare. Nelle donne i sintomi possono essere meno evidenti o non manifestarsi del tutto. I sintomi della sifilide col tempo scompaiono, ma la malattia rimane e con gli anni può provocare gravi problemi. La gonorrea e la sifilide si curano con gli antibiotici.

Vi sono altre malattie trasmesse per via sessuale per le quali esiste una cura efficace, ma per il momento non si conoscono cure efficaci per l'herpes e per l'AIDS. Per evitare queste malattie, astenetevi dai rapporti sessuali occasionali o usate il profilattico.

HIV/AIDS L'AIDS esiste sicuramente in Uruguay e Paraguay, pur non avendo (ancora) conseguenze disastrose come in Brasile; il Paraguay potrebbe essere più a rischio nel lungo periodo a causa delle sue strette relazioni con il Brasile.

L'HIV (human immuno-deficiency virus, virus dell'immunodeficienza umana) può evolvere in AIDS (acquired immune deficiency syndrome, sindrome da immunodeficienza acquisita). Il metodo di prevenzione più sicuro dopo l'astinenza è l'uso del profilattico durante i rapporti sessuali. Senza lo specifico esame del sangue è impossibile stabilire se una persona sia o meno sieropositiva.

L'AIDS si può contrarre anche attraverso trasfusioni di sangue; se vi trovate nella situazione di aver bisogno di una trasfusione, cercate di accertare se il sangue è stato controllato. L'AIDS si trasmette inoltre attraverso l'uso di aghi infetti: iniezioni, agopuntura, tatuaggi e piercing possono essere pericolosi se gli aghi non sono sterili. Se avete bisogno di un'iniezione, comprate se possibile una siringa nuova in una farmacia e chiedete al medico di servirsene; è consigliabile mettersi al riparo da ogni rischio portandosene una appresso.

Malattie trasmesse dagli insetti
Malattia di Chagas Forse anche Darwin ha sofferto di questa malattia parassitaria, detta anche tripanosomiasi americana, trasmessa da una cimice che si nasconde nelle crepe dei muri, tra le palme e sui tetti di paglia delle capanne. L'insetto è lungo circa due centimetri e ha la testa allungata a forma di cono. Esce di notte per nutrirsi e punge le sue vittime soprattutto sul volto. Nella prima fase della malattia compaiono febbre e ingrossamento del fegato e della milza. Nella fase cronica, che può durare parecchi anni, si manifestano danni irreversibili agli organi interni. La malattia di Chagas è diffusa soprattutto in Brasile, ma è importante evitare di farsi pungere: non fermatevi in capanne con il tetto di paglia, dormite sotto una zanzariera, usate insetticidi e insettifughi. Controllate sempre che non ci siano insetti nascosti tra le lenzuola.

Malaria Il rischio di contrarre la malaria è piuttosto basso ed è limitato al Paraguay nei dipartimenti di Caaguazú, Alto Paraná, Amambay e Canendiyú. La profilassi raccomandata per queste zone a rischio va effettuata con la clorochina.

Non vi è nessun rischio di malaria in Uruguay.

Malattie meno comuni
Rabbia La rabbia è trasmessa dai morsi o dai graffi di un animale infetto: i cani, le volpi, le scimmie e i pipistrelli sono i più noti portatori. Qualsiasi graffio o morso da

parte di un mammifero dev'essere pulito immediatamente e a fondo. Lavate accuratamente con sapone e acqua corrente e poi disinfettate con una soluzione idonea. Se esiste anche la minima possibilità che l'animale sia infetto, cercate subito l'aiuto di un medico per l'eventuale trattamento antirabbico. Anche in caso contrario, comunque, tutti i morsi devono essere curati con attenzione, perché possono infettarsi e provocare il tetano. La vaccinazione antirabbica è consigliata alle categorie a rischio: a chi intende esplorare le grotte (i morsi dei pipistrelli possono essere molto pericolosi), lavorare con gli animali, fare trekking in zone isolate o andare a caccia.

Tetano Questa malattia è difficile da curare, ma la si può efficacemente prevenire con la vaccinazione: controllate che non sia scaduta, altrimenti fate un richiamo prima della partenza. Il tetano si sviluppa quando una ferita viene infettata da un batterio che vive nelle feci degli animali, quindi disinfettate ogni taglio, puntura o morsicatura d'insetto. Il primo sintomo del tetano è la difficoltà di inghiottire o l'irrigidimento delle mandibole e del collo; seguono contrazioni dolorose della mascella e di tutto il corpo.

Tagli, morsi e punture
Tagli e graffi Nei climi caldi, le abrasioni alla pelle possono facilmente infettarsi e guarire con difficoltà. Curate ogni taglio con soluzione antisettica e mercurocromo. Evitate, se possibile, i cerotti che possono tenere umida la ferita. Prima di partire controllate se la vostra vaccinazione antitetanica è ancora valida.

Morsi e punture Le punture di api e vespe sono di solito più dolorose che pericolose. Una pomata antistaminica (Fargan, Polaramin) darà sollievo e gli impacchi di ghiaccio ridurranno il dolore e il gonfiore. Le punture degli scorpioni sono notoriamente dolorose. Fate soprattutto attenzione nelle zone rurali, quando vi vestite al mattino: controllate le scarpe e gli abiti, perché spesso gli scorpioni li scelgono come rifugio.

I morsi di serpente non provocano una morte istantanea e gli antidoti sono in genere disponibili. Se prevedete di frequentare zone infestate da serpenti portatevi dietro un kit antivipera, facilmente reperibile nelle farmacie italiane. Se qualcuno viene morso, immobilizzate l'arto colpito bendandolo e steccandolo completamente come per una frattura. Tenete la vittima tranquilla, cercate immediatamente l'aiuto di un medico e, se possibile, portatevi dietro il serpente morto per identificarlo. Non cercate però di prendere il serpente se c'è la possibilità, anche remota, che morda di nuovo. I lacci emostatici e la suzione della ferita sono metodi ormai ampiamente screditati.

Nel caso di ragni e scorpioni non esistono speciali tecniche di pronto soccorso. Il morso di una vedova nera può notarsi appena, ma il veleno può essere pericoloso, perciò è bene rivolgersi immediatamente a un medico. Le applicazioni di ghiaccio possono dare sollievo nel caso di morsi di millepiedi, api, vespe e formiche.

Se fate escursioni in una zona priva di telefoni o di servizi di pronto soccorso e vi capita di essere morsi o punti, in particolare da ragni o serpenti, interrompete immediatamente l'escursione e cercate aiuto. Spesso le reazioni si manifestano nel giro di 12 ore, perciò è possibile tornare in zone attrezzate in tempo utile. È sempre consigliabile fare escursionismo insieme a un'altra persona.

Zecche Le zecche si annidano nel sottobosco, nelle foreste e nelle praterie, e gli escursionisti spesso se le ritrovano sulle gambe o negli stivali. Gli insetti adulti succhiano il sangue di chi li ospita affondando la testa nella pelle, e possono essere eliminati facilmente, ma se la zecca è già penetrata nella cute occorre procedere con attenzione per evitare infezioni o malattie.

Per tenere lontane le zecche cospargete le calze e i pantaloni con un forte repellente per insetti (Autan Extreme, che contiene DEET al 30%). Portate sempre pantaloni e maniche lunghe quando camminate in zone a rischio. Se vi trovate addosso una zecca *non* tiratela via a forza, perché il rischio di infezione è più alto se il capo resta conficcato nella pelle. Per staccare l'insetto cospargetelo di vaselina, alcol od olio (oppure avvicinate una sigaretta accesa o un fiammifero appena spento). Nel punto in cui la zecca è rimasta attaccata può comparire una macchia scura. Dopo aver attraversato a piedi una zona infestata da acari controllate bene tutto il corpo. Se vi compare febbre nel corso delle 2-3 settimane successive circa, consultate un medico, perché le zecche possono avervi trasmesso una malattia infettiva.

Pidocchi e cimici Le cimici vivono nelle crepe dei muri, nei materassi e nella biancheria sporca. Controllate se ci sono macchie di sangue sulle lenzuola o sui muri vicino al letto negli alberghi economici: se ne vedete, cercate un altro albergo. I segni dei morsi delle cimici sono disposti in file ben visibili e danno prurito. Una pomata antistaminica (Fargan, Polaramin) può dare sollievo.

In genere è possibile evitare i pidocchi curando l'igiene e lavando spesso i vestiti. È più probabile prenderli in luoghi affollati, come autobus e treni, o negli alberghi molto economici. Se sentite prurito in testa, chiedete a un compagno di controllarvi i capelli almeno una volta alla settimana per vedere se ci sono le uova, che si localizzano sempre alla radice. Se ve ne sono, potete toglierle a una a una (molto laborioso) o eliminarle con uno shampoo antiparassitario.

Tutti i pidocchi provocano prurito e senso di fastidio. Il loro habitat ideale è rappresentato dai capelli (pidocchi dei capelli), dai vestiti (pidocchi dei vestiti) e dai peli del pube (piattole). Si trasmettono con il contatto diretto con persone infestate o attraverso l'uso dei loro pettini o abiti. Vi sono polveri e shampoo per uccidere i pidocchi, mentre i vestiti devono essere lavati in acqua molto calda e sapone e stesi ad asciugare al sole.

Salute femminile
Problemi ginecologici Una dieta povera, l'indebolimento dovuto all'uso di antibiotici per problemi di diarrea e anche l'assunzione della pillola contraccettiva possono provocare infezioni vaginali quando si viaggia in climi caldi. Per prevenire queste infezioni è bene tenere pulita la zona dei genitali, indossare gonne o pantaloni ampi e biancheria di cotone.

Le infezioni da funghi (micosi), caratterizzate da eruzioni cutanee, prurito e perdite biancastre, si possono curare con irrigazioni di yogurt, di acqua e aceto o di acqua e succo di limone. Il medico solitamente prescrive le candelette o gli ovuli vaginali antimicotici. Il trichomonas è una infezione più grave che si manifesta con perdite schiumose giallastre e maleodoranti e un senso di bruciore quando si urina. Bisogna curare anche il partner. Per la diagnosi e la terapia occorre rivolgersi al medico. Il Flagyl è il farmaco che viene solitamente prescritto.

Gravidanza La maggioranza degli aborti spontanei si verifica durante i primi tre mesi di gravidanza, quindi è questo il periodo più rischioso per viaggiare. Anche negli ultimi tre mesi è bene evitare di trovarsi in luoghi che non assicurano una buona assistenza medica. Le donne in gravidanza devono evitare l'uso di qualsiasi medicinale non strettamente necessario; anche la profilassi antimalarica e le vaccinazioni andrebbero evitate, e comunque fatte solo dopo aver consultato un medico. Si renderanno necessarie maggiori precauzioni per evitare le malattie e per nutrirsi in modo adeguato, evitando alcol e nicotina.

Guida linguistica

In questa sezione e nelle due successive (**Glossari** e **Internet**) troverete informazioni valide per tutta la regione del Río de la Plata, dunque anche per l'Argentina.

In tal modo, se il vostro viaggio prevede una tappa anche in questa terra avrete a disposizione una guida linguistica, un glossario e indirizzi internet che potranno esservi utili per muovervi più facilmente.

Lo spagnolo parlato nelle regioni del Río de la Plata ha delle caratteristiche che lo distinguono nettamente dal resto dell'America latina. Forse le più evidenti sono l'uso del pronome *vos* al posto di *tú* per 'tu', e la pronuncia delle lettere 'll' e 'y' come 'g' (come in 'beige') piuttosto che 'i' (come 'iattura') come nel resto delle Americhe. Si noti che nello spagnolo americano, il plurale del 'tú' familiare o 'vos' è *ustedes* e non *vosotros*, come in Spagna. Gli Argentini capiscono lo spagnolo continentale ma lo trovano strano e pretenzioso.

Ci sono alcune differenze di vocabolario tra lo spagnolo europeo e quello americano, e tra i paesi americani in cui tale lingua è parlata. Nella parlata di Buenos Aires, in particolare, ci sono molte parole e frasi che appartengono al colorito gergo noto come *lunfardo*. Sebbene non si dovrebbero usare queste parole a meno che non si sia perfettamente sicuri di *tutte* le implicazioni (specialmente nelle situazioni formali), è utile conoscere le più diffuse nell'uso quotidiano. Gli Argentini generalmente chiamano la lingua spagnola *castellano* più che *español*.

I turisti dovrebbero sforzarsi di parlare spagnolo, le cui strutture di base sono facilmente comprensibili. Se possibile, sarebbe utile, prima di partire, seguire un breve corso serale all'università o in un'altra struttura scolastica. Anche se non si parla spagnolo ottimamente, gli Argentini sono degli ospiti gentili e ne incoraggeranno l'uso, quindi non c'è motivo di preoccuparsi tanto del proprio vocabolario o della pronuncia. Ci sono molte parole simili, per cui se siete nei guai, provate a ispanizzare una parola italiana – è improbabile che si commetta un errore davvero imbarazzante. Ma non affermate di essere *embarazada* se non state davvero aspettando un bambino.

Manuali di fraseologia e dizionari
Tra i molti disponibili segnaliamo per completezza e maneggevolezza:

Dizionario essenziale spagnolo-italiano, italiano-spagnolo a cura di Edigeo (Zanichelli, Bologna 1997)
Parlo spagnolo. Manuale di conversazione di Patrizia Faggion (Vallardi, Milano 1997)
Spagnolo in viaggio di Patrizia Faggion (Vallardi, Milano, 1999)
È utile poi indicare anche il corso con CD o audiocassetta *Il nuovo spagnolo senza sforzo* (Assimil Italia, Torino).

Pronuncia
La pronuncia spagnola è, di solito, molto fonetica. È bene parlare lentamente per evitare di fare confusione finché non si raggiunge un certo livello di padronanza della lingua.

Vocali Le vocali spagnole sono molto lineari e simili all'italiano;

a è come la 'a' di 'cane'
e è come la 'e' di 'treno'
i è come la 'i' di 'fieno'
o è come la 'o' di 'forno'
u è come la 'u' di 'urna'; dopo le consonanti, tranne la 'q', ha un suono simile alla semiconsonante inglese 'w' di 'when' (quando), come pure nel caso in cui il suono vocalico venga modificato dalla dieresi, come in 'Güemes'

Guida linguistica

y è una consonante tranne quando è da sola o compare alla fine di una parola, caso in cui la pronuncia è uguale alla 'i' spagnola.

Consonanti Le consonanti spagnole somigliano alle corrispondenti consonanti italiane, anche se con qualche importante eccezione. La pronuncia delle lettere *f, k, l m, n, p, q, s* e *t* è praticamente uguale all'italiano. Sebbene la *y* sia identica in tutti i paesi dell'America latina, talvolta può essere pronunciata 'g' come accade pure nel caso di *ll*, che è una lettera a sé stante. Anche la *ch* e la *ñ* sono lettere a parte, registrate a parte dai dizionari.

b è simile all'equivalente italiana ma è uguale alla 'v'. Per ragioni di chiarezza, la prima è chiamata in spagnolo 'b larga', la seconda 'b corta' (la pronuncia è quella dell'italiano 'baia')
c si pronuncia come la 's' di 'silenzio' davanti a 'i' ed 'e'; negli altri casi è uguale alla 'c' dura di 'casa'
d è molto simile al 'th' inglese di 'father' (padre)
g è come la 'h' gutturale inglese davanti allae spagnole 'e' e 'i' ; negli altri casi si pronuncia come la 'g' di 'gatto'
h è sempre muta
j è come la 'h' aspirata inglese, ma un po' più gutturale
ñ si pronuncia come 'gn' di 'gnomo'
r è molto simile a quella italiana tranne all'inizio di parola e dopo 'l', 'n' e 's', dove è spesso più arrotata
rr è marcatamente arrotata
v è simile alla corrispondente italiana, ma si veda quanto detto sopra a proposito della 'b'
x si pronuncia come la 'x' di 'taxi' tranne in poche parole in cui si osserva la pronuncia spagnola o messicana, ossia 'j'
z è come la 's' di 'sole'.

Dittonghi I dittonghi sono la combinazione di due vocali che formano una sillaba unica. Nello spagnolo la formazione dei dittonghi dipende dalla combinazione di vocali 'deboli' ('i' e 'u') o forti ('a', 'e', e 'o'). Due vocali deboli o una forte e una debole compongono un dittongo, ma due vocali forti si pronunciano come sillabe separate.

Un buon esempio di due vocali deboli che formano un dittongo è la parola *diurno* (uguale in italiano). La sillaba finale di *obligatorio* (obbligatorio) è una combinazione di una vocale debole e una forte.

Accento L'accento, spesso indicato graficamente, è molto importante in quanto può cambiare il significato delle parole. Generalmente le parole che finiscono in vocale o con le lettere 'n' o 's' sono accentate sulla penultima sillaba, mentre negli altri casi l'accento cade sull'ultima. Per cui *vaca* (mucca) e *caballos* (cavalli) sono accentate sulla penultima sillaba.

Gli accenti grafici compaiono quasi sempre in quelle parole che non seguono le regole di cui sopra, come *sótano* (seminterrato), *América* e *porción* (porzione). Nel computo delle sillabe, occorre ricordarsi che i dittonghi sono costituiti da una sillaba sola. Nelle maiuscole, di solito l'accento grafico non si scrive ma si pronuncia ugualmente.

Saluti e formule di cortesia
In pubblico si usano molto le formule di cortesia, qualche volta fino al punto da risultare troppo cerimoniosi. Per esempio, non bisogna mai avvicinare un estraneo per chiedergli informazioni senza averlo prima salutato con *buenos días* o *buenas tardes*.

sì	*sí*
no	*no*
grazie	*gracias*
prego	*de nada*
ciao	*hola*
buon giorno	*buenos días*
buon pomeriggio	*buenas tardes*
buona sera	*buenas noches*
buona notte	*buenas noches*
arrivederci	*adiós, chau* (colloquiale)
capisco	*entiendo*
non capisco	*no entiendo*
Non parlo molto bene lo spagnolo	*Hablo poco castellano*

Parole e frasi utili

e	*y*
a	*a*
per	*por, para*
di/da	*de, desde*
in	*en*
con	*con*
senza	*sin*
prima	*antes*
dopo	*después*
presto	*pronto*
già	*ya*
ora	*ahora*
subito	*en seguida*
qui	*aquí*
lì	*allí*
dove?	*¿Dónde?*
dov'è…?	*¿Dónde está…?*
dove sono…?	*¿Dónde están…?*
quando?	*¿Cuándo?*
come?	*¿Cómo?*
vorrei…	*Me gustaría/Quisiera…*
caffè	*café*
tè	*tè*
birra	*cerveza*
vino	*vino*
quanto?	*¿Cuánto?*
quanti?	*¿Cuántos?*
c'è/ci sono…?	*¿Hay…?*

Parla italiano?
   ¿Habla Usted italiano?
Parli (Vada) lentamente, per favore
   Despacio, por favor.

Trasporti interni

aereo	*avión*
treno	*tren*
autobus	*colectivo, micro, ómnibus*
nave	*barco, buque*
traghetto	*barca de pasaje*
aliscafo	*aliscafo*
automobile	*auto*
taxi	*taxi*
autocarro	*camión*
furgone	*camioneta*
bicicletta	*bicicleta*
motocicletta	*motocicleta*
autostop	*hacer dedo*

Vorrei un biglietto per…
   Quiero un boleto/pasaje a…
Quanto costa fino a…?
   ¿Cuánto cuesta el pasaje a…?
Quando parte il prossimo autobus per…?
   ¿Cuándo sale el próximo ómnibus para…?
C'è uno sconto studenti/universitario?
   ¿Hay descuento estudiantil/universitario?
Accettate carte di credito?
   ¿Trabajan con tarjetas de crédito?
primo/ultimo/prossimo
   primero/último/próximo
prima/seconda classe
   primera/segunda clase
andata/andata e ritorno
   ida/ida y vuelta
vagone letto
   camarote
deposito bagagli
   guardería, equipaje

Alloggio

Ecco una serie di frasi italiane con l'equivalente spagnolo parlato in queste regioni; molte di esse saranno di facile comprensione anche in altri paesi di lingua spagnola.

albergo	*hotel, pensión, residencial*
camera singola	*habitación para una persona*
camera doppia	*habitación doble, matrimonio*
Quanto costa?	*¿Cuánto cuesta?*
per notte	*por noche*
pensione completa	*pensión completa*
bagno in comune	*baño compartido*
bagno in camera	*baño privado*
troppo caro	*demasiado caro*
sconto	*descuento*
più economico	*mas económico*
Posso vederla?	*¿Puedo verla?*
Non mi piace	*No me gusta*
il conto	*la cuenta*

In città

ufficio del turismo	*oficina de turismo*

aeroporto	aeropuerto
stazione ferroviaria	estación de ferrocarril
stazione degli autobus	terminal de ómnibus
località balneare	balneario
ufficio postale	correo
lettera	carta
pacco	paquete
cartolina	postal
posta aerea	correo aéreo
raccomandata	cerificado
espresso	puerta a puerta
francobolli	estampillas
persona a persona	persona a persona
chiamata a carico del destinatario	cobro revertido

Toeletta

La parola più usata per toeletta è *baño*, ma *servicios sanitarios* (servizi igienici) è una frequente alternativa. Quelle maschili di solito recano l'indicazione *hombres, caballeros* o *varones*. Quelle femminili saranno indicate con *señoras* o *damas*.

Stati

Come si può vedere dalla lista sotto riportata i nomi dei paesi in spagnolo sono molto simili all'italiano.

Danimarca	Dinamarca
Francia	Francia
Galles	Gales
Germania	Alemania
Giappone	Japón
Gran Bretagna	Gran Bretaña
Irlanda	Irlanda
Italia	Italia
Nuova Zelanda	Nueva Zelandia
Olanda	Holanda
Perú	Perú
Scozia	Escocia
Spagna	España
Stati Uniti	Estados Unidos
Svezia	Suecia
Svizzera	Suiza

Numeri

0 *cer*
1 *uno*
2 *dos*
3 *tres*
4 *cuatro*
5 *cinco*
6 *seis*
7 *siete*
8 *ocho*
9 *nueve*
10 *diez*
11 *once*
12 *doce*
13 *trece*
14 *catorce*
15 *quince*
16 *dieciséis*
17 *diecisiete*
18 *dieciocho*
19 *diecinueve*
20 *veinte*
21 *veintiuno*
22 *veintidós*
30 *treinta*
31 *treinta y uno*
32 *treinta y dos*
40 *cuarenta*
50 *cincuenta*
60 *sesenta*
70 *setenta*
80 *ochenta*
90 *noventa*
100 *cien*
101 *ciento uno*
110 *ciento diez*
120 *ciento veinte*
200 *doscientos*
300 *trescientos*
400 *cuatrocientos*
500 *quinientos*
600 *seiscientos*
700 *setecientos*
800 *ochocientos*
900 *novecientos*
1000 *mil*
1100 *mil cien*
2000 *dos mil*
5000 *cinco mil*
10.000 *diez mil*
50.000 *cincuenta mil*
100.000 *cien mil*
1.000.000 *un milión*

Ora

Dire l'ora è molto semplice. Le otto sono *las ocho*, mentre le 8.30 *las ocho y treinta* o *las ocho y media* (le otto e mezzo). Le 7.45 sono *las ocho menos quince* o *las ocho menos cuarto*.
Le ore del mattino e del pomeriggio si indicano, rispettivamente, con *de la mañana* o *de la tarde*. Gli orari dei mezzi di trasporto sono indicati facendo uso delle 24 ore.

Giorni della settimana

lunedì	*lunes*
martedì	*martes*
mercoledì	*miércoles*
giovedì	*jueves*
venerdì	*viernes*
sabato	*sábado*
domenica	*domingo*

Lunfardo

Quella che segue è una lista dei termini lunfardo più usati, che può capitare di sentire per strada. Per ulteriori informazioni si può consultare il *Primer Diccionario de Sinónimos del Lunfardo* di Tino Rodriguez o ci si può rivolgere all'Academia Porteña del Lunfardo (☎ 011-4383-2393), Estados Unidos 1379, Buenos Aires.

El Voseo

Lo spagnolo della regione del Río de la Plata è diverso da quello parlato in Spagna e nella maggior parte del resto delle Americhe, in particolare per quanto riguarda l'uso del pronome di seconda persona singolare. Al posto del *tuteo*, Argentini, Uruguayani e Paraguayani usano comunemente il *voseo*, una forma antica che risale al XVI secolo e che ha desinenze leggermente diverse. I verbi regolari e la maggior parte di quelli irregolari sono differenti relativamente alla forma *tú*; i verbi regolari cambiano la cadenza e aggiungono un accento, mentre quelli irregolari non modificano la coniugazione interna, ma aggiungono un accento alla fine. Ciò vale per i verbi in *-ar*, *-er*, e *-ir*; in proposito si vedano gli esempi sotto riportati, con la forma *tú* per evidenziare il contrasto. Anche l'imperativo è diverso, mentre l'imperativo negativo è uguale per entrambe le forme tuteo e voseo.
Nella lista seguente, il primo verbo per ogni desinenza è regolare, mentre il secondo è irregolare; il pronome è indicato per motivi di chiarezza, anche se molti parlando lo omettono spesso.

verbo	tuteo/imperativo	voseo/imperativo
hablar (parlare)	*tú hablas/habla*	*vos hablás/hablá*
soñar (sognare)	*tú sueñas/sueña*	*vos soñás/soñá*
comer (mangiare)	*tú comes/come*	*vos comés/comé*
poner (mettere)	*tú pones/pon*	*vos ponés/poné*
admitir (ammettere)	*tú admites/admite*	*vos admitís/admiti*
venir (venire)	*tú vienes/ven*	*vos venís/veni*

Si noti che alcuni dei verbi più comuni, come *ir* (andare), *estar* (essere) e *ser* (essere) sono egualmente irregolari con entrambe le forme tuteo e voseo. Inoltre si continua a usare l'aggettivo possessivo *tu* (Vos tenés tu lápiz) e il pronome riflessivo o congiuntivo *te* (Vos te das cuenta?).
Quando un locale invita un forestiero a rivolgersi a lui in modo informale, dice *Me podés tutear* (può darmi del 'tú') invece di *Me podés vosear* (può darmi del 'vos'), anche se ci si aspetta che entrambi usino il 'vos' nel prosieguo della conversazione.

guita	denaro	*palo*	dieci pesos
laburo	lavoro	*pibe*	tipo
macanudo	terribile	*piola*	fantastico
morfar	mangiare	*pucho*	sigaretta

Glossari

Glossario linguistico

A meno che non sia diversamente specificato, i seguenti termini sono in uso in tutte e tre le regioni del Río de la Plata dell'Argentina, dell'Uruguay e del Paraguay. Sono anche riportati i termini diffusi solo nelle Isole Falkland. Nel glossario sono anche inclusi termini geografici e scientifici comuni, oltre a espressioni gergali di uso quotidiano, come il *lunfardo*, il gergo parlato nelle strade di Buenos Aires (v. **Lunfardo** in **Guida linguistica**).

AAA – Alleanza Anticomunista Argentina, una squadra della morte di destra probabilmente organizzata dal misterioso consigliere di Peron, José López Rega.
AAAJ – Asociación Argentina de Albergues de la Juventud (Associazione Argentina degli Ostelli della Gioventù). Una delle due organizzazioni argentine degli ostelli della gioventù. L'altra, la RAAJ, ha una lista di ostelli ridotta ma migliore rispetto alla prima, come anche migliore è l'organizzazione.
ACA – Automóvil Club Argentino, che fornisce carte stradali, servizio stradale, assicurazione e altri servizi, oltre a gestire alberghi, motel e campeggi in tutto il paese. Una valida risorsa anche per chi viaggia senza autoveicolo.
acequia – canale di irrigazione, specialmente nella regione di Cuyo.
Acuerdo Nacional – una coalizione di oppositori del regime Stroessner, in Paraguay.
aerosilla – seggiovia.
alameda – strada alberata da pioppi.
albergue transitorio – da non confondere con un *albergue juvenil* (ostello della gioventù), indica una sistemazione per un periodo molto breve, generalmente usata da coppiette in cerca di intimità. Ci sono alberghi che esercitano solo questo genere di attività, mentre alcuni alberghi economici offrono anche questo servizio per aumentare le entrate. Un eufemismo usato in Paraguay per questi alberghetti è *hotel de alta rotatividad*.
alerce – grande albero di conifere, simile alla sequoia californiana, da cui prende il nome il Parco Nazionale Los Alerces, in Argentina.
alfajores – focaccine dolci ripiene di cioccolato, dulce de leche o frutta.
aliscafo – aliscafo da Bueonos Aires a Colonia in Uruguay, attraverso il Río de la Plata.
altiplano – altopiano delle Ande, spesso alto più di 4000 m, localizzato nelle provincie argentine nordoccidentali di Jujuy, Salta, La Rioja, e Catamarca.
apunamiento – mal di montagna.
argentinidad – concetto, spontaneo ma confuso, di identità nazionale argentina, spesso misto a estremo nazionalismo.
arrayán – albero della famiglia delle mirtacee, da cui prende il nome il Parco Nazionale Los Arrayanes, in Argentina.
arroyo – torrente, ruscello.
asado – grigliata, di solito durante una scampagnata estiva.
autopista – autostrada con pagamento o meno di pedaggio.

bache – buca (in una strada).
balneario – località balneare o spiaggia.
balsa – motolancia o gommone.
bañado – palude o zona allagata in alcune stagioni, lungo i fiumi dell'Argentina settentrionale. I bañados rappresentano un buon habitat per gli uccelli migratori, ma spesso sono utilizzati per coltivazioni temporanee.
banda negativa – biglietti aerei economi-

ci in Argentina, dove un numero limitato di posti è disponibile con uno sconto che arriva fino al 40%.
baqueano – rimorchiatore di campagna.
barrio – quartiere.
bencina – benzina bianca, usata per i fornelli da campeggio, nota anche come *nafta blanca*.
BFFI – British Forces Falkland Islands (esercito inglese delle Isole Falkland).
bicho – piccolo animale qualsiasi, da un insetto a un mammifero.
biota – la flora e la fauna di una regione.
boga – gustoso pesce dei fiumi della Mesopotamia argentina.
boleadoras – massicce cinghie di cuoio dotate di pesi, usate dagli indios delle Pampas e della Patagonia per la caccia del guanaco e del nandù. Dette anche *bolas*.
bonos – buoni del Tesoro usati come moneta a corso legale nelle provincie di Jujuy, Salta e Tucumán, al di fuori delle quali non hanno alcun valore. Tali buoni hanno generalmente una data di scadenza.

cabildo – consiglio comunale coloniale e denominazione del palazzo che ne è la sede.
cachila – in Uruguay, una autovettura d'epoca, spesso in ottimo stato.
cacique – capo indiano.
cajero automático – sportello automatico (bancomat).
caldén – *Psosopis caldenia*, un albero caratteristico della Pampa Arida.
calle – strada.
Camp, the – nelle Isole Falkland, l'area oltre Stanley, cioè la campagna. Gli anglo-argentini usano la stessa parola per riferirsi alla campagna, ma anche per indicare un campo o un terreno recintato, sia nelle Falkland sia in Argentina.
campo – la campagna. Oppure, un campo o un terreno recintato.
caracoles – una strada piena di curve, specialmente in montagna.
caracteristica – prefisso telefonico.
carapintada – nell'esercito argentino, movimento ultranazionalistico di estrema destra composto da sottoufficiali ostili al governo, autori di numerosi tentativi di colpi di stato durante i governi Alfonsín e Menem.
carpincho – capibara, un grande roditore acquatico che vive nel Paraná e in altri fiumi subtropicali.
cartelera – un ufficio che vende biglietti scontati.
casa de familia – modesta sistemazione in famiglia, di solito nella località turistiche.
casa de gobierno – letteralmente 'casa del governo', un edificio adibito a museo, uffici, ecc.
casco – casolare di una estancia bovina o ovina.
cataratas – cascate.
caudillo – nel mondo politico argentino del XIX secolo, un signorotto locale il cui potere si basava più sulla fedeltà delle persone che sugli ideali politici o sul partito politico.
cerro – monte, montagna.
chachacoma – arbusto delle Ande dalle cui foglie si ricava un infuso contro i sintomi del mal di montagna.
chacra – azienda agricola piccola e autonoma.
chivito – panino alla bistecca in Uruguay.
chopp – birra chiara alla spina.
chopperia – locale che serve *chopp* e cibo.
chusquea – forte bambù della foresta pluviale valdiviana in Patagonia.
ciervo – cervo.
coima – bustarella. Colui che estorce una bustarella è un *coimero*.
comedor – self-service o tavola calda di un albergo, piuttosto essenziale.
CONAF – Corporación Nacional Forestal, l'agenzia di stato cilena che si occupa della silvicoltura e della tutela del patrimonio forestale, inclusa la gestione dei parchi nazionali quale il Torres del Paine.
confitería – bar che serve caffè, tè, dolci e spuntini. Molte confiterías sono degli importanti centri sociali argentini.
congregación – nell'America latina coloniale, il raggruppamento in un'unica località delle popolazioni indigene sparpagliate,

di solito a scopo di controllo politico o istruzione religiosa (v. anche *reducción*).

congrio – anguilla di mare, un piatto cileno molto prelibato e diffuso.

Conquista del Desierto – 'Conquista del deserto', un eufemismo per indicare la guerra di sterminio, condotta alla fine del XIX secolo, dal generale Julio Argentino Roca contro i Mapuche della Patagonia settentrionale.

conventillo – vecchi casermoni, in realtà veri e propri tuguri, destinati ad accogliere diverse famiglie.

cordobazo – insurrezione del 1969 contro il governo militare argentino a Córdoba, che preparò il terreno al ritorno di Juan Perón dall'esilio.

cospel – gettone usato nei telefoni pubblici argentini al posto delle monete. I cospel sono anche diffusi in Uruguay e Paraguay.

costanera – strada che costeggia un mare, un fiume o un lago.

criollo – durante il periodo coloniale, uno Spagnolo nato in America, ma ora il termine indica qualsiasi Argentino di origine europea. È usato anche per definire il bestiame selvatico delle Pampas.

cuatrerismo – furto di bestiame.

curanto – stufato di pesce cileno. Anche un piatto delle Ande argentine, completamente diverso, a base di carne rossa o bianca, o verdure.

démedos – letteralmente 'dammene due', un soprannome offensivo degli Argentini che si recano a Miami, dove tutto costa così poco che comprano anche quello che non serve loro.

DDI – Discado Directo Internacional (teleselezione internazionale), che mette in collegamento con gli operatori del proprio paese per le chiamate internazionali a carico del destinatario e con carta di credito. Più conveniente rispetto alle compagnie argentine Telecom e Telefónica, non è attivo ovunque.

dique – una diga. Il lago artificiale creato da una dique spesso è usato per fini ricreativi. In qualche caso, la parola designa un bacino di carenaggio.

dulce de leche – latte caramellato, invenzione e mania argentina, spesso spalmato sul pane o sui crackers, o usato per farcire i pasticcini.

dorado – grosso pesce d'acqua dolce del bacino idrografico del Paraná, conosciuto dagli appassionati di pesca come la 'tigre del Paraná' per il suo spirito combattivo. La sua carne è gustosa ma piena di lische.

encomienda – organizzazione coloniale del lavoro, attraverso la quale gli indios dovevano fornire lavoratori agli Spagnoli (*encomenderos*), in cambio di istruzione religiosa e linguistica. In pratica, il sistema era molto più utile agli Spagnoli che agli indigeni.

EOD – Explosive Ordnance Disposal, unità dell'esercito britannico incaricata del disinnesco delle mine terrestri inesplose e di altri ordigni lasciati dalla guerra delle Falkland del 1982.

ERP – Ejército Revolucionario del Peublo, gruppo rivoluzionario di sinistra che cercò di imitare la rivoluzione cubana nelle piantagioni di zucchero della provincia di Tucumán negli anni '70. Fu annientato dall'esercito argentino durante la Guerra Sporca.

escrache – tattica dei difensori dei diritti umani, consistente nel tappezzare la città di manifesti con i volti e gli indirizzi dei criminali della Guerra Sporca, e nell'organizzare dimostrazioni davanti alle loro abitazioni.

esquí alpino – sci alpino.

esquí de fondo – sci di fondo.

estancia – esteso allevamento, di buoi o pecore, con un unico proprietario o amministratore e forza lavoro dipendente che vive sul luogo.

estanciero – proprietario di una estancia.

facturas – pasticcini.

ficha – biglietto usato nella metropolitana di Buenos Aires (Subte) al posto delle monete.

FIBS – Falkland Islands Broadcasting Service (Ente Radiofonico delle Isole Falkland).

FIC – Falkland Islands Company (Compagnia delle Isole Falkland).
FIDC – Falkland Islands Development Corporation (Ente per lo Sviluppo delle Isole Falkland).
FIG – Falkland Islands Government (Governo delle Isole Falkland).
FIGAS – Falkland Islands Government Air Service (Compagnia aerea governativa delle Isole Falkland).
forro – termine gergale per preservativo o, se usato per descrivere una persona, equivalente a 'canaglia'; da evitare nelle conversazioni educate.
frigorifico – fabbrica per il congelamento della carne.
fronterizo – dialetto ibrido spagnolo-portoghese, parlato al confine tra Uruguay e Brasile.

gardeliano – fan del defunto cantante di tango Carlos Gardel.
gas-oil – gasolio per autoveicoli.
gasolero – autoveicolo alimentato a gasolio, carburante molto più conveniente della benzina normale in Argentina.
guapoy – pianta rampicante epifita delle foreste subtropicali.
guardaganado – griglia ai margini della strada per impedire il passaggio del bestiame.
guardería – in Cile, stazione dei guardaparco.
Guerra Sporca – si veda *Guerra Sucia*.
Guerra Sucia – la Guerra Sporca degli anni '70, dell'esercito argentino contro i rivoluzionari di sinistra e tutti i loro presunti simpatizzanti.
guita – termine del lunfardo per denaro.
gurí – termine guaraní che significa 'bambino', entrato in uso nelle parlate regionali della Mesopotamia argentina e del Paraguay.

hacienda – nelle Ande nordoccidentali, una estesa proprietà terriera spesso improduttiva, con forza lavoro che abita sul posto, alle dipendenze di un unico proprietario. In Argentina, una forma di *latifundio* meno diffusa rispetto ad altri paesi dell'America latina.

ichu – erba che cresce a ciuffi, tipica della steppa delle Ande.
ida – andata.
ida y vuelta – andata e ritorno.
iglesia – chiesa.
indigenismo – movimento nell'arte e letteratura dell'America latina volto a celebrare le tradizioni degli aborigeni, di solito con toni romantici e condiscendenti.
ingenio – zuccherificio industriale.
interno – numero telefonico interno facente capo a un centralino.
IVA – *impuesto de valor agragado*, imposta sul valore aggiunto (IVA), spesso addebitata nei conti di ristoranti e alberghi dell'Argentina e dell'Uruguay. In caso di problemi, chiedere sempre se l'IVA è inclusa o meno nel conto.

jabalí – cinghiale europeo, un piatto molto diffuso nella Patagonia argentina.
jineteada – qualsiasi gara di equitazione, come in un rodeo.

lapacho – importante albero d'alto fusto dell'Argentina settentrionale subtropicale.
latifundio – ampia proprietà terriera, come una estancia bovina o ovina.
legua – 'lega' paesana di circa 5 km, comunemente usata per misurare le distanze nelle zone rurali dell'Argentina.
literatura gauchesca – idealizzazioni letterarie dei gauchos e dei loro valori, scritte di solito da autori facenti parte di élite culturali urbane o rurali, in opposizione alla letteratura *dei* gauchos, le cui tradizioni erano orali e non scritte.
lunfardo – gergo di strada a Buenos Aires, nato nei quartieri abitati dagli immigrati all'inizio del secolo.

manta – scialle o coperta.
mara – lepre della Patagonia.
maragato – chi è nato o risiede nella città di Carmen de Patagones, nella parte meridionale della provincia di Buenos Aires.
mazamorra – zuppa di mais densa, tipica della regione delle Ande nordoccidentali.
mate – si veda *yerba mate*.
mazorca – polizia politica del dittatore

argentino Juan Manuel de Rosas, nel XIX secolo.
mediero – mezzadro, locatario che coltiva le terre di un altro in cambio di una percentuale del raccolto.
meseta – steppa dell'entroterra della Patagonia orientale.
mestizo – una persona di origini indiane e spagnole.
minifundio – piccola proprietà terriera, come la fattoria di un contadino.
minuta – al ristorante o alla confitería, un piatto veloce come gli spaghetti o la milanesa.
mirador – belvedere, di solito su un'altura, ma spesso in cima a un edificio.
Montoneros – fazione di sinistra del partito di Peron, diventò un movimento clandestino di guerriglia urbana negli anni '70.
monte – boscaglia. Il termine spesso indica qualsiasi zona con una fitta vegetazione.
municipalidad – municipio.
museo – museo.

nafta – benzina.
novela – telenovela.
ñandú – nandú, grosso uccello incapace di volare, simile allo struzzo. In Argentina ne sono presenti due specie.
ñandutí – delicato laccio di 'ragnatela' tessuto dalle donne di Itauguá, una piccola città vicino Asunción, in Paraguay.
ñoqui – dipendente pubblico la cui unica preoccupazione è incassare lo stipendio mensile. Così chiamato perché gli ñoquis (dall'italiano *gnocchi*) vengono consumati dalla famiglie argentine povere tradizionalmente il 29 di ogni mese, essendo sottinteso che tali impiegati si fanno vedere al lavoro attorno a quella data.

oligarquía terrateniente – termine dispregiativo che designa l'élite dei proprietari terrieri.
onces – 'undici', il tè pomeridiano cileno.

pampero – fronte freddo dell'Atlantico meridionale che fa cambiare radicalmente la temperatura in Paraguay, Uruguay e nell'entroterra dell'Argentina settentrionale.

parada – fermata dell'autobus.
parrillada, parrilla – rispettivamente, una grigliata mista di bistecca e altri tagli di carne di manzo, e anche un ristorante specializzato in questi piatti.
paseaperros – persona che, come mestiere, porta i cani a passeggio.
pasarela – passerella su un fiumiciattolo o un pantano.
paseo – passeggiata, in un parco o in centro città.
peatonal – strada pedonale, di solito nel centro delle maggiori città argentine.
pehuén – 'araucaria del Cile', albero tipico della Patagonia meridionale.
peña – locale che ospita concerti informali di musica folk.
peones golondrinas – 'rondini', termine con cui si designano i lavoratori stagionali che dalla Bolivia si spostano a Tucumán per la raccolta della canna da zucchero; il termine viene anche usato, in Argentina, in altri contesti.
picada – nelle zone rurali indica un sentiero, specialmente attraverso fitti boschi o in montagna; in ambito culinario, antipasto.
pingüinera – colonia di pinguini.
piropo – commento di tipo sessuale, che va da un innocuo complimento alla battuta volgare e offensiva.
portakabin – unità modulare coperta simile a un container con porte e finestre. Ne sono state lasciate molte sulle Isole Falkland dall'esercito britannico e vengono ora usate per alloggiare turisti e escursionisti.
porteño – abitante di Buenos Aires, un 'residente del porto',
precordillera – colline pedemontane delle Ande.
primera – prima classe sul treno.
Privilegium – accordo tra il governo paraguaiano e i coloni agricoli mennoniti, che garantisce a questi ultimi la terra e l'autonomia politica, inclusi il diritto a scuole di lingua tedesca, la libertà religiosa, l'esonero dal servizio militare, l'organizzazione economica in cooperative e l'applicazione di leggi indipendenti.
Proceso – per esteso, 'El Proceso de Reorganización Nacional', un eufemismo per de-

scrivere il brutale tentativo del potere militare di riorganizzare la cultura politica ed economica argentina tra il 1976 e il 1983.
propina – una mancia, al ristorante o al cinema.
pucará – nelle Ande nordoccidentali, una fortificazione precolombiana, generalmente su un punto elevato da dove si controlla, in tutte le direzioni, la zona sottostante.
puchero – minestra a base di verdura e carne, solitamente servita con riso.
puesto – 'casa esterna' per i pastori in una estancia ovina o bovina.
pucho – in lunfardo, una sigaretta o un mozzicone di sigaretta.
pulpería – negozio rurale o 'spaccio aziendale' in una estancia ovina o bovina.
puna – altipiani andini, di solito superiori ai 3000 m.
puntano – chi nasce o abita nella provincia argentina di San Luis.

quebracho – letteralmente 'rompiaccette'; albero del Chaco (*Quebrachua lorentzii*), fonte naturale di tannino per le concerie del Río de la Plata.
quilombo – in lufardo, confusione. In origine, termine brasiliano per indicare un insediamento di schiavi fuggiaschi. In seguito ha assunto il significato di casa di tolleranza in Argentina.
quinoa – cereale delle Ande, l'equivalente dietetico del riso in età precolombiana.

RAAJ – Red Argentina de Alojamiento para Jóvenes. La migliore tra le due organizzazioni di ostelli della gioventù.
rambla – viale o strada con molti negozi.
rancho – casa rurale, fatta di solito di mattoni cotti al sole, con il tetto di paglia.
recargo – sovrapprezzo, generalmente del 10%, che molti negozi argentini aggiungono alle transazioni con carta di credito, a causa del ritardato pagamento.
reducción – come congregación, la concentrazione di indigeni in cittadine modellate in stile spagnolo a pianta ortogonale, per ragioni di controllo politico o istruzione religiosa. La parola può anche riferirsi all'insediamento stesso.

refugio – un rifugio all'interno di un parco nazionale o di una zona isolata.
remise – (anche *remís*) un radiotaxi.
río – fiume.
RN – Ruta Nacional, in Argentina, una strada statale.
RP – Ruta Provincial, in Argentina, una strada provinciale.
ruta – strada.

sábalo – pesce d'acqua dolce molto diffuso nel bacino idrografico del Paraná.
saladero – struttura dove si salano la carne e il pellame.
salar – lago salato o depressione naturale salata, generalmente nelle alte Ande o nella Patagonia argentina.
SIDA – AIDS.
siesta – lunga pausa pomeridiana per il pranzo e, eventualmente, per un sonnellino.
s/n – 'sin número', indica un indirizzo sprovvisto di numero civico.
smoko – nelle Isole Falkland, pausa per il tè o caffè a metà mattina, generalmente insieme a torte e altri dolci preparati in casa.
sobremesa – conversazione dopo pranzo.
soroche – mal di montagna.
Southern Cone – in geografia politica, la zona comprendente l'Argentina, il Cile, l'Uruguay, oltre a parti del Brasile e del Paraguay. Viene così chiamata per via della sua forma sulla cartina.
squaddies – soldati di leva britannici nelle Isole Falkland per turni di servizio di quattro mesi.
Subte – la metropolitana di Buenos Aires.
surubí – pesce d'acqua dolce diffuso nella Mesopotamia argentina e nel bacino idrografico del Río de la Plata, viene servito spesso nei ristoranti.

taguá – pecari, una specie di porco selvatico che si pensava fosse estinto, ma è stato visto di recente nel Chaco paraguaiano.
tapir – tapiro, grosso mammifero ungulato delle foreste subtropicali dell'Argentina settentrionale e del Paraguay, lontano parente del cavallo.
teleférico – teleferica.

tenedor libre – ristoranti dove si può mangiare tutto ciò che si vuole pagando un prezzo fisso. Detti anche *diente libre*.
tereré – tè freddo, come lo prendono i Paraguaiani.
todo terreno – mountain bike.
tola – arbusti difusi nelle zone alte dell'altopiano dell'Argentina nordoccidentale.
trapiche – antico zuccherificio.
trasnochador – persona che sta alzata fino a tardi, o tutta la notte, come fanno molti Argentini.
trucho – falso, un termine molto usato dagli Argentini per descrivere cose che non sono quello che sembrano.
turco – termine dispregiativo con cui si indica un Argentino di origini mediorientali.
turismo aventura – parola che descrive le forme non tradizionali di turismo, come il trekking o il rafting.
turista – seconda classe sul treno, generalmente non molto comoda.
tuteo – uso del pronome *tú* in spagnolo, e delle corrispondenti forme verbali.
two-nighter – nelle Isole Falkland, una festa tradizionale per turisti che arrivano dalle fattorie più distanti, e che possono fermarsi il fine settimana.

vado – avvallamento (in una strada).
vicuña – parente selvatico del lama e dell'alpaca domestico, che si trova nelle Ande argentine nordoccidentali, solo alle grandi altitudini.
villas miserias – bidonville della periferia di Buenos Aires e altre città argentine.
vinchuca – insetto che punge, che vive nelle abitazioni con il tetto di paglia e i pavimenti sporchi, portatore della malattia di Chagas.
viviendas temporarias – baraccopoli sul fiume di Asunción, in Paraguay.
vizcacha – parente selvatico del cincillà domestico. In Argentina ce ne sono due specie, il vizcacha di montagna (*Lagidium vizcacha*) degli altipiani andini e il vizcacha di pianura (*Lagostomus maximus*) delle pianure subtropicali. Alcuni considerano quest'ultimo come un flagello.
voseo – l'uso del pronome *vos* e delle forme verbali corrispondenti nelle regioni del Río de la Plata in Argentina, Uruguay e Paraguay.

warrah – volpe o lupo (*Dusicyon australis*) delle Isole Falkland, oggi estinto; è possibile che un tempo sia stato addomesticato, prova presunta della presenza degli indios yaghan sulle suddette isole.

yacaré – alligatore del Sudamerica, che vive nelle zone umide e subtropicali di Argentina, Uruguay e Paraguay.
YCF – Yacimientos Fiscales Carboníferos, la compagnia di stato argentina delle miniere di carbone.
yerba mate – 'tè paraguaiano' (*Ilex paraguariensis*), che gli Argentini bevono in grandi quantità. Anche molti Paraguaiani, Uruguaiani e Brasiliani ne fanno uso regolarmente. Bere il *mate* è un importante rituale sociale quotidiano.
yisca – borsa di fibre vegetali, tradizionale presso gli indiani Toba del Chaco.
YPF – Yacimientos Fiscales Petrolíferos, ex compagnia petrolifera statale argentina.
yungas – nell'Argentina nordoccidentale, foreste di transizione delle foreste subtropicali.
yuyos – 'erbe' miste all'*yerba mate* nell'Argentina settentrionale.

zafra – raccolta della canna da zucchero.
zona franca – zona franca.
zonda – nelle province delle Ande centrali, un forte e asciutto vento settentrionale simile al *Föhn* in Europa o al *Chinook* in Nordamerica.

Glossario delle cartine

aeropuerto (sp) – aeroporto
airport – aeroporto
archeological site – sito archeologico
arroyo (sp) – ruscello
ayuntamiento (sp) – municipio
bahía (sp) – baia

Glossari

bay – baia
beach – spiaggia
boat – barca/nave
breackwater – frangiflutti
bridge – ponte
bus station – stazione degli autobus
canal – canale
cape – capo
castilla (sp) – castello
channel – canale
church – chiesa
coast – costa
cove – piccola baia
dam – diga
dive – immersione
dock – banchina
east – est
embalse (sp) – stagno
estación (sp) – stazione
ferry – traghetto
forest reserve – riserva forestale
fortificación (sp) – fortificazione
hill – collina
hippodrome – ippodromo
island – isola
jardín (sp) – giardino
jetty – molo
lagoon – laguna
lake – lago
market – mercato
marsh – palude

mooring – ormeggio
museo (sp) – museo
museum – museo
north – nord
parque (sp) – parco
pass – passo
pearl farm – coltura delle perle
pensión (sp) – pensione
pink beach – spiaggia rosa
plateau – altopiano
playa (sp) – spiaggia
plaza (sp) – piazza
point – picco, punta, vetta
port – porto
post office – ufficio postalea
puente (sp) – ponte
quay – banchina
río (sp) – fiume
river – fiume
school – scuola
sea – mare
sierra (sp) – catena di monti
south – sud
sports ground – campo sportivo
stream – ruscello, torrente
to – per/verso
track – sentiero
universidad (sp) – università
valley – valle
village – villaggio
west – ovest

Internet

In Argentina (a Buenos Aires in particolare) si è moltiplicata una quantità crescente di risorse su Internet. In questo campo così mutevole, tuttavia, il cambiamento è la regola, e gli indirizzi e i contenuti possono cambiare rapidamente. È bene ricordare che ci sono molte informazioni inesatte o fuorvianti su Internet, e che molti siti web sono aggiornati molto meno di frequente rispetto alle guide turistiche (questa inclusa!).

Governo e informazioni
Cancilleria Argentina
www.mrecic.gov.ar/pag1/pagina.htm
La homepage del Ministero degli Esteri argentino, con informazioni aggiornate sui requisiti dei visti e le missioni diplomatiche, inclusi sia le ambasciate sia i consolati.

Centri per la prevenzione e il controllo delle malattie
www.cdc.gov/travel/index.html
Il sito ufficiale del governo americano contenente informazioni sulle malattie da viaggio in tutto il mondo.

Dirección de Museos
www.buenosaires.gov.ar/cultura/museos/inex.html
Informazioni aggiornate sui musei comunali di Buenos Aires.

Gobierno de la Ciudad de Buenos Aires
www.buenosaires.gov.ar/
Informazioni generiche su Buenos Aires, inclusi il governo, il turismo e gli affari.

Grippo – El Directorio de Argentina
www.grippo.com/
Un elenco argentino privato su Internet con un ampio numero di link organizzati per categorie, inclusi arte e letteratura, notizie e mass media, e scienza; in spagnolo e in inglese.

Instituto Nacional de Estadísticas y Censos
www.indec.mecon.ar/default.htm
La homepage del più grande istituto di statistica del governo federale argentino, ma il materiale censuario è scarsamente organizzato per poter essere utile.

Museo Nacional de Bella Artes
www.startel.com.ar/bellasartes/mnba.htm
La homepage del principale ente delle belle arti.

Páginas Amarillas
www.paginasamarillas.com.ar
Le pagine gialle argentine, ma può capitare di non trovare il numero ricercato.

Scuole di lingue
Instituto de Lengua Española para Extranijeros
www.studyabroad.com/ilee

Tradfax
www.tradfax.com

Mass media
Ámbito Financiero
www.ambitofinanciero.com
Il principale quotidiano finanziario di Buenos Aires

Buenos Aires Herald
www.buenosairesherald.com
Una versione ridotta ma comunque ricca di informazioni del venerando quotidiano della capitale in lingua inglese

Clarín
www.clarin.com.ar
Versione abbastanza completa del quotidiano di lingua spagnola diffuso in tutto il mondo, ma la grafica eccessiva spesso si traduce in una grande lentezza nello scaricare le informazioni.

La Nación
www.lanacion.com.ar
Uno dei più vecchi e prestigiosi quotidiani di Buenos Aires

Página 12
www.pagina12.com
Importante quotidiano rinomato per il migliore giornalismo investigativo della capitale.

UkiNet
www.ukinet.com/
Sito web impegnato nella difesa dei diritti umani e ideato da un giornalista indipendente molto dotato e impegnato politicamente.

Viaggi e turismo
Aconcagua
www.aconcagua.com.ar

Fornisce informazioni agli scalatori delle vette più alte delle Americhe; in spagnolo, inglese, tedesco, francese e portoghese.

Aerolíneas Argentinas
www.aerolineas.com.ar/
La homepage della compagnia aerea di bandiera argentina

Business Travel to Argentina
www.invertir.com
Informazioni dedicate a coloro che viaggiano per affari a Buenos Aires e altre città di provincia

Council Travel
www.ciee.org
La homepage della rete mondiale di agenzie di viaggi che propongono biglietti scontati; contiene anche informazioni su programmi di studio

Ente Municipal de Turismo (Mar del Plata)
www.argenet.com.ar/~emtur
Sito ufficiale della più importante località balneare di Buenos Aires

Instituto Fueguino de Turismo
http://tierradelfuego.ml.org/indexseng.htm
Sito ufficiale della Terra del Fuoco, con prezzi aggiornati e informazioni sull'Antartide

Lonely Planet
www.lonelyplanet.com
Brevi compendi di viaggi in ogni punto della terra, cartoline di altri viaggiatori, notizie di viaggi, aggiornamenti e link insieme alla bacheca del Thorn Tree, su cui si possono fare domande relativamente ad altri viaggiatori o dare consigli

Red Argentina de Alojamiento para Jóvenes (RAAJ)
www.hostels.com.ar/
Sito ufficiale per l'affiliato locale di Hostelling International

Secretaría de Turismo de Río Negro
www.rnonline.com.ar
Sito ufficiale della provincia di Río Negro, compresa Bariloche

STA Travel
www.sta-travel.com.html
Come il Council Travel, una rete mondiale di agenzie di viaggio specializzate in biglietti scontati.

Worldski Argentina
www.worldski.com.ar/
La homepage di molte località sciistiche argentine, compresa Las Leñas

Uruguay

Dieciocho – Gran Directorio de Recursos Uruguayos en Internet
www.civila.com/uruguay/
Guida alle principali risorse Internet uruguayane

Mercopress News Agency
www.falkland-malvinas.com/index.html
Fornisce informazioni politiche ed economiche (in inglese e spagnolo) delle seguenti regioni: Argentina, Brasile, Uruguay, Paraguay, Cile e Isole Falkland

Montevideo Comm
www.montevideo.com.uy/mvd/
Fornisce un buon elenco di links

Indici

ABBREVIAZIONI

P – Paraguay   U – Uruguay

CARTINE

Asunción (P), 138-9
  quartieri di (P), 134-5

Chaco paraguayano (P), 168
Ciudad del Este (P), 161
Colonia (U), 57

Encarnación (P), 155

Filadelfia (P), 170
Fray Bento, 64

La Paloma (U), 90

Litorale uruguayano (U), 54

Maldonado (U), 80
  dintorni di (U), 85
Mercedes (U), 66
Montevideo (U), 44-5
Montevideo, Gran (U), 40-1

Paraguay, 97
Paraguay orientale, 150
Paysandú (U), 68
Popolazioni indigene del
  Paraguay (U), 99

Punta del Este (U), 86

Riviera uruguayana (U), 76

Salto (U), 71
Sudamerica, 1

Trinidad, Reducción de (P), 159

Uruguay, 5

LOCALITÀ
In **neretto** i riferimenti alle cartine

A
Aguas Dulces (U), 92
Areguá (P), 149
Asunción (P), 132-48,
  134-5, 138-9
  acquisti, 145
  divertimenti, 144-5
  gallerie d'arte, 141
  escursioni organizzate, 141
  escursioni a piedi, 136-7
  informazioni, 135-6
  orientamento, 133-5
  pasti, 143-4
  per/da Asunción, 145-7
  pernottamento, 141-3
  storia, 132-3
  trasporti locali, 148
Atlántida (U), 75

B
Basílica de Nuestra Señora
  de Los Milagros (P), 151-2
Baterías de Santa Ana (U), 89
Bosque Protector
  Ñacunday (P), 104

C
Caacupé (P), 151-2
  dintorni, 152
Caaguazú (P), 104
Cabo Polonio (U), 92
Carmelo (U), 61-2
  dintorni di (U), 63
Casa Pueblo (U), 83
Castillo de Piria (U), 78
Cerro Corá (P), 165-6

Cerro y Virgen del Verdún (U), 79
Cerro Pan de Azúcar (U), 78
Chaco paraguayano, 167-75, **168**
Chololó (P), 152
Chuy (U), 92-3
Circuito Central (P), 149-53
Ciudad del Este (P), 160-3, **161**
  dintorni di, 163-4
Colonia (U), 53-60, **57**
Colonia Iguazú (P), 164
Colonia Suiza (U), 60-1
Colonia Valdense (U), 61
Concepción (P), 166
Coronel Oviedo (P), 64-5
Coronel Pirapó (P), 158-9

Cruce de los Pionieros (P), 171

D
De las Vacas (U), 63
De Narbona (U), 63
Defensores del Chaco (P), 103-4, 174
Diga di Itaipú (P), 163-4

E
Encarnación (P), 154-8, **155**
dintorni di (P), 158-9
estancias
De las Vacas (U), 63
De Narbona (U), 63
La Patria (P), 175

F
Filadelfia (P), 169-71, **170**
dintorni di (P), 171-2
Fortaleza de Santa Teresa (U), 92
Fortín Toledo (P), 171-2
Fray Bentos (U), 63-5, **64**
Fuerte San Miguel (U), 92

I
Iglesia Matriz (U), 56
Isla de Lobos (U), 89
Itá (P), 153
Itauguá (P), 149-51

J
Jardín Botánico (P), 140
Jésus (P), 158
José Ignacio (U), 83

L
La Paloma (U), 90-2, **90**
La Patria (P), 175
La Rosada (P), 154
Laguna de Rocha (U), 91
Litorale uruguayano (U), 53-74, **54**
Loma Plata (P), 172-3

M
Maldonado (U), 79-83, **80**
dintorni di (U), 83, **85**

Mariscal Estigarribia (P), 174
Melo (U), 94
Mercado del Puerto (U), 43
Mercado Pettirossi e Mercado Cuatro, 140
Mercedes (U), 65-7, **66**
Minas (U), 78-9
dintorni di (U), 79
Montevideo (U), 36-52, **40-1, 44-5**
acquisti, 49
divertimenti, 48-9
escursioni organizzate, 43
escursioni a piedi, 39-40
informazioni, 38-9
manifestazioni di particolare rilievo, 43
manifestazioni sportive, 49
orientamento, 37-8
pasti, 47-8
per/da Montevideo, 49-52
pernottamento, 43-7
storia, 36-7
trasporti locali, 52
Monumento Natural Macizo Acahay (P), 103
Monumento Natural Moisés Bertoni (P), 103
musei
Museo Boggiani (P), 140-1
Museo del Barro (P), 140
Museo del Gaucho y de la Moneda (U), 40
Museo Etnográfico Andrés Barbero (P), 140
Museo Histórico Nacional (U), 40
Museo Naval (U), 42
Museo Pedagógico José Pedro Varela (U), 41
Museo Torres García (U), 40-1
Museo Unger (P), 170

N
Neu-Halbstadt (P), 173-4
Nueva Australia (U), 164-5

P
Palacio Legislativo (U), 42
Pan de Azúcar (U), 78
Pantéon de los Héros (P), 137
Paraguarí (P), 152-3
Paraguay, 95-175, **97**
Paraguay orientale, 149-66, **150**
Paraguay nordorientale, 160-6
Paraguay sudorientale, 153-60
Parchi nazionali, *v. anche* riserve
Caaguazú (P), 104
Cerro Corá (P), 104, 165-6
Defensores del Chaco (P), 103-4, 174
Salus (U), 79
Santa Teresa (U), 92
Serrania San Luis (P), 104
Serranía San Rafael (P), 103
Teniente Enciso (P), 103
Tinfunqué (P), 103
Ybycuí (P), 104, 153-4
Ypoá (P), 103
Paysandú (U), 67-9, **68**
Pedro Juan Caballero (P), 165
Piriápolis (U), 76-8
Piribebuy (P), 152
dintorni di (P), 152-3
Pozo Colorado (P), 169
Puente Castells (U), 63
Punta del Este (U), 83-9, **86**
dintorni di (U), 89

R
Real de San Carlos (U), 56
Reducción de Trinidad, 158, **159**
Refugio de Vida Silvestre Yabebyry (P), 103
Riserve
Bosque Protector Ñacunday (P), 104
de Fauna Autóctona (U), 78

de Recursos Ybytyruzú (P), 103
de Recursos Ypacarai (P), 103
de Vida Silvestre Yabebyry (P)
Natural del Bosque Mbaracuyú (P), 103
Rivera (U), 73-4
Riviera uruguayara (U), 75-94, **76**
Rocha (U), 89-90

S
Salto (U), 69-72, **71**
dintorni di (U), 72
Salto Guaraní (P), 154
Salto Monday (P) 164
Saltos de Piraretá (P), 152
Salus (U), 79
San Bernardino (P), 151
San Ignacio Guazú (P), 159-60
Santa María (P), 160
Santa Teresa (U), 92
Sendero Mirador (P), 153-4
Serrania San Luis (P), 104
Serrania San Rafael (P), 103

T
Tacuarembó (U), 72-3
Tatro Solís (U), 42-3
Teniente Enciso (P), 103
Termas de Arapey (U), 72
Termas de Daymán U), 72
Termas de Guaviyú (U), 69
Tinfunqué (P), 103
Tobati (P), 152
Treinta y Tres (U), 93-4
Trinidad (P), 158, **159**

U
Uruguay, 3-94, **5**.

V
Valle Edén (U), 73
Villa Florida (P), 154
Villa Hayes (P), 169-70
Villarrica (P), 165

Y
Yaguarón (P), 153
Ybycuí (P), 104, 153-4
Ypoá (P), 103

*Finito di stampare presso Stampatre – Torino
nel mese di novembre 2000*

Ristampa

0 1 2 3 4 5 6

Anno

2000 01 02 03 04 05

L'AMERICA MERIDIONALE
NELLE  guide edt

2º ed. it., 768 pp., 24 ill.col., 144 cartine, **L. 59.000**

1º ed. it., 576 pp., 23 ill. col., 70 cartine, **L. 49.000**

1º ed. it., 832 pp., 14 ill. col., 136 cartine, **L. 59.000**

3º ed. it., uscita novembre 2000, **L. 49.000**

1º ed. it., 576 pp., 35 ill. col., 105 cartine, **L. 49.000**

1º ed. it., 576 pp., 20 ill. col., 56 cartine, **L. 49.000**

2º ed. it., uscita ottobre 2000 **L. 49.000**

1º ed. it., uscita settembre 2000, **L. 32.000**

2º ed. it., 448 pp., 25 ill. col., 79 cartine, **L. 42.000**

 19 via Alfieri, 10121 Torino - tel. 0115591811 - fax 0115591824
E-mail: edt@edt.it - http://www.edt.it

C'è un modo semplice,
per essere sempre aggiornati sulle nuove guide e sulla letteratura di viaggio
leggere
Il Mappamondo
newsletter delle guide Edt/Lonely Planet

*disponibile gratuitamente in 600 librerie italiane
o da richiedere direttamente a EDT*

 19 via Alfieri, 10121 Torino - tel. 0115591811 - fax 0115591824
E-mail: edt@edt.it - http//www.edt.it

IL TACCUINO DI VIAGGIO
128 pp., ISBN 88-7063-069-2
Lire 4.000

*Prima della partenza
il diario di viaggio
gli indirizzi, le spese
le annotazioni:
un compagno prezioso
per i vostri viaggi*

 19 via Alfieri, 10121 Torino - tel. 0115591811 - fax 0115591824
E-mail: ed:@edt.it - http//www.edt.it

GUIDE EDT/LONELY PLANET

Titolo	Edizione	Prezzo
ALGERIA ✧	1ª ed. it.	L. 23.000
AMSTERDAM	2ª ed. it.	L. 29.000
ANDALUSIA	1ª ed. it.	L. 39.000
ARGENTINA	1ª ed. it.	L. 59.000
ASIA centrale, Kazakistan, Uzbekistan ...	2ª ed. it.	L. 55.000
AUSTRALIA centrale e occidentale	1ª ed. it.	L. 39.000
AUSTRALIA orientale	1ª ed. it.	L. 59.000
AUSTRIA	1ª ed. it.	L. 39.000
BAHRAIN, KUWAIT e QATAR	1ª ed. it.	L. 35.000
BALI e Lombok	3ª ed. it.	L. 39.000
BANGKOK ✧	1ª ed. it.	L. 22.000
BARCELLONA	1ª ed. it.	L. 29.000
BERLINO	2ª ed. it.	L. 29.000
BHUTAN	1ª ed. it.	L. 42.000
BOLIVIA	1ª ed. it.	L. 49.000
BOTSWANA	3ª ed. it.	L. 32.000
BRASILE	1ª ed. it.	L. 59.000
BRUXELLES Bruges, Anversa	1ª ed. it.	L. 29.000
CAMBOGIA	3ª ed. it.	L. 35.000
CANADA occidentale	1ª ed. it.	L. 42.000
CANADA orientale	2ª ed. it.	L. 49.000
CARAIBI orientali Barbados ...	1ª ed. it.	L. 25.000
CARAIBI orientali Dominica ...	1ª ed. it.	L. 25.000
CARAIBI orientali St-Martin ...	1ª ed. it.	L. 25.000
CILE e Isola di Pasqua	3ª ed. it.	L. 49.000
CITTÀ DEL MESSICO e dintorni ✧	1ª ed. it.	L. 29.000
COLOMBIA	1ª ed. it.	L. 49.000
CORSICA	1ª ed. it.	L. 29.000
COSTA D'AVORIO Ghana, Togo ...	2ª ed. it.	L. 49.000
COSTA RICA	3ª ed. it.	L. 47.000
CRACOVIA	1ª ed. it.	L. 29.000
CROAZIA	1ª ed. it.	L. 32.000
CUBA	2ª ed. it.	L. 45.000
DANIMARCA	1ª ed. it.	L. 39.000
ECUADOR e Galápagos	1ª ed. it.	L. 49.000
EGITTO	2ª ed. it.	L. 49.000
FIJI	2ª ed. it.	L. 42.000
FINLANDIA	1ª ed. it.	L. 39.000
FRANCIA Borgogna, Alsazia e Lorena ...	2ª ed. it.	L. 35.000
FRANCIA Provenza, Costa Azzurra ...	2ª ed. it.	L. 32.000
FRANCIA Valle della Loira, Bretagna ...	2ª ed. it.	L. 32.000
GERMANIA centrale e meridionale	1ª ed. it.	L. 39.000
GERMANIA settentrionale	1ª ed. it.	L. 39.000
GERUSALEMME	1ª ed. it.	L. 29.000
GIAMAICA	2ª ed. it.	L. 55.000
GIORDANIA	3ª ed. it.	L. 35.000
GRECIA continentale	4ª ed. it.	L. 39.000
Isole della GRECIA	4ª ed. it.	L. 39.000
GUATEMALA e Belize	3ª ed. it.	L. 35.000
HONG KONG	3ª ed. it.	L. 35.000
INDIA del Nord	4ª ed. it.	L. 59.000
INDIA del Sud	3ª ed. it.	L. 49.000
INDONESIA	3ª ed. it.	L. 59.000
INGHILTERRA	1ª ed. it.	L. 55.000
IRAN	2ª ed. it.	L. 45.000
IRLANDA	2ª ed. it.	L. 49.000
ISLANDA	2ª ed. it.	L. 38.000
ISRAELE e Territori palestinesi	2ª ed. it.	L. 42.000
ISTANBUL	2ª ed. it.	L. 29.000
KENYA	3ª ed. it.	L. 38.000
LAOS	2ª ed. it.	L. 39.000
LIBANO	1ª ed. it.	L. 32.000
LIBIA	2ª ed. it.	L. 25.000
LONDRA	3ª ed. it.	L. 29.000
MADAGASCAR e Comore	2ª ed. it.	L. 49.000
MALAYSIA e Brunei	3ª ed. it.	L. 49.000
MALDIVE	2ª ed. it.	L. 25.000
MAROCCO	3ª ed. it.	L. 45.000
MAURITIUS	1ª ed. it.	L. 29.000
MESSICO	3ª ed. it.	L. 59.000
MYANMAR (Birmania)	3ª ed. it.	L. 49.000
NAMIBIA	1ª ed. it.	L. 35.000
NEPAL	3ª ed. it.	L. 42.000
Trekking in NEPAL	1ª ed. it.	L. 45.000
NEW YORK	2ª ed. it.	L. 35.000
NIGER e MALI Mauritania, Burkina Faso	3ª ed. it.	L. 39.000
NORVEGIA	1ª ed. it.	L. 35.000
NUOVA ZELANDA	1ª ed. it.	L. 59.000
OMAN ed EMIRATI ARABI UNITI	2ª ed. it.	L. 42.000
PAKISTAN ✧	1ª ed. it.	L. 42.000
PARIGI	3ª ed. it.	L. 29.000
PECHINO	1ª ed. it.	L. 35.000
PERÚ	2ª ed. it.	L. 49.000
PORTOGALLO	2ª ed. it.	L. 49.000
PRAGA	3ª ed. it.	L. 29.000
PROVENZA	1ª ed. it.	L. 39.000
Rep. CECA, Rep. SLOVACCA	1ª ed. it.	L. 45.000
ROMA	1ª ed. it.	L. 29.000
SAMOA Occidentali e Americane	1ª ed. it.	L. 32.000
SCOZIA	2ª ed. it.	L. 35.000
SENEGAL Capo Verde, Gambia ...	3ª ed. it.	L. 45.000
SEUL ✧	1ª ed. it.	L. 29.000
SEYCHELLES	1ª ed. it.	L. 25.000
SINGAPORE	3ª ed. it.	L. 35.000
SIRIA	3ª ed. it.	L. 35.000
SLOVENIA	2ª ed. it.	L. 35.000
SPAGNA centrale e meridionale	1ª ed. it.	L. 49.000
SPAGNA Madrid, Toledo, Castiglia	1ª ed. it.	L. 32.000
SPAGNA settentrionale	1ª ed. it.	L. 45.000
SRI LANKA	3ª ed. it.	L. 35.000
Stati Uniti d'America - ARIZONA	1ª ed. it.	L. 42.000
Stati Uniti d'America - CALIFORNIA e NEVADA	2ª ed. it.	L. 59.000
Stati Uniti d'America - COLORADO	1ª ed. it.	L. 42.000
Stati Uniti d'America - NEW ENGLAND	2ª ed. it.	L. 55.000
Stati Uniti d'America - NEW MEXICO	1ª ed. it.	L. 38.000
Stati Uniti d'America - UTAH	1ª ed. it.	L. 38.000
Stati Uniti d'America - WASHINGTON	1ª ed. it.	L. 42.000
Stati Uniti d'America - WYOMING	1ª ed. it.	L. 35.000
STATI UNITI occidentali	1ª ed. it.	L. 49.000
STATI UNITI orientali	1ª ed. it.	L. 59.000
SUDAFRICA Lesotho e Swaziland	2ª ed. it.	L. 55.000
TAHITI e la Polinesia Francese	1ª ed. it.	L. 45.000
TANZANIA Uganda e Zanzibar	2ª ed. it.	L. 35.000
THAILANDIA	3ª ed. it.	L. 59.000
TIBET	3ª ed. it.	L. 35.000
TOKYO	2ª ed. it.	L. 35.000
TUNISIA	3ª ed. it.	L. 32.000
TURCHIA	3ª ed. it.	L. 59.000
UNGHERIA ✧	1ª ed. it.	L. 42.000
URUGUAY e PARAGUAY	1ª ed. it.	L. 32.000
VENEZUELA	2ª ed. it.	L. 45.000
VIENNA	1ª ed. it.	L. 29.000
VIETNAM	2ª ed. it.	L. 49.000
YEMEN	3ª ed. it.	L. 35.000
YUCATÁN e Chiapas	3ª ed. it.	L. 32.000
ZIMBABWE	2ª ed. it.	L. 38.000

✧ *disponibile solo presso l'editore – in corsivo le guide in uscita tra luglio e dicembre 2000*